KB216261

거룩한 전설,
예수의 어린 시절

거룩한 전설, 예수의 어린 시절

ⓒ김송일, 2021

초판 1쇄 2021년 5월 25일 발행

지은이 김송일
펴낸이 김성실
표지 디자인 윤지은
본문 디자인 채은아
제작 한영문화사

펴낸곳 시대의창   **등록** 제10-1756호.(1999. 5. 11)
주소 03985 서울시 마포구 연희로 19-1
전화 02)335-6121   **팩스** 02)325-5607
전자우편 sidaebooks@daum.net
페이스북 www.facebook.com/sidaebooks
트위터 @sidaebooks

ISBN 978-89-5940-758-3 (03230)

거룩한 전설,
예수의 어린 시절

김송일 지음

시대의창

서문

성서[1]는 본래 몇 권일까? 지금까지 발견된 성서의 총수는 신약성경 27권에 사용된 단어의 수보다 더 많다고 한다. 하지만 가톨릭은 73권(구약 46권, 신약 27권), 개신교는 66권(구약 39권, 신약 27권)

---

[1] 쪽성경, 곧 창세기, 탈출기 등 성경 안의 각 권을 임의로 성서라 표현했다. 성서는 정경, 외경, 위경, 위서, 문서 등 그 명칭이 다양한데 신·구교가 다르게 해석한다. 가톨릭에서는 구약 39권에 제2경전 7권을 합해 정경이라 하고, 이에 포함되지 않은 경서를 외경 혹은 위경이라 한다. 개신교에서는 구약 39권만을 정경이라 하고 제2경전을 외경이라 하며 나머지는 위경이라 한다. 신약은 가톨릭, 개신교 모두 27권이며 이에 포함되지 않은 전거 불명의 경서를 위경이라 한다. 위서는 거짓 서간(사도들의 편지), 사해문서처럼 현대에 발견된 경서를 지칭한다(학자마다 의견 차이가 있음). 여기에서는 가톨릭 성경을 기준으로 삼았다. 위경이나 위서는 작자가 공신력을 높이기 위해 사도들의 이름을 빌려서 쓴 '허위 작자의 경서'인데 '거짓 성서'라기에는 신학적인 측면에서 많은 자료를 제공해준다.

만을 정경正經(캐논Canon)으로 인정하고, 그 외에는 외경外經(아포크리파Apocrypha) 혹은 위경僞經(슈디피그래파pseudepigrapha)으로 격하하거나 아예 위서僞書나 문서로 취급하여 인정하지도 읽지도 않는다. 특히 예수의 공생애에 관련된 부분은 정경 외에는 철저하게 금기시하고 있다.

그런데 전거典據 불명의 30여 편의 위경 외에 고대와 중세에 이르는 여러 문서, 특히 기독교 초창기 이단을 반박하는 글 속에서 초기 성서의 파편으로 보이는 글들이 다수 발견될 뿐 아니라 비밀시하던 기독교의 문서들이 하나둘 공개되고 발굴되면서 금기가 허물어지기 시작했다. 이미 이를 연구하고 있던 학자들은 신약성경 속 예수에 관한 역사적 사실에 의혹을 품었고, 기독교의 교리나 사상이 결코 독자적이지 않음을 인지하고 있었다. 또한 18세기 말 태동하여 19세기에 본격적으로 발달한 비교종교학은 성서 연구에 더욱 박차를 가했는데, 학자들은 성경의 내용이 기독교보다 오래된 타 종교의 경전과 많이 유사하다는 점을 발견했으며 심지어 의례나 상징물, 전설까지도 닮았다는 사실에 놀라워했다. 거기에다 가톨릭을 포함한 기독교에서 차단하고 금지한 영지주의靈知主義, Gnosticism가 이전부터 암암리에 연구되어오던 차에 1940년대 이후 나그함마디 문서와 사해 문서(또는 쿰란 문서)가 발견되어 세상에 드러나자 이를 토대로 예수의 정체성과 기독교의 원초적 본질에 대한 새로운 진실들이 구명究明되기 시작했다.

초기 기독교는 관조적이고 직관적인 영지주의적 관점이 강했으며 내세와 윤회, 환생의 개념도 있었다. 그런데 성서를 문자 그대로 해석하자는 문자주의가 등장하면서 물론 일방적이었지만 양자 간 세력 다툼이 일어났다. 본래 미트라 숭배자였다가 죽기 직전에야 기독교로 개종한 로마 황제 콘스탄티누스는 325년 니케아 공의회에서 문자주의의 손을 들어줌으로써 오늘날 기독교의 틀을 마련했다. 성서의 내용도 첨삭되고 수정되었을 뿐 아니라 정경의 목록이 수시로 바뀌었으며 교리와 용어도 로마 군대식으로 변화되었다.

397년 카르타고 3차 공의회에서 신약 27권이 확정(구약 39권만을 인정한 것은 90년경 암니아랍비 회의, 구약 46권은 382년 로마 주교회의)된 이후, 553년 2차 콘스탄티노폴리스 공의회를 기점으로 황제의 통치와 교황의 사상에 반하는 영지주의자들은 이단으로 몰려 대대적인 처형과 숙청을 당하기 시작했고(이는 훗날 중세 마녀사냥과도 깊게 연관되어 있다) 수많은 영지주의 성서가 파괴되었으며 윤회마저 부정되는 등 초기의 다양했던 사상도 잊혀 갔다.

오늘날, 정경과 위경 중 당시에는 어느 것이 더 지지를 얻었고 인기가 있었는지, 영지주의와 문자주의 중 어느 세력이 더 정통에 가까웠으며 신학적이었는지 등에 관한 연구물은 책으로 많이 소개되어 있어 이제는 누구나 논할 수 있는 일반화된 지식이 되었다.

이처럼 학문의 발달과 다양한 자료의 발견은 기독교를 위축시키기에 충분했다. 유럽의 경우에는 기독교가 점차 종교로써 힘을 잃고 관광자원으로 변질된 지 오래다. 한편에서는 극소수의 이단화된 종교가 메시아니즘Messianism을 극단적으로 해석하여 혹세무

민할 정도로 종말론을 퍼뜨리는가 하면 이에 현혹된 신도들은 교주를 맹신하고 우상화하여 사회문제가 되기도 한다.

모두冒頭가 다소 공격적으로 느껴졌을지도 모르나 나는 예수 행적의 진위나 기독교의 정통성을 따져 묻거나 성경이 어느 종교의 경전을 모방했는지, 종교의 역할은 무엇인지 등을 논하고자 이 책을 쓴 것이 결코 아니다.

비교적 늦은 나이에 가톨릭을 알게 된 나는 교회력에서 성경에는 전혀 언급되지 않은 것들에 대한 여러 기념일을 접하고는 의아하게 여겼다. 미사 때 신부님 말씀이나 《매일미사》 책에서 간략하게만 그것을 소개하는 정도라 몹시 궁금하여 관련 서적을 읽어보고 싶었으나 내가 발견하지 못한 건지 구할 수가 없었다. 대신 인터넷에서 자료를 검색해보니 내가 알지 못했던 방대한 예수 성전聖傳과 여러 종교와 관련된 전설이 수도 없이 나왔다. 당황스럽게도 거기에는 고대 종교, 예컨대 미트라교, 자라투스트라(조로아스터, 배화)교에서부터 지중해와 소아시아 지역 여러 신인의 미스테리아 의식을 비롯해 인도의 힌두와 불교 사상까지 혼재되어 있었다. 그뿐 아니라 수메르 신화, 이집트 신화, 그리스·로마 신화는 물론이고 그리스 철학과도 관련이 있었으며, 심지어 각 나라 설화에까지 연결되어 있었다. 또한 문자주의가 적대시하고 이단화한 영지주의와는 동전의 양면처럼 밀접하였음도 알게 되었다.

아이러니하게도 교회력에 대한 나의 의문의 상당 부분에 관한 답은 정경이 아닌, 신자들이 결코 읽어서는 안 되는, 이해할 수 없는 허무맹랑한 기적으로 가득 차 있는 위경과 전설 속에 있었다.

이것들은 나에게 종교적 저항감이 들게 했다. 젊은 시절 가톨릭을 아름답고 신성한 종교라 생각하고, 순수한 여인이자 고결한 어머니인 성모 마리아를 막연히 동경했던 나로서는 제법 충격이 클 수밖에 없었다. 기독교가 고등 종교인지 고등 미신인지, 순수 종교인지 모방 종교인지, 단일 종교인지 혼합 종교인지, 사랑의 종교인지 투쟁의 종교인지, 심지어는 정의의 종교인지 악의 종교인지 도무지 종잡을 수 없었다. 그리고 본래 어느 것이 정통 성경이었는지, 왜 읽어서는 안 되는 위경이 교회력과 더 깊은 관계가 있는지, 도대체 무엇이 진실인지 혼란스러웠다.

이에 더 많은 자료를 찾아 읽고 또 읽어가다 내가 무엇을 놓치고 있는가를 발견하게 되었다.

난 종교에서 신에 대한 경외와 신앙, 곧 종교적 진리를 대하면서 사건의 진위와 역사적 실체를 따지려 한 것이었다. 어려운 친척 아이의 대학 등록금을 해결해주었더니 훗날 찾아와서 고마움을 표하는 대신 신의 보살핌으로 무사히 졸업하였다고 말하니 무척 서운했다는 어느 지인의 말처럼 신앙은 신과 섬기는 자와의 사이에 존재한다. 그 외는 양자 관계를 위한 도구일 뿐이다. 당연히 경서는 이러한 관점에서 서술되었으므로 함축적 진실이 내재해 있음을 전제하고 이해해야 한다는 것을 인지하게 되자 오류투성이라 생각되었던 성경이 점차 일반화되어 보이기 시작했다. 예컨대 〈탈출기〉에 구름기둥과 불기둥이 나온다. 어쩌면 구름기둥은 뜨거운 햇빛을 가려주는 도구를 뜻하고, 불기둥은 밤의 추위와 어둠을 몰아내는 횃불을 뜻하는지도 모른다(〈레위기〉 23:43의 초막절이 이러한 의미를 지니고 있다). 이들 도구를 만들어낸 아이디어가 사막을 횡단하면서 낮의 더위와 밤의 추위에 고통스러워하던 중 하느님에게 기원할 때 나왔을 테니 종교적인 입장에서는 당연히 신께서 구름기둥과 불기둥으로 인도하신 것으로 기록할 수밖에. 이렇게 상징적 시각으로 들여다보니, 성경이란 참으로 인간적일 뿐만 아니라 비유적이며 함축적인 경서임이 분명해 보였다.

또 하나는 신과 종교와 의례와 경서도 결국은 인간의 산물인지라 통시성을 띨 수밖에 없으니 당연히 적층성을 고려했어야 했는데 이를 간과하고 공시적 관점으로만 본 것이다. 이들은 당대 문화와 관습과 사회 현상과 선대 종교의 영향 등 모든 요소가 총 망라되어 그곳의 풍토에 맞게 발생하고 정착되었을 것이다. 이후 타 문화를 수용하고 이교 간의 투쟁과 화합 등의 변화가 계속되면서 시대에 맞는 신이 재정립되었을 것이고 이후에도 시대 상황에 따라 수정되었을 것이다. 그러니 성경이든 어느 종교의 경전이든 윗세대 성현과 타 종교의 글과 말을 차용하여 자기중심적으로 기록하였기 때문에 모순이 드러날 수밖에 없다. 또한 동일한 사건과 행적이라도 기자記者마다 표현이 다르기에 사건의 불일치성으로 논리적 신뢰감을 저해할 수밖에 없다. 하지만 이는 오히려 독자에게 다양한 정보를 제공하고 사고의 폭을 넓혀주기도 한다.

이렇게 판단하니 성경은 이전 모든 것들의 집약체이기에 한 종교의 경전을 넘어서는 참 유익하고 재미나는 글일 수밖에 없고, 나는 엉뚱하게도 성서 밖과 성서 안의 여러 이야기를 이합집산해 보고자 하는 욕심에 마음이 솔깃했다.

마침 내가 알량하게나마 연구한 분야가 설화 문학이었던지라 예수 성전을 학문적 분석이나 집대성까진 아니더라도 최대한 모아 엮어보고자 자료들을 수집하고 정리해 나갔다. 한편으로는 내가 종교적 방황을 하고 있었을 때(지금은 더 심하지만) 나의 세례를 집전했던 신부님이 종종 나와 수작酬酌하면서 거나하게 술기운이 올라오면 많은 예수 성전과 축일의 기원을 소개해주었는데, 그럴 때마다 "단편적인 지식과 편협한 생각을 지닌 자여! 비겁하고 무지한 방법으로 종교에 저항하지 말고 제대로 읽고 이해하고 나서 비난하든 수용하든 선택하라"며 나에게 종교적인 일침을 놓곤 했었다. 그러면서 "듣고 보아라. 기독교가 독선적으로 보일지 모르나 투쟁을 통해 이교異敎까지 수용하고 흡수한 융화의 종교다"라며 누누이 역설하기도 했는데, 그것이 이 글을 쓰는데 결정적인 역할을 하게 되었다(그 신부님은 이미 고인이 되셨다). 이렇게 소중한 자료가 쌓여가던 중 이동진 님이 편역한 《제2의 성서》(해누리)와 《숨겨진 성서》(전 3권, 문학수첩), 강성열 님이 번역한 《사해문서》(전 4권, 나남)를 접하게 됐는데, 그 안에는 내가 신부님께 들었던 〈마리아 탄생 복음〉, 〈야고보 원복음서〉, 〈예수 그리스도의 어린 시절〉, 〈토마스 복음〉 등 예수의 영아 시절과 어린 시절의 전설이 자세히 문자화되어 있었다. 또한 안동민 님이 번역한 《보병궁 복음서》(동민문화사)는 예수의 12세에서부터 30세까지의 믿기 힘든 이야기가 담겨 있었다. 이 책들은 내 글의 교범이 되어 주었다.

그런데 내가 정리한 자료의 일부를 주변의 친한 기독교인들이나 종교 지도자들에게 소개를 하니 그들은 예수 성전에 대해 무관심하거나 예민한 반응을 보이면서 어떻게 감당하려고 그러냐고 오히려 반문했다. 예수 성전은 알려지지 않은 예수 행적과 종교적 기적이 풍요롭기에 신앙적일 뿐만 아니라, 설화적 요소가 풍부하여 문학성이 뛰어남에도 불구하고 그들은 읽기는커녕 듣기조차 거부하며 아예 부정해버리니 나로서는 당혹스럽기까지 했다. 왜 교조敎祖의 무궁무진한 신화를 받아들이려 하지 않나 의아했지만 결국 난 이해하기에 이르렀다. 정경만이 올바르며 그 외는 신앙을 혼란에 빠트린다는 종교 교육과 문자주의적 사고 때문이리라.

그런데 아이러니하게도 종교 지도자들조차도 반종교적인 데다 허황한 내용으로 가득한 그리스 로마 신화나 유럽 민담을 재밌게 읽으며 교육 목적으로 자녀들에게도 읽길 권장한다. 이들의 초기 채록본은 인신공희, 근친상간, 불륜, 미성년자 성적 학대, 끔찍할 정도의 잔인한 결말 등 비인간적 요소가 매우 많고 순화된 오늘날의 글에도 흔적이 많이 남아 있다. 그러함에도 이들이 모두로부터 사랑받는 이유는, 신화는 (초)자연 현상에 대해 당대 인간이 최대한 이해할 수 있는 범위 내에서 상상하고 비유하여 신격화한 서사라 할 수 있으므로 그 안엔 다양하게 해석될 수 있는 상징과 기호가 내포되어 있어 독자는 여기에 내재한 진리를 찾고 연구하며 교훈을 얻을 수 있기 때문이다.

공교롭게도 종교인들이 사실이라 믿는 성경을 위시하여 성전과 위경은 신화보다 더 함축적이고 상징적이며 비유적인 표현으로 가득 차 있다. 따라서 성전이나 위경을 읽는 것은 결코 반종교적일 수 없다. 우리가 성경을 이해하고 영적 교감을 하기 위해서는 신부님이나 목사님의 신학적 설교를 듣고 신앙하는 것이 우선이 겠지만 성경 외적 요소 곧 설화적 기호와 구조적인 접근을 적절히 수용할 필요도 있다.

이 책은 성경 밖의 예수 행적에 관한 이야기라서 현실성을 뛰어넘어 설화적 성격이 강할 수밖에 없다. 설화란 '어느 민족이나 집단에 예로부터 전승되어 오는 신화, 전설, 민담 등의 이야기'를 말하는데 **'실제 있었던 일**이나 만들어낸 내용을 **재미있게 꾸며서** 하는 말'의 뜻도 있다. 나는 예수 설화를 '재미있게 꾸미기' 위해 정경에 기초하되, 신부님이 해주신 이야기와 상기 번역서를 텍스트로 삼아 이에 성전을 첨가하여 내용을 확장·각색했으며 허구적 창작도 상당 부분 곁들였다. 거기에 예수 신화가 말하고자 하는 기호記號가 무엇이며 구조적인 측면에서 선대의 많은 신화와 어떻게 연결되어 있는지를 간단하게나마 덧붙여 이야기로 엮어보니, (나만 그러할 수도 있겠으나) 제법 재미도 있고 교훈적인 데다 오히려 신앙심도 돈독해지며 마음을 정화해주는 듯하다.

이 책을 서술하면서 〈마태오 복음서〉와 〈루카 복음서〉 중 어디에 초점을 맞춰야 할지 적잖이 고민했다. 두 성서에 기록된 예수의 영아 시절 이야기가 시대와 배경이 다른 두 주인공의 서사이기 때문이다. 이에 보다 극적인 〈마태오 복음서〉를 기준으로 하되 역사적 시간을 무시하고 〈루카 복음서〉를 조합하여 하나의 이야기로 엮었다. 그러다 보니 예수의 부모인 요셉과 마리아가 사는 곳이 성경이나 종교적 상식과 다르게 설정되었다. 또 예수의 영아 시절 사건 일지는 성경에서 일탈하여 서술한 상상의 산물일 수밖에 없는데, 신심 깊은 신앙인이나 성경을 잘 아는 독자라면 의아해하고 때로는 반감을 품을지도 모른다. 하지만 교계에서도 〈마태오 복음서〉에 등장하는 헤로데의 영아 학살을 인정하면서도 어릴 적 축일은 〈루카 복음서〉를 기준으로 날짜를 정했기에 양자를 조합하여 서술하는 과정에서 발생하는 모순과 충돌은 불가피할 수밖에 없다. 물론 그러한 부분은 대부분 주석을 달아놓았다.

이 책을 쓰면서 염려되는 부분도 있었다. 설화 문학을 공부한 나도 수집한 자료를 읽으면서 참으로 황탄해 했는데, 호기심과 기대를 품고 예수의 어린 시절을 처음 접하는 독자라면 이런 황당무계한 이야기가 다 있냐며 허탈한 웃음을 지을지도 모르겠다. 그러나 설화 문학은 대부분 '비범한 능력'을 지닌 주인공이 등장하는 '허무맹랑한 이야기'다. 단군, 금와, 주몽, 유리, 혁거세, 김알지, 석탈해, 김수로, 심지어는 조선을 건국한 이성계의 젊은 시절 이야기마저도 가히 신에 견줄 만한 비범함에 사건이나 줄거리가 황당하기 짝이 없다. 이런 설화를 두고 우리는 사실 여부를 따지며 비난하지 않는다. 설화에서 말하고자 하는 바가 무엇인지 정치·사회·역사·문화적으로 탐구한다. 설화에는 정사正史나 성현의 말씀보다 더 큰 진실과 진리가 담겨 있기도 하다. 그러니 인류의 1/3 이상이 신봉하는, 기적을 행하고 진리의 말씀을 외친 성자 예수의 어린 시절의 이야기는 '인간이 이해하기 어려울 정도로 허무맹랑'할 수밖에 없으며 그의 비범성은 우리에게 종교적 교훈과 은혜를 주기에 충분하지 않겠는가!

이 책을 대하는 독자에게 감히 세 가지만 말씀드리고자 한다.

이 책은 종교학과는 거리가 멀다. 예수 전설을 설화소설로 재창작한 글이다. 따라서 여기에 등장하는 인물, 사건, 배경에 대해 종교적, 역사적 진위를 문제 삼기보다는 이런 전설도 있었으며 고대 종교와 이렇게 연관이 되는구나 하는 가벼운 마음으로 읽어주었으면 고맙겠다. 이 글의 주인공인 예수는 '신의 아들 곧 신인'이며 위대한 어머니인 마리아는 '동정녀'다. 이의 원형은 고대 이집트와 수메르 신화에 기원하며 지중해 일대 대지모신과 깊은 관련이 있다. 설화는 과거의 산물이지만 끊임없이 변형될 뿐 아니라 후대의 설화 발생에도 영향을 미치기에 이러한 부분까지 감안하여 읽으면 특정 부분에 대해 이해가 더 빨라지고 의미는 더 명확해질 수도 있다.

그리고 이 책이, 기독교는 짜깁기 종교이며 예수의 어록은 모순과 표절과 허구로 점철되었다고 생각하는 독자에게 한 번 더 심사숙고해보는 계기가 되었으면 한다. 고래로 인류 문화와 종교는 상통하고 교류했기에 상호 영향을 주고받으며 사상적, 정신적으로 유사할 수밖에 없다. 고대 수메르, 페르시아 종교가 동방의 힌두교와 불교로 이어졌듯이 유대교와 기독교, 이슬람교로도 이어졌으며, 여기에 유럽과 근동의 신화와 문화, 과학과 철학이 뭉뚱그려져 기독교가 존재하게 되었다. 조선인이 근대화되면서 서양 언어와 학문을 연구하고 서양식 복장을 하고 서양 음식을 먹는다 해서 비난하지 않듯이 기독교가 출발점에서부터 타 종교와 문화를 흡수하고 모방했다 해서 지탄받아야 할 이유는 없다. 인류가 만들고 이어온 모든 것은 공유되기 때문이다.

또 한편으로는 정경만 고수하는 일부 신앙인에게 예수의 은혜롭고 신비한 이야기가 얼마나 다양하게 존재하는지 알려주고 싶다. 학생들이 교과서만으로는 모두 해결할 수 없어 참고서를 찾듯이 성경이 교과서, 외경과 위경 및 성전은 성경의 내용을 풍요롭게 해주는 참고서라고 생각한다면 거부감이 덜할 것이다.

이 책을 쓸 때 수많은 자료의 도움을 받았다. 대부분 출처를 밝혔지만, 자료를 발견한 기쁨에 그만 내용만 가져오고 깜박 망실한 부분도 있을지 모른다. 최대한 검토했기에 그런 실수는 거의 없을 줄로 알지만, 혹 빠트린 부분이 드러난다면 그분들께 머리 숙여 미안하고 안타까운 마음을 전하며 양해를 부탁드린다.

4, 5년 전 이 글 초고를 작성하고는 방치해두다시피 했는데, 이 책이 세상에 나올 수 있도록 원고를 수용해주신 도서출판 시대의창 김성실 대표께 감사의 말씀을 드린다. 아울러 박성훈 편집장님과 그 외 도움을 주신 모든 분에게 고마움을 표한다. 특히 이 글을 쓰는데 단초를 제공해주신 고故 신부님께 감사를 표하며 비종교적 요소가 너무 많이 개입되었기에 하늘을 우러러 죄송한 마음도 전한다.

문득 고등학생 시절 읽었던 어느 성현의 글이 희미하게 떠올라 옮겨 본다. 대강 이런 내용이다.

"깨달음을 얻고 기뻐서 이를 어떻게 사람들에게 전할까 고민하다가 문득 옛 성현의 글을 읽어보니 내 깨우친 바가 그 안에 모두 있기에 절망하지 않을 수 없구나. 내가 사람들을 가르친다 해도 이를 선현先賢들의 아류에 불과하다 할 것이니 누가 내 말이라 믿겠는가."

그러자 한 제자가 말했다.

"스승님. 진리가 하나라면 모든 이의 깨달음도 상통해야 하지 않겠습니까? 사람들은 글을 읽지도 않고 설법을 잘 들으려 하지도 않습니다. 설사 읽고 들었다 할지라도 기억하지도 못할뿐더러 행동에 옮기지도 않습니다. 착해지기는커녕 세월이 흐르면서 다시 나쁜 짓을 하고 진리를 남긴 선대 성현들을 욕합니다. 그러니 후대에 깨달은 분이 사람들에게 계속 일러주어야 세상이 덜 타락합니다. 어서 일어나십시오."

여타 종교에 비해 비교적 젊은 기독교, 그 경전인 성경이 이와 같지 않을까?

2021년 5월

줄포茁浦 초빈거草瀕居에서

김송일

차례

일러두기

1. 이 책에 나오는 성경 본문은 2005년 발행된 한국 천주교회 공용 번역본《성경》을 따랐다.

2. 인명과 지명은 대체로《성경》의 표기를 따르되, 개신교 성경과 이질적인 경우엔 소괄호() 안에 첨가하였으며〔예: 필라투스(빌라도)〕, 일반적으로 통용되는 명칭은 그에 따랐다(예: 다비드 → 다윗).

1부

예수의 어머니 마리아

마리아의 부모 요아킴과 안나

◈

유다 땅 예루살렘에 요아킴이라는 부자가 살았다. 율법학자이자 무역상이며, 목장주인 나자렛 사람 요아킴은 르우벤 지파의 자손이었다.[1]

그는 하스모니안 왕조가 로마에 점령당하고 괴뢰 왕인 히르카노스 2세가 간신히 명맥을 이어가고 있을 즈음 갈릴래아 나자렛의 제법 부유한 가정에서 태어났다.[2]

---

1   위경 〈마리아 탄생 복음서〉와 〈야고보 원복음서〉에 나오는 내용으로, 다른 위경에는 요아킴이 유다 지파의 자손이자 율법학자라고 기록되어 있다. 그의 직업은 알 수 없으나 가톨릭에서는 사제였을 것으로 추정한다. 여기서는 임의로 요아킴의 직업을 무역상으로 설정했다. 자세한 내용은 참고자료 참조.
2   요아킴이 역사적으로 실재한 인물이라면 BC 60년경에 태어났을 것으로 추산된다. 예수가 BC 4

요아킴이 살던 시절은 팔레스타인 지역 사람들이 인근 열강 사이의 전쟁과 침략, 왕권을 둘러싼 내전, 종국에는 식민지인으로서 온갖 고통을 받으며 끊임없는 투쟁의 역사적 소용돌이에 휘말리던 때였다.

아버지 안티파테르 1세를 계승하여 유다의 속국인 이두매아(에돔Edom) 총독에 오른 이두매아인 헤로데 안티파테르 2세는 유다를 점령한 로마의 꼭두각시 왕 히르카노스 2세에게 빌붙어 팔레스티나에서 실질적인 권력을 장악했다. 그는 큰아들 파사엘에게 예루살렘과 유다의 통치권을 주고, 둘째 아들 헤로데를 갈릴래아 지방의 영주로 임명했다. 그들은 유다와 사마리아와 갈릴래아에서 로마에 바칠 무거운 세금을 징수했다. 이에 사람들은 고통 속에서 허우적거리며 조상 때부터 구전되어온 민족의 구원자 메시아만을 기다리고 있었다. 이런 와중에 히르카노스 2세의 동생인 아리스토불로스 2세의 아들 안티고노스가 파르티아의 도움으로 잠시 왕위에 오르며 하스모니안 왕조를 복원하는 듯했지만 헤아릴 수 없을 정도의 많은 사람이 로마에 의해 혹은 내전으로 죽고, 급기야 헤로데가 로마의 강력한 지원을 받으며 새로운 왕으로 예루살렘에 입성하면서 하스모니안 왕조는 역사 속으로 사라져버렸다.

이처럼 어지럽던 시절, 어릴 적부터 민족과 친척 및 주변 사람들이 겪은 온갖 수난을 목격한 요아킴 역시 메시아를 기다렸고, 아

년에 태어났고 마리아가 16세에 예수를 낳았으니 마리아는 BC 20년경 태어났으며, 마리아의 부모인 요아킴과 안나가 20세에 결혼하여 20년 만에 마리아를 낳았으니 둘은 BC 40년경에 결혼했다.

버지의 가르침대로 가난한 이웃을 도우며 성장해갔다. 요아킴은 이미 열여섯 살 때부터 하느님께 다른 사람들의 두 배가 넘는 제물을 바쳤으며 가난한 사람들에게도 자선을 많이 베풀었다. 이에 하느님께서는 그의 선행과 신앙에 보답이라도 하듯 감당하기 힘들 정도로 많은 재산을 불려주셨다. 요아킴은 주님의 은총에 언제나 감사하며 더 큰돈을 벌수록 삼등분하여 하나는 성전과 관리인들에게 바치고, 또 하나는 나그네와 가난한 사람들을 위해, 나머지는 자신과 가족을 위해 사용했다.

　스무 살 무렵 유다 지파 다윗 왕가의 후손인 스무 살의 안나[3]를 아내로 맞이한 요아킴은 자부심이 대단했다. 결혼 후 사업도 날로 번창해갔다. 그는 예루살렘 대성전 근방 안나의 집안으로 거처를 옮겨와 살면서 페르시아와 시리아, 이스라엘의 갈릴래아와 유다를 거쳐 이집트로 연결되는 해안길Via Maris을 오가며 무역을 했고, 로마와 소아시아, 인도와 동방의 중국과 연결되는 비단길을 통해 중개 무역을 하며 많은 돈을 벌었다. 그뿐 아니라 본향 나자렛과 겐네사렛 호수(갈릴래아 호수) 북쪽 메롬 호수 인근에 500마리가 넘는 소와 3,000마리가 넘는 양과 염소, 200마리가 넘는 낙타를 소유해 그 재산 규모를 헤아리기 어려울 정도였으며, 짐승 치는 남자 하인만 50명이 넘었다. 이처럼 어마어마한 부자였음에도 요아킴은 거만하지 않았고 언제나 선행을 실천하며 겸손한 생활을 했으며, 신앙심 또한 깊었다.

3　히브리어로는 '한나'로, 사무엘의 어머니 한나와 이름이 같다. 다른 전승에는 유목민 아카르의 딸로 나자렛 태생이라고 한다.

그러나 안타깝게도 결혼한 지 20년이 다 되도록 자식이 없어 이들 부부를 시기하는 사람들과 일부 몰지각한 친척들은 대놓고 무시하기 일쑤였다. 유다인들은 자녀가 없는 것은 죄에서 비롯된다고 생각했으며, 아들을 낳지 못하면 저주받은 사람으로 여겼다.

조상의 핏줄을 잇지 못한다는 점이 언제나 부끄러워 죄책감에 사로잡힌 이들 부부는 축제 때마다 성전으로 올라가, 선조 아브라함이 주님의 축복으로 100세에 이사악을 낳은 것처럼 언젠가는 아들이든 딸이든 분명 자식을 주실 것이라 믿으며, 그 자녀를 주님을 섬기는 데 바치겠다고 맹세하곤 했다. 또 언제나 자신의 삶을 돌아보고 반성하며, 더 많은 제물을 신에게 바치고 이웃에게도 더 큰 자선을 베풀었다.

마흔 무렵 요아킴은 여느 해처럼 봉헌 축제(하누카Hanukka)[4] 때 바칠 많은 제물을 준비하여 친척들과 성전으로 올라갔다. 그러자 대사제 이사카르(잇사갈)[5]는 역정을 내며 요아킴을 책망했다.

"요아킴이여, 그대는 자녀도 없으면서 왜 자녀가 있는 것처럼 행동하면서 자녀가 있는 다른 사람들 틈에 끼어 제물을 바치려는 거

---

4 수전절(성전을 수리한 명절)이라고도 한다. 유다력 아홉 번째 달 25일(태양력 12월 25일 무렵)에 8일간 열리는 축제로, 셀레우코스 왕조 안티오코스 4세에 의해 더럽혀진 대성전을 BC 165년경 마카베오가 엠마오 등의 전투에서 승리하여 되찾은 후 고치고 청소하여 축제를 연 데서 기원했다. 성전을 되찾았을 때 불을 밝힐 기름이 하루 치밖에 남지 않았으나 기름을 구하러 다닌 8일 동안 불이 꺼지지 않고 성전을 밝혔다는 기적을 기념하기 위해 8일간 축제를 연다. 이 기간에는 집집마다 매일 촛불을 켜며(유다 전통 촛대인 칠지의 메노라와 달리 아홉 가지의 하누키아메노라 촛대를 사용하는데, 중앙에 먼저 초를 켜고 그 불로 매일 오른쪽에서부터 하나씩 8일간 초에 불을 붙여 밝힌다) 선물도 교환하고 아이들은 명절놀이를 한다. 〈마카베오기 하〉 10장에 자세히 기록되어 있다.

5 〈야고보 원복음서〉에는 당시 대사제가 루벤(르우벤)이라고 기록되어 있다.

요? 당신의 제물은 받을 수 없소. 그 나이가 되도록 자식이 없다는 것은 하느님께서 당신은 자녀를 가질 자격이 없다고 이미 판단하셨기 때문이오. 하느님의 저주를 받아 자녀가 없는 자의 제물은 하느님께서 거절하신다는 것을 진정 모르고 이러는 거요? 성전을 모독하지 마시오! 어서 성전에서 나가시오. 자녀를 낳아 하느님의 저주를 푼 다음에 제물을 바치러 오시오."

요아킴은 평소에 성전과 관리인들을 위해 많은 재물을 바쳤기에 제사장이 양찰해주리라 생각했는데 자신을 비난하는 말을 듣고 크게 상처받았다. 그도 그러려니와 친척들마저 자기를 욕되게 할까 봐 더 두렵고 수치스러웠다.

요아킴은 한편으로 임신하지 못하는 아내가 불쌍하기도 했다. 자신에게 무슨 문제가 있는 건 아닌가 고민해보면서 스스로를 달래봤지만, 이번만큼은 아내 안나가 있는 집으로 갈 엄두가 나지 않았다. 성전에서 나온 요아킴은 친척들에게 무역 일 때문에 인도 사람들을 만나러 가야 한다고 둘러댄 뒤 당분간 소와 양, 낙타와 목동이 있는 광야로 가서 마음을 다스리는 편이 낫겠다고 생각하고 은밀히 말을 달렸다.

요아킴은 지금껏 아내를 사랑했고 양심적으로 살아온 사람이었다. 언젠가는 하느님께서 반드시 자식을 줄 거라 믿어왔지만 이번 수치는 인내심의 한계를 넘어섰다. 이젠 나이도 제법 먹어 아내의 생산이 끊어질 수도 있다. 다른 친구들은 손자 손녀를 안고 다니는데 아들은커녕 딸 하나 없는 자신이 원망스러웠다.

"야곱의 아내 레아와 라헬이 남편을 위해 몸종을 바쳐 많은 아들을 낳아주었듯 당신에게 여자를 얻어줄 테니 그에게서 아들을 낳으세요. 당신의 씨를 받았으면 곧 나의 자식이니 그렇게 해서라도 제 원을 풀어주세요."

아내가 예전부터 누누이 말했지만 그는 단박에 거절해버렸었다. 하지만 이제는 차라리 아내의 권유를 들었더라면 하는 아쉬움마저 밀려왔다. 지금이라도 다른 여자를 들어 자식을 낳아볼까 생각하다가도 아내를 너무도 사랑하는지라 절대 용납이 안 되었다. 오로지 신에게 기도하는 수밖에는 달리 방법이 없다고 생각한 요아킴은 레바논 산맥이 시작되는 기살라 근방의 계곡으로 들어가 천막을 치고 40일 동안 단식에 들어갔다.

"하느님, 부디 통촉하시어 저를 굽어살피소서. 욥이 아무 잘못도 없이 수모를 당하고 따돌림당했던 것처럼 저도 제 잘못이 무엇인지도 모른 채 자식도 없이 사제와 친척들에게 무시당했습니다. 아무것도 먹지 않고 오로지 기도만을 음식 삼아 주님께서 돌봐주실 때까지 주님 앞에 엎드려 있겠습니다."

요아킴이 광야에서 외로움과 추위에 떨면서 하느님께 울부짖으며 매달리던 어느 날, 심신이 쇠약해져 바위에 기대어 있던 중에 심중으로부터 스스로 되뇌는 소리가 울려 나왔다.

'내가 베푼 수많은 자선은 단지 율법을 지키기 위해서, 신으로부터 반대급부를 얻기 위해서였는지도 몰라. 겉만 번지르르한 신앙, 자만과 자부심. 나는 타인을 의식하며 살았던 거야. 지금까지의 내 선행은 모두 위선이었어. 나를 찾아 신의 마음과 합일하는 것, 그것이야말로 진정한 믿음임을 이제야 깨닫는구나.

자녀가 없어 조상의 혈통을 잇지 못하는 것은 아내의 잘못이 아니라 주님의 뜻일 수도 있으니 애먼 안나를 탓하지 말자. 나는 주위에 많은 비복과 친구가 있어 그나마 외로움을 달랠 수 있지만, 안나는 얼마든지 거느릴 수 있는 몸종을 거부하고 유디트 한 명만 둔 채 내게 헌신을 다했지. 오히려 내가 고마워해야 하는 게 아닌가.

어쩌면 주님께서 나를 쿰란으로 보내 에세네인들과 함께 수도 생활을 하며 주님을 찬양하게 하려고 자식을 주지 않았을지도 몰라. 그곳의 현자들은 결혼하지도 않고 성생활도 없으며 아이도 낳지 않고 오로지 주님을 모시며 깨달음을 얻는다고 하지. 그래, 나도 집으로 돌아가 전 재산을 주님께 바치고 이웃에게 자선을 베푼 후 안나에게 자유를 준 다음 쿰란 고원으로 떠나자.'

이처럼 마음이 열려 모든 걸 내려놓자 하늘이 밝아오고 하느님의 천사가 찬란한 광채 속에서 나타났다.

"요아킴! 두려워 마시오. 나는 하느님께서 보낸 천사요. 40일간이나 울부짖던 당신의 기도가 하늘에 전달되어 하느님께서 나를 통해 답장을 보내셨소. 당신은 선한 사람. 수많은 자선과 주님에 대한 정성은 주님께서도 익히 알고 계시오.

당신이 자녀가 없어서 당하는 수모를 주님께서 똑똑히 보셨소. 당신에게 자녀가 없는 것은 하느님의 저주가 아니라 하느님의 설계요. 하느님은 아무리 악인이더라도 직접 벌주시거나 저주하시지 않소. 부정한 인간은 끊임없이 과욕을 부리다가 스스로 망하는 법. 그게 바로 벌이고 저주요.

결핍은 인간을 깨달음의 길로 안내해주는 도구이자 화두. 당신은 결핍을 통해 자신을 찾고 진리를 깨달아 하느님의 영과 만났소. 하느님께서 당신 아내의 자궁을 막아놓은 것은 하느님의 영광을 드러내기 위함이오. 이스라엘의 조상 아브라함의 아내이자 이사악의 어머니 사라, 요셉의 어머니 라헬, 마노아의 아내인 삼손의 어머니, 엘카나의 아내이자 사무엘의 어머니 한나. 모두 한때는 아이를 낳지 못하는 여인이었지만 그들이 간구하는 기도를 들으시고 하느님의 영광을 드러내셨소. 하느님께서 이제 당신 아내를 통해 인류 역사상 가장 위대하고 거룩한 영광을 내려주실 것이오. 어서 아내가 기다리는 곳으로 돌아가 아내를 맞이하고 사랑을 나누시오. 당신 아내는 지금 예루살렘의 황금문[6]에서 당신을 애타게 찾으며 기다리고 있소. 둘은 신의 은총을 받아 여자아이를 낳을 것이니 아내에겐 딸이라는 사실을 비밀로 하고, 태어나면 그 이름을 마리아[7]라고 하시오."

요아킴은 자식을 갖게 된다는 소식에 기쁨의 눈물을 흘리며 주님을 찬양했다.

"그토록 바라던 자식을 저희 부부에게 주신다니 감사합니다. 마리아, 그 이름 결코 잊지 않겠습니다."

"마리아. 이집트에서 당신 조상들을 구원해낸 모세의 누이이자

---

6 오늘날 예루살렘을 둘러싼 성벽에는 동쪽의 황금문을 비롯해 여덟 개의 문이 있다. 자세한 내용은 참고자료 참조.

7 마리아, 미리암, 미리암, 미리암네, 마리암네, 메리, 매리, 마리 등은 같은 이름으로, 언어마다 발음에 차이가 있다.

그를 살려낸 여인, 하느님이 선택하신 최초의 여자 선지자, 광야에서 독신으로 죽은 동정녀, 그리하여 높임 받은 여자. 당신 딸도 그와 같을 것이며 괴로움, 바다의 별이란 이름으로 숭앙받을 것이오."

"오! 주님, 감사합니다. 저에게도 자식이 생긴다니…."

"당신이 맹세한 대로 어려서 주님께 봉헌될 것이고, 장차 그 딸아이를 통해 당신의 나라와 인류를 구원할 왕 중의 왕을 생산할 것이오."

"왕 중의 왕이라니 그게 무슨 말씀입니까?"

"세상과 우주를 제어하는 왕 중의 왕. 나도 거기까지밖에 모릅니다. 훗날 당신 스스로 깨우쳐 그를 기다리도록 하시오. 그러나 당신은 그를 볼 수 없습니다."

■ 요아킴

마리아의 아버지는 요아킴, 어머니는 안나다. 정경에는 등장하지 않고 위경 〈마리아 탄생 복음서〉, 〈야고보의 원복음서〉 혹은 〈주 예수의 사촌이자 형제, 대표적 사도이자 예루살렘의 초대 주교인 작은 야고보가 쓴 그리스도와 그 어머니 동정녀 마리아의 탄생에 관한 역사적 서술〉에 언급되어 있다. 요아킴은 르우벤 지파 혹은 유다 지파 자손이며 율법학자로 언급되어 있다.

십자군 시대 이후의 전설에 따르면 요아킴은 갈릴래아 세포리스 태생이다. 다른 전설에는 마리아의 아버지 이름이 클레오파스Cleophas 혹은 클로파스Clopas, 사도크Sadoch, 헬리Heli 등으로 나오는데 헬리(엘리)가 가장 많이 언급된다. 엘리는 〈루카(누가) 복음서〉 3장 23∼38절에 나오는 예수의 족보에서 요셉의 아버지 이름이다. 이 족보는 〈마태오(마태) 복음서〉에 등장하는 예수 족보와는 완전히 다른 별개의 족보인데, 기독교계 대부분은 엘리라는 이름 때문에 마리아 집안의 족보일 것으로 추정한다. 엘리와 요아킴이 동일 인물인지는 알 수 없다.

가톨릭교회(혹은 전설)에서는 요아킴이 사제였다고 하는데, 이는 안나의 집(성 안나 성당)이 왜 예루살렘에 있는지 설명해주는 근거가 되기 때문이다(예수 사생아 설화인 판테라 이야기와도 간접적으로 연관되어 있다). 예루살렘에서 직선거리로도 120킬로미터가 넘는 나자렛에는 안나의 딸 마리아의 집(주님 탄생 예고 성당)과 요셉의 집(성 요셉 성당 혹은 성가정 성당)이 약 100미터 간격으로 있다. 부모의 집은 예루살렘, 아직 결혼하지 않은 딸의 집은 나자렛에 위치하여 모순일 수밖에 없으니 이를 해결하는 방법은 아버지인 나자렛 출신 요아킴이 대성전 사제로 근무하면서 아내 안나를 대동하여 예루살렘에 살았다고 하는 수밖에 없다. 한편 〈마리아 탄생 복음〉에는 '요아킴의 집안은 나자렛에 있었고 안나의 집안은 베들레헴에 있었다'라고 하였으며 '나자렛에서 마리아를 낳고 예루살렘에 있는 주님의 성전에서 교육받았다'라고 기록되어 있다. 그러나 〈야고보 원복음서〉에는 요아킴과 안나가 예루살렘에 살았음이 전제되어 있으며 그곳에서 마리아를 낳아 길러 성전에 바쳤다고 기록하고 있다.

■ 예루살렘 성벽 문

오늘날 구 예루살렘을 둘러싼 성벽에는 여덟 개의 문이 있다. 그것은 동쪽의 황금문과 스테판문, 남쪽의 분문과 시온문, 서쪽의 요파문, 북쪽의 새문, 다마스커스문, 헤로데문이다.

황금문Golden Gate은 대성전 바로 옆에 있으며 쌍문이라고 한다. 회개의 문과 자비의 문으로 이루어졌기 때문이다. 바빌론 유수 시절 수산에서 돌아와 이 문으로 들어왔다 해서 라틴어로 '금으로 된 문Porta aurea'이라 불렀다. '미문美門'이라고도 한다. 이 문은 벽돌로 막혀 있는데, 그 뒤로 무함마드가 승천했다고 전해지는 자리에 세워진 이슬람 사원 황금돔이 보인다. 안에는 아브라함이 이사악을 제물로 바치려 했다는 바위가 있다.

스테판문St.Stephen's Gate은 황금문 북쪽에 있다. 스테판이 이 문밖 가까운 곳에서 순교했다고 하여 붙여진 이름이다. '마리아의 문'이라고 하는데, 마리아가 문안 가까운 곳 안나의 집에서 태어났으며 마리아 무덤이 문밖 남동쪽 키드론 골짜기에 있다고 하여 그렇게 부른다. '사자문', '양羊문', '여호사밧문'이라고도 한다. 이 성문 근처에서 제물로 바칠 양을 팔았으며 문 안쪽 베데스타 연못에서 양을 씻었다.

분문糞門, Dung Gate은 황금문과 가까운 성의 남쪽에 있다. 제물을 태우고 난 재와 예루살렘의 오물이 이 문을 통해 힌놈 골짜기나 키드론 골짜기에 버려졌다. 솔로몬 시대에는 실로암 연못까지 이어지는 계단이 있었다고 한다. 통곡의 벽과 함께 유다교도 구역에 있다.

시온문Zion Gate은 남쪽 성벽 서쪽에 있다. 시온산에 있는 다윗의 무덤으로 연결되는 문이다. 요파문과 함께 아르메니아인 구역에 있다.

요파문Jaffa Gate은 성의 서쪽에 있다. 요파(욥바)로 통하기 때문에 이렇게 불렸다. '하느님의 친구 문' 또는 '아브라함의 문'(아브라함이 하느님의 친구임)이라고도 하며 '헤브론문'이라고도 부르는데, 아브라함의 무덤이 있는 헤브론과 통하기 때문이다.

새문New Gate은 말 그대로 새로 난 문으로, 구시가지와 신시가지를 연결한다. 기독교도 구역인 성의 북쪽 서편에 있다.

다마스커스문Damascus Gate은 '세겜문'이라고 하는데, 세겜을 거쳐 다마스커스(다메섹)로 연결되기 때문이다. 성의 북쪽 중앙에 있다. 이슬람교도와 기독교도 구역의 경계를 이룬다.

헤로데문Herod's Gate은 헤로데 안티파스의 궁전이 가까이 있어서 붙은 이름이다. '초소의 문', '꽃문'이라고도 한다. 성의 북쪽 동편 이슬람교도 구역에 있다. 현재도 사람들에게 헤로데문을 물으면 모르는 체하거나 가르쳐주지 않는다. 비유다인인 헤로데에게 압제당한 과거를 언짢게 여기기 때문이다.

요아킴을 기다리는 안나

◈

한편 봉헌 축제를 위해 많은 제물을 가지고 떠난 남편이 40일이 지나도록 돌아오지 않자 안나는 슬픔에 싸였다. 남편과 함께 떠났던 친척들을 찾아가 행방을 물으니 성전에서 수모를 당하고는 비탄에 빠져 어디론가 사라졌다는 소식뿐이었다.

남편의 치욕과 방황의 원인이 자신에게 있음을 알았을 때 안나는 어찌할 바를 몰랐다. 결혼한 지 20년이 되도록 자식을 낳지 못한 것은 신과 조상에게 가장 큰 죄임을 그녀는 알고 있었다. 남편에게 다른 여자를 데려와 대를 이으라고 말한 것도 수차례, 가만가만 다른 처녀 아이를 알아보기도 했으나 그때마다 남편은 부드럽게, 때로는 화를 내며 요지부동 단박에 거절해버리는 것이었다.

한번은 자신의 몸종 유디트를 자신인 것처럼 위장하여 밤에 남편 품에 보낸 적도 있었다. 그런데 그만 들통나서 남편은 두 번 다시 아내의 자리를 넘보지 말라며 유디트를 심하게 채찍질했다. 안나는 이러한 남편의 사랑에 감격하여 행복의 눈물을 흘렸지만 항상 더 큰 죄책감에 사로잡혀야 했다.

그 일 이후 유디트는 안나의 말을 잘 듣지 않았고 야멸차게 눈을 흘기며 슬슬 피하기까지 했다. 남편이 무역 일로 나가거나 가축을 살피러 남종들과 산으로 떠나면 집 밖으로 돌아다니며 애도 못 낳는 여주인 때문에 자신이 억울하게 맞았다며 방방 떠벌리고 다녔다.

이번에도 예외는 아니었다. 남편이 봉헌 축제일 즈음 신에게 예물을 바치기 위해 성전으로 떠나고 어느덧 과월절과 초실절[8]이 가까워질 무렵 공교롭게도 디오니소스 축제가 열렸다. 디오니소스 축제는 로마가 유다를 점령하기 훨씬 전, 하스모니안 왕조 탄생[9]의 계기가 된 셀레우코스 왕조 속국 시절[10]부터 강제로 행해진 이교도 의식이었다. 지금은 헤로데 대왕의 친 로마 정책의 영향 때문이기도 하지만, 이집트나 로마에 디아스포라를 형성하며 살던 유다족, 또는 로마인이나 그리스인과 결혼한 유다족과 그 후손들이 고향에 찾아오거나 무역차 들르면서 자랑삼아 열곤 했었는데

---

8 과월절은 유다력 아빕월 1월 14일 하루이며, 무교절은 1월 15일부터 7일간이다. 초실절은 과월절이 지나고 오는 안식일 바로 다음 날로, 오늘날 기독교의 부활절이다. 앞에서는 하누카 무렵이었는데 벌써 과월절이 되는 등 설화의 특징인 '시간의 불일치'가 잘 드러나는 대목이다.

9 BC 166년.

10 BC 223년.

특히 위대한 대지모신과 그의 아들 곧 신인을 섬기는 의식과 결합되어 환락적이기까지 했다. 이제는 팔레스티나 지역을 점령하다시피 한 이런 축제는 이미 이교의 향락에 젖어버린 그들에게는 아무런 문제가 되지도 않았을 뿐더러 유다 고유의 축제보다 더 성대하게 치러지고 있었다. 이런 이교 축제는 적어도 1년에 다섯 번 넘게 열렸고 유다 축제일과 겹치는 경우가 많았다.

얼싸 좋다며 집을 나가 며칠 동안이나 집에 들어오지 않던 유디트가 주님의 성대한 축제일이 되자 디오니소스 축제 때나 쓰는 종려나무 가지를 들고 들어왔다. 어디서 구했는지 머릿수건을 하나 가져와서 근심과 눈물로 남편을 기다리고 있는 안나에게 주며 말했다.

"이 좋은 축제 날에 언제까지 그렇게 한탄만 하고 있을 작정이에요? 거리에 나가 보세요. 결혼한 사람이나 그렇지 않은 사람이나 다들 흥에 겨워 밤낮으로 포도주를 마시며 춤추고 서로 껴안고 맘껏 쾌락을 즐기는데, 혼자서 울고만 있다니 마님은 바보가 아니고 뭐예요? 아 참, 그 머릿수건은 어제 디오니소스와 데메테르 여신의 미스테리아 행사 때 제가 마님 대신 참가해 돼지를 감쌌던 소중한 거예요."

안나는 그게 죄악인지 아닌지 구분도 못 하는 유디트를 나무랐다.

"저리 치우지 못해? 감히 이교도 축제에서 더러운 돼지나 감싸 안던 것을 내게 주다니. 넌 나를 죄로 더럽히려고 온 거니? 주인 나리께서 오시면 네 짓을 다 일러바칠 테다."

그러자 유디트는 비아냥댔다.

"주인마님, 우리 율법에서나 돼지를 더럽게 여기지 돼지는 실은 더러운 동물이 아니에요. 그리스나 로마에서는 대지와 농업의 여신인 데메테르 축제일이 되면 디오니소스를 찬양하며 데메테르가 가장 사랑하는 동물인 돼지를 목욕시킨 후 바다에 빠트려 죽인답니다. 그 돼지는 우리를 대신해서 죽는 것이고, 우리는 지금까지 지은 죄를 돼지의 죽음을 통해 용서받게 되지요. 애를 못 낳는 마님을 생각해서 가져왔건만 싫으시면 관두세요."

몸종에게까지 무시당한 안나는 화를 냈다.

"이 더러운 것! 어디서 감히. 하느님께서 직접 만드시고 모세가 기록해 전해 내려오는 율법을 무시하고 함부로 입을 놀리다니! 넌 주님의 저주를 받아야 마땅해. 저 부정한 것을 가지고 썩 나가지 못할까!"

"마님, 지금이 어느 세상인데 아직도…. 제 말을 듣지 않으니 무슨 악담을 해주어야 할까요? 마님 내외가 그토록 섬기는 하느님은 마님의 자궁을 닫아 애를 갖지 못하게 만들었어요. 애 못 낳는 저주보다 더한 저주가 어디 있어요? 비참하게 집안에만 있으면서 눈물로 세월을 보내는 마님이 가엾네요. 세상이 바뀌었답니다. 우리의 신은 없고 기다리던 구세주도 오지 않았어요. 대신 미트라와 디오니소스가 세상을 지배하고 있지요. 안 그래도 나가려고 했어요. 어제 축제에서 우리 유다를 지배하고 호령하는 멋진 로마 병사를 만나 사랑을 나눴답니다. 그를 따라갈 거예요. 앞으로 마님도 조심하세요."

그렇게 유디트는 떠나버렸다. 안나는 하녀 몫까지 험하고 고된 일을 하며 한 달 넘게 혼자 지내야 했다.

샤부옷(칠칠절) 축제가 거의 끝나가는 어느 날이었다. 안나는 결혼식을 회상하며 그때 입었던 옷을 꺼내 들었다. 남편이 다시 돌아와 그 옛날 결혼식 때처럼 첫날밤의 사랑을 줄 것만 같았다. 정원에 우뚝 솟은 월계수 아래 그늘로 안나는 가만가만 걸어갔다. 나무 위 둥지에서는 어미 새가 쉴 새 없이 날아들며 먹이를 물어다 주고 있었다. 그녀는 가만히 되뇌었다.

'오! 주님, 한낱 새조차도 새끼와 함께 있는데 저는 도대체 뭐지요? 하녀조차 저를 무시하고 떠나버렸으니 이 치욕과 수모를 저를 대신해 갚아주세요.'

언젠가 남편에게 들었던 월계수의 전설이 떠올랐다.

"그리스의 태양신 아폴론은 야성의 다프네를 사랑했지만, 에로스가 쏜 증오의 화살을 맞은 다프네는 도망치다 아버지인 강의 신 페네이오스에게 도움을 청했고 페네이오스는 다프네를 월계수로 변하게 했지. 아폴론은 다프네를 기리기 위해 월계수를 자신의 나무로 삼고 올림픽 경기의 승자에게 나뭇잎으로 관을 만들어주었어."

남편은 아폴론이 월계수를 기리는 것보다 안나를 더 사랑한다고 말했다.

'그래, 좀 더 기다려보자. 이교도의 신도 자신의 여인을 기렸는데 야훼 아도나이 하느님을 섬기는 내 남편은 나를 찾아 반드시 돌아올 거야. 남편이 어느 여인을 안고 오든 난 받아들일 수 있어.

그 여인에게 난 자식도 결국은 내 자식이니까. 그러면 나는 남편에게 더 큰 자랑거리가 되고, 다른 여인들보다 더 큰 승리자가 될 거야.'

안나는 월계수 그늘에 엎드려 한참을 흐느껴 울다가 그만 지쳐 잠들었다. 시간이 얼마나 흘렀을까. 월계수 가지 사이로 한줄기 태양 빛이 부드러운 음성이 되어 그녀의 귓가에 울렸다.

"안나, 당신의 기도가 하늘에 와 닿았으니 울지 마세요. 당신이 억울함을 당해 흘린 눈물방울 수를 하느님은 세고 계시고 반드시 갚아주실 거예요. 어서 일어나 성전의 황금문 앞으로 가보세요. 당신 남편 요아킴이 그곳에서 당신을 찾아 헤맬 것인데, 이제 기쁜 소식을 전하겠어요. 어서 가 남편을 맞이하여 주님을 찬양하며 당신 남편과 깊은 사랑을 나누세요. 내년 포도를 수확할 무렵 그대는 임신하여 아이를 낳을 것이니, 온 인류와 세상 끝까지 찬양받는 사람이 될 것입니다."

잠에서 깨어 정신이 번쩍 든 안나가 물었다.

"네? 제가 아이를 낳을 수 있다고요? 그런데 지금 말씀하시는 분은 누구신가요?"

"나는 하느님의 전령사이자 파수꾼인 천사입니다."

"오! 하느님, 제가 아들이든 딸이든 낳기만 한다면 그 아이를 주님께 봉헌하여 거룩한 일을 하면서 평생 주님을 섬기게 하겠어요. 하느님, 감사합니다."

그리하여 부부는 성전 황금문에서 만났다. 요아킴은 흠 없는 암컷 양 열 마리를 하느님께 바쳤다. 또 사제들에게 흠 없는 송아지

열두 마리를 바치고, 고을 사람들과 나그네들을 위해 염소 백 마리를 잡아 대접하자 사제의 이마에 달린 동판의 별에 축복의 표시가 반짝였다.

그날 밤, 요아킴과 안나는 주님을 찬양하며 첫날밤보다 더 사랑스럽게 잠자리를 했다.[11]

---

11 8세기경부터 동방교회에서는 마리아 탄생 기념일인 9월 8일을 역산한 12월 8일을 '성모의 원죄 없으신 잉태 대축일'로 지켜왔다. 이 축일은 9세기에 유럽으로 전해졌으며, 1476년 교황 식스토 4세가 로마 전례력에 도입하여 전 교회로 확장되었다. 1854년 12월 8일 교황 비오 9세는 '성모의 원죄 없으신 잉태'를 신앙 교의로 공포했다.

■ 초실절初實節과 칠칠절(샤부오트Shavuot)

초실절First Fruit이란 첫 수확을 신에게 바치는 종교 행사를 말한다. 그리스에서는 아파르케aparche라 하며 엘레우시스 밀의 종교에서 데메테르와 페르세포네 여신에게 과일을 바치는 데서 유래했다.

유다의 초실절은 과월절(태양력 3~4월 경으로 춘분이 지난 후 첫 번째 만월일)이 지나고 오는 안식일 바로 다음 날을 말한다. 과월절은 유다력 아빕월 곧 1월 14일 하루이며, 무교절은 1월 15일부터 7일간으로 무교병을 먹는다. 유다 지역에서는 밀보다 보리를 20여 일 빠르게 수확하기 때문에 보리 한 단을 요제搖祭로 바치므로 이날을 맥추절이라고도 한다. 초실절이 종교적 용어라면 맥추절은 농사력 용어라 할 수 있다. 참고로 아빕은 봄이라는 뜻이며 유다력 첫 번째 달로 하느님이 모세와 아론에게 '너희는 이달을 첫째 달로 삼아, 한 해를 시작하는 달로 하여라'라고 말씀하신 데서 탄생했다〈탈출기〉 12:1~2). 훗날 바빌론력 니산으로 바뀌었다.

초실절 이후 49일간 각기 자신의 곡식(주로 밀)을 추수하여 신께 두 번째 열매를 바치는데, 이 기간을 칠칠절이라고 한다. 칠칠절 바로 다음 날이 오순절이며, 이날은 유교병 두 개를 만들어 신에게 제사 지낸다. 〈레위기〉 23장 '이스라엘의 축일들'에 그 의식이 잘 기록되어 있다. 유다 랍비들은 오순절을 모세가 시나이산에서 신에게 십계명을 받은 날과 연결 짓기도 한다.

초기 기독교 이후 초실절과 부활절은 같은 날이며 부활절로부터 50일째 되는 날을 오순절로 지켰다. 이 오순절의 시작(부활절)과 끝(오순절)에 세례 의식을 거행했다. 신약 성경을 보면 오순절에 예루살렘 마르코의 다락방에서 신도 120명이 성령 강림을 체험했는데, 이날은 기독교 공동체가 시작된 날이기도 하다〈사도행전〉 1:12~2:13). 마르코의 다락방은 예수가 십자가에 못 박

히기 전 최후의 만찬이 열린 곳으로, 성찬 예식을 최초로 거행했던 곳이다
《루카 복음서》 22:12~13).

–《가톨릭 대사전》, 다음백과 참조

■ 성모 축일

성모 축일은 예수의 어머니인 성모 마리아와 관련된 축일을 말한다.

1월 1일은 '성모 마리아 대축일'이다. 이날은 본래 로마인들의 이교도 축
제일이었는데, 교회에서는 단식과 참회의 날로 정했다가 이후 성모 축일로
삼았다. 5세기경 스페인과 프랑스에서 크리스마스 직전 일요일을 성모 대축
일로 지냈고, 로마에서는 1월 1일을 기념해오다가 13~14세기에 이날을
예수 할례 축일로 지냈다. 1914년 포르투갈에서는 10월 11일을 '천주의
복되신 동정 마리아 첨례일瞻禮日'로 지냈는데, 1974년 제2차 바티칸 공의
회 이후 교황 바오로 6세는 1월 1일을 성모 마리아 대축일로 대체했다. 아
직도 로마 전례 특별 양식을 따르는 가톨릭 단체, 성공회와 루터교는 1월 1
일을 성탄 팔부 첨례일로, 10월 11일을 성모 마리아 대축일로 기념한다. 성
탄 팔부란 성탄일로부터 8일째 날(예수 할례일)인 1월 1일까지를 말한다.

2월 2일은 '주님 봉헌 축일'이다. 〈루카 복음서〉(2:22~40)에 근거하여 모세
의 율법에 따라 아기 예수를 예루살렘 성전에 바친 사건을 기념하는 절기다.

3월 25일은 '주님 탄생 예고 대축일'(크리스마스 9개월 전)이다.

8월 15일은 '성모 승천 대축일'이다. 로마 주교 에보디우스 설교 등 여러
콥트어 필사본, 그리스어 필사본에 보면 이날 마리아의 영혼과 육신이 승천
했다고 기록되어 있다. 1950년 11월 1일 교황 비오 12세가 이를 믿는 교
리로 반포하였다.

12월 8일은 '한국 교회의 수호자, 원죄 없이 잉태되신 복되신 동정 마리
아 대축일'로 지정하여 기념하고 있다.

이상의 5대 축일 외에도 '성모의 성녀 엘리사벳 방문 축일'(5월 31일),

1954년 비오 12세가 지정한 '여왕이신 동정 성 마리아 축일'(8월 22일), 성모의 일곱 가지 고통을 묵상하고 기도하는 '성모 칠고七苦 축일'* 혹은 '성모 통고 축일'(9월 15일), '로사리오 성모 축일'**(10월 7일), '성모 자헌自獻 축일'(11월 21일) 등이 있다.

— 《가톨릭 대사전》, 위키피디아 참조

■ 성 안나 축일

가톨릭교회에서는 위경 〈야고보 원복음서〉에 근거하여 7월 26일을 '복되신 동정 마리아의 부모 성 요아킴과 성녀 안나 기념일'로 정해 기린다. 본래 안나만 기념했던 날로, 6세기 예루살렘에서 시작되어 콘스탄티노폴리스를 거쳐 동방교회에 소개되었고, 중세 초기인 8세기에 로마와 유럽으로 전해져 중세 후기 무염시태無染始胎 신앙으로 14세기에 대중화되었다. 성 안나의 유해는 8세기 초 유다에서 콘스탄티노폴리스로 옮겨졌으며, 유스티아노

---

*   성모의 일곱 가지 고통을 묵상하고 기도하는 날이다. 칠고는 다음과 같다. ① 이집트로 피난(〈마태오 복음서〉 2:14) ② 시몬의 예언(〈루카 복음서〉 2:35) ③ 예수를 잃어버림(〈루카 복음서〉 2:48) ④ 예수가 십자가를 메고 골고타 갈바리아로 오름(〈요한 복음서〉 19:17) ⑤ 예수가 십자가에 못 박혀 죽음(〈요한 복음서〉 19:25) ⑥ 예수를 십자가에서 내림(〈요한 복음서〉 19:40) ⑦ 예수가 무덤에 묻힘(〈요한 복음서〉 19:42)

** 성모는 로사리오(장미 화관, 장미 꽃다발이라는 뜻을 지닌 묵주, 혹은 묵주기도)를 통하여 구원의 신비를 묵상하고 그 신비를 살도록 하느님께 전구轉求(성모 마리아와 그 밖의 성인聖人을 통해서 은혜를 구함)해 주시므로, 이를 특별히 기념하고 감사를 드리는 축일. 로사리오 회원들은 15세기 말엽 10월 7일에 이 축일을 지냈다. 이 축일은 교황 성 비오 5세가 레판토 해전의 승리(1571년 베네치아, 스페인, 제노바, 몰타 기사단 등의 신성 동맹이 오스만 제국을 물리친 전쟁)를 계기로 로사리오 축일을 장엄하게 지내도록 명한 것에 기원한다. 당시 신자들은 전쟁의 승리를 기도 지향으로 삼아 로사리오를 열심히 드렸는데 전쟁이 승리로 끝나자 로사리오의 성모께서 하느님께 전구해 준 결과로 믿었으며 교황은 이 신념을 받아들였다.

2세 황제가 그 무덤 위에 웅장한 성전을 건축했다. 1584년 교황 그레고리오 13세는 7월 26일에 지키는 축일을 로마 가톨릭교회 전체로 확장시켰다. 1969년부터는 성 요아킴도 함께 기념하며, 동방교회에서는 7월 25일에 지킨다.

안나는 브르타뉴와 캐나다 그리고 여성 노동자의 수호성인이다. 교회 미술 작품에서 성녀 안나는 영원하고 신적인 사랑을 상징하는 초록색 망토와 빨간색 드레스를 입은 모습으로 주로 표현되며, 마리아의 교육을 담당했기에 종종 책을 들고 있는 모습으로 묘사되기도 한다. 한편, 성 요아킴의 상징은 성전에서 행하던 그의 경건한 제사와 관련 있는 어린 양, 백합, 새장 속의 비둘기 등이다.

- 《가톨릭 대사전》, 가톨릭굿뉴스 참조

마리아의 탄생과 어린 시절

◈

이듬해 초막절[12] 무렵 하느님의 약속대로 만삭의 안나가 출산했다.[13]

"오! 하느님, 오늘 주님이 제 영혼을 축복해주시고 남편의 가문을 빛내주셨습니다. 그런데 아들이에요, 딸이에요?"

산파는 딸이라고 대답했다. 은근히 아들을 기대했기에 조금 서

---

12 과월절, 오순절과 더불어 히브리인의 3대 축제로, 태양력으로 9~10월경에 7~8일간 지냈다. 자세한 내용은 참고자료 참조.

13 가톨릭교회에서는 9월 8일을 성모 마리아 탄생일로 기념한다. 마리아의 탄생 과정과 인신 봉헌은 '무자無子-서원 기도-탄생-인신 봉헌'이라는 사무엘의 탄생 과정 및 봉헌 구조와 매우 비슷하다. 마리아의 어머니와 사무엘의 어머니는 이름마저 한나(안나)로 똑같다. 사무엘은 다윗 왕 이전 사울 왕 시절의 선지자다.

운할 법도 했으나 안나는 자식을 주신 주님께 감사의 기도를 드릴 따름이었다. [14]

요아킴은 천사의 계시로 딸이라는 사실을 이미 알고 있었기에 기다린 기쁨이 두 배가 되었다. 천사의 지시대로 딸의 이름은 마리아라고 지었다. 마리아 곧 미리암은 선조들이 이집트에서 종살이할 때 레위 가문의 아므람과 요게벳 사이에서 태어난 모세와 아론의 누이이자 평생 결혼하지 않고 신에게 자신을 봉헌한 최초의 여사제다. 이미 신은 먼 옛날 미리암에게 그랬던 것처럼 마리아에게 거대한 운명의 힘을 예정했던 것이다.

요아킴은 자식이 태어나면 주님께 봉헌하기로 신께 맹세한 일과 천사에게 약속한 말을 잊지 않았다. 그래서 마리아의 방을 거룩한 장소로 만들어 정결한 하녀들만이 드나들게 하고 조금이라도 불결한 것, 율법에 어긋나는 것은 접근하지 못하게 했다. 심지어 마리아의 발에 흙조차 묻히지 않았다.

첫돌을 맞이해 사제, 학자, 장로를 비롯한 고을의 모든 사람을 초청해 크게 잔치를 베풀었다. 대사제는 기도했다.

"우리 조상의 하느님, 르우벤의 후손 요아킴과 다윗 왕의 후손 안나 사이에서 태어난 이 딸을 축복하시고 대대로 이어질 이름을 내려주십시오."

이어서 사제들도 기도했다.

"가장 높으신 하느님, 선하고 인자하고 신심 깊은 요아킴과 주님

---

14 일부 사본에서는 천사가 안나에게 딸을 출산할 것이라고 일러준다.

의 여종이자 훌륭한 아내 안나가 오랜 기다림 끝에 얻은 귀한 자식을 굽어 살펴보시고 영원한 축복을 내려주십시오."

그곳에 모인 마을 사람들은 "그렇게 이루어지길 빕니다. 아멘" 하고 화답했다. 안나는 딸을 받아 안고 보배로운 젖을 먹이며 자랑스럽게 찬미가를 바쳤다.

"저를 찾아주신 주님, 제 원수들의 책망을 듣지 않도록 해주신 하느님, 저에게 정의로운 열매를 주신 분, 슬픔을 기쁨으로 바꾸어 남편의 가문을 붙들어주신 분, 안나가 젖을 물린다고 르우벤 자손들에게 말할 수 있게 해주신 분, 찬미 드립니다."

마리아가 두 번째 돌을 맞이하자 요아킴은 마리아를 신에게 바치겠노라 약속한 대로 성전에 데려가려 했다. 안나는 성전에 바치기에는 마리아가 너무 어린 나이여서 성년이 된 뒤 부모 얼굴마저 잊어버리면 어떻게 하냐며, 1년만 더 데리고 있으면서 더 많은 사랑을 주고 싶다며 눈물을 흘렸다. 대사제 역시 너무 일찍 부모와 헤어지면 부모도 아이도 이별의 슬픔에 자칫 몸과 마음의 건강을 해칠 수 있으니 부모 품에서 1년 더 지내는 편이 좋겠다고 했다. 요아킴은 대사제의 말에 순종하여 마리아를 다시 집에 데려와 극진한 사랑을 베풀었다.

마리아가 세 살이 되었다. 이제는 신께 한 약속을 지켜야 했고, 정말로 이별을 결심해야 했다. 요아킴은 지난 1년간 마리아와 함께 성전에 봉헌할 일곱 여자아이를 수소문했다. 감사하게도 비록 가난하지만 신심 깊은 일곱 부모를 만났다. 드디어 그날이 되어 그들과 함께 성전으로 올라갔다. 부자인 요아킴은 그들 부모에게 많은 재물을 나누어주어 여생이 걱정 없도록 했다.

대사제가 반갑게 맞으며 마리아를 제대의 세 번째 계단에 내려 놓자 마리아는 춤을 추며 15계단을 향해 끝까지 걸어 올라가 내려오지 않았다. 마리아가 얼마나 위대한 인물이 될 것인지 보여주는 기적이었다.[15]

요아킴 부부는 율법에 따라 제물을 바치고 맹세를 이행한 뒤 다른 어린 처녀들을 양육하는 성전의 별관에 마리아를 맡기고 돌아갔다. 20년 만에야 얻은 세상에서 가장 소중한 자식, 때로는 신에게 한 약속을 어기고 싶을 만큼 사랑한 자식이었지만, 요아킴과 안나는 아브라함이 이사악을 제물로 바쳤듯이 경건하게 마리아를 바치고 눈물을 뒤로한 채 집으로 돌아왔다. 그리고 기살라에서 신께 서원한 대로 쿰란으로 떠날 준비를 했다.

부모와 떨어져 홀로 남은 첫날부터 마리아는 다른 아이들과 달리 울지도 않고 항상 빙그레 웃으며 지냈다.[16] 성전의 사제들과 일을 돌보는 사람들은 아이들의 울음에 힘겨워했다. 대사제는 아이들을 달래기 위해 고민하다가 사제와 근무자 일부를 천사로 변장

---

15 가톨릭교회에서는 이를 기념하여 11월 21일을 성모 자헌自獻 축일(복되신 동정 마리아 자헌 기념일)로 지킨다. 비전秘傳에 의하면 레위 지파 남녀 각각 12명이 어렸을 때 대성전에 입소한다. 남자는 신의 사자 곧 천사의 신분이 되어 대사제 교육을 받고, 여자는 남자의 아이를 의무적으로 임신해야 했다. 임신한 여자는 일반 가정으로 시집을 가 아이를 낳은 다음 어느 정도 성장하면 그를 성전에 바쳐 레위 지파 대사제의 순수 혈통을 지켰다고 한다(《성서의 뿌리》, 민희식 외 지음, 블루리본, 2008). 마리아와 일곱 소녀의 성전 입소나 가브리엘 천사의 수태고지 등은 이러한 비전을 암시한다. 참고로 사제 즈카르야와 아내 엘리사벳은 레위 지파 후손이다.

16 위경에는 마리아가 천사의 시중을 받으며 항상 함께 지냈다는 한 줄의 내용만 기록되어 있다. 흥미를 돋우기 위해 이하 내용은 창작했다.

시켜 함께 지내게 했다. 어릴 적부터 주님의 천사와 함께 지내며 자신이 특별한 사람이라고 인식하고, 부모나 집 생각이 나지 않게 하려는 조치였다. 그런데 천사 복장을 두고 이견이 많았다. 대사제는 일단 성경에 언급된 천사들을 찾은 후 아이들이 좋아할 것 같은 천사들을 되도록 많이 선정하여 복장을 갖추어보자고 제안했다. 이에 사제들은 성경 속 천사들을 찾아 정리했다.

치품천사(세라핌, 스랍), 지품천사(케루빔, 커룹), 좌품천사, 주품천사, 역품천사, 능품천사, 권품천사, 대천사(미카엘, 가브리엘, 라파엘), 천사 등[17] 세라핌을 주축으로 여러 천사의 형상을 만들고 사제나 성소에서 일하는 사람들에게 그 복장을 입혀 아이들과 함께 지내게 했다. 세라핌은 성경에서 묘사한 대로 복장을 꾸몄다. 여섯개의 날개를 달았는데, 둘로는 얼굴을 가리고 둘로는 발을 가리고 둘로는 날아다니는, 뱀의 형상이다.[18] 케루빔은 〈창세기〉와 〈에제키엘(에스겔)서〉 내용을 토대로 불칼을 가졌으며 네 개의 얼굴(커룹, 사람, 사자, 독수리)과 두 쌍의 날개가 있고 바퀴가 달린 하늘을 나는 전차 모습으로 만들었다.[19] 일부 천사들은 그리스 로마의 날개 달린 신을 본뜨거나 자라투스트라(조로아스터)[20]교에서 이야기

---

17 디오니시우스 아레오파기타Dionysius Areopagita가 신플라톤주의 사상을 바탕으로 주장한 구품九品 천사 개념을 반영했다. 자세한 내용은 참고자료 참조.

18 〈이사야서〉 6:2. 어린아이 얼굴을 하고 있다고 하나(《그리스도교 상징 사전》, 미쉘 포이에 지음, 연숙진 옮김, 보누스, 2009) 전설에 따르면 뱀 형상을 한 인간의 모습이라고 한다. 오늘날 회자되는 렙틸리언(파충류 인간)을 연상케 한다.

19 〈창세기〉 4:24. 나무로 만든 스핑크스 형상에 날개가 달린 정령으로 금을 입혔다 하는데 이 형상은 바빌론 문명에서 차용했다(미쉘 포이에, 위의 책).

하는 하얀 깃털의 새 날개를 가진 모습으로 꾸몄고, 또 다른 천사들은 성경을 근거로 평범한 인간의 모습을 하되 특별하게 흰옷을 입혔다. 흰옷은 고대 그리스의 피타고라스와 그 제자들이 자신들의 신분을 나타내기 위해 입었던 옷이다.

일부 사제들은 자라투스트라교의 천사는 안 된다고 반대했다. 그러나 대사제는 우리 조상들이 바빌론에 끌려간 이후 페르시아 지방과 그 일대의 신들에 대한 제사와 천사들에게 영향받았음은 부정할 수 없는 사실이며, 중요한 건 천사의 모습이 아니라 아이들이 주님을 경외하고 기뻐하며 자라나 장차 주님께 드리는 제사를 잘 보조해주는 것이라며 반대하는 사제들을 달랬다.

유다 고유의 천으로 만든 할루크나 탈리트[21]를 입히지 않고 숫자를 신으로 섬기는 이교도인 피타고라스 무리를 상징하는 흰옷을 입히는 이유가 뭐냐고 따지는 사제들도 있었다. 피타고라스의 제자 히파소스가 그들 무리가 신으로 섬기는 정수를 부정하고 자신들의 비밀을 발설했을 뿐 아니라 자신들의 학설로 해결할 수 없는 금기인 끝이 없는 수(무리수)를 발견하자 그를 수장시켜버렸다는

---

20 자라투스트라의 탄생 연도는 정확히 알려지지 않았으며 BC 1400년 이전, BC 628년 등의 여러 설이 있다. 자라투스트라교 경전인 《아베스타》는 BC 600년대에서 AD 300년대까지 근 1000년간 성립되었는데, 이는 기독교 성경의 성립 연대와 비슷하다.

21 유다 남자들은 '할루크'라는 소매 없는 편한 겉옷을 입었다. 그러나 공공장소에서는 사각형의 천을 어깨에 덮고 발목까지 내려오게 착용했는데 이를 '탈리트'(기도보prayer shawl)라고 한다. 탈리트의 네 귀퉁이에 붙어 있는 술을 '치치트'라 하는데, 네 개의 실을 꼬아 실마다 다섯 매듭을 만들고 그 끝은 두 갈래의 술이 달려 있도록 만들며, 술의 총합은 여덟이다(〈민수기〉15:37~41, 〈마태오 복음서〉 23:5). 혈루증(만성 자궁 출혈) 앓는 여인이 예수의 탈리트 치치트를 만지고 나았다. 치치트에는 치료와 부적의 기능도 내포되어 있다.

전설을 상기시키며, 이교도이자 진실을 밝힌 자를 살해한 살인자 집단의 옷을 입혀서는 안 된다고 반대했다.

대사제는, 이미 유다는 고대부터 그리스의 영향을 받지 않을 수가 없었으며, 특히 알렉산드로스 대왕 때부터 본격적으로 그들의 문화를 받아들여 이제는 거의 동화되다시피 했으니 그리스 문화를 부정만 할 게 아니라 긍정적으로 생각하자고 설득했다. 숫자는 신이 아니고 우주는 수의 규칙으로 이루어진 질서이므로 피타고라스의 수는 학문이고 철학이니 그들이 숭앙하는 숫자가 곧 신이라는 위험한 생각에서 벗어나야 한다고 했다.

확실히 효과는 있었다. 마리아를 비롯한 아이들은 천사들과 노느라 울음을 그치고 항상 웃으며 평화롭게 지냈다.

대사제는 특히 마리아를 예뻐했다. 다른 사제들은 편애하면 안 된다고 간언했다. 또 일부는 불평을 늘어놓으며, 마리아의 아버지인 요아킴이 성전에 어마어마한 헌금을 바쳐서 그런 거라며 비아냥거렸다. 대사제는 누가 뭐라든 상관하지 않고 하느님께서 마리아의 이름을 세세토록 빛나게 할 것이며 마리아를 통해 이스라엘 자녀들에게 영원한 구원을 보여줄 것이라고 했다. 그래서 마리아를 보면 힘이 솟고 희망이 생긴다고 했다.

대사제는 마리아에게 아브라함의 아내 사라, 모세의 어머니 요게벳, 삼손의 어머니, 사무엘의 어머니 한나, 시어머니 나오미의 말에 순종하여 개가한 훗날 다윗 왕의 할머니인 모압 출신 룻 등신에게 축복받아 민족을 구원한 아들을 낳은 여인들의 이야기를 들려주었다. 또한 사무엘이 어릴 적 성전에 바쳐지고 자라면서 어떻게 주님의 부름을 받았으며 주님께서 부를 때 어떤 대답을 했는지 자세히 가르쳐주고는 마리아도 사무엘처럼 태어나고 성전에 바쳐졌으니 장차 때가 오면 그와 같이 주님께 순종하고 대답하라고 일러주었다. 사무엘이 하느님의 명을 받아 베들레헴에 사는 이사이(이새)의 집으로 찾아가 그의 아들 다윗에게 기름을 부어 사울을 대신할 왕을 세운 것처럼 마리아에게서 외세의 왕을 물리치고 그를 대신할 다윗과 같은 아들이 태어나길 기원한다며, 그곳이 베들레헴이면 더욱 좋을 거라면서 가끔은 감격의 눈물을 흘리기도 했다.

대사제는 마리아에게 '스텔라Stellar'라는 별칭을 붙여 스텔라 마리아[22]라고 불렀다. 항해사들이나 지중해를 가로지르는 무역업자들은 항해의 안내자가 되어주는 별인 시리우스를 수호신으로 삼고 '바다의 별(스텔라)'이라 불렀다. 특히 폭풍우를 만나면 스텔라를 찬양하며 안전을 기원했다. 스텔라, 곧 시리우스는 이집트의 여신 이시스를 상징하는 별이다. 이시스는 오시리스의 아내이며 호루스의 어머니이자 죽은 자를 보호하는 신으로, 죽음에 관계된 의식에 관여하고, 죽은 자를 소생시키고, 병자를 치유한다. 또한 어머

---

22 대사제가 지칭했다는 것은 필자가 임의로 설정한 것이며 초기 기독교 시절에 이처럼 불렀다. 훗날, 세상이라는 바다에서 신앙이라는 배를 타고 예수(천국)를 향하여 항해하는 기독교 신자들을 인도하는 '별'로 상징되었다. 마리아의 아기 예수 수유상과 그림은 이시스가 아들 오시리스를 수유하는 조각상에서 영향을 받았다. 마리아도 예수처럼 죽었다 부활하여 육체를 가진 채 하늘로 올라갔다고 하여 이교도 미스테리아의 위대한 어머니와 동일한 지위로 대우받다가 이교도 신을 몰아내고 최고의 여신으로 숭앙받게 된다. 로마 주교 에보디우스 설교 등 여러 콥트어 필사본, 그리스어 필사본에 근거하여 마리아가 8월 15일에 승천했다 하여 가톨릭교회에서는 이날을 성모 승천 대축일로 기념한다.

니로서 생명의 원천인 신이다. 고대 이집트로부터 전해오는 이 여신은 신인을 낳은 지중해의 여러 지모신 이야기에 많은 영향을 끼쳤다. 더 나아가 이 여신은 그리스 엘레우시스에서의 신비 의식에서 다른 이름으로 변형된 주신으로 자리 잡아 유다 지방까지 전파되어 디오니소스 제전과 여러 신인 축제를 통해 유다 문화에 깊이 관여했기에 마리아를 스텔라라고 부르는 데 누구도 거부감이 없었다. 오히려 경외와 신비감을 자아내는 제국 문화의 이름이었다. 성전 사람들은 마리아를 스텔라라고 부르길 주저하지 않았다. 신비의 여신 스텔라. 그 이름에는 장차 마리아가 이시스나 다른 신인들의 어머니보다 더 훌륭한 어머니가 되기를 간절히 바라는 염원이 담겨 있었다.

그렇게 마리아는 주님의 은총 가운데 성전에서 대사제와 사제들과 천사들 그리고 일곱 소녀와 함께 무럭무럭 자랐다. 그 천사들 속에는 실제로 구품 천사가 섞여 지냈는데, 그들은 번갈아 가면서 종종 내려와 마리아의 시중을 들었다. 그중에서도 대천사 가브리엘은 언제나 마리아와 함께 지내며 마리아를 보호했지만, 대사제도 사제도 성전 근무자도 누구 하나 그 사실을 알아채지 못했다.

■ **초막절** 草幕節, Tabernaculum

과월절, 오순절과 함께 히브리인의 3대 축제 중 하나로, 추수절이라고도 하며 주님의 축제라고도 불렀다. 유다력 일곱째 달(태양력 9월 말~10월 초) 열다섯 번째 날에 시작되어 7~8일간 계속되었다.

초막절에는 농업적 요소와 역사적 요소가 섞여 있었다. 농업적으로는 포도나 무화과 등의 가을 추수가 끝났음을 표시하고, 수확에 대한 감사제를 올리며 새해를 맞는 의미였다(〈레위기〉 23:34~43, 〈민수기〉 29:12). 그래서 수장절收藏節이라고도 했다(〈탈출기〉 23:16, 34:22).

역사적으로는 조상들의 광야 생활을 기억하는 축제였다. 조상들이 이집트에서 나와 광야를 횡단할 때 임시 거처인 초막에서 살았던 것을 기억하기 위해 축제 기간에는 올리브나무나 야자나무 가지 등으로 만든 초막이나 오두막에서 지냈다. 그러면서 하느님께서 보호하심을 떠올리며 감사를 드렸다. 초막은 사막에서 지냈을 때의 궁핍함이나 비참함보다는 열기와 폭풍우를 피할 수 있는 피난처를 의미했고 하느님의 보호를 상징했다.

기쁨의 축제인 초막절은 또한 순례 축제로서 남자들은 이 기간에 예루살렘 성전을 순례해야 했다. 축제 첫날과 마지막 날은 일상의 노동을 중지하고 쉬었으며 거룩한 모임을 열었다.

-《신약성경 용어사전》(안병철 지음, 가톨릭대학교출판부, 2008) 참조

■ **천사**

천사는 초월적 세계인 신성한 영역과 시간·공간·인과 등에 지배되는 세속적 영역을 매개하는 존재다. 천사는 신의 사자使者나 종으로, 개인과 국가의 수

호자 역할을 한다. 주요 서양 종교나 독자적인 종교 종파 또는 혼합주의 운동 가운데 유다교, 기독교, 이란 및 헬레니즘적 종교 개념을 통합한 영지주의 신학자나 철학 사상가들은 천사를 여러 등급 또는 계급으로 구분했다. 그러한 구분은 대개 행성 영역에 관한 헬레니즘 또는 이란 점성술에 기초하거나 동양 전제군주제의 계급 구조에 근거한다.

BC 6세기 페르시아 개혁자 자라투스트라가 창시한 자라투스트라교에서는 선신善神 '아후라 마즈다'의 자애로운 불멸자인 '아메샤 스펜타'를 보후 마나흐(선한 생각: 동물세계), 아샤 바히슈타(정의와 진리: 불과 힘), 크샤트라 바이랴(왕국, 다스림: 금속과 광물), 스펜타 아르마이티(올바른 마음, 헌신, 경건: 땅), 하우르바타트(완전함, 전일성全一性: 물), 아메레타트(불멸성: 초목), 스펜타 마이뉴(거룩한 영, 창조적 에너지: 인간) 등 일곱 계급으로 나눈다.

유다교에서는 천사의 계급이 엄격하게 정해져 있지 않다. 성서 시대 이후의 유다교, 특히 하느님의 극적인 역사 개입을 묘사하고 있는 묵시문학에서는 때때로 대천사라고 불리는 7천사가 하늘의 군대를 이끄는 것으로 나타난다. 《탈무드》에 따르면, 이 하늘의 군대는 셀 수 없을 정도로 많다고 한다. 랍비 문학에서는 천사를 상위와 하위의 두 집단으로 분류한다. 상위 집단에 속하는 천사에는 하느님의 보좌와 병거를 수호하는 날개 달린 천사인 케루빔과 세라핌 및 오파님(히브리어로 '바퀴들'이라는 뜻)이 있는데, 이들은 모두 구약 성경에 등장한다. 사해 문서와 관련 있는 종파에서 상위 천사들은 빛·어둠·파괴·거룩함의 천사들이다.

위경인 〈에녹 1서〉 20장에 열거된 7천사는 우리엘(지하세계인 스올의 수호자이며 하늘 군대의 지휘자), 라파엘(인간 영혼의 수호자), 라구엘(빛의 세계에 대항하는 이들에 대한 하느님의 복수자), 미카엘(이스라엘의 수호자), 사리엘(영적인 죄를 범한 자에 대한 영의 복수자), 가브리엘(낙원, 세라핌, 케루빔의 통치자), 예레미엘이라고도 불리는 레미엘(스올에서 영혼을 지키는 자)인데, 이들 중 미카엘과 가브리엘은 구약 성경에 언급되어 있고, 라파엘과 우리엘은 각각 〈토비트서(토빗기)〉와 위경 〈에즈라 2서〉에 언급되어 있다.

기독교는 유다교 전통에 기초하여 천사의 계급을 설명했다. 천사, 대천사, 세라핌(치품천사), 케루빔(지품천사) 외에 신약 성경 바울로의 편지에 언급된 영적인 5천사, 즉 좌품천사, 주품천사, 역품천사, 능품천사, 권품천사가 4세기경 교회에서 받아들여졌다. 이 천사들은 천사 계급 또는 천사 성가대를 구성한다. 로마 가톨릭교회와 동방정교회에서는 대천사 미카엘, 가브리엘, 라파엘이 숭배의 대상으로 특별한 주목을 받는다.

이슬람교는 유다교와 기독교 천사 개념을 이어받아 천사의 계급을 설명했다. 상위 계급부터 차례로 열거하면, 이슬람 전설에서 인간·황소·독수리·사자로 상징되는 알라의 4보좌 운반자, 알라를 찬양하는 케루빔, 4천사(계시자인 지브릴 혹은 가브리엘, 공급자인 미칼 혹은 미카엘, 죽음의 천사인 이즈라일, 최후 심판의 천사인 이스라필)가 있으며, 하위 천사로는 하파자와 수호천사들이 있다.

천상적·영적 존재들의 계급은 서양의 주요 종교에서 분리되어 나온 여러 종교, 예컨대 유다교, 그리스정교, 기독교 전승의 여러 요소를 혼합한 영지주의, 드루즈 종파, 3세기 페르시아의 개혁자 마니가 창시한 이원론적 종교인 마니교 등에서도 발전했다.

– 다음백과 참조

■ 구품천사

초기 교회 인물인 디오니시우스 아레오파기타는 신플라톤주의 사상과 성경에 나오는 천사 이름을 바탕으로 구품천사 개념을 주장했다. 교회는 제4차 라테라노 공의회(1215년)와 제1차 바티칸 공의회(1870년)에서 천사의 존재를 확인했다.

상급 천사	① 치품熾品천사 세라핌Seraphim	〈이사야서〉 6:2~6에 나오는 사랍. 여섯 날개가 있다. 손에는 상투스가 새겨진 불꽃의 단검 플라벨룸Flabellum을 들고 있다. 미카엘, 라파엘, 가브리엘, 우리엘 등 4대 천사가 여기에 속하기도 하고, 오직 미카엘만 치품천사라고 여기기도 한다.
	② 지품智品천사 케루빔Cherubim	〈창세기〉(3:24), 〈탈출기〉(25:18~20), 〈사무엘기 하〉(22:10), 〈열왕기 상〉(6:23~28) 등에 나오는 커룹으로, 〈에제키엘서〉 10장에 묘사되어 있다. "얼굴이 넷인데, 첫째는 커룹의 얼굴이고, 둘째는 사람의 얼굴, 셋째는 사자의 얼굴, 넷째는 독수리의 얼굴이었다." 불꽃의 검을 들고 에덴을 지키는데, 아담과 하와가 타락한 뒤에 에덴에 다시 들어오지 못하도록 수호한 것도 지품천사라고 본다. 가브리엘을 지품천사라고도 한다.
	③ 좌품座品천사 오파님Ophanim	물리적인 육체를 가진 천사 중에서 최고위로, 주로 불타는 바퀴로 묘사된다. 천사 중 거의 유일하게 인간형의 실체에 대한 언급이 거의 없는 계급으로, 하느님의 옥좌를 추상화한 개념이다.
중급 천사	④ 주품主品천사 도미나티오네스 Dominationes	'통치', '지배'를 의미한다. 하느님의 주권이 온 세상에 미치게끔 끝없이 열망하는 존재로, 자드키엘Zadkiel, 하쉬말Hashmal, 야리엘Yahriel, 무리엘Muriel이라는 네 천사가 이끈다.
	⑤ 역품力品천사 비르투스Virtus	'고결', '미덕'을 의미한다. 눈에 보이는 기적을 일으켜 영웅에게 용기를 준다. 예수 그리스도의 승천 때 함께했으며, 카인의 탄생 때 산파의 역할을 맡은 것도 역품천사라고 한다. 미카엘, 라파엘 등의 유명한 천사들이 지휘관으로 있다.
	⑥ 능품能品천사 포테스타테스 Potestates	타락천사인 악마 군단과 싸우는 역할을 맡은 천사들로, 천사의 군대에 해당한다. 실질적으로 악마와 접촉하는 빈도가 가장 높아서 그만큼 타락의 유혹에 빠지기 쉬운 천사다. 라파엘이 능품천사의 지휘관 중 하나로 되어 있다.

하급 천사	⑦ 권품權品천사 프린키파투스 Principatus	지상의 권세와 통치를 위임받은 천사로, 각 나라에서 이루어 지는 신앙의 수호자다.
	⑧ 대천사 아르캉겔루스 Archangelus	〈테살로니카 신자들에게 보낸 첫째 서간〉 4:16. 8등급이지만 실제로는 가장 높고 위대한 천사들로, 집단이나 민족, 국가를 이끄는 사명이 있다. '누가 하느님 같으랴'라는 뜻의 미카엘Michael은 〈다니엘서〉 (10:13, 10:21, 12:1), 〈유다 서간〉(1:9), 〈요한 묵시록〉(12:7)에 등장한다. '하느님의 사람, 영웅, 힘'이란 뜻의 달의 천사 가브리엘Gabriel 은 세례자 요한과 예수의 탄생을 알린 천사로, 〈다니엘서〉 (8:16~17, 9:21), 〈루카 복음서〉(1:19, 26)에 등장한다. '야훼가 도우신다, 하느님께서 고쳐주셨다'는 뜻의 라파엘 Raphael은 〈토빗기〉에 등장한다.
	⑨ 천사 앙겔루스 Angelus	〈창세기〉 19:1, 〈마태오 복음서〉 18:10, 〈요한 묵시록〉 5:2. 일 반적인 천사로, 개인을 보호하고 인도한다. "하늘에서 그들의 천사들이 하늘에 계신 내 아버지의 얼굴을 늘 보고 있다"〈마태 오 복음서〉 18:10)라는 구절이 수호천사와 관련한 전형적 성경 대 목이다.

그 외 루키페르Lucifer와 베엘제붑Beelzebub, 아스모데우스Asmodeus도 타락하기 전에는 치품천사에 속했다고 한다. 가톨릭교회에서는 9월 29일을 대천사 축일로, 10월 2일을 수호천사 기념일로 지낸다.

- 위키피디아 참조

■ **루키페르**(루시퍼Lucifer)
본래는 바빌로니아 왕과 금성(샛별)을 가리켰으며 때로는 예수와 동일시되기도 했다. 〈이사야서〉(14:12)의 '빛나는 별', 〈베드로의 둘째 서간〉(1:19)의 '샛별', 〈유다 서간〉(1:13)의 '떠돌이 별', 〈요한 묵시록〉(22:16)의 '샛별'로 성경에 등장한다. 루키페르는 '빛을 가져오는 자'라는 뜻이나 성경이 영어 등으로 번역되면서 〈이사야서〉에 근거하여 '추락하는 자→전설상의 타락천사→여러 문학 작품과 창세기의 사탄(악마)'으로 변질되었다.

성경과는 별개인 전설에 따르면, 루키페르는 압도하는 아름다움에 용기와 기품이 넘쳐 하느님의 오른쪽에 앉도록 허락받았다고 하는데, 모든 천사를 통솔하는 권한을 부여받을 정도로 하느님께 가장 신뢰받는 천사장天使長이었다. 그런데 교만과 악이 그의 마음에 침투하기 시작하자 자신을 신처럼 위대하게 여겨 자신을 따르는, 모든 천사의 3분의 1에 이르는 반역 군단을 동원하여 하느님의 옥좌를 탐냈다. 이에 하느님의 분노를 산 루키페르는 '교만'이라는 죄명으로 반역 군단과 함께 하늘에서 추방당해 타락천사가 되었다. 그는 하느님에게 복수하고자 뱀으로 변신하여 하와를 유혹해 금단의 열매 선악과를 따 먹게 해서 자신과 같은 타락이라는 죄에 빠트렸다. 이 부분에서 위경 〈아담과 하와의 생애〉와 〈에녹서〉에 나오는 '사탄-사타나일'과 동일시되면서 악마라는 뜻을 갖게 되었다.

루키페르는 사람과 함께 살면서 끊임없이 사람을 괴롭히고 죄의 길로 유혹한다. 그는 모든 악과 죄의 최초 원인이다. 또 개인에게는 절망을 주고 나라를 전쟁으로 몰아가기도 한다. 루키페르는 모든 악덕마다 각각의 악마들을 배당해 조장한다.

– 위키피디아 참조

■ 베엘제붑Beelzebub

파리들의 지배자나 똥거름 더미의 군주를 뜻하며 사탄을 가리키는 통칭으로 쓰인 듯하다. 베엘제불, 바알제불, 바알제붑, 바알 즈붑 등으로도 불린다. 구약 성경에서는 필리스티아족 영토의 주요 도시 중 하나였던 에크론의 이교 신을 '바알 즈붑'으로 부른다. 신약 성경에서는 '베엘제붑'을 마귀로 간주하며 사탄과 동일한 존재로 여긴다.

■ **아스모데우스**(아스모데오Asmodeus)

외경 〈토비트서(토빗기)〉에 나오는 악마이며, 탈무드 전설인 '솔로몬 성전 건축 이야기'에서도 언급된다. 아스모데우스는 자라투스트라교의 악신 앙그라 마이뉴(또는 아리만)의 여섯 수하 가운데 하나인 '아에시마 데바'에서 나왔다. '광포'라는 의미의 그는 사악하면서도 교활하고 잔학하며 사람의 분노와 욕망을 이용한다. 그는 피로 얼룩진 곤봉으로 사람에게 유익한 가축이나 죽은 사람의 영혼을 괴롭힌다. 잔학함, 폭행, 죽음 등을 관장하는 마족 다에와를 이끌고, 부정한 마법사를 이용해 세상에 전란이 일어나게 한다. 또한 만취한 이를 꾀어 난폭함과 광란으로 이끈다. 위경 〈솔로몬의 증언〉에서는 육체적 욕망, 특히 성애에 있어서 추악한 악마로 묘사된다.

〈토비트서〉에 다음의 이야기가 나온다. 메대 엑바타나에 사는 라구엘의 외동딸 사라에게 아스모데우스가 들러붙었다. 사라는 일곱 번이나 결혼했으나 악마 때문에 첫날밤을 못 치르고 남자들이 모두 급사했다. 라구엘의 친척이자 시각장애인인 토비트는 메대 라게스에 사는 가바엘에게 맡겨둔 돈을 받기 위해 아들 토비아를 보낸다. 길동무 라파엘을 만난 토비아는 티그리스강에서 사람을 무는 이상한 물고기를 잡게 되고 라파엘의 지시로 퇴마의 힘이 있는 쓸개와 염통과 간을 별도로 보관한다. 토비아는 엑바타나에 이르러 라구엘의 집에 묵게 되고 라파엘은 신의 뜻에 따라 악마가 깃든 사라와의 결혼을 주선한다. 첫날밤, 라파엘이 가르쳐준 대로 염통과 간으로 향을 피우자 아스모데우스는 달아나고 그 뒤를 라파엘이 쫓아가 결박한다. 이후 심부름을 해결하고 집으로 돌아온 토비아는 물고기의 쓸개로 아버지의 눈을 뜨게 한다.

유대교 전승에서는 아스모데우스가 '악령의 우두머리', '칼의 왕' 등으로 불리며, 휘하에 많은 마귀를 이끈다. 사람의 모습을 하고 있으며 얼굴이 불꽃처럼 타오르고 양쪽 어깨에 황소와 양의 얼굴이 붙어 있다. 또 오리의 발을 가졌고 하늘을 날기 위한 날개가 달렸거나 용을 타고 난다. 아스모데우스는 열흘에 한 번씩 하늘에 가서 율법을 배우고 지하 궁전으로 돌아가는 등 완전한 악마가 아니며, 천사의 역할을 완전히 저버린 상태도 아니다. 로마 제국의 압정에서 유대인을 해방하고자 로마 황제의 딸을 홀린 다음 협박하여 여러 요구를 받아들이게 했다는 민간 전승도 있다. 또 다른 전설에서는 막 태어난 아기의 목을 졸라 죽여버리는 악마라고도 한다.

— 〈토비트서〉, 위키피디아 참조

마리아와 요셉의 정혼

◈

세월이 흘러 어느새 마리아는 열두 살이 되었다. 마리아는 정숙하고 품위 있는 여성으로 성장하고 있었다. 얼굴에서는 광채가 나고 밝은 기운이 항상 그녀의 전신을 감쌌다. 날마다 천사들이 드나들면서 그녀와 대화하며 함께 지냈다. 누구도 그녀를 함부로 대하지 못했으며 심지어 천사도 그녀에게 경의를 표했다.

사제 아비타르는 마리아를 며느리로 삼고 싶어 했다. 자기 아들과 결혼해주기를 바라며 많은 선물을 주었으나 마리아는 평생 동정녀로 지내기로 맹세했음을 내세워 선물을 거절했다.

마리아가 열네 살이 되어 여성으로서의 징후가 나타나기 시작하자 사제들은 회의를 열고 그녀와 동년배 처녀들의 거취를 상의

했다. 월경의 피와 불결한 냄새가 실수로라도 주님의 거룩한 장소인 성전에 묻고 배면 율법에서 정한 불경죄를 저지르게 될 판이었다. 그리하여 마리아와 일곱 처녀를 모아 여자의 몸에서 부정을 씻어내는 예식을 거행하며 토라 〈레위기〉의 〈여자가 부정하게 되는 경우〉[23]의 글을 낭송하게 하고 주의를 기울이도록 했다.

그리고 얼마 지나지 않아 대사제는 율법과 관습에 의거해 공식 명령을 내렸다.

"성전에 사는 처녀는 열네 살이 되면 모두 집으로 돌아가 관습에 따라 결혼해야 한다."

다른 처녀들은 이 명령에 복종하고 떠날 준비를 했으나 마리아는 복종할 수 없다고 선언했다. 자신이 태어나기 전부터 부모는 자신을 신에게 바치기로 약속했다고 대사제에게 수없이 들은 데다 자신 역시 주님께 동정을 지키겠다고 서약했으니[24] 남자와 잠자리를 같이해서 그 맹세를 깨트릴 수는 없다는 이유에서였다.

대사제는 난처했다. 맹세는 반드시 지켜야 한다는 성경 구절을 따르지 않을 수도 없고, 그렇다고 마리아의 맹세를 들어줄 수도 없었다. 성인이 된 여성은 성전에 머무를 수 없으며 결혼한 다음 아이를 낳아 남편의 가문을 이어야 한다는 관습 때문이었다.

그러자 한 사제가 대사제에게 주님의 거룩한 장소인 지성소 안

---

23 〈레위기〉 15:19~30.
24 당시에 여자는 신께 독신 서원을 할 수 없었다. 남녀가 성인이 되면 결혼하여 자녀를 두어 대를 잇는 것이 곧 신의 뜻을 받드는 것이었다. 여자의 독신 서원은 그로부터 한참 후대에 수녀 개념이 등장하며 나왔으므로 아마 이 부분은 그 무렵에 삽입되었을 것으로 추정된다.

에 직접 들어가서 해답을 요청하면 가장 타당한 답을 내려주시지 않겠느냐고 제언했다. 대사제는 망설였다. 바빌론 포로 시절 이후 신께서 나타나 그 어떤 언질을 준 적도, 신탁을 내린 적도 없었기 때문이다. 이미 신은 이스라엘 민족에게서 떠난 지 오래인 듯했다. 대사제는 신의 응답이 없을 걸 뻔히 알면서도 자신의 권위와 허황한 체면을 앞세워 거룩한 장소 입구에서 관습대로 허리를 깊이 숙인 채 방울을 흔든 후 들어가 신께 기도를 올렸다. 역시나 아무런 대답도 징조도 반응도 없었다. 지성소 안에서 허리를 숙이고 어찌할지 고민하던 대사제는 번득 생각이 떠올랐다.

"이사야의 예언서에서 해답을 찾으라."[25]

대사제의 말 한마디에 사제들과 율법학자들은 주님의 신탁이나 다름없다며 즉각 〈이사야서〉를 검토했다. 그리고 다음 구절을 찾아냈다.

"이사이의 그루터기에서 햇순이 돋아나고 그 뿌리에서 새싹이 움트리라."[26]

신탁을 알리는 전령들이 전국으로 파견되고 주님의 나팔이 방방곡곡에 울렸다. 곧 '이사이의 후손, 곧 다윗 가문의 남자들 가운

---

25 어떤 문헌에는 다음과 같이 기록되어 있다. "주님의 천사가 와서 '홀아비들을 모두 불러 모으되 각자 지팡이를 가져오게 하라. 주님의 징표를 받는 자가 마리아의 남편이 될 것이다.'"

26 〈이사야서〉 11:1. 히브리어로 싹은 '네쩨르'라고 발음하는데, 이는 '나자렛'과 매우 흡사하다. 고대 히브리어는 자음만으로 이루어져 있어서 성경을 암송하여 그 발음을 후대에 전해왔기 때문에 정확한 발음을 규정하기 어렵다. '네쩨르'와 동일한 자음으로 이루어진 단어로는 나실인(하느님이 구별하신 사람)을 뜻하는 '나지르'도 있다. 또한 목자의 지팡이라는 뜻의 '쉐베트'에는 '올리브의 싹(네쩨르)'이라는 의미도 있다. 구약 성경에는 '나자렛'이라는 지명이 한 번도 등장하지 않아서 이상의 의미들을 바탕으로 후대에 인위적으로 나자렛이란 지명을 만든 것이라는 설도 있다.

데 적령기에 도달한 미혼이나 홀아비들은 지팡이를 가지고 와서 제대에 올려놓아야 한다'[27]는 신탁에 부합하는 자들이 모여들었다. 신탁에 맞는 신비한 표징이나 기적이 나타난다면 그 지팡이의 임자는 신의 뜻에 따라 마리아와 정혼해야 한다.

대사제를 비롯한 모든 사제는 신께 동정을 맹세한, 신탁으로 찾아야 하는 마리아의 남편이 누굴지 몹시 궁금했다. 아마 삼손처럼 힘세고 다니엘처럼 아름다우며 다윗 왕처럼 용맹하고 솔로몬처럼 슬기로운 청년이 나타나 인간의 숭앙을 받으며 신의 의지를 펼치리라.

그러나 신은 인간의 사고와 판단과는 다르게 전혀 뜻하지 않은 데서 진리의 힘을 안겨주는 법. 먼 옛날 다윗 왕 시절 선조들의 기업基業[28]이 베들레헴이었으며, 그 할아버지의 할아버지는 나자렛에 살았고, 그가 태어나기 훨씬 전 아버지 때부터 예루살렘에서 제법 떨어진 마을로 이사와 살던 요셉은 이미 결혼해 슬하에 여러 자녀를 두었으나 안타깝게도 아내와 사별하고 이미 오십 줄에 접어든 중늙은이였다.[29]

당연히 요셉도 신탁 행사에 참여할 자격이 있었지만 가지 않으려 했다. 목수 일을 하며 다듬어진 근력이 아직 제법 튼실하게 남

---

27 어떤 사본에는 홀아비만 언급되어 있다.

28 조상으로부터 물려받은 땅. 곧 여호수아가 가나안을 점령하고 12지파에게 분배한 상속의 땅을 말한다.

29 〈루카 복음서〉에서는 나자렛 사람이라 했지만, 〈마태오 복음서〉에는 언급이 없으며 여러 외경에는 베들레헴 출신으로 기록되어 있어 여기서는 예루살렘 외곽에 거주한다고 설정했다. 이유는 참고자료 참조.

아 있고 여태껏 동네 청년들에게 힘으로는 져본 적이 없는 그이지만, 이번만은 아닌 것 같았다. 아내와 사별한 지 얼마 되지 않았고, 젖먹이 아기까지 있는 마당에 그곳에 가기란 자기가 생각해도 주책스러웠다. 그러나 마을의 랍비이자 회당장이 날마다 찾아와 아직 떠나지 않은 요셉을 책망하고 재촉하는 터라 더 버텨낼 재간이 없었다.

주님의 신탁인 만큼 참여하지 않으면 신의 뜻을 거스르게 되기에 신심이 깊은 요셉은 깊은 고민 끝에 부자 친척[30]에게 젖먹이 야고보를 비롯한 자녀들을 부탁했다. 자녀가 없던 부자 친척 부부는 요셉의 아내가 죽은 뒤 자주 찾아와 아이들을 돌봐주곤 했는데, 이참에 아예 아이들을 양자로 삼아 부족함 없이 기를 터이니 제발 새장가를 들라고 우스갯소리를 했다. 요셉은 그럴 수 없다며 계면쩍게 웃어 보이고는 자신을 닮은 닳아빠진 지팡이를 가지고 예루살렘 대성전을 향해 발길을 재촉했다.

전령에 따라 전국 각지에서 미혼자들이 모여들었다. 씩씩하고 지혜로우며, 보기에 너무 아름답고 욕심나는 훌륭한 청년들이었다. 그들 각자는 자기 지팡이에서 기적이 일어나 신탁의 주인공이 되기를 기대하면서 지팡이를 제대에 올려 대사제에게 바쳤다. 평소에 쓰던 지팡이가 낡았다며 새로 만들어 온 청년도 있었고, 거금을 주고 화려하게 장식한 지팡이를 사 온 사람도 있었으며, 온

---

30 여러 문서에 기초해 요셉이 전처로부터 여섯 명의 자녀가 있었다고 전제하면, 이집트 피난 기간 자녀들의 거취 문제가 대두하므로 이를 해결하기 위해 필자가 임의로 설정한 가상의 인물이다. 일부 성서학자들은 예수는 독생자이기 때문에 예수의 형제를 사촌으로 추정하기도 한다.

갖 보석으로 치장하고 황금으로 도금한 지팡이를 가져온 부잣집 아들도 있었다.

요셉은 마치 자기 사위를 고르듯이 한 명 한 명 살피고 저울질하면서 그들의 젊음을 찬양하고 가장 아름다운 청년이 마리아의 남편감으로 선택되길 바랐다.

'나는 여기 왜 왔지? 웃음거리가 될 게 분명하니 이 닳고 낡아빠진 지팡이는 제대에 올려놓지도 말아야지. 허허.'

며칠이 흐르고 공고일이 다 지나갈 때까지 안타깝게도 그 많은 청년 사이에서 어떤 징표도 나타나지 않았다. 신탁은 이루어지지 않았다. 사제들은 당황했고 모여든 사람들은 웅성거리기 시작했다. 도대체 마리아의 남편이 될 인물은 누구란 말인가? 사제들이 불경한 행동을 했기 때문이라는 둥, 그러면 그렇지 한 번도 내린 적 없던 신탁이 지금의 대사제에게만 예외일 리가 없다며 잘못 들은 게 분명하다는 둥 여기저기서 여러 말이 쏟아져 나왔고 분위기가 험악해졌다. 신의 응답이 없다면 대사제를 돌로 쳐 죽여야 한다는 격앙된 목소리까지 흘러나오는 판이었다. 대사제는 일이 너무 커진 이 상황을 어떻게 극복해야 할지 몰라 허둥대기만 했다.

지금의 대사제 이전 즈카르야 대사제 때 아주 흉측한 일이 일어났었다.[31] 대사제가 성전에서 분향하고 있을 때 신이 앉아 있어야 할 신좌神座에 당나귀 형상을 한 남자가 앉아 있는 것이었다. 그는

---

31 4세기 교부인 성 예로니무스 전집을 필사한 에피파니오(315~403년)의 글에 있는 이야기다. 그는 유다인이었으나 개종하고 평생을 이단 연구와 축출에 힘썼다. 이하 요셉의 지팡이에 기적이 일어날 때까지의 이야기는 창작했다.

자신이 환영을 보았다고 생각했다. 하지만 다시 눈을 비비고 살펴보아도 분명 당나귀 형상이었다. 사제는 너무 놀라 성전 밖으로 뛰쳐나갔다.

"우리는 저주받았소. 도대체 우리는 누구를 숭배하고 있는 것입니까?"

사람들에게 이렇게 말하려는 순간 당나귀 형상이 즈카르야의 목소리를 앗아가 말을 하지 못하게 만들었다. 아니, 충격으로 그만 실어증에 걸렸다는 표현이 더 정확할지도 모른다. 말을 할 수 없게 된 즈카르야는 대사제직을 더 이상 맡을 수 없었다. 그러나 자신이 본 그 뚜렷한 형상이 머릿속에서 지워지지 않고 끊임없이 그를 괴롭혔다. '그가 우리의 신이었단 말인가? 도대체 우리는 누구를 섬기고 있었단 말인가?'

6개월이 지나 다시 말할 수 있게 된 즈카르야가 사람들에게 이 사실을 말했더니 분노한 사제들과 유다인들은 신을 모욕했다며 그를 지성소 입구에서 돌로 쳐 죽여 그의 피를 신에게 바쳤다. 그 후로 대사제로 임명된 사람은 신탁을 받거나 제물을 바치러 지성소에 들어갈 때 방울을 달고 흔들었다. 숭배를 받는 존재 혹은 성소를 침범한 영이 방울 소리를 듣고 미리 몸을 숨겨 그 흉한 모습을 드러내지 않게 하려는 의도였다.

당나귀는 고대 이집트 신화에서 왕위를 탐내 형 오시리스를 죽이고 왕좌에 올랐으나 조카 호루스에게 복수를 당한 악의 신 세트를 상징했다. 그뿐인가? 디오니소스의 옆에는 당나귀가 항상 있으며, 발기한 성기를 드러내고 히힝 거리는 그림으로 표현되기도 했다. 대부분 미스테리아 의식에서는 신물神物을 실어 나르는 동물이기도 했다.

그런 일이 있은 지 얼마 되지 않은 현시점에서 만일 신탁의 징조가 드러나지 않으면 자칫 대사제는 죽임을 당할 수도 있었다.

'내가 왜 쓸데없이 이사야를 언급해서 사제들과 이 땅의 젊은이들을 현혹했을까?'

대사제는 떨면서 있지도 않을 하느님의 의견을 들으러 다시 지성소로 들어갔다. 방울을 한참이나 흔든 뒤 울부짖으며 기도하면서 지금은 사라지고 없는 계약의 궤가 놓여 있어야 할 자리를 보자 마음이 혼란스러웠다. 마리아를 보호하면서부터 이 아이가 신의 딸이라고 스스로에게 최면을 걸고, 급기야 타락천사 루키페르처럼 교만한 마음이 들어 신의 응답 운운하며 자신도 모르게 불쑥뱉어버린 '이사야의 예언서'가 신탁인 것처럼 와전되어버렸으니 이제 감당할 수 없이 커진 상황을 어찌하면 좋단 말인가?

'하느님, 제발 나타나시어 저를 살려주시옵소서. 몇백 년 긴긴 세월 어디에 가 계시면서 아무런 응답도 징표도 없으십니까? 우리 민족을 거대 제국의 노예로 삼아 핍박하시고 이민족이 왕이 되어 이 땅을 다스리게 해놓고, 급기야 마리아까지 제게 맡기시고는 어찌 이리도 힘들게 하십니까?'

곤경에 빠진 대사제는 울며 고민하다가 차라리 군중에게 물어 해결책을 찾는 편이 낫겠다고 판단하여 밖으로 나와 사람들에게 말했다.

"아직 신으로부터 아무런 대답이 없소."

그때 무리 중 한 명이 마치 사제의 마음을 읽은 듯 고맙게도 소리쳤다.

"마기Magi와 히에로판테스Hierophanthes를 불러라!"[32]

사람들이 웅성거렸다. 마기와 히에로판테스라니. 아무리 페르시아와 그리스 문화에 동화되었기로서니 유다인의 마지막 자존심인 이곳 예루살렘 대성전에 자라투스트라교와 미스테리아 사제를 불러와서 어찌하겠다는 것인가? 사제 한 명이 외쳤다.

"안 됩니다! 비록 우리가 그리스와 로마 문화 속에서 살고 있지만, 이 성전에서 이번 일만큼은 우리 방식대로 해야 합니다."

그러나 막무가내로 이교 사제를 요구하는 무리의 고함을 들으며 대사제는 곰곰이 생각했다. 어차피 해결이 어렵다면 차라리 군중의 의견에 동조하는 것도 좋은 방법일 성싶었다. 최악의 경우 저들에게 책임을 전가하고 쏙 빠지면 그만이니 말이다. 대사제가 말했다.

"정녕 이교의 사제들을 부르겠단 말이오? 그러면 그 책임은 그대들에게 있소."

그러자 몇몇 거만하고 불경한 사람들이 껄렁거리며 말했다.

"좋소. 그까짓 어린 처녀 아이의 남편을 정하면서 뭘 어렵게 생각한단 말이오. 정 신랑감이 안 나타나면 우리가 제비뽑기라도 해

---

[32] 이하 이교 사제가 등장하는 내용은 창작이다. 당시 지중해 국가들에서는 비의秘儀 혹은 밀의密儀 종교가 유행했는데, 히에로판테스(거룩한 것의 계시자)와 다두코스dadouchos(횃불을 든 자, 계몽자)가 제의를 주재했다. 입교자는 '미스테스'mystes라고 불렸으며, 교육하는 사람은 '미스타고고스'mystagōgos(미스테스의 인도자)라고 했다.

서 정할 테니 어서 불러오기나 하시오."

대사제는 제비뽑기라는 말에 화색이 돌면서 '그래! 그게 답일 수도 있다'며 마음이 혹했다. 안도한 대사제는 이교 사제를 부르는 일에 당위성을 부여하고자 변명거리를 찾았다.

"우리는 이미 그리스 문화 없이는 살 수 없게 되었소. 우리의 제례도 셀레우코스 왕조 안티오코스 에피파네스 식민지 시절 대사제 야손에 의해 모두 바뀌었다는 걸 알고 있잖소. 그나마 남아 우리 방식대로 치르는 의례도 언제부턴가 신께서 받아주시지 않고 응답조차 없으니 여기 모인 이 땅의 청년들이 원한다면 마기와 히에로판테스라도 불러 해결하는 것도 괜찮을 성싶소."

그랬다. 안티오코스 에피파네스 왕은 다음과 같은 칙령을 내렸다.

유다인들이 자기 고장에 낯선 관습을 따르게 할 것.

성소에서 번제물과 희생 제물과 제주를 바치지 못하게 하고,

안식일과 축제를 더럽힐 것.

성소와 성직자들을 모독할 것.

이교 제단과 신전과 우상을 만들고,

돼지와 부정한 짐승을 희생 제물로 바칠 것.

그들의 아들들을 할례 받지 못하게 하고,

온갖 부정한 것과 속된 것으로 그들 자신을 혐오스럽게 만들도록 할 것.

그리하여 율법을 잊고 모든 규정을 바꾸게 할 것.

임금의 말대로 하지 않는 자는 사형에 처할 것.[33]

이뿐이 아니었다. 왕은 예루살렘 성전을 올림피아의 제우스신에게 봉헌하게 했고, 디오니소스 축제일이 되면 민중들에게 담쟁이 풀로 엮은 관을 씌우고 사슴 가죽으로 만든 옷을 입게 하고, 한 손에는 두 개의 잔이 달린 지팡이를, 한 손에는 지혜의 종려나무를 들고 디오니소스를 찬양하는 행렬에 참여하도록 강제했다.

에피파네스는 얼마나 잔인했던지 예루살렘에 '아크라Akra' 요새를 세워 율법을 지키는 자, 할례를 베푸는 자, 율법서를 소지한 자 등 자신의 명령을 어긴 자 수만 명을 처형했다. 할례를 베푼 자들의 아들을 죽여 그들의 목에 걸게 하고는 십자가형을 집행하기까지 했다. 예루살렘 사람들은 이러한 잔인하고 불경한 칙령에 저항했지만, 광야에 숨어 살던 그들은 안식일에 공격을 받자 율법을 지키기 위해 대항하지 않아서 결국 1,000명이 넘게 몰살당하고 말았다.

이런 시절엔 항상 민족의 배신자가 있는 법, 안티오코스 왕에게 돈으로 사제 자리를 산 야손은 직권을 쥐자마자 그리스식으로 모든 걸 바꿔버렸다. 요새 도시의 성 바로 밑에 경기장을 건축하고 가장 우수한 청년들에게 그리스 모자를 쓰게 했다. 곧바로 이국의 문화와 풍습이 물밀 듯이 들어왔다. 사제들은 성전을 우습게 생각하고 제단을 돌보지 않았으며, 원반던지기를 신호로 경기가 시작되기가 바쁘게 경기장으로 달려가 레슬링 경기에 빠져들었다. 그리스 문화를 가장 영광스럽게 생각하며 이름도 그리스식으로 고

---

33 〈마카베오기 상〉 1:44~50.

첬다. 또 5년마다 열리는 올림픽에 우수한 청년들을 보냈으며, 헤라클레스 신전에 희생 제물을 바칠 비용도 보냈다.[34]

대사제는 계속 말을 이었다.

"그 시절 우리의 위대한 조상 마카베오가 마침내 엠마오에서 셀레우코스군과의 전투에서 승리해 성전과 예루살렘성을 탈환했소. 곧바로 이교도 성역을 헐어버리고 기슬레우월(태양력 11~12월) 25일에 성전을 정화하여 초막절처럼 8일 동안 축제를 개최하면서 나뭇잎으로 엮은 화환과 아름다운 나뭇가지와 종려나무 가지를 들고 주님께 찬미를 드렸소.[35] 이처럼 성전을 정화했지만 이교도 미스테리아 의식과 디오니소스 축제 의식에서는 탈피하지 못했지 않소? 화환과 나뭇가지는 프리기아의 아도니스 축제나 아티스의 힐라리아 축제 때의 복장이며,[36] 종려나무는 메소포타미아에서 태양신의 부채라 하여 신성시했고 플라톤도 '디오니소스의 지혜의 종려나무'라 말하지 않았소? 이처럼 디오니소스를 오랫동안 섬겨왔던 차에 우리가 히에로판테스와 마기를 부르는 것이 큰 흠은 아니라고 생각됩니다."

그러자 사제 아비타르가 불평했다.

"그런데 왜 우리가 마리아의 남편을 직접 선택해야 합니까? 지난번 내 아들과 결혼시키려 했을 때는 마리아 본인뿐만 아니라 대사제도 반대했잖습니까?"

---

34 〈마카베오기 하〉 4장.
35 〈마카베오기 하〉 10장. 바로 이 사건이 하누카(성전 봉헌) 축제의 기원이다.
36 지금도 서양에서는 봄 축제 때 화관을 만들어 머리에 쓴다.

대사제가 대답했다.

"그건 '동정녀가 잉태하여 아들을 낳으리니 그 이름을 임마누엘이라고 하리라'[37]라는 이사야의 예언 때문이오. 임마누엘! '하느님께서 우리와 함께 계시다'라는 뜻임은 잘 알고 계실 테지요. 멀리는 여호야킴왕 때 바빌론 네부카드네자르(느브갓네살)왕에게 유배당한 시절부터 이후 알렉산드로스왕에게 나라를 빼앗긴 시절, 하스모니안 왕조 시절 특히 얀나이오스왕과 살로메 시절 많은 백성이 억울한 죽음을 당했을 때,[38] 그리고 지금은 로마의 압제하에 있으면서 우리는 우리를 구원해줄 메시아를 기다리고 있지 않습니까? 나는 그 메시아가 마리아와 관계있을 수 있다는 생각을 한시도 버린 적이 없소. 아니, 마리아뿐 아니라 우리 민족 모든 처녀에게서 그 희망을 꺾어본 적이 없소. 그래서 더더욱 이러는 거요. 당신 아들은 욕심 많고 색욕이 지나쳐 성소 주변 창녀들과 공공연하게 놀아난다는 사실을 모두가 아는데, 그런 당신 자식과 결혼하면 마리아가 동정 언약을 어찌 지킬 수 있겠소?"

그러자 군중 속에서 신심 깊은 이들이 하나둘 외쳤다.

---

37 〈이사야서〉 7:14.

38 솔로몬 이후 유다 지역은 전통적으로 사독 후손이 대제사장을 맡았다. 그러나 시골 마을 사제 마타티아스의 후손인 하스모니안 왕조는 왕이 대사제직을 겸하면서 대사제 혈통 문제로 항상 시끄러웠다. 얀나이오스왕 시절, 하시딤-바리사이파가 '왕의 할머니가 로마군의 성노예였으므로 제사장 자격이 없는 포로의 자식'이라고 조롱하며 왕에게 대사제직을 내놓으라고 요구했다. 그들이 초막절에 제사를 지내러 대성전에 올라가는 얀나이오스에게 과일을 던지며 시위하자 화가 난 얀나이오스는 바리사이파 6,000명을 학살했다. 이런 와중에 전쟁이 발발하고 내전이 계속되어 5만이 넘는 유다인이 살육당했다. 전쟁이 끝나자 왕은 800명의 반역자를 십자가형에 처했다. 이에 8,000여 명의 바리사이파가 광야로 떠나게 되었는데, 이들은 에세네파가 된다. 이 시절 메시아주의가 고조되었다.

"그래도 그렇지, 마기와 히에로판테스를 부르자니 신성모독 아닙니까?"

그러자 여기저기서 고함과 욕설이 튀어나왔다.

"여보시오! 어차피 신탁도 내려오지 않고 해결도 되지 않는데, 이교도 사제로부터 답이 나올지 어찌 알겠소? 어서 그들을 부르시오!"

대사제는 성난 군중을 보며 눈치를 살피다가 비장하게 말했다.

"좋소, 부르겠소. 다시 말하지만 그들이 와서도 신탁이 이루어지지 않는다 해도 내 책임은 아니오."

그때 한 청년이 조롱하듯 말했다.

"우리의 신을 불러내지 못하는 대사제에게도 책임은 있지. 이교도 사제로부터 해답이 나온다면 당신들은 무능한 사제 아니오? 우리 사제들도 이교도 축제 때마다 종려나무 가지를 들고 길거리에 쏘다니면서 유부녀와 처녀들을 건드리고 다닌 게 어디 한두 번이어야지, 푸하하."

그 말에 많은 이가 공감하고 사제들을 비웃으며 크게 깔깔댔다. 사실 말이 사제고 유다 청년이지 미트라 의식이나 자라투스트라교, 키벨레[39]나 데메테르 디오니소스 미스테리아 의식에 참여해보지 않은 사람이 거의 없을 정도였다.

마기는 자라투스트라교의 사제다. 바빌로니아 네부카드네자르

---

39 고대 프리기아(소아시아 중부에서 북서부) 지방의 대모신으로, 풍요와 다산의 여신이다. 젊은 연인 아티스와 함께 소아시아 일대에서 많이 숭배되었다. BC 5세기 후반 그리스에 전해져 제우스의 모신 레아와 동일시되었다.

2세는 2차에 걸쳐 유다를 침략하여 예루살렘을 철저히 파괴하고 왕족과 백성들을 학살함은 물론 수천 명을 포로로 수도 바빌론까지 끌고 갔다.[40] 그나마 종교의 자유는 허락되어 유다인들은 디아스포라를 형성하여 회당을 짓고 유다 절기를 지켰다. 그로부터 50년이 지난 후 페르시아 제국의 키루스(고레스) 2세[41]는 바빌로니아를 멸망시킨 후 노예 생활을 하고 있던 유다인을 해방시키고 귀향하도록 했다. 유다인은 이때 키루스 대왕이 섬기던 페르시아의 신인 아후라 마즈다와 신의 사자(또는 아들)이자 최고 사제인 자라투스트라를 접했고 그 교리를 흡수했다.

히에로판테스는 지중해와 소아시아 이교도 의식 중 주로 디오니소스 제전과 연관 있는 미스테리아 의식의 진행자이자 성사聖師였다.

많은 사람이 미스테리아 의식에 익숙한 터라 먼저 히에로판테스가 의식[42]을 거행하기로 했다. 어깨까지 내려오는 긴 머리와 구레나룻, 가슴 언저리까지 무성한 턱수염에다 황금빛 머리띠, 화려하게 수놓은 자줏빛 겉옷을 두르고[43] 한 손에는 새끼 돼지, 한 손에는 넘치는 포도주 항아리를 든 히에로판테스가 등장했다. 큰 키에

---

40 바빌로니아는 BC 612~582년에 걸쳐 2차에 걸쳐 유다를 침공했으며 BC 538년 페르시아에 의해 멸망했다.

41 구약 〈역대기 하〉, 〈에즈라기〉, 〈이사야〉에서 '주님의 목자', '기름 부음 받은 자', '주님의 일꾼'으로 불리는 등 무려 32번이나 언급되었으며 유다의 구원자 곧 메시아로 숭앙받았다. 성경에서 야훼 신이 직접 언급한 메시아는 모세와 키루스 2세 둘뿐이다.

42 미스테리아 의식은 힌두 예배 의식을 참고하여 필자가 지어냈다. 미스테리아 의식은 참여자 외에는 알 수 없는 비밀이었기에 기록되거나 전해진 바가 없다.

43 실제 외모와 복장이 이러했다. 예수의 초상을 연상케 한다.

굵은 저음의 목소리가 군중을 압도했다. 제법 나이가 있으나 결혼은 하지 않은,[44] 유다 청년들 사이에서도 유명한 이교도 제사장이었다. 뒤이어 양손에 일곱 가지 촛대를 든 무희와 북, 탬버린, 나팔, 방울을 든 악단도 따라 들어와 제대 밑에 앉았다.

히에로판테스는 좌중을 둘러보고는 포도주를 벌컥벌컥 들이켰다. 그리고 모두에게 한 손에는 포도주를, 한 손에는 돼지 대신 지팡이를 들라 했다. 성소에서 일하는 사람들이 분주해졌다. 성소 창고에 있는 포도주를 항아리째 들고나와 모두에게 나눠주었다. 딸랑거리는 요령 소리와 북소리, 나팔 소리에 맞춰 제대 위에서 광란의 불이 춤을 추기 시작했다. 허공을 향해 음산하고 신비로운 고성을 내뿜으니 다들 처음에는 두려움에 사로잡혔다. 그러나 점차 분위기가 고조되자 따라서 고함을 질러댔다. 히에로판테스는 새끼 돼지를 제단 옆의 성수에 집어넣어 수장시키더니 정확하게 칼로 심장을 찌른 뒤 목을 땄다. 돼지 피가 솟아 히에로판테스의 얼굴과 제단을 적셨고, 포도주를 담았던 잔으로 피를 받아 군중에게 뿌렸다. 피를 본 군중은 미쳐갔다. 요령과 북소리가 빨라지면서 고함도 높아졌다.

히에로판테스는 사람들에게 포도주를 단숨에 들이키게 한 후한 명씩 제단 위에 지팡이를 올려놓으라고 했다. 지팡이가 하나씩 올라갈 때마다 술이 한 잔씩 의무적으로 주어졌다. 술과 광란의 춤사위, 공포의 고함과 고막이 터질 듯한 북과 방울 소리. 그렇

---

[44] 히에로판테스는 결혼하지 않고 독신으로 살았다. 예수도 독신이라고 전해진다.

게 그 자리의 청년 모두 제단 위의 자기 지팡이에 기적이 일어나
길 바라며 흥청망청 취해갔다. 의식에 익숙한 일부 청년들은 옷을
벗어 던지고 남색의 음란한 행동까지 해댔다. 그러나 제단에 지팡
이가 차곡차곡 쌓이고 마지막 청년이 지팡이를 올려놓을 때까지
도 아무런 징조가 나타나지 않았다. 그러자 한 청년이 술에 취해
옷을 홀딱 벗은 채로 비틀거리며 소리쳤다.

"이를 어쩌나? 신탁이 끝끝내 이루어지지 않았구나. 대사제를
죽여라! 우리 손에는 돌멩이 대신 지팡이가 있다!"

그 소리에 음악이 그치고 술에 취한 청년들이 제단으로 몰려들
어 자신의 지팡이를 집어 들고는 침을 뱉고 발로 밟아 제대의 불
을 꺼트리며 고함을 질러댔다. 심지어는 불 위에 소변을 내갈기며
사제와 히에로판테스를 조롱하기도 했다.

"우리를 기만한 대사제를 죽여라!"

여기저기서 혀 꼬인 소리가 흘러나오자 다급해진 대사제와 사
제들은 좌중을 진정시켰다.

"아까와 약속이 다르잖소? 대사제에게 아무런 책임이 없다고 분
명히 말해놓고는 왜들 그러시오? 잠깐 기다리시오. 아직 마기의
의식이 남아 있잖소?"

그러자 금 지팡이를 든 부자 청년이 흥분해서 말했다.

"좋다. 두고 보자. 저 재미없는 마기의 의식이 끝나도 신탁이 이
루어지지 않는다면 그때는 정말로 죽여버릴 테다."

좌중은 지팡이로 성소 바닥을 두드리며 돼지 대신 대사제의 심
장을 꺼내 제물로 바치자고 깔깔댔다. 마리아의 남편감을 선발한

다는 목적은 온데간데없이 사라졌다. 그저 광란의 이교 의식에 흠뻑 취했을 따름이었다.

페르시아인 복장이지만 하얀 날개 달린 천사의 모습을 한 마기가 단에 우뚝 섰다.[45] 그는 십자가가 정중앙에 솟아 있는 황금 왕관을 쓰고, 한 손에는 유황불, 한 손에는 하오마 잔을 들고 하늘을 향해 두 손을 모았다. 시끄럽게 떠들던 사람들이 점차 잠잠해지더니 마침내 좌중이 조용해졌다.

마기는 단에서 내려와 사람들 사이로 다니며 유황 연기를 여기저기로 흩날리면서 주문을 외웠다. 그러더니 단의 한가운데 두 뼘 높이의 금속 항아리에 접시를 올려놓고, 불쏘시개 위에 인도산 백단나무 가지를 올려 불을 지폈다. 백단향이 공간을 가득 채우자 의식을 시작했다.

먼저 의식을 위해 가져온, 열두 항아리의 꿀을 탄 하오마 술을 군중에게 실컷 마시도록 나눠주었다. 다디단 꿀에 혀를 빼앗긴 사람들은 목이 탈 때까지 마시고 또 마시고 급기야는 항아리 바닥에 머리를 처박고 핥아댔다. 하오마 마시기가 끝나자 마기는 좌중을 바닥에 앉히고 조용히 명상하게 하고는 기도를 올렸다. 포도주에 이미 취해 있는 데다 하오마까지 마시니 모두들 의식이 희미해지고 정신이 몽롱해졌다. 자라투스트라교는 술에 취하는 것을 '악마에 쓰인 상태'로 취급하여 금기시했으나 하오마는 '마셔도 취하지 않는 유일한 술'로 대접받아 의식을 행할 때 반드시 마시도록 했

---

45 마기의 복장은 자라투스트라교의 여러 상징물을 토대로 필자가 창작했다.

다. 하오마를 마신 자는 흥분 상태가 되어 환각을 본다고 한다.

"위대하고 선한 신이자 현명한 주님, 아후라 마즈다여! 당신은 일곱 천사[46]로 세상을 주관하고 계십니다. 우리 인간이 물질에 지배당하지 말고 위대한 영을 갖게 하소서. 그리하여 세상에서 악의 신 앙그라 마이뉴를 몰아내소서. 당신 사후 3000년이 지난 후 세상의 종말 때 사오시안트의 모습으로 재림하여 죽은 자를 부활시키고 선한 자는 당신의 오른편에 세워 당신 나라로 데려가시고, 악한 자는 왼편에 세워서 뜨거운 유황불이 이글거리는 지옥의 형벌로 심판하소서. 그리함으로써 이 땅에 선과 악의 싸움을 끝내소서."[47]

그러고는 한참 있다가 또다시 기도를 이어갔다.

"정결한 마음으로 이 제물과 기도를 드립니다. 오! 불이여, 이 제물은 선한 제물이며, 자비를 구하는 제물이며, 아후라 마즈다의 아들이신 당신으로부터 온 제물입니다. 당신께 드리기에 알맞은 나무를 바치고, 그에 알맞은 향을 바치고, 그에 알맞은 기름을 바치게 하소서. 이 공간에서 타오르소서. 이 공간에서 영원히 타오르소서. 이 공간에서 불꽃이 피어나게 하시며, 그 불꽃이 더 커지게 하소서. 이 세상이 다시 강하고 바르게 회복될 때까지 영원히 피어나소서.

오! 불이여, 아후라 마즈다의 아들이여, 저에게 넘치는 행복과

---

46 참고자료 <천사>(56쪽) 참조.
47 자라투스트라교 사상은 예수 재림과 불의 심판, 십자가, 사탄, 선악, 천사 등과 일부 기독교 종파의 종교력인 6000년 설(위경에 기록되어 있다) 등에 있어 기독교에 많은 영향을 주었다.

활기찬 삶과 약동하는 생명을 허락하소서. 풍성한 행복과 풍성한 삶과 풍성한 생명을 주소서. 지혜와 총명함과 바른 언어를 주시고, 경건한 영혼과 좋은 기억력을 주시고, 시간이 더할수록 깊어지는 이해심을 주시고, 알음알이를 통해서 얻지 못하는 이해력을 주소서.

오! 불이여, 아후라 마즈다의 아들이여. 비록 하찮은 존재이나 지금부터 영원토록 당신의 거룩한 빛과 당신의 온전한 행복과 복이 넘치는 곳에 거하게 하소서. 내 영혼에 합당한 보답과 아름다운 명성과 영원한 기쁨을 얻게 하소서.

만세, 오! 아후라 마즈다의 불이여, 오! 자비가 넘치는 가장 위대한 영혼의 보호자여."[48]

기도는 계속 이어졌다.

"아후라 마즈다여! 자라투스트라여! 당신이 또 다른 모습으로 환생한 아바타, 새로운 왕의 시대가 열릴 것이오니, 우리가 죽기 전 그분을 맞이할 의식을 집행하는 도구로 사용된다면 원이 없겠으며, 우리의 기도가 받아들여지길 바라나이다."

기도를 마친 마기는 지팡이를 던져 뱀으로 만들고 왕관을 벗어 던져 비둘기를 만들었다. 그리고 속이 텅 빈 긴 막대기를 꺼내 입에 물더니 갑자기 불과 연기를 토해냈다. 그러고는 단에서 내려와 좌중의 청년들 지팡이를 하나씩 안수하듯 만지고 다녔다.

---

48 '불의 경외'라는 글에서 발췌한 기도문으로, 원문의 '집안'을 여기서는 '공간'으로 바꿔 표현했다 (《조로아스터》, 나종근 지음, 시공사, 2000, 30쪽).

포도주에 취했는지, 하오마에 혼을 빼앗겼는지, 아니면 저 마술에 홀렸는지 청년들이 눈동자가 흐리멍덩해지면서 하나둘씩 쓰러져갔다. 일부는 불을 경배하기 위해 불의 재를 자기 이마에 찍어 발랐다.[49]

대사제는 주위를 둘러보았다. 많은 시간이 흘렀지만 아직 그 누구의 지팡이에서도 기적이 일어나지 않았다.

사제들은 이미 절망 상태였다. 신탁이 내려오지 않으면 환각 상태에 빠진 저들이 폭동을 일으킬 게 뻔했다. 대사제는 허리에 찬 단검을 만지작거리며 마음속으로 외쳤다.

'조금 있다 깨어날 저들의 지팡이에 치욕적으로 맞아 죽느니 신의 뜻에 어긋나더라도 심장을 찔러 나 자신을 신의 제물로 삼겠다.'

대사제는 아무런 답을 주지 않는 신을 원망하며, 아니, 이 괜한 짓을 꾸며 민족의 청년들을 기만한 자신을 부끄럽게 여기며 비탄의 눈물을 흘리면서 마지막으로 좌중을 둘러보았다. 여기저기 아무렇게나 던져놓은 화려한 지팡이들, 포도주와 하오마에 취해 쓰러져 있는 사람들, 나체로 바닥을 뒹구는 사람들, 신성함이라곤 모두 사라져버린 이 공간에서 남색이 난무하고 더러는 뻣뻣해진 자신의 성기를 움켜쥐고 오나니슴에 빠져 있는 중생들.

저 아귀, 축생들 뒤로 깨어 있는 사내 한 명이 눈에 띄었다. 요셉이었다. 대사제는 있는 힘을 다해 성전이 무너지도록 외쳤다.

---

49 단순히 불을 경배하기 위한 행위로, 가톨릭의 재의 의식과는 다르다.

"아직 한 사람이!"

그러나 한쪽 구석에 처박혀서 닳아빠진 지팡이를 손에서 놓지 않고 벽에 기대어 구부정하니 앉아 있는 모습에 고개를 갸웃거리며 쓴웃음을 지었다. 설마 저 사람은 아니겠지. 그래도 지팡이는 가졌으니 신의 명령을 이행해보는 수밖에.

"…남았…소."

대사제는 말끝을 흐렸다.

그 소리에 쓰러졌던 사람들이 하나둘씩 눈을 떠 요셉 쪽으로 시선을 돌렸다. 요셉은 한 잔의 술도 마시지 않았고 광란의 음악에 미혹되지도 않았으며, 히에로판테스의 현란한 목소리에도 마기의 하오마에도 전혀 현혹되지 않은 듯 눈빛이 초롱초롱 반짝였다.

대사제는 아무런 기대도 없는 표정으로 별수 없이 다가가 탄식하며 요셉의 지팡이를 들었다.

'이 지팡이가 마지막이다. 아무런 징조가 나타나지 않으면 저들의 폭거에 죽어야 한다.'

대사제는 천천히, 자기 목숨을 조금이라도 연장하려는 듯 천천히 한 발 한 발 발뒤꿈치부터 앞부리까지 지면을 느끼며 제대 앞으로 걸어 나왔다. 몽롱한 모두의 시선이 지팡이에 고정되었다. 지팡이가 제대 위에 올려졌다.

짧지만 긴 호흡의 시간이 흘렀다. 음악도 고함도 술도 히에로판테스의 신비한 목소리도 마기의 신비로운 마술도 그곳엔 없었다.

안타깝게도 지팡이에는 아무 일도 일어나지 않았다. 제사장들과 그곳에 모인 청년들은 그러면 그렇지 하는 표정의 묘한 웃음을 지었다. 갑자기 소란스러워지며 또다시 혀 꼬인 고함이 들렸다.

"대사제를 죽여라! 그런 뒤 제비를 뽑아 마리아를 취할 사람을 정하자!"

그러자 요셉이 벌떡 일어나 군중을 향해 소리쳤다.

"대사제를 죽여선 안 되오! 그분은 신을 대변하는 자, 신과 우리를 연결해주는 분이오. 신의 뜻에 따라 이 의식을 거행했을 뿐이고, 당신들이나 나나 주님의 뜻에 합당하지 않기에 징표가 나타나지 않은 것인데, 그게 왜 사제의 잘못이란 말이오?"

그러자 여기저기서 "도대체 저런 늙수그레한 중늙은이가 왜 여기 온 거야? 아무리 신의 명령이라 해도 자기 주제를 알아야지" 하는 소리가 흘러나왔다. 군중은 낄낄거리며 요셉을 비웃었다. 심지어 요셉과 대사제를 함께 죽이자는 고함까지 들렸다.

요셉은 사람들의 눈총을 받으면서도 자리에서 일어나 당당하고 위엄있게 지팡이가 놓여 있는 제대로 향했다. 자신의 처지를 알기에, 주님의 명령에 따라 자신에게 주어진 의무를 수행하러 이곳에 왔기에, 그리고 자신이 신탁의 인물이 아님을 저 제대 위의 지팡이로 확인했기에 이제는 부끄러울 것도 두려울 것도 없었다.

'주님, 저는 제 의무를 다했습니다.'

요셉은 마음으로 기도하며 지팡이를 집어 들고는 바닥을 가볍게 내리쳤다.

그러자 '텅-' 하는 울림소리가 공간에 울려 퍼졌고 한 줄기 빛이 제대 위로 쏟아지자 그곳에 모인 사람들 모두는 위대하고 신비로운 환상에 사로잡혔다. 그 옛날 광야에서 신의 언약이 주어질 때의 아론의 지팡이처럼 요셉의 마른 지팡이에 싹이 돋아나더니 아몬드꽃[50]이 피기 시작했다. 그리고 지팡이 꼭대기에 주님의 영이 흰 비둘기 모양으로 내려와 앉아 눈이 부셔 차마 볼 수 없을 만큼 휘황찬란한 빛을 발했다. 그때 천사의 합창처럼 아름다운 음악이 울려 퍼지고 아몬드꽃 향기처럼 성스러운 숨결이 성소에 가득하여 모두 황홀경에 빠져들었다. 사람들은 자기도 모르게 무릎을 꿇고 양팔을 하늘로 뻗었다.

드디어 신탁이 이루어지고 마리아의 약혼 상대가 밝혀진 것이다. 이교 미스테리아 사제 히에로판테스가 주관한 의식이나 자라투스트라교의 마기 의식에 의해서가 아니라 유다 대사제의 손과 다윗 후손의 지팡이에 의해서였다. 많은 자녀가 있는 늙은 홀아비에다 가난에 찌든 목수에 인생의 온갖 고난과 쓴맛을 다 본 요셉이 신의 답이었다.

대사제와 사제들은 바닥에 엎드려 크나큰 울음을 울었다. 그토록 기원했던 신의 답에 대한 감격이라기보다도 폭거에서 죽지 않고 살아난 데 대한 안도와 회한의 눈물이었다.

요셉은 늙고 상처한 데다 자녀까지 있는 자신이 이 어리고 청순한 소녀와 결혼해서는 웃음거리밖에 되지 않는다며, 성스러운 신의 딸에게 걸맞은 좀 더 건장하고 아름다운 청년을 찾아보라고 정중하게 거절했다. 그러자 대사제가 통곡을 그치고 마치 자신의 능

---

50 〈민수기〉 17:23. 개신교 성경(〈민수기〉 17:8)에서는 살구꽃, 가톨릭 성경에서는 감복숭아꽃이라 했는데, 모두 아몬드꽃을 말한다. 아티스의 어머니 나나가 편도복숭아, 곧 아몬드를 가슴에 품자 아티스를 임신했다고 한다. 편도는 여성의 성기를 상징한다.

력으로 신탁의 답을 얻어낸 듯 근엄한 목소리로 말했다.

"요셉, 주 하느님을 두려워하시오. 신께서 하느님의 뜻을 거스른 다탄, 코라, 아비람을 어찌하셨소? 땅이 갈라져 그들을 삼켜버렸다고 기록되어 있지 않소?[51] 당신 집안에 그런 일이 일어나길 바라오? 이는 웃음거리가 아니라 주님의 거룩하고 신성한 명령이오."

요셉은 신의 뜻을 받아들였다. 대사제의 주도하에 관례에 따라 정혼식[52]을 마치고는 결혼식을 준비하러 자신의 집으로 떠났다. 마리아는 저 중노인과 결혼하면 동정의 맹세를 지킬 수 있다는 대사제의 말에 기꺼이 약혼을 허락했지만, 고향 집[53]으로 돌아가야 한다는 말에는 슬픈 마음을 억누를 수 없었다. 어렸을 적 부모가 이곳에 자신을 봉헌했다고 사제로부터 듣긴 했으나 한 번도 만나본 적이 없었으니 얼굴도 기억나지 않았다.

마리아는 집으로 돌아가기 전 성전에 무언가 남기고 싶었다. 마침 성전 휘장이 낡아 바꿔야 할 참이었다. 마리아는 자신과 일곱 처녀[54]가 베를 짜겠노라 했다. 대사제는 기뻐하며 청실, 주홍색 실, 가는 아마실(삼베실), 짙은 자주색 실, 그리고 특별한 색인 금색

---

51 〈민수기〉 16장. 코라, 다탄, 아비람은 모세에게 반기를 들고 대적하다가 신의 징벌로 죽었다.

52 가톨릭교회에서는 3월 19일을 '복되신 동정 마리아의 배필 성 요셉 대축일'로 정하여 기념한다. 마리아와 요셉의 약혼 날짜는 기록에 없다.

53 〈루카 복음서〉(1:26~27)와 일부 문헌에서는 요셉과 마리아가 갈릴래아 나자렛 사람으로 나온다. 그러나 대부분 위경에는 요아킴과 안나가 예루살렘에 살았고 그곳에서 마리아를 낳아 성전에 바쳤다고 기록되어 있으므로, 여기서는 일관성을 위해 결혼 전 마리아의 집을 예루살렘으로 설정했다.

54 어떤 문헌에는 여섯 처녀라고 기록되어 있다. 이름은 레베카, 세포라, 수산나, 아비제아, 자헬 등이다. 마리아가 환향하여 집에 머물러 있을 때 성전 휘장의 천을 짰다는 전설도 있다.

실을 맡겼다. 제비를 뽑아 마리아에게는 짙은 자주색 실이 배당되었다. 다른 처녀들은 마리아를 '처녀들의 여왕'이라 부르며 시기했지만, 마리아는 천사처럼 그들을 사랑했으며 그들을 위해 축복 기도를 올려주기까지 했다.

성전 휘장은 네 가지 색으로 짜여 있는데, 네 가지 색은 신성한 색으로 4원소를 상징한다. 공기를 나타내는 파란색은 야훼의 색이다. 진홍색은 불을 나타낸다. 흰색의 가는 아마실은 땅을 상징한다. 아마(삼)는 땅에서 자라기 때문이다. 자주색은 바다를 나타내는데, 바다의 조개 피로 물들여졌기 때문이다.[55] 사제들의 도포는 자주색으로만 만들고 거기에 다시 네 가지 색의 실로 술을 달았다. 금색은 성전과 궁궐에서 신과 왕의 권위를 내세우기 위해 치장하는 색이다.

마리아와 일곱 처녀는 각자 집으로 돌아가기 전 베를 짜 성전에 바쳤다. 초막절이 가까워지면서 마리아의 열네 번째 생일이 다가

---

[55] 유다인 역사가 요세푸스(AD 37~95년)의 기록에 근거했다. 플라톤의 4원소 색상(물-녹색, 불-빨강, 하늘-청색, 흙-노랑)과는 차이가 있다. 〈탈출기〉(24:10)에 "그들은 그곳에서 이스라엘의 하느님을 뵈었다. 그분의 발밑에는 청옥(사파이어)으로 된 바닥 같은 것이 있었는데, 맑기가 꼭 하늘 같았다"라고 하였으니 청색은 야훼의 색임을 알 수 있다. 청색은 변하지 않는 색으로 당시에는 아라비아인들만 제조할 줄 알았기에 매우 고가여서 초창기 그림에는 마리아의 옷에만 사용했다. 녹색으로는 창녀 복장을 칠했는데 후대로 내려오면서 마리아의 옷에 사용했다. 예수가 최후의 만찬 때 사용했던 성배는 에메랄드(녹색)로 만든 것이었다고 한다. 그런데 〈요한 묵시록〉(4:3)에서는 "거기에 앉아 계신 분은 벽옥과 홍옥같이 보이셨고, 어좌 둘레에는 취옥같이 보이는 무지개가 있었습니다"라고 하여 신의 색이 청색에서 녹색으로 바뀌었음을 알 수 있다.

고대 그리스 신화나 미스테리아에서도 색은 아주 중요했다. 아테네의 수호신 아테나 여신은 황금빛 옷을 입었다. 빨간 양귀비는 풍작의 여신 데메테르(케레스) 여신에게 바쳐진 것인데, 훗날 예수의 피를 상징하게 된다. 자주색은 디오니소스의 색으로, 예수의 겉옷도 자주색으로 표현된다.

왔고, 드디어 마리아는 사제와 병사들의 호위를 받으며 고향 집으로 향했다.

마리아는 지금까지 성전에서 천사들의 수호를 받으며 살아왔기 때문에 성전이 세상의 전부였고, 외부 세계는 거의 알지 못했다. 세 살 때 집을 떠나와 어언 11년을 사제들과 함께 신을 봉양하며 살아왔기에 고향과 부모에 대한 추억이 있을 리 만무했다. 그래서 고향과 부모라는 말을 처음 들었을 때 마리아는 무척 당황했다. 사제들로부터 부모가 누구이며 고향은 어디이고 어릴 적 자신이 어떻게 여기에 왔는지 구구하게 설명을 들은 뒤에야 조금씩 마음이 진정되었다. 마리아는 어렴풋이 떠오를 듯 말 듯한 부모의 얼굴을 그리며 두렵고 설레는 마음으로 고향 집으로 떠났다.

■ 마리아와 결혼하기 전의 요셉

요셉이 마리아와 결혼하기 전 이미 네 명의 아들(유다, 유스투스, 야고보, 시메온)과 두 명의 딸(아씨아, 리디아)을 둔 홀아비였다고 위경 〈목수 요셉의 역사〉와 초창기의 여러 문서에 나타나 있다. 이에 따른다면 성경에 나오는 예수의 형제들은 모두 요셉과 그의 전 부인 사이의 자식인 셈이다. 거의 모든 기독교 종파에서는 마리아가 예수 이외에는 낳지 않은 것(독생자, 모노게네 Monogenês)으로 설정하고 가르치고 있지만 많은 논란이 있다. 성경을 보면 예수와 그 형제들이 언급되어 있고 예수의 형제 야고보는 초대 주교이기도 한데, 대다수 기독교계에서는 예수의 독생자 교리 때문에 이들을 사촌이라고 말한다.* 극소수 개신교 교파에서는 요셉이 10대 후반에서 20대 초반의 청년이었을 것으로 추정하여 가르치고 있다고 한다. 이 위경에 의하면 요셉은 40살에 결혼해 49년을 결혼 생활을 했고(88 또는 89세) 아내가 죽은 뒤 1년을 혼자 지냈으며 마리아와 결혼한 2년 뒤 예수가 태어났고 총 111년을 살았다고 기록되어 있다. 예수가 19~20살일 즈음 죽은 셈이다. 위경에 근거하여 계산하면 요셉이 90대 때 이집트 피난 생활을 한 것이 되기에 지나치게

---

* 일부 성서학자들은 요셉과 마리아 사이에서 야고보, 요셉, 시몬, 여동생 둘, 유다가 태어났다고 한다. 요셉 전처의 자녀와 이들을 합쳐 예수의 혈족(데스포시노스Desposynos)이라고 하는데 예수 사후 예루살렘 첫 주교는 야고보(2대는 예수의 삼촌 클레오파스의 아들 시몬)였고 이들이 이스라엘 교회를 이끌었다. 그러나 사도 바오로 계열의 기독교가 로마에서 융성하면서 콘스탄티누스 황제는 비혈족인 실베스테르 주교를 임명하게 되고 교회의 중심은 로마로 옮겨졌으며 예수 혈족 세습은 막을 내린다. 본래 리누스가 로마 최초 주교였으나 훗날 베드로가 최초의 주교이자 초대 교황이었던 것처럼 조작했다는 설도 있다.

비현실적이라 이 글에서는 40~50대 사이로 설정했다. 참고로 요셉은 영어로는 조세프Joseph, 에스파냐어와 포르투갈어로는 호세Jose 혹은 조제, 러시아어로는 이오시프Iosif라 한다.

■ 마리아가 태어난 곳은 어디며 결혼 전 어디에 살았는가

위경 〈마리아 탄생 복음〉에 의하면 마리아의 아버지 요아킴의 집안은 나자렛에 있었고 어머니 안나의 집안은 베들레헴에 있었으며, 마리아는 3살 때 예루살렘 대성전에 바쳐졌다. 태어난 장소는 알 수 없으나 마리아 임신 전 예루살렘 황금문에서 부부가 재회했다는 기록으로 보아 정황상 어머니 집이 있는 베들레헴으로 짐작된다. 예루살렘에 가보면 황금문 옆에 대성전 터가 있고 그 앞에 벳자타(베데스다) 연못이 있으며 그 옆에 바로 성 안나의 교회(안나의 집)가 있다. 여기에서 마리아가 태어났다는 전승도 있다. 집의 위치가 위경의 기록과 다르나 종교계에서는 이 상징적 장소를 통해 마리아 탄생 이후 거주지를 예루살렘으로 바꾸어버렸다. 성전에서 살던 마리아는 14살 무렵 요셉과 약혼 후 결혼 준비를 위해 '부모가 있는 갈릴래아로 돌아갔다'고 했고 이후 〈루카 복음서〉 1:26 이하로 연결된다.

그런데 베들레헴(예루살렘)이 집인 마리아가 왜 갈릴래아로 돌아갔다고 기록했을까? 가톨릭(혹은 전설)에서는 요아킴이 사제이기 때문에 대성전에 근무하는 동안 아내의 집안인 예루살렘에 살았으며 이후 나자렛으로 돌아갔다고 피력함으로써 정경과 위경의 틈새를 말끔히 해결해버린다. 나자렛에 가보면 상징적이지만 요셉의 집(성 요셉 혹은 성가정 성당)과 마리아의 집(주님 탄생 예고 성당)이 약 100미터 정도 거리에 있다. 물론 실제로 그곳에 살았다는 뜻이 아니라 〈루카 복음서〉에 근거하여 상징적인 장소에 성당을 세웠는데 많은 순례객이 참배한다.

■ 요셉이 태어난 곳은 어디며 마리아와 결혼 전 어디에 살았는가

위경 〈마리아 탄생 복음〉을 보면 마리아와 약혼 후 결혼식 준비를 위해 자기 집이 있는 베들레헴으로 돌아갔다고 하였다. 〈루카 복음서〉의 기록과 어긋난다. 그런데 〈마태오 복음서〉에는 성가족이 본래 베들레헴에 살고 있었음이 전제되어 있다. 〈야고보 원복음서〉에는 약혼 후 마리아를 자기 집(베들레헴)에 데려다 놓고 목수 일을 하기 위해 다른 지방으로 떠났다가 6개월 후에 돌아오고, 성령으로 임신한 마리아와 결혼한다.

이 책에서는 이에 근거하여 마리아가 약혼 후 예루살렘에 있는 어머니 안나의 집에서 거주한 것으로, 요셉의 집은 베들레헴과 가까운 예루살렘 외곽으로 설정하여 이야기를 전개할 것이다.

■ 하오마

하오마는 자라투스트라교에서 신성하게 여기는 식물인 하오마초卓로 만든 술을 뜻한다. 이 술을 마시는 것은 자라투스트라교 의식의 중요한 부분이다. 하오마는 술 자체가 신격화된 천사로 여겨지며 생명력과 건강, 다산, 신부들을 위한 남편들(의 성욕), 불멸성을 부여받아 인간의 건강과 활력을 관장하고 자손을 가지게 하는 역할을 한다. 신격화된 하오마는 눈이 녹색 또는 금색이며, 몸은 금색으로 빛나고, 고산 위에 산다고 한다.

하오마초는 탄력이 있고 두꺼우며 향기 나는 녹색 식물이라 전해진다. 또 하오마를 마시면 흥분 상태가 되어 환각을 본다고 전해지는데, 그래서 독버섯이나 대마라는 설도 있다. 하오마는 산스크리트어 '소마'의 아베스타어 형태인데, 소마는 고대 인도의 예배 의식에서 사용하던 식물로, 그 즙을 신에게 바쳤다. 환각을 유발하고 원기를 돋우는 효과 때문에 주목을 끌었다.

하오마는 고대 원시 미트라교 의식을 거행할 때 마셨다. 이후 자라투스트라교가 등장하면서 신이었던 하오마는 천사로 자라투스트라교에 흡수되었다. 자라투스트라교에서는 술에 취한 상태를 '악마에 씐 상태'로 보았기에 초기에는 하오마가 별로 사용되지 않았다. 하지만 후에는 '마셔도 취하지 않는 유일한 술'이라는 지위를 얻어 의식을 행할 때 반드시 마셨다. 그뿐 아니라 천사 하오마의 지위도 상승해 최고신 아후라 마즈다로부터 신자의 증표인 '쿠스티'라는 요대를 최초로 받는 영예를 얻었다.

- 위키피디아, 다음백과 참조

■ 마기

자라투스트라교 사제를 마기라고 부른다. '마술'을 의미하는 영어 단어 매직 magic의 어원이기도 하다. 성서 속의 마기는 대문자, 보통명사는 소문자로 쓴다. 고대 그리스 헤로도토스의 《역사》에 '마기는 시체를 개나 새에게 뜯어먹게 하고, 뱀 등의 파충류와 개미를 무차별하게 죽이는 습관이 있다'고 한 것으로 보아 티베트의 천장사天葬士와 축사逐邪 사제를 연상하게 한다. 〈다니엘서〉(5:28)에 언급된 페르시아 메디아(메대) 왕국 시절에는 종교 지도자로서 순수 신관이나 성직자 임무를 담당하였으며 당시 최고의 교육을 받았을 뿐 아니라 점성술에도 능했다. 사산 왕조 시대 마기는 외래 종교 탄압자였다. 〈마태오 복음서〉에서는 마기에게 '점성술사'의 개념이 있는데 동방교회에서는 12명, 서방교회의 전설에서는 3명이며, 각각 페르시아와 아라비아와 인도의 왕이었다고 한다.

자라투스트라교는 지금의 유다교, 기독교, 이슬람교, 불교 등 현대 종교에 영향을 끼친 고대 종교임에도 다른 종교와 달리 신을 위한 집을 짓지 않으며 신의 형상도 만들지 않는다. 자라투스트라교에 따르면 선한 신 아후라 마즈다는 악의 신과 싸우는데, 결국에는 메시아인 사오시안트Saoshyant의 등장으로 선과 악의 싸움이 종결되고, 선한 자는 신의 오른편으로 가 천국에서 살며, 심판받을 자는 신의 왼편으로 가 영원히 꺼지지 않는 유황불에서 고통받게 된다고 한다.

2부

수태고지
受胎告知

가브리엘 천사의 수태고지[1]

◈

집에는 웬 중년 여인이 살고 있었다. 가슴까지 옷을 풀어헤치고 술에 취한 듯 졸고 있는 여인의 모습에 지금까지 정숙하고 단정한 옷차림만 봐왔던 마리아는 당황했다.

"저… 누구신가요? 혹시 제 어머니세요?"

말없이 마리아를 뚫어져라 쳐다보던 여인이 옷매무새를 고쳐 가다듬고는 입을 열었다.

"네가 성전에 봉헌되었던 마리아니? 음, 어머니를 많이 닮았구나. 미안하지만 난 네 어머니가 아니란다. 네가 태어나기 전 네 어

---

[1] 천사 가브리엘이 마리아에게 성령에 의해 예수를 잉태할 것을 알려준 일.

머니의 몸종이었던 유디트[2]란다."

"아, 그러시군요. 반가워요. 그런데 저희 부모님은 어디 계신가요?"

유디트는 한참 망설이더니 한숨을 크게 내쉬며 다른 곳을 바라보았다.

"여기 안 계신단다. 차차 말해주마."

"그런데 주인도 없는 빈집에 왜 아주머니 혼자 계세요?"

유디트는 잠시 머뭇거리다 대답했다.

"어느 날 성전 사제와 율법학자가 와서 집을 둘러보더니 한때 최고 부자였던 이 집의 딸이 돌아온다고 이야기하더구나. 그래서 그 소녀가 분명 너일 거라고 짐작하고 비어 있던 이 집에 들어와 살았지. 나는 자유를 얻은 몸도 아니고 네 집안 소유인 데다 너와 함께 지낼 수 있는 사람이라곤 나뿐이니 내가 너를 결혼할 때까지 보호해줘야 하지 않겠니? 그때 내게 자유를 주렴."

"맞이해주시는 분이 계셔서 안심은 되지만 부모님이 안 계신다니⋯. 얼굴도 잘 기억나지 않지만 무척 궁금하고 보고 싶어요."

마리아는 유디트의 보살핌을 받으며 성전 바깥 세상에 차츰 적응해나갔으며 유디트의 방탕한 생활이나 경건하지 못한 태도에도 차츰 익숙해져 갔다. 처음엔 집에만 은둔하다시피 했지만 활동 반경도 차차 넓어져 근처 상점이나 시장에서 먹거리를 사 오기도 했

---

2   유디트는 안나가 불임이던 시절 잠시 언급되었던 인물이다. 그런데 마리아가 성전을 나온 뒤부터 수태고지를 받고 결혼할 때까지의 생활이 정경은 물론이고 위경을 비롯해 어느 문헌에도 소개되지 않았기에 필자가 개연성을 부여하고자 임의로 유디트를 재등장시켜 줄거리를 창작했다.

다. 그렇게 몇 달이 지났다.

"그런데 왜 결혼하지 않고 이렇게 사시나요?"

마리아의 질문에 유디트는 결심한 듯 마리아에게 말했다.

"노예는 주인이 허락해줘야 결혼할 수 있거든. 그런데 안타깝게도…. 그래, 내가 왜 결혼도 안 하고 혼자 사는지 말해주마. 너도 어른이 되어가니 가족사를 아는 게 좋겠지. 부디 내 말에 충격받지 않았으면 좋겠구나.

옛날 네 어머니가 아이를 낳지 못해 슬퍼하고 있을 때였지. 처음엔 자식을 못 낳는 네 어머니를 무시하기도 했지만 내 나름대로 계획을 세워 네 아버지를 기쁘게 해주고 싶었단다. 네 어머니 몰래 네 아버지 침실로 들어가서 자식을 낳아 너희 집안의 대를 이어주고 싶었지. 사실 난 네 아버지를 주인 어르신 이상으로 존경하고 사랑했단다. 아브라함의 아내 사라의 종이자 이스마엘의 어머니 하갈처럼, 야곱의 사랑하는 아내 라헬의 몸종처럼 네 어머니를 대신해 네 아버지 아이를 가져 대를 이어주고 싶었어.

하지만 네 아버지는 나를 몇 번이나 거절했어. 그런 줄도 모르는 네 어머니는 나를 자매처럼 보살펴줬지. 그러던 어느 날 네 어머니는 반드시 아기를 가져야 한다며 자기 옷을 입혀서 네 아버지 잠자리로 날 들여보냈고, 난 필사적으로 네 아버지를 유혹했어. 그런데 네 아버지가 감히 어느 자리를 넘보냐며 채찍으로 때리고 밀치는 바람에 침대 모서리에 찧어 얼굴에 흉터가 남았단다. 그날 이후로 난 네 어머니를 증오하기 시작했지. 마을 구석구석 돌아다니며 애도 못 낳는 여자 때문에 내 신세가 이 모양이 됐다며 온갖 불만과 저주를 퍼부으며 다녔어.

그 후로 난 집을 나가버렸고 이교에 빠져 방탕하게 지냈단다. 그뿐 아니라 이교도의 신과 향락적 비의를 찾아 시리아, 페르시아, 그리스, 마케도니아, 로마에까지 가서 온갖 경험을 다 하고 지식도 얻고 돌아오긴 했는데… 그렇게 한 6, 7년 지났으려나? 노예 신분 여자의 지식은 이 땅에서 아무런 쓸모가 없더구나. 사람들은 내게 미친년이라고 손가락질하고 욕만 해댔어. 그래서 오기로 거리의 여인이 되었는데, 그런 나를 네 아버지가 직접 찾아 온 거야. 네 어머니는 네 동생을 낳은 뒤 건강이 극도로 나빠져 병석에 눕게 되었지. 여자 나이 마흔다섯이면 경수가 끊어지고 손주를 봐야 할 늙은 나이인데 그 나이에 애를 낳았으니 오죽하겠니? 적잖이 고민하다가 다시 집에 들어와 네 어머니 병시중은 물론이고 어린 마리아를 내 자식처럼 길렀단다."

마리아는 처음 듣는 가족사였다.

"제게 여동생이 있다고요?"

"그래, 너보다 다섯 살 어린 예쁜 여자아이야. 네가 세 살 때 성전으로 떠나고 2년이 지난 뒤 하느님께서 너희 부모님께 딸을 하나 선물했지. 네 부모님은 네가 그리워 이름을 똑같이 마리아라고 지었단다."

"더 자세히 얘기해주세요. 병든 어머니는 어떻게 됐나요?"

"안타깝게도 얼마 후 네 어머니가 아닌 아버지가 돌아가셨단다."[3]

"네? 아버지가 돌아가셨다고요?"

마리아는 눈물을 흘렸다. 너무 어릴 적 헤어져 얼굴조차 기억나지 않는데 아버지가 돌아가셨다니.

"그래, 네가 충격받을까 봐 처음엔 말하지 않았다만 어차피 언젠가는 알 일이니 사실대로 모두 얘기해주마. 네 아버지가 돌아가시자 마을 사람들은 내가 병약한 네 어머니를 질투해 네 아버지를 독살했다는 둥, 일부러 괴롭혀 화병으로 죽게 했다는 둥 억측을 하기 시작했단다. 내가 가출했을 당시 네 어머니를 비난하고 다니던 걸 다들 잊지 않았으니까. 난 정말 억울한 데다 네 어머니께 미안해서 죽으려고 몇 번이나 마음을 먹었지. 그때마다 네 어머니는 내 손을 잡으며 '내가 널 믿으니 마을 사람들의 비난과 헛소문에 동요되지 말라'고 위로해주더구나. 난 네 아버지를 존경하고 사랑했기에 모든 걸 꾹 참고 견디며 네 어머니와 함께 네 동생 마리아를 길렀단다. 사실 네 아버지는 병시중에 지쳤는지 어느 날 성전에서 예물을 바치며 '우리 가문에서 메시아가 탄생하리라는 예언이 있소. 한 세대가 가기 전에 이 땅에 태어나 우리를 구원할 것이오'라는 말을 남기고는 그 자리에 쓰러져 돌아가셨단다.

마을 사람들과 집안 어른들은 네 아버지 장례를 치르자마자 거대한 영의 힘에 이끌려 율법에 어긋나는 줄 알면서도 네 어머니에게 재혼하라고 재촉했지. 여기저기 가문 좋고 점잖고 신심 깊은

---

3   요아킴의 죽음에는 두 가지 전설이 있다. 하나는 마리아가 태어난 직후 죽었다는 설이고, 다른 하나는 마리아의 동생 마리아를 낳고 성전에서 예수 탄생을 예언하고 죽었다는 설이다. 이 책에서는 후자를 택했다. 시리아 교회는 7월 25일, 베네딕토 교회는 7월 27일을 요아킴 기념 축일로 삼고 있다.

남자들을 수소문하고 다녔는데, 네 어머니는 계속 거절했단다. 그러던 어느 날 네 어머니 꿈에 하늘의 영이 나타나 이렇게 얘기했다더구나.

'안나야, 너처럼 신심 깊은 여인을 이 땅에서 더는 찾을 수 없구나. 너를 여러 성자의 할머니로 내세워 네 신앙을 후손에까지 잇도록 해야겠다. 한 세대가 지난 후 성전에 바쳐진 네 딸 마리아의 후손이 메시아로 올 것이다. 그때 조상이 다른 너의 또 다른 후손들이 그 사업을 완수할 수 있도록 돕는 공동체가 되어야 하니 너는 반드시 재혼할 것이며, 이후에도 재혼을 반복해 또 다른 뿌리의 후손을 낳아야 한다. 너는 나의 명령을 절대로 거부할 수 없으며 그렇게 되리라.'

그 꾸짖음을 듣고는 무서움에 떨며 동생 마리아를 너처럼 성전에 바치려 했으나 그리하지 못하고 재혼하면서 데리고 갔단다."[4]

"동생은 성전에 바치지 않으셨군요."

"네가 성전에 들어갈 때만 해도 경건하고 훌륭한 가문의 여자아이들이 신에게 봉헌되었지. 그런데 몇 년 사이에 세상이 완전히 변했어. 헤로데 왕이 도시와 도로를 정비하면서 여기저기 그리스

---

4 안나는 여러 차례 재혼하여 제베대오(세베데)의 아들 야고보와 요한, 시몬, 유다, 알패오의 아들 야고보, 주의 형제 야고보의 할머니가 되었다고 한다. 동생 마리아를 데리고 재혼했다는 이야기는 필자의 창작이다. 위경 〈마리아의 탄생과 구세주의 어린 시절에 관한 가명 마태오 복음서〉에서는 요셉이 '클레오파스의 딸 마리아', 곧 '예수 어머니 마리아의 동생'을 만났다고 기술하면서 마리아의 아버지가 요아킴이 아닌 '클레오파스'라고 하여 안나가 재혼 후 낳은 자식임을 암시하고 있다. 다른 전승에서는 안나가 세 번 결혼하여 딸 셋을 낳았는데 앞의 두 마리아 외에 '솔로마스'와의 사이에서 '마리아 살로메'를 낳았다고 한다.

문화를 권장하고 이교의 신상을 세워 로마 문화가 이 땅을 완전히 지배하게 되자 훌륭한 가문에서는 더 이상 성전에 여자아이를 봉헌하지 않았단다. 성전에 어린 여자아이들이 넘쳐났거든.

그리스와 로마 신들의 축제 때, 특히 디오니소스 축제 때마다 포도주에 취해 난잡한 성교 파티가 여기저기서 벌어지고 세월이 흐를수록 마치 풍속처럼 되면서 사생아가 많아져 사회가 감당 못 할 정도가 되었지. 게다가 내전과 로마의 침략으로 전쟁이 끊이질 않아 유다인이나 로마 군인들이 너나없이 여자들을 겁탈하는 경우가 허다했고, 여자들은 먹고살 길이 막막하여 몸을 팔아 끼니를 잇다 보니 부모가 누군지 모르는 아이들이 태어나 광장이나 신전 주위에 버려지곤 했단다.

문제가 심각해지자 로마 사령관과 대사제가 협의하여 남자아이들은 검투사 양성소나 노예로 팔아먹고, 여자아이들은 아프로디테 신전의 여사제로 양성하기 위해 데려가거나 유다의 성전에서 잡일하는 아이로 데려다 키우게 되었단다. 상당수는 이집트나 로마의 매음굴로 팔려나갔고, 길거리에 버려져 죽는 아이들도 제법 있었지. 네 어머니는 율법 운운하며 집안에만 틀어박혀 계셨으니 변해가는 세상 물정을 알 리가 없었고, 옛날 생각만 하며 네 동생을 성전에 바치려 했으니 성전에서 받아줄 리 만무했지."

마리아는 충격을 받았다.

"어머니는 신의 뜻에 따라 재혼하셨군요. 언젠가 한번 뵙고 싶은데 그럴 날이 올지 모르겠네요. 아버지의 무덤은 어디에 있나요?"

"네 아버지 시신은 집안 어른들이 어디론가 모셔가 장례를 지냈기에 무덤 위치는 알 수 없단다. 그 많던 재산은 성전에 바치고 가난한 자들에게 베풀었으며, 그러고도 남은 재산은 신의 명령에 따라 네 어머니가 재혼할 때 가져갔단다. 이 집도 네 어머니가 재혼하면서 성전에 바쳤으나 성전에서 관리하지 않아 다 허물어져가고 있던 차에 내가 들어와 살게 됐지."

"제게 다른 친척은 없나요?"

"이곳에 아버지 친척 중 살아계신 분은 없을 거야. 헤로데가 카이사리아(가이사랴)를 건설하면서 네 친가 쪽 친척들을 모두 끌고 갔는데 방파제를 건설하다가 대부분 수장되었다는 소문이 있더구나. 참! 사제 즈카르야(시가랴)의 아내 엘리사벳이 너와 먼 종형제자매뻘일 거야. 네 부모님께 종종 이야기를 들었지."

"성전에 있을 때 즈카르야라는 이름을 가진 사제가 정말 많았어요."

"그분은 아비야 조에 속하는 사제로 알고 있는데, 어느 시기에 근무하는지는 모르겠구나."

"그분은 어디에 사시나요?"

"잘은 모르지만 유다의 어느 산골에 있다는 것 같아. 가까운 성소에 가서 즈카르야 사제에 대해 알아봐주마."

"꼭 엘리사벳을 찾아주세요. 가서 꼭 만나고 싶어요."

마리아는 유디트의 도움을 받고 지냈고, 둘은 모녀처럼 사이가 돈독해졌다. 다시 디오니소스 축제가 열리는 계절이 되었다. 전에는 춘분 무렵과 포도 수확 시기인 8월경 두 번 열렸으나 이제는 모든 축제 때마다 디오니소스를 외쳤다. 미트라, 아티스, 아도니스,

데메테르 신전에서도 모두 디오니소스를 외쳐댔고 1년에 무려 다섯 번도 넘게 미스테리아 의례가 판을 치니 천지가 온통 이교도 축제였다.

마리아는 안타까워 유디트에게 물었다.

"그런데 왜 이교도의 축제가 세상을 지배하게 됐죠? 우리 축제는 지켜지지 않나요?"

"우리 축제? 물론 있지. 그러나 대개가 이교도 축제와 시기가 비슷해서 형식적으로만 지킬 뿐 대부분 이교도 축제를 더 즐긴단다."

"대체 왜죠?"

"왠지 이국적이고, 유식해 보이고, 선진화된 문화를 받아들이는 사람 같고. 지나치게 근엄하고 고리타분한 우리 축제에 비하면 자유롭고 향락적이잖니?"

"헤로데 왕이나 제사장은 왜 내버려두고만 있나요?"

"그러게 말이다. 헤로데는 본래 유다인도 아니고 이두매아 사람인 데다 로마의 도움으로 왕이 되었으니 뼛속까지 친로마적이지. 여기저기 올림픽을 위한 경기장을 많이 지어놓고 로마의 경기를 장려하고 있잖니? 대사제는 직위와 돈에 눈이 멀어 오히려 로마 사령관에게 더 협조적이고 말이야."

"그래도 그렇지, 야훼께서 내려주시고 모세가 기록한 율법을 다 저버리면 신의 저주를 받지 않나요?"

"신의 저주? 만약 신이 있다면 우리가 이렇게 되도록 저버리지 않았을 텐데. 이교도의 신들이 저렇게 판을 쳐도 가만있잖아. 이곳저곳에 이교 신전을 세우고 그 신들을 찬양해도 우리 신은 꿈쩍도 안 하는 게 무엇을 뜻할까? 회당에서 모세의 글이나 이사야 예언서를 들어보면 우리 민족이 죄를 저지를 때마다 신께서 벌하고 죽이고 선지자를 보내 회개하도록 만들었다는데, 왜 오늘날에는 그런 일들이 안 일어날까? 그건 신이 없거나 이교도의 신들이 더 강해서일 거야."

"성전에 있을 때 사제들에게 들은 이야기가 생각나요. 조상들이 바빌론으로 끌려갔을 때부터 전해온 이야기인데, 메시아가 태어나 우리를 구원하러 오신다는 예언이 있대요."

"메시아? 글쎄다. 그 예언은 모두가 다 알고 기다리고 있다만…. 지난번 회당에 가니 사제가 '동정녀가 임신하여 아들을 낳으리니 그 이름을 임마누엘이라고 하리라', 그런 말을 하더구나."

"아, 임마누엘. 맞아요. 성전에 있을 때 대사제가 항상 저를 앉혀 놓고 그 말씀을 자주 하셨어요. '하느님께서 우리와 함께 계시다' 라는 뜻이죠?"

"그래, 마리아는 아는 것도 많구나."

"그런데 사제가 저를 '이시스의 별 스텔라'라고 불러주었어요."

"이시스의 별 스텔라? 하하, 그 사제도 이교도 미스테리아에 미쳤나 보군. 어쨌든 메시아가 나타나려면 벌써 나타났어야지. 여기 저기서 메시아를 자처하는 흉포한 자들만 판치고 다니는데 누가 믿을까? 메시아라고 하는 것들이 금품이나 갈취하고 세력이나 규합해 백성을 괴롭히니 원. 그들이 일으키는 반란과 전쟁에도 이젠 지쳤다. 저런 가짜들 말고 진정한 메시아가 나타나 제발 도탄에 빠진 우리 민족을 구해주면 좋겠건만. 조상들이 바빌론에 끌려갔을 때도, 알렉산드로스가 이 땅을 한바탕 휩쓸고 가고 안티오코스 에피파네스가 이 땅을 지배했을 때도, 그리고 지금 로마가 우리 땅을 차지하고 학대해도 진정한 메시아는 나타나지 않고 있잖니? 사마리아 사람들 말처럼 차라리 모세가 메시아인 듯싶다. 앞으로 우리를 구원하러 오실 메시아는 없을 듯하구나. 신은 이토록 오래 우리를 내버려두고 있으니 기대도 말아라. 이제 선조들이 물려준 문화나 신앙도 거의 안 남아 있단다."

어느덧 1년이 흘러 마리아는 열다섯 살이 되었다. 여자 둘이 사는 집에는 항상 돈과 식량이 부족했다. 유디트는 동네 여기저기를 다니며 식량을 구해왔으며, 어디서 났는지 종종 양털을 한 부대씩 가져와 제법 실 잣는 기술이 있는 마리아에게 주었다. 이미 성전에서 휘장을 짜본 경험이 있는 마리아에게는 어려운 일은 아니었다. 유디트의 요구에 따라 때로는 거미줄만큼 가늘게, 때로는 밀 줄기만큼 굵게 실을 자아내면 유디트는 빵과 양고기로 바꿔오곤 했다.

그러던 어느 날 한 중년 남자가 씩씩거리며 들이닥쳤다. 다짜고짜 유디트를 때리기 시작하더니 그동안 훔쳐 간 양털을 내놓으라며 율법에 따라 손목을 자르겠다고 윽박질렀다. 유디트는 변상해 줄 돈이 없으니 일단 방으로 들어가자며 그 사람을 끌어당겼다. 남자는 주위를 둘러보더니 유디트를 따라 방으로 들어가 한 식경 정도 지난 후 만족한 표정으로 나왔다. 그는 훔쳐 간 양털은 없던 일로 하겠다며 떠났다.

그날 이후로 그 남자는 계속 찾아왔고 유디트는 외출하지 않았다. 며칠이 지난 뒤 그 남자가 더 오지 않자 유디트는 눈물을 흘리며 더는 이렇게 힘들게 살 수 없다며 다시 옛 생활로 돌아가겠노라 했다. 그도 그럴 것이 집에는 먹을 것이 모두 떨어지고 없었다.

그다음 날부터 유디트는 날마다 짙게 화장을 하고 외출했다가 포도주나 하오마에 취해 돌아왔다. 그때마다 손에는 빵과 양고기가 들려 있었고, 유다 동전이나 로마 동전 콰드란스, 아스, 데나리온[5]을 가져오기도 했다. 유디트는 매일매일의 외출을 힘들어했다.

그러다 언제부터인지 1층 유디트 방에 사람 드나드는 소리가 났다. 귀를 쫑긋하고 들어보면 침대 삐걱대는 소리와 거친 숨소리, 그리고 유다 말이 아닌 로마 말을 하는 남자 목소리가 들렸다. 처음 봤을 때부터 유디트의 흐트러진 자세와 복장이 거슬렸으나 자신의 보호자 역할을 하고 있기에 그런대로 참아왔지만, 이건 아니다 싶었다. 성전을 떠나올 때 집에 외간 남자를 들여서는 안 되며 항상 정결하게 지내야 한다는 사제의 가르침이 있었기에 유디트의 부적절한 행위는 마리아를 불편하게 만들었다.

"유디트 아줌마, 제가 결혼할 때까지 집에 외간 남자를 들여서는 안 된다는 사제의 말씀을 잊었나요? 앞으로는 집에 로마 병정을 불러들이지 마세요. 만나고 싶거든 밖에 나가 만나든가, 디오니소스 신전으로 가세요."

---

5 데나리온은 신약 성경에 가장 많이 등장하는 로마의 화폐 단위로, 일반 노동자와 군인의 하루 치 임금에 해당하는 값어치의 은전이다. 콰드란스는 1/64 데나리온, 아스는 1/16 데나리온 가치의 동전이다.

지친 유디트가 말했다.

"마리아야, 여기가 내 집은 아니다만 널 먹여 살리려면 내가 돈을 벌어야 하는데, 도와주지는 못할 망정 비난하다니. 지금까지 난 이교도 신전에 나가서 거리에서 몸을 팔아 우리가 먹을 식량과 돈을 벌어왔단다. 이제 나도 나이를 먹으니 슬슬 지쳐가는구나. 너도 이제부터 돈 버는 일을 도와야지."

"이 집에서 나가세요. 제 집은 신성하니까요."

"하하. 나가라면 나가겠다만, 네가 무슨 재주로 돈을 벌어 먹고 살 거니? 내가 없으면 넌 굶어 죽고 말걸?"

사실 그랬다. 마리아는 혼자 살 능력이 없었다. 비록 유디트를 비난하고 있지만, 그녀가 없는 삶은 있을 수 없었다. 그날 이후로 마리아는 유디트를 돕지 않을 수 없었다. 날마다 남자 성기 모양과 발자국이 새겨진 돌[6]을 문밖에 내놔야 했고, 유디트가 벌어 온 돈으로 밀가루를 사서 빵을 만들고 푸줏간에서 사 온 양고기로 요리해야 했다.

이제 로마 병사가 유디트에게 다녀가는 것은 일상사가 됐다. 한 명이 아니라 여러 명이 올 때도 있었다. 그럴 때마다 로마 동전이 찰랑거렸고 그녀들은 배불리 먹을 수 있었다. 세상을 알기 시작했는지 이제는 묵묵히 일을 돕는 마리아를 보고 유디트가 대견하다는 듯 말했다.

"성전에만 있었으니 이제 세상을 배워야지. 난 보통의 유다 여자

---

6   고대 로마에서 유곽을 나타내는 표시였다.

와는 좀 달라.”

술에 취한 유디트는 추억에 젖어 과거를 이야기하기 시작했다.

“난 본래 여기 살 생각이 없었단다. 네가 태어나기 전해에 네 어머니에게 악담을 퍼붓고는 집을 나가버렸지. 로마 병정과 사랑에 빠졌거든. 난 로마인이 너무 좋았어. 그들은 우리 땅을 다스릴 뿐 아니라 우리에게 멋지고 쾌락적인 로마의 신들을 전파해줬지. 데메테르 여신의 축제와 디오니소스 신을 말이야. 내가 만나던 남자는 유부남이었지만 가족을 로마에 두고 와서 무척이나 외로워했어. 그 남자를 처음 만난 때가 아마 춘분 무렵이었을 거야. 아테네 근교 엘레시우스에서 열리는 지모신 데메테르 미스테리아가 이곳까지 전파되어 열렸는데, 사실상 디오니소스 축제나 다름없었지. 그 제전에서 아라데 무스타이[7] 의식이 진행될 때 우린 첫눈에 반해버렸어. 바다에서 막 나와 물에 흠뻑 젖은 나의 몸과 물이 흘러내리는 머리카락을 보고는 그가 내게로 다가왔지. 나 역시 그의 훤칠한 키와 근육질 몸매에 반했고, 최상류층 언어인 라틴어를 구사하는 그에게서 이국적이고 환상적인 분위기를 느꼈어. 그날 우리는 마음껏 즐겼지. 아, 그날의 환상적인 쾌락이란!

그 후로 거의 매일 그 로마인을 만났단다. 소문이 파다하게 퍼지자 강직한 종교 지도자들은 마을 사람들에게 나를 돌로 쳐 죽이라고까지 했지만, 로마 병사들과 관계 맺은 여자들이 어디 한둘이어야지. 네 어머나 고지식하게 집에 틀어박혀 정숙한 여인으로

---

7 데메테르-디오니소스 미스테리아 의식 중 입문자가 나체로 돼지를 안고 바다에 들어가 물에 빠트려 죽여 속죄의 희생 제물로 바치는 의식. 자세한 내용은 참고자료 참조.

지냈지. 결혼한 여자들도 로마 병사들과 남편 몰래 놀아나는 일이 다반사였어. 디오니소스 신전 근방을 어슬렁대다 보면 로마 병사나 젊은 유다인들이 다가와 유혹하거든. 여자들은 은화나 물건을 받고 몸을 팔기도 했고, 라틴어를 배우기 위해서, 아니면 그냥 로마인이 좋아서 그들과 질탕하게 놀아났지.

요즘 나를 찾아오는 남자가 바로 그 로마 병사야. 그래, 네 눈에는 내가 나쁜 여자겠지. 그러나 어떻게든 돈을 벌어 널 먹여 살려야 하는데, 이 일을 하려면 돌봐줄 기둥서방이 필요해. 그래야 누구도 내게 함부로 못 하거든. 그가 머잖아 백부장으로 승진한다니 얼마나 든든한지 몰라. 제발 나를 이해해주렴. 할 줄 아는 거라곤 몸 파는 것밖에 없으니 어떻게 하겠니.”

유디트는 갈수록 노골적으로 로마 병사들을 맞아들였다. 유다인, 시리아인은 물론이고 다마스커스에서 온 사람, 해안길Via Maris을 오가는 각국 무역상들이 올 때도 있었다. 개중에는 제법 처녀티가 나는 마리아의 가슴과 엉덩이를 음흉하게 훑어보며 유디트에게 뭐라 흥정하는 놈도 있었다.

마리아는 언제부터인가 말이 없어졌다. 집에 남자들이 들끓을수록 마리아를 욕심내는 자가 생겨났으며 그때마다 유디트는 돈과 양심 사이에서 갈등하는 듯했다. 그도 그럴 것이 마리아는 처녀티가 나면서부터 이미 사람들을 압도하고도 남을 만큼 뛰어난 미인이었다. 유디트가 난잡한 행동을 해도, 남자들이 추파를 던지며 추근대도 마리아는 자기를 먹여 살리고 보호해주는 유디트와 자신을 위해 늘 기도하고 주님을 찬양했다. 유디트 때문에 마음이 아프고 괴로울 때면 마당 한구석에 조그맣게 자라난 제비꽃을 화분에 옮겨 심어 창가에 두고 마음에 위안을 얻었다. 그리스와 로마에서 제비꽃은 겸손과 소박함을 상징했다.

마리아의 집에서 그리 멀지 않은 곳의 키 큰 종려나무 몇 그루가 제법 그늘을 만들어 등을 기대고 앉아 쉬기에 적당했다. 언제부터인가 거기에 항상 얼굴을 가린 채 앉아 있는 사람이 있었다. 멀리 겐네사렛 호수 쪽에서 달이 떠오르면 시간에 맞춰 달과 함께 움직이며 날마다 마리아 집에 드나드는 사람들을 유심히 관찰하는 듯했다. 딱 하루, 달이 떠오르지 않는 초하룻날에만 나타나지 않았다. 벌써 한 달 남짓 그곳에서 멀찌감치 마리아를 바라보기만 할 뿐 결코 집으로 찾아오는 일은 없었다. 그는 사람들을 의식하지도 않았다. 행인들이 보든 말든 주위에서 무슨 일이 벌어지든 오로지 그의 관심은 마리아의 집뿐이었다. 사람들 역시 그에게 아무 관심이 없었다. 그가 거기에 앉아 있든 서성거리든 누워 있든 사람들 눈에 띄지 않았고, 거기에 있는지조차 몰랐다.

로마 병사 한 명이 마리아의 집을 수시로 들락거렸는데, 이름은 티베리우스 룰리우스 판테라Tiberius Lulius Pantera[8]였다. 그는 하루치 삯 1데나리온을 가지고 와서 유디트와 질펀하게 놀고는 잠자리도 해결했다. 군대 막사 생활이 지겹다며 출퇴근할 집이 있으면 좋겠다고 유디트에게 말하면서도 언제나 마리아를 힐끔거렸다. 1데나

---

8   2세기 기독교 박해 시절 예수가 로마 병사 판테라의 사생아라는 설화가 널리 유포되었다. 하지만 그 내용을 찾을 수 없어서 임의로 창작했다. 자세한 사항은 참고자료 참조.

리온은 제법 큰 돈이었기에 그가 올 때마다 빵과 구운 양고기, 거르지 않은 포도주가 생겼고 덕분에 식량 걱정을 하지 않아도 되었다. 그래서인지 처음에는 거리를 두던 마리아도 시간이 지날수록 판테라가 싫지는 않은 눈치였다. 판테라는 잘생기고 친절하며 다른 로마 병사와 달리 고압적이지 않았다. 어느덧 마리아는 그와 간단한 대화를 넘어 제법 농담까지 주고받는 사이가 되었다. 판테라는 마리아에게 종종 머리 손질을 부탁했다. 손재주가 좋은 마리아는 투박한 가위만으로 판테라의 머리를 아폴론보다 더 아름답게 다듬어주었다. 판테라는 잘 손질된 머리를 자랑하고 다니곤 했는데, 이따금 같은 부대 병사들이 와서 머리 손질을 부탁하기도 했다.[9] 그럴 때마다 유디트의 손에는 로마 동전이 찰랑찰랑 떨어져 쏠쏠한 재미를 보았다. 극도로 사람을 꺼렸던 마리아가 제법 활발하게 변해가는 모습을 보며 유디트는 마음이 놓였다. 그러나 남녀 관계는 모르는 법. 이제는 마리아에게 조심하라고 당부해야 할 만큼 둘 사이는 가까워지고 있었다.

춘분이 막 지난 3월 25일,[10] 보름달이 휘영청 떠올랐다. 유디트는 식량을 사러 갔는지 로마 병사를 만나러 갔는지 밤늦도록 돌아

[9] 《탈무드》에는 마리아가 뛰어난 미색에 머리 만져주는 직업을 가졌으며 많은 남자와 간음했다고 기록되어 있다. 또 "고귀한 가문의 자손이었던 마리아는 목수들과 음탕한 짓을 저질렀다"라는 기록도 있다. 그러나 당시 여자 이름 중 열의 하나는 마리아(미리엄)였을 것으로 추정되기 때문에 《탈무드》의 마리아가 누구를 지칭하는지 알 수는 없다. 예수를 메시아로 인정하지 않은 유다인들이 예수와 기독교를 비하하기 위해 날조한 이야기로 보인다. 《탈무드》는 기독교 박해 시절인 AD 200년 이후 기록되었다.

[10] 성탄절 9개월 전인 3월 25일은 가브리엘 천사가 마리아에게 수태고지를 한 날로, 가톨릭교회에서는 주님 탄생 예고 대축일 또는 성모영보聖母領報 대축일로 기념한다. 〈야고보의 원복음서〉에

오지 않았고 마리아 혼자 집에 남아 있었다.

밤이 꽤 깊어서야 유디트가 돌아왔다. 옷매무새가 흐트러지고 멍하니 달을 바라보며 뜰에서 비틀비틀거리며 휘젓고 다니는 마리아를 본 유디트는 심상치 않은 일이 일어났음을 직감했다. 유디트는 마리아에게 밖에 웬 로마 병사들이 웅성거리냐며, 집에서 어떤 남자가 뛰쳐나가는 걸 봤는데 누구냐고 물었다. 그러자 마리아는 술에 취한 듯 혀가 꼬여 발음도 제대로 못 하면서 가브리엘 천사가 다녀갔다고 말했다.

이상했다. 유디트는 마리아의 방에 들어가 보았다. 평소와는 다르게 침대 위가 마구 흐트러져 있고 벗어놓은 겉옷이 아무렇게나 방바닥에 흐트러져 있었다. 방바닥에는 깨진 컵 조각이 나뒹굴었고 카펫이 젖어 있었다. 유디트는 냄새를 맡은 후 맛을 보았다. 익숙한 향과 맛, 다름 아닌 하오마즙이었다. 물을 타지 않은 포도주보다는 약하지만 마시면 정신이 몽롱해지고 환각 상태에 빠지기 때문에 종교의식뿐 아니라 난잡한 집단 성교 때 최면제나 최음제로 사용하는 것이었다. 아뿔싸! 밖에 나가기 전 기분 전환이나 할 겸 하오마즙을 짜서 한 모금 마시고는 식탁 위에 올려놓았었지!

유디트는 뭔가 감을 잡은 듯 밖으로 뛰쳐나갔다가 한참 뒤에야 돌아왔다.

<hr>

는 마리아가 물을 긷기 위해 물동이를 들고 나갔을 때 천사의 소리를 들었으며, 두려워 집에 들어와 자주색 실로 (성소의 휘장을 교체하기 위한) 천을 짜고 있을 때 수태고지를 들었다고 기록되어 있다. 〈마리아의 탄생과 구세주의 어린 시절에 관한 가명 마태오 복음서〉에도 동일한 내용이 요약되어 있다.

"마리아, 다시 말해보렴. 무슨 일이 있었니?"

"가브리엘 천사가 다녀갔어요."

"가브리엘 천사?"

"네. 제게 이상한 말을 하고 갔어요."

"그게 무슨 말이니? 자세히 좀 설명해보렴."

마리아는 비틀거리며 혀가 꼬부라진 채로 말했다.

"오늘이 보름날이잖아요? 다른 날보다 달이 유난히 크고 밝아 창밖으로 달을 바라보고 있다가 부엌에서 물 한 모금을 마시고는 현관에 나와 의자에 앉아 있었어요. 그때 여자보다 더 아름다운 한 사람이 들어왔어요. 날마다 저 건너편 종려나무 밑에 서성거리던 사람이었어요."

"종려나무 밑에 날마다 서 있던 사람이라고? 난 한 번도 못 봤는데?"

"저는 매일 봤는걸요. 두 달이 넘도록 달과 함께 움직이던 사람이에요. 그에게서는 언제나 백합 향기가 풍겨 나왔어요."

"그래? 왜 난 몰랐을까? 하여간 그 사람이 뭐라던?"

"자기를 모르겠느냐는 거예요. 저와 10년 넘게 성전에서 함께 지냈다는 거예요. 자세히 보니 정말로 익숙한 얼굴이었어요. 제가 성전에 들어갈 때부터 나올 때까지 함께 지냈던 가브리엘 천사였어요."

마리아는 무엇에 홀린 듯 계속해서 말했다.

"그가 이렇게 말했어요. '맞아요. 난 주님의 사자 가브리엘 천사예요. 은총을 가득히 받은 여인이여, 기뻐하세요. 주께서 당신과 함께 계십니다.' 저는 당황해서 도대체 그 인사말이 무슨 뜻일까 곰곰이 생각하고 있는데 '두려워하지 마세요. 마리아, 당신은 하느님의 은총을 받아 아이를 가질 것이니 그 이름을 예수라고 하세요. 그 아기는 위대한 분이 되어 지극히 높으신 분의 아들이라 불릴 것입니다. 주 하느님께서 그에게 조상 다윗의 왕위를 주시어 야곱의 후손을 영원히 다스리는 왕이 되고 그의 나라는 끝이 없을 것입니다'라고 말하는 거예요.

나는 남자를 알지 못하는 처녀인데, 어떻게 그런 일이 있을 수 있냐고 물으니 그가 이렇게 대답했어요. '성령이 당신에게 내려오시고 지극히 높으신 분의 힘이 감싸주실 것이기 때문에 태어나실 그 거룩한 아기를 하느님의 아들이라 부르게 될 것입니다. 마리아, 친척 엘리사벳을 찾아가세요. 아기를 낳지 못하는 여자라고들 하지만 늙은 나이에도 아기를 가진 지가 벌써 여섯 달이 되었답니다. 하느님께서 하시는 일은 안 되는 것이 없습니다.' 그때 성전 대사제에게 들었던 주님께 순종하라는 말이 생각나 이렇게 대답했어요. '이 몸은 주님의 종입니다. 지금 말씀하신 대로 저에게 이루어지기를 바랍니다.'

제가 말을 마치자 구름이 달을 가려 주변이 캄캄해졌고 가브리엘 천사는 사라졌는데 그가 서 있던 자리에 백합 한 송이가 있었어요.[11] 이렇게 이상한 일을 겪으니 목이 바짝 마르더라고요. 다시 부엌으로 가서 아까 마셨던 그 컵을 입에 대자 달콤한 향이 풍

---

11 다른 전설에는 수태고지 후 마리아가 천사의 날개 깃털을 주웠다고 한다.

겨 나왔고, 그 향기로운 물을 한 모금 마시고는 기분이 좋아져 컵을 들고 방에 들어가 창밖의 달을 바라보았죠. 그러자 하늘이 빙빙 돌면서 몸을 움직일 수 없는 거예요. 구름에 가렸던 달이 점차 밝아졌고, 바닥에 쓰러져 잠시 꿈을 꾼 것 같았는데 내가 겪은 일이 꿈인지 현실인지 분간할 수가 없었어요.

한참 있다가 밝고 커다란 달이 아름다운 여인의 모습으로 나타나더니 건장한 남자로 변해 제게 다가오면서 말을 걸어왔어요. 아까 그 천사의 목소리인 듯 아닌 듯했는데, 제가 놀라 비틀거리자 그 남자가 저를 안아 들었어요. 정신이 혼미해져서 그만 손에 들고 있던 컵을 바닥에 떨어뜨렸어요. 컵이 깨지자 남자는 흠칫 놀라 저를 침대 위에 내려놓더니 달빛이 들어오는 창에 기대어 서서 저를 바라봤어요. 달이 그 남자의 얼굴 뒤로 환하게 비쳐 자세히 보지는 못했지만 정말 잘생긴 것 같았어요.

이윽고 남자가 제게 다가왔는데 정말 회오리치듯 거대한 영이 달빛보다 더 환한 불꽃이 되어 나를 감싸 안았고, 큰 숨결과 기운이 뜨겁게 내 마음속으로 들어오자 평생 처음으로 신을 맞이하는 듯한 황홀한 기분을 맛봤어요. 그러자 머릿속에서는 지성소보다 더 화려한 황금빛 줄기가 뿜어나와 마치 화답하듯 그 불꽃과 맞닿았어요. 한참 뒤 그 뜨거운 불꽃이 사그라들고 환했던 주위가 어두워지자 그 남자가 저를 데리고 밖으로 나왔고 다시 달빛이 되어 떠나갔어요."

유디트는 마리아를 한참 동안 쳐다보더니 꼭 끌어안았다. 창문 밑에는 구리거울 하나가 달빛을 받아 반짝이고 있었다. 그 로마 병정 놈. 내 기어코 복수하고 말리라.

다음 날 아침 마리아는 여느 날과 다름없이 침실 창가 화분에 물을 주었다. 보랏빛 제비꽃[12]에서 은은한 향기가 피어올랐다. 지금까지 본 적 없던 흰제비꽃[13] 을 발견하고는 여느 날보다 기분이 좋아진 마리아는 콧노래까지 흥얼거렸다.

그 일이 있은 뒤로 달포가 조금 지나 마리아는 몸이 이상하다며 자꾸 헛구역질을 했다. 임신한 것이 분명해 보였다. 유디트는 어찌할 방법이 없었다. 유디트는 요셉에게 빨리 결혼하라고 연락을 취했다. 마리아가 정말 임신했다면, 동네 사람들이 소곤거리는 소문이 요셉의 귀에 들어갈 경우 마리아는 파혼당할 뿐만 아니라 율법에 따라 돌에 맞아 죽을 운명에 처할 수밖에 없었다. 하지만 막 임신한 이때 은밀히 결혼시켜버리고 나중에 애를 낳으면 칠삭둥이나 팔삭둥이가 태어났다고 우기면 그만이다. 그런데 요셉에게서 온 대답은 아직 결혼할 수 없다는 것이었다.

유디트는 문제를 해결하려 머리를 쥐어짰지만 어떤 묘책도 떠

---

12 가브리엘의 수태고지에 마리아가 순종하자 그녀의 방 창가에 피어 있는 제비꽃(오랑캐꽃)에 축복을 내려 은은한 향기를 갖게 했다고 한다. 제비꽃을 '마리아의 겸손Our Lady's Modesty'이라고도 부르는데, 지오반니Giovanni di Paolo의 작품 〈겸양의 마돈나〉를 보면 마리아 주변에 제비꽃이 있으며, 중세 이후 여러 그림에서도 마리아 곁에 제비꽃을 그렸다. 장미, 백합, 제비꽃을 삼위일체 꽃이라고 한다. 장미, 백합, 재스민, 히야신스, 수수꽃다리(라일락) 등과 함께 제비꽃을 심어 마리아의 무염시태를 묘사하는, '밀폐된 정원'으로 상징되는 "천국 화원Paradise Garden"을 꾸미기도 한다(다음 블로그 '아침의 까치 소리' 참조 http://blog.daum.net/andreachoi). 또한 예수가 십자가에 못 박혔을 때 십자가 그늘이 제비꽃을 가리자 그 슬픔에 고개를 영원히 떨구었다고 한다. 공교롭게도 아티스 신화에도 제비꽃이 등장하는데, 아티스가 소나무 밑에서 거세하고 죽자 그 핏방울이 떨어진 자리에 제비꽃이 피어났다고 한다.

13 흰제비꽃은 '성모의 기쁨'이라는 뜻이 있다.

오르지 않았다.

'대체 아이 아빠는 누구지? 판테라? 아니면 저 애가 말한 대로 신의 영이 그렇게 한 걸까? 이교도 신화를 보면 신이 인간을 임신시킨 경우도 많잖아. 헤라클레스도 페르세우스도 디오니소스도 신과 인간 사이에서 태어난 신인이지. 그런데 우리 선조들 이야기에는 신의 영이 인간을 임신시킨 사례가 없을 텐데. 〈창세기〉에서는 하느님의 아들들이 사람의 딸들을 골라 아내로 삼아 자식을 낳은 게 네피림이라는 거인족이라고 했지.[14] 그래도 신의 영이 한 일은 아니잖아?'

유디트는 머리가 복잡해졌다. 이 소문을 잠재울 방법을 찾아야 했다.

'그래, 천사가 했다는 말을 확인해보라는 핑계로 일단 엘리사벳의 집으로 보내자. 엘리사벳의 보호를 받다가 조용히 돌아와 요셉과 후다닥 결혼하면 되는 거야. 요셉은 신앙심이 깊으니까 즈카르야 사제가 말하면 의심하지 않고 바로 결혼할 거야.'

유디트는 일단 회당의 사제를 찾았다. 마리아가 사촌[15] 엘리사벳을 만나보고 싶어 한다며 유다의 시골에 있는 엘리사벳의 남편 즈카르야 사제를 찾아달라고 부탁했다. 회당의 사제는 전국에 사제가 2만 4,000명인데 어떻게 찾느냐며 어이없어했다. 유디트는 굴하지 않고 끝까지 매달렸다. 정부인 로마 병사의 이름까지 들먹

---

14 〈창세기〉 6:1~4. 전설에 따르면 태아가 너무 커 산모의 배가 터지면서 태어났고 산모는 바로 죽었다고 한다.
15 유다인은 혈족이나 먼 친척도 사촌이라고 했다. 즈카르야와 엘리사벳은 아론 가문이다.

이며 겁박하자 겁먹은 사제는 사제 명단을 가져와 상세히 설명해 주었다.

"2만 4,000명이 24개 조로 근무하는데, 이를 24반차라고 합니다. 한 반차는 1,000명이고요. 일주일씩 차례로 돌아가면서 1년에 두 번 성전에서 교대 근무를 하지요. 그러면 모든 사제가 근무하는 데 48주가 걸립니다. 대사제만은 예외라서 언제나 성전에 기거하고요. 그러면 1년에 4주가 남는데, 그것이 곧 과월절, 맥추절, 초막절, 나팔절로 이때는 2만 4,000명 모두가 근무합니다. 이렇게 복잡한데 어떻게 찾을 수 있겠어요. 여기 사제들 명단에는 지금은 죽은 사람도 있을 텐데, 죽은 자를 대신한 사람은 아직 이름이 올라가 있지도 않을 겁니다. 더욱이 옛날과 달리 이 규정도 잘 지켜지지 않으니 이 명단이 맞는 것도 아니지요."

유디트는 예전에 안나에게서 즈카르야가 아비야조[16]라고 들었던 것을 사제에게 얘기하니 사제는 유다 시골에 살 만한 몇백 명의 즈카르야 명단을 뽑아주었다.

유디트는 오랫동안 교제해온 정부 중 한 명인 로마 병사에게 부탁했다. 백부장으로 승진한 그는 휘하 병사를 제법 움직일 수 있었다. 7일이 채 안 되어 사제 즈카르야와 그의 아내 엘리사벳을 찾았다. 그 부부는 유다 최남단 헤브론의 한 구릉지대 마을에 살고

---

16 아비야는 구약 성경의 유사한 이름을 포함, 아홉 명의 동명이인이 있는 것으로 보인다. 여기에서의 아비야는 정황상 다윗왕 시절의 아론 후손의 한 제사장으로 파악되며 즈카르야는 그 가문의 후손이다. 다윗은 제사장들을 24개조로 나누어 봉사하게 했는데 아비야 가문은 여덟 번째 조였으므로 제법 명성이 높았음을 알 수 있다.

있었다. 유디트는 마리아를 즈카르야 집으로 보냈다. 그리고 자신이 해야 할 일이 무엇인지 깊이 생각하고 실천에 옮기기로 결심했다.

한 달 전 일을 다시 떠올렸다. 유디트는 밖에서 일을 보고 돌아오는 길에 얼마 전 이곳 대성전 주둔군으로 새로 발령받아 온 로마 병사 무리를 만났다. 마리아의 집 앞에서 어정거리고 있던 그들에게 여기서 뭣들 하느냐고 다그쳤더니, 유디트라는 창녀에 대해 듣고 찾아왔다며 선임 병사 판테라와 함께 그녀의 성을 사러 왔노라고 했다. 내가 바로 유디트라는 말에 로마 병사들은 얼굴을 서로 바라보더니 당황한 듯 뒷걸음질 쳤다. 한 병사가 나지막이 말했다.

"아니, 저 여자가 유디트란 말이야? 그럼 판테라는 어떻게 된 거야?"

도망가는 판테라를 유디트가 붙잡았다. 술에 흠뻑 취한 판테라는 마당에서 주웠다는 백합꽃[17]을 든 손을 내저으며 자기는 유디트를 만나러 왔는데 마리아가 환상에 젖은 듯 비틀거리길래 부축해주었을 뿐이라고 했다. 판테라는 마리아를 보호해주려 방에 데려다주었을 뿐이고, 마리아가 고분고분 말도 참 잘 듣고 자길 좋아하는 것 같더라며 도와준 게 무슨 잘못이냐고 혀가 꼬일 대로 꼬여서는 막말을 해댔다. 그러고는 유다 여자 하나 죽인다 해도

---

17 가브리엘을 상징하는 백합은 후대에 마리아를 상징하는 꽃이 되었다. 죄를 저지른 이브가 참회의 눈물을 흘리자 그 눈물방울이 땅에 떨어져 피어난 꽃이라는 전설도 있다.

아무 문제도 안 되는 판에 창녀 주제에 감히 로마 병사에게 대드냐며 유디트의 커다란 가슴을 우악스럽게 주물럭거리며 키득거렸다. 비록 나이는 먹었어도 풍만하고 육감적인 유디트가 역시 최고라며, 앞으로는 당신만 찾을 테니 집에 떨어트린 그리스 구리거울은 당신이 그냥 가지라고 비웃으면서 판테라는 사라져버렸다.

그 일이 있은 뒤로 동네 사람들이 수군거리기 시작했다. 마리아가 판테라의 자식을 가졌다는 소문이 퍼져 나가고 있었다. 그날 다녀간 로마 병사들은 유디트를 찾아간 판테라가 꿩 대신 봉황을 봤다고 신나게 떠들고 다녔다. 더는 두고 볼 수 없었던 유디트는 비장한 결심을 했다. 비록 돈의 유혹에 빠져 한때나마 마리아의 성을 팔아버릴까 갈등했던 적도 있었지만, 성전에서 신의 딸로 자란 마리아를 자신이 책임지겠다고 약속한 데다 존경하고 사모하는 요아킴의 딸이었기에 더욱 가슴이 아팠다.

유디트는 화장을 진하게 하고 판테라를 찾아갔다. 다음 날도 그 다음 날도, 아니, 거의 매일 디오니소스 신전뿐 아니라 아예 집으로 끌어들여 질탕하게 놀아났다. 유디트는 동네 사람들이 손가락질하든 말든 신경 쓰지 않았다. 동네 회당 사제가 당신은 마리아를 보호할 자격이 없으니 그만 집에서 나가라고 채찍질하며 쫓아내도 그럴수록 더 꿋꿋이 더 질탕하게 판테라와 놀아났다.

■ 데메테르 미스테리아의 '아라데 무스타이'

그리스 아테네 북쪽의 엘레우시스에서는 매년 가을(또는 5년마다) 돼지와 뱀으로 상징되는 위대한 어머니 여신 데메테르(케레스)와 하데스에게 납치된 그녀의 딸 페르세포네를 기리는 엘레우시스 미스테리아가 거행됐다. 2000년 넘게 이어온 이 의식은 디오니소스 제의와 결합되기도 했다.

엘레우시스 미스테리아 중 대大미스테리아는 보에드로미온(9~10월) 14일부터 열흘 동안 열렸다. 1일, 2일, 5일, 7~8일째의 의식을 소개한다.

첫째 날은 엘레우시스에서 아테네 아크로폴리스 기슭에 있는 신전인 엘레우시니온Eleusinion*으로 성물들을 가져가는 행렬 의식이 치러진다. 이 의식에 참가하는 선택된 미스타이(신참자)는 사원 문가에 있는 수반에 손을 씻어야 하는데 일종의 정화 의식이다.

둘째 날에 '아라데 무스타이'라는 희생 의식이 치러진다. 2,000명 내외의 신참자들은 나체로 새끼 돼지를 안고 바다로 내려가 제물로 바친다. 돼지를 바다로 데리고 들어가 목욕하는 것은 악마가 돼지에게 들어가도록 하기 위함으로, 불순한 돼지를 바다에서 질식사시켜 구덩이에 묻어 희생 제물로 사용했다. 돼지 피는 정화의 대용물로 쓰였다.

다섯째 날에는 몇천, 몇만 명이나 되는 사람들이 아테네 묘지 지역인 케라메이코스Kerameikos에 모여 '신성한 길(히에라 호도스)'을 따라 바코이bacchoi(어떤 기록에서는 종려나무)라 불리는 나뭇가지들을 흔들면서, 30킬로미터나 멀리 떨어져 있는 해변가 엘레우시스 성소까지 맨발로 걸어간다. 맨 앞에서 나귀

---

*   데메테르에게 바쳐진 고대 아테네의 신전이다. 엘레우시니온은 엘레우시스 신비 가르침에 관련된 모든 성물들이 신비 제전이 진행되는 동안 보관되던 장소였다.

가 십자가에 매달린 디오니소스 상을 끌고 가며 바구니에는 여신에게 바치는 과일과 곡식이 담겨 있다. 그들이 먼 길을 가는 동안 신성한 순례길에서는 황홀할 정도로 열광적인 음악이 울려 퍼지고, 입문자들은 음악에 도취되어 춤을 추면서 걷는다. 그때 특정 장소에서 가면을 쓴 그들을 둘러싸고 침을 뱉고 지팡이와 채찍으로 때리고 외설적인 말로 모욕을 주는데 신참자들은 그 고통을 참아내며 끝까지 행진해야 한다.

일곱째 날과 여덟째 날에는 엘레우시스의 바다에서 나체로 목욕을 한 후 (일부 학자들은 이때 아라데 무스타이 의식을 행했을 것이라고 추정하였다) 미스테리아 입문식 홀인 텔레스테리온Telesterion으로 들어가는 입구에 선다. 그 안에는 입문식을 치르게 될 극소수의 선택된 사람만이 들어가게 되는데 의식이 너무도 신성해서 참가자 중 아무도 의식의 내용이나 형식에 대해 말하지 않는다. 만일 발설하는 자가 있으면 가차 없이 죽여버린다(사전에 발설하지 않겠다는 서약을 한다). 의식의 장소에서는 휘황찬란한 빛, 알코올 음료, 화려한 복장, 신성한 휘장 등을 동원하여 쇼를 보여주고 이에 동참한다고 한다. 이를 주관하는 제사장은 디오니소스로 분장한 히에로판테스Hierophantes라고 하는데 항상 지팡이를 들고 기적을 행한다고 한다. 그들은 이 의식을 통해서 카타르시스catharsis라는 영적 정화를 체험하며 신들림을 받기도 한다.

그런데 둘째 날 의식은 성경에 나오는 '마귀와 돼지 떼' 이야기와 연관성이 있어 보인다(〈마태오 복음서〉 8:28~34, 〈마르코 복음서〉 5:1~20, 〈루카 복음서〉 8:26~39). 성경에 따르면, 예수가 갈릴래아에서 데카폴리스** 지역으로 가자 수천 명이 따라왔다. 그리고 그곳의 한 마을에서 미친 자를 만나 '군대'라는 마귀를 쫓아내자 2,000마리의 돼지 속으로 들어가 바다에 떨어져 물속

** 데카폴리스는 알렉산드로스 대왕이 팔레스타인 지역을 점령하면서 그리스 언어와 문화, 제도를 도입하여 세운 10개의 그리스식 도시로, 스키토폴리스Scythopolis(지금의 이스라엘 베트세안), 힙포스Hippos(게라사 아래쪽), 라파나Raphana(지금의 시리아 에르 라페), 카나타Canata(지금의 시리아 카나와트), 디움Dium(지금의 시리아 텔 엘 아샤리), 가다라Gadara

에 빠져 죽는다. 이 장면은 아라데 무스타이 의식을 연상케 하는데, 일종의 동일 유형으로 보인다. 오늘날에도 2,000마리의 돼지를 친다는 것은 과학적 사육이 아니면 어렵다. 하물며 아무리 데카폴리스 지역이라 하더라도 그 시대에 2,000마리의 돼지가 들판에 있었다는 말은 비현실적일 수밖에 없다. 더군다나 중동 일대에서 금기시하는 더러운 동물 돼지가 호수에 빠져 죽었다면 종교적으로나 위생적으로나 매우 심각한 문제였을 텐데, 예수의 이러한 축사逐邪는 지탄받기는커녕 오히려 종교적으로 미화되고 있다.

한편 예수가 마귀를 쫓아낸 마을은 비슷한 발음이긴 하나 복음서마다 전혀 다른 곳으로 기록되어 있다. 네 복음서 중 가장 먼저 기록되었다고 추정되는 〈마르코 복음서〉의 '게라사'는 겐네사렛 호수로부터 55킬로미터나 떨어진 곳이라 온종일 걸어도 도달하기 힘든 거리다. 돼지 떼가 비탈길을 달려 물에 빠져 죽기에는 매우 현실성이 없는 장소다. 〈마태오 복음서〉의 '가다라'는 10킬로미터 떨어진 곳이라서 가능할 수도 있는데, 사육 돼지는 심장이 약해서 그렇게 먼 거리를 뛰었다가는 호수에 닿기도 전에 심장이 터져 죽는다고 한다. 〈루카 복음서〉의 '게르게사(거라사)'는 겐네사렛 호수 외곽으로, 2~3킬로미터쯤 가면 낭떠러지 밑으로 평평하게 호수와 연결돼 있어 타당성이 있어 보인다. 하지만 그곳은 산으로 계속 이어져 있어 많은 돼지를 기를 만한 장소가 못 된다.

(지금의 요르단 움 케이스), 펠라Pella(지금의 요르단 타바카트), 게라사Gerasa(지금의 요르단 제라시), 필라델피아Philadelphia(지금의 요르단 암만), 다마스쿠스Damascus(지금의 시리아 수도)다. 이 중 9개 도시는 가장 북쪽의 다마스쿠스부터 가장 남쪽의 필라델피아까지 요르단강 동편에 자리 잡고 있고, 스키토폴리스만 요르단강 서편에 있다. 로마 장군 폼페이우스가 팔레스타인을 점령하면서 이들 지역을 유다로부터 해방했으며, 예수 시절에는 로마의 시리아 총독 코메스의 통치권하에 있었지만 간섭은 거의 없었고 연맹을 결성해 자치권을 행사했다. 예수는 갈릴래아나 유다 지역보다 이곳을 좋아했던 듯하다. 이 지역을 자주 방문했으며 포교도 하고 치유의 기적도 많이 일으켰다.

데카폴리스 지역은 그리스 문화가 그대로 이식된 곳이라 미스테리아 의식이 활개를 쳤을 터이므로, '마귀와 돼지 떼' 이야기는 사실이라기보다는 상징적 의례로 볼 수 있다. 또 예수가 미스테리아 의식과 어떤 식으로든 연결되었으리라 추정해볼 수 있다.

다섯째 날 의식도 성경과 매우 깊은 연관이 있어 보이는데 마치 예수가 붙잡힌 후 로마 병사들이 침을 뱉어 조롱하고 채찍으로 때리는 부분을 떠올리게 하며(〈마태오 복음서〉 26:67, 〈마르코 복음서〉 14:65, 〈루카 복음서〉 22:63~65) 예수가 십자가를 지고 골고타에 오르는 장면과 데카폴리스로 향하는 예수와 추종자들의 모습도 연상시킨다.

– 위키피디아, 《통과제의와 문학》(시몬느 비에른느 지음, 이재실 옮김, 문학동네, 1996) 참조

■ **사생아 예수 설화**

2세기 후반 예수가 로마 군인 판테라의 사생아라는 비난이 널리 퍼져 있었다. 기독교를 신랄하게 비판한 켈수스Celsus(2세기 후반경)와 기독교 비하를 목적으로 작성된 유다교 구전집에 따르면, 로마 병사 티베리우스 룰리우스 판테라Tiberius Lulius Pantera(BC 22~AD 40년)가 예수의 아버지인데, 마리아가 요셉과 결혼하기 전 판테라에게 몸을 팔아 임신했다고 한다. 또 다른 이야기에는 예루살렘 대성전 주둔군이었던 로마 병사 판테라가 대사제의 딸 마리아를 강간하고 이후 태어난 아들이 예수라는 것이다(실제로 당시 로마 점령지인 독일 빙게르브뤼크에서 로마 병사 판테라의 묘비가 발굴되었다). 마리아의 아버지 요아킴이 사제였으며 대성전에 근무했다는 전설이 이를 암시하기도 한다. 그러나 이는 켈수스가 판테노스Panthenos(처녀)라는 단어를 판테라Pantera, Panthera라는 이름으로 바꾼 일종의 언어유희라고 보는 시각이 많다.

당시에는 동정녀 탄생 설화, 신인 설화가 유행했는데 주로 디오니소스, 아도니스, 아티스 등 지중해와 소아시아 지역의 미스테리아 숭배와 관련이 깊었다. 그런데 황제를 비롯해 정치인, 종교인, 학자 등이 이 설화를 자신의

탄생 이야기에 차용하여 권위를 높이려는 경우가 제법 있었다. 알렉산드로스 대왕과 아우구스투스 황제 역시 동정녀 어머니에게서 태어났다고 전해졌다.

　일부 반기독교인들은, 예수가 동정녀에게서 태어났다는 이야기는 예수의 미천한 신분을 세탁하고 기독교를 당시 경쟁 관계에 있던 다른 종교들과 같은 반열에 올려놓기 위해 지어낸, 곧 동정녀와 신인 탄생 설화를 본뜬 아류에 불과하다고 비하했다.

요한의 탄생

마리아는 유디트가 시킨 대로 헤브론 구릉지대에 사는 사촌 엘리사벳을 찾아갔다. 엘리사벳은 예순이 넘은 할머니였다. 엘리사벳은 자신을 찾아온 젊은 아가씨를 한눈에 알아봤다.[18]

"네가 요아킴과 안나의 큰딸 마리아구나. 주님의 축복을 받아 성전에서 천사와 일곱 처녀의 보살핌을 받으며 곱게 자란 네가 자랑스럽구나. 그런데 여기는 어쩐 일이니?"

"유디트 아줌마가 보냈어요. 당분간 여기서 지내라고 해서 연락

---

18 가톨릭교회에서는 마리아가 엘리사벳을 방문한 날인 5월 31일(1969년까지는 7월 2일)을 '복되신 동정 마리아의 방문 축일'로 기념한다. 세례자 요한의 탄생 과정을 기록한 문장이나 선택된 언어 형태를 보면 삼손의 그것과 비슷하다(〈판관기(사사기)〉 13장).

도 없이 찾아왔어요."

"그래, 잘 왔어. 지금 축제일이라서 사제인 내 남편 즈카르야는 성전에 들어가 마침 나 혼자 지내고 있는데 잘됐구나. 편하게 쉬었다 가렴."

마리아가 방으로 들어가자 엘리사벳이 자랑스러운 듯 배를 감싸 안으며 말했다.

"마리아가 오니 배 안의 아이가 뛰노는구나."

"축하드려요. 그렇지 않아도 가브리엘 천사가 다녀가면서 임신 소식을 전해주었어요."

"가브리엘 천사가 다녀갔다고? 오, 하느님 감사합니다. 가브리엘 천사는 남편 즈카르야에게도 와서 내가 임신할 거라고 알려주었단다. 보다시피 늙은 내가 임신을 다 했구나. 남들은 주책바가지라고 할지도 모르나 이 쭈글쭈글한 젖을 아이에게 물릴 수 있다니 조상님께 할 일을 다 한 것 같아 기쁘기 그지없구나.

내 남편 즈카르야는 아비야조에 속하는 사제란다. 나는 사제 아론 가문의 딸이고. 우리는 주님의 모든 계명과 규율을 지키며 하느님 앞에 의롭게 살려고 노력했지. 그런데 안타깝게도 자녀가 없었어. 남들은 몰랐지만 나는 본래 아이를 못 낳는 여자였거든. 그렇게 세월이 흘러 이제 내외가 다 늙어 누가 봐도 아이를 가질 수 없는 나이가 되었지.

그러던 어느 날 남편이 차례가 되어 하느님 앞에서 사제 직분을 이행하게 되었단다. 관례에 따라 성소에 들어가 분향할 사람을 제비를 뽑아 정했는데, 남편이 뽑혀 그 일을 맡게 되었지. 안에서 남편이 분향하고 있는 동안 밖에서는 많은 사람이 모여 기도를 드리고 있었단다. 그때 주님의 천사가 나타나 분향 제단 오른쪽에 서 있었다더구나. 남편은 몹시 당황하여 두려움에 사로잡혔는데 천사가 이렇게 말하더라는 거야.

'두려워하지 말라. 즈카르야, 하느님께서 네 간구를 들어주셔서 네 아내 엘리사벳이 아들을 낳을 터이니 그 이름을 요한이라 하여라. 너도 기뻐하고 즐거워할 터이지만, 많은 사람이 또한 그의 탄생을 기뻐할 것이다. 주님 보시기에 훌륭한 인물이 될 것이기 때문이다. 그는 포도주나 그 밖의 어떤 술도 마시지 아니하겠고, 어머니 태중에서부터 성령을 가득히 받을 것이며, 많은 이스라엘 백성을 하느님 품으로 다시 데려올 것이다. 그가 바로 엘리야의 정신과 능력을 지니고 주님보다 먼저 올 사람이다. 그는 아비와 자식을 화해시키고 거역하는 자들에게 올바른 생각을 하게 하여 주님을 맞아들일 만한 백성이 되도록 준비할 것이다.'

그 말을 듣고 남편은 이렇게 말했어.

'저는 늙은이이고 제 아내도 나이가 많습니다. 무엇을 보고 그런 일을 믿으라는 말씀입니까? 내 아내는 본래부터 아이를 못 낳는 여자기 때문에 저는 아이를 원한 적도 없고 주님께 달라고 간구한 적도 없습니다.[19] 저희 늙은 부부에게 상처를 주지 마십시오.'

그러자 천사가 이렇게 말했단다.

---

19 비슷한 이야기가 야훼와 아브라함, 사라의 대화에서도 나온다(《창세기》 18장). 이처럼 금기를 어기거나 신의 말을 믿지 않아 징벌을 받는 이야기는 전 세계 곳곳의 설화에 등장한다.

'나는 하느님을 모시는 시종 가브리엘 천사다. 이 기쁜 소식을 전하라는 분부를 받들고 너에게 와 일러주었는데, 때가 오면 이루어질 내 말을 믿지 않았으니 이 일이 이루어지는 날까지 너는 말을 못 하게 될 것이다.'

그러는 동안 사람들은 남편이 나오기를 기다리고 있었는데, 그가 성소에서 오랫동안 나오지 않아 이상하게 여겼단다. 남편이 드디어 밖으로 나왔는데 말을 전혀 못 하고 손짓으로 시늉만 하기에 다들 그가 신비로운 것을 보았음을 알게 되었지. 남편이 갑자기 말을 못 하게 되어 사제직을 수행할 수 없으니 사무엘이라는 사제가 대신 직을 맡게 되었단다. 남편은 사제 직분 이행 기간이 끝나고 집으로 돌아와서는 성전에서 일어난 사건을 내게 글로 써주었고, 그 말대로 나는 임신을 하게 되었지. 마침내 주님께서 도와주셔서 나도 이제는 사람들 앞에서 부끄럽지 않게 되었구나. 벌써 시간이 흘러 하지 무렵이 산달이란다."

말을 마치자 엘리사벳의 얼굴에서 빛이 나더니 마치 거룩한 영에 홀린 듯 마리아를 향해 외쳤다.

"모든 여자 가운데 가장 복되시며 태중의 아드님 또한 복되십니다. 주님의 어머니께서 나를 찾아주시다니 어찌 된 일입니까? 문안의 말씀이 내 귀를 울렸을 때 내 태중의 아기도 기뻐하며 뛰놀았습니다. 주님께서 약속하신 말씀이 꼭 이루어지리라 믿으셨으니 정녕 복되십니다."

마리아는 순간 당황했다. 엘리사벳의 눈에서 광채가 나고 얼굴이 환해진 모습에 두려움마저 느꼈다.

"엘리사벳 언니, 무슨 말씀이세요? 왜 그러세요? 정신 차리세요."

마리아가 엘리사벳을 잡고 흔들어도 또다시 같은 노래를 계속 불렀다. 마리아는 성전에 있었을 때 대사제에게 들었던 말이 생각났다.

"마리아, 내가 노래를 가르쳐주마. 언젠가 이 노래를 부를 때가 올 거야. 너는 신이 인간에게 보낸 모든 예언자 어머니 중의 어머니, 인류가 섬겨온 모든 신의 제사장 어머니 중의 어머니, 모든 인류의 어머니 중의 어머니가 되어다오. 어느 해 춘분 무렵 화려한 꽃 잔치가 열릴 때, 태양이 하지로 달려가고 장차 태어날 물의 전령사이자 하지의 어머니가 너에게 노래 부를 때 이 노래로 화답하렴. 야훼 하느님께 그렇게 되길 기도하마."

그렇지. 엘리사벳의 아이가 하지 무렵에 태어날 거라 했지. 마리아는 대사제에게 배운 노래로 화답했다.

"내 영혼이 주님을 찬양하며 내 구세주 하느님을 생각하는 기쁨에 이 마음 설렙니다.

주께서 여종의 비천한 신세를 돌보셨습니다.

이제부터는 온 백성이 나를 복되다 하리니 전능하신 분께서 나에게 큰일을 해주신 덕분입니다.

주님은 거룩하신 분, 주님을 두려워하는 이들에게는 대대로 자비를 베푸십니다.

주님은 전능하신 팔을 펼치시어 마음이 교만한 자들을 흩으셨습니다.

권세 있는 자들을 그 자리에서 내치시고 보잘것없는 이들을 높이셨으며

배고픈 사람들은 좋은 것으로 배 불리시고 부요한 사람들은 빈손으로 돌려보내셨습니다.

주님은 약속하신 자비를 기억하시어 당신의 종 이스라엘을 도우셨습니다.

우리 조상들에게 약속하신 대로 그 자비를 아브라함과 그 후손에게 영원토록 베푸실 것입니다."

둘은 신비로운 영에 이끌리어 노래를 불렀고, 마리아의 노래가 끝나자 엘리사벳의 계속되던 노래가 그치고 얼굴도 평상대로 돌아왔다. 엘리사벳이 말했다.

"너와 나는 공통점과 정반대의 상황을 다 가지고 있구나."

"그게 뭔데요?"

"생각해보렴. 나는 늙어서 자궁이 닫혔고, 너는 아직 덜 자란 동정녀로 자궁이 열리지 않은 상태인데, 똑같이 신의 계시로 임신했잖니?"

"정말 그러네요."

"그래, 신의 계시야. 내 아이는 태양이 가장 높은 하지 무렵에 태어나 가장 낮은 동지로 치닫겠고, 반대로 네 아이는 태양이 가장 낮은 동지 무렵 태어나 가장 높은 곳으로 달려갈 테니 내 아이의 명성이 다하면 네 아이가 융성하겠구나."

마리아는 무슨 뜻인지 몰랐으나 영에 휩싸인 엘리사벳의 말이 가슴 깊이 와 닿았다.

마리아는 엘리사벳의 집에서 사랑받으며 100일가량 행복하게 지냈다. 마리아의 가슴이 조금씩 부풀어가고, 엘리사벳의 산달이 가까워지자 마리아는 더 머무를 수 없어 유디트에게 돌아갔다.

엘리사벳은 달이 차서 아들을 낳았다. 태양이 가장 높은 하지 무렵이었다.[20] 이웃과 친척이 모두 모여 축하하고 기뻐했다. 아기가 태어난 지 여드렛날 모세의 율법에 따라 할례를 베풀고, 친척들은 아버지 이름을 따서 아이를 즈카르야라고 부르려 했다. 하지만 천사가 남편에게 태어날 아이의 이름을 요한이라 지으라 했기에 엘리사벳은 반대했다.

"안 됩니다. 이 아이의 이름은 '야훼께서는 자비하시다'라는 뜻의 요한으로 해야 합니다."

사람들은 가문에 요한이라는 이름이 없는데 왜 그러느냐며 즈카르야에게 아기의 이름을 물었다. 즈카르야는 석판에 '요한'이라고 썼다. 그러자 즈카르야의 입이 열리고 혀가 풀려 말을 할 수 있게 되었다.

"이미 엘리사벳을 통해 들은 바와 같이 하느님의 뜻입니다. 지성소에서 천사를 만나 주님의 뜻을 전해 들었으나 의심을 하자 내게 징벌을 내렸는데, 그동안 내가 말을 하지 못한 것이 그 증거입니다."

그러자 친척 중 한 사람이 주춤거리더니 비장한 표정으로 말했

---

20 가톨릭교회에서는 6월 24일을 '성 요한 세례자 탄생 축일'로 정하여 기념한다. 성화 속에서 세례자 요한의 상징물로는 나무 십자가 지팡이와 어린 양, 몸에 두른 낙타 털옷이 있다.

다.

"솔직히 말하시오. 성소에서 본 게 무엇이오? 신이요, 아니면 당나귀요? 예전에 당신과 이름이 같은 사제가 당나귀 형상을 한 신을 보고 그 충격에 실어증에 걸렸다가 훗날 입이 풀려 경솔하게 그 말을 하고는 돌에 맞아 죽었잖소? 지금 당신 상황이 그와 비슷하단 말입니다."

"절대로 발설해서는 안 되는 그런 불경한 말을 입에 올리다니 제정신입니까? 분명 자신이 가브리엘 천사라고 했소."

천사. 토라의 기록이나 전설로만 전해 내려오는 신의 사자. 그 누구도 본 사람이 없었고 보았다는 사람을 만난 적도 없는데, 혼란과 의심이 가득한 이 시대에 오로지 즈카르야만이 천사를 만난 것이다. 사람들은 주님의 손길이 이 아기를 보살피고 계심을 깨닫고는 무서운 생각마저 들어 하느님을 찬양했다.

이 일은 유다 최남단 헤브론 산골에 두루 퍼졌다. 장차 이 아이는 무엇이 될까, 혹 이 아이가 자기들이 기다리는 메시아는 아닐까 기대와 희망을 거는 이도 있었다.

3부

예수 탄생

요셉과 마리아의 결혼

◈

마리아가 임신한 지 4개월이 지나 살이 오르고 가슴이 제법 부풀어 오를 무렵 요셉으로부터 연락이 왔다. 돈도 어느 정도 모아 결혼할 수 있으니 날짜를 잡자는 것이었다. 예루살렘 성읍에서 한참 떨어진 변두리지만 예전보다 큰 집을 장만해 아이들이 거처할 공간도 따로 있는 터라 결혼 생활에 크게 문제 될 일은 없다고도 했다. 사실 말이 결혼이지 마리아를 위해 거처를 마련해주고 가족이라는 공동체를 형성해주는 것에 다름없었다. 요셉은 대사제로부터 마리아의 남편이라기보다는 보호자가 되어야 한다고 몇 번이나 당부받았고, 그 자신도 그리하기로 신께 맹세했었다.

유디트는 걱정이 앞섰다. 요셉에게 어떻게 말해야 할지, 이 상황을 어찌 설명해야 할지, 어떤 묘안도 떠오르지 않았다. 임신이 무엇인지, 어떻게 해야 아이가 생기는지 아무것도 모르는 마리아를 보면 눈물이 절로 났다. 어릴 적 성전에서 생활할 때 함께 지냈던 가브리엘 천사가 찾아왔고, 신의 영이 자기를 감싸 안은 뒤로 자신이 임신했으며, 친척인 엘리사벳을 찾아가 천사가 말한 그 기적을 확인했으므로 자기 배 안에 있는 아기는 신의 은총이 틀림없다는 마리아에게 철없다 말할 수도 없었다. 남편도 없이 임신한 처녀가 뻔뻔하게 산책을 나가도 이를 막을 수 없는 자신이 원망스럽기까지 했다.

사람들이 마리아가 임신한 사람처럼 살이 쪄간다고 떠볼 때마다 유디트는 엘리사벳 집에 다녀온 뒤 여독으로 몸이 부어 있다고 에둘렀다. 하지만 언제까지 숨길 수는 없는 노릇이었다. 유디트는 아예 공개적으로 판테라를 만나 농탕질치고 다니면서 마을에 퍼질 대로 다 퍼진 마리아의 임신 소문을 잠재우기에 여념이 없었다. 어느덧 마을 사람들은 유디트와 판테라가 저렇게 난잡하게 놀아나는 것을 보고도 아무렇지도 않은 마리아를 보면서 점점 유디트의 말을 믿게 되었다. 게다가 마리아는 그런 유디트의 행동을 나무라고 마을 회당 사제에게 조치를 요구하기까지 했으니 사람들은 자기들이 잘못 알았나 보다며 헛소문으로 치부했다. 유디트는 마리아에게 그 누구에게도 가브리엘 천사니, 신의 은총이니 하는 말을 입 밖으로 꺼내지 말라고 당부하고, 마리아가 밖으로 돌아다니지 못하게 단속했다. 그렇게 소문은 차츰 수그러들었다.

하지가 지나고 사막의 뜨거운 열기가 점점 거세지던 어느 날 저녁, 요셉은 형편없이 적은 액수였지만 알뜰하게 모은 지참금을 준비해 마리아를 찾아왔다. 약혼한 지 1년이 조금 넘어 만난 마리아는 제법 성숙한 여인의 티가 물씬 풍겼다. 그러나 이미 결혼도 해봤고 자식이 여섯이나 있는 요셉의 눈을 피할 수 없는 법. 살이 올라 조금 힘들어하는 걸음걸이와 부기 있는 얼굴, 옷으로 가렸지만 나이에 비해 훨씬 더 부푼 가슴을 보고는 단박에 알아차렸다.

요셉은 절망했다. 도대체 무슨 사악한 일이 일어났는가? 누가 나를 속였는가? 누가 마리아를 유혹하여 저렇게 만들어놓았단 말인가? 아니면 어떤 놈을 좋다고 만나고 다니다 일을 저질렀단 말인가?

"이게 어찌 된 일이오? 저렇게 자기 영혼을 구렁텅이에 빠트린 여자가 성전에서 교육받고 천사들 손에서 음식을 받아먹고 자란 신의 딸이란 말이오?"

요셉은 마리아와 유디트를 원망했다. 한편으로는 신탁의 여자를 맡아 약혼했는데, 아무리 결혼식을 올릴 때까지 여자 집에 가면 안 되는 게 관습이라지만, 저 지경이 되도록 보호는커녕 한번 찾아보지도 않은 자신이 무슨 면목으로 하느님을 대하겠느냐며 자기 얼굴을 때리면서 자책하고 한탄했다.

마리아는 기뻐할 줄 알았던 요셉이 절망하여 흐느끼는 모습을 보고 적잖이 의아해했다.

"제 임신이 기쁘지 않으세요? 다른 부부들을 보면, 임신했다고 남편과 친척들이 축하해주던데 요셉은 왜 그러세요? 하느님의 은총으로 임신했단 말이에요."

요셉은 어이가 없었다. 그게 어떤 죄악인지도 모른 채 죽음으로 단죄해야 하는 이 상황을 저런 식으로 담담하게 인식하고 있다니. 이 광경을 멀리서 바라보던 유디트는 부엌으로 들어갔다.

"도대체 누가 그랬소? 어떤 자식이오? 어떤 놈을 만나서 애를 가졌느냔 말이오?"

"네? 무슨 말씀이세요? 전 남자를 만난 적도 사귄 적도 없어요."

"그런데 어떻게 임신을 했단 말이오?"

"어떻게 임신했는지는 맹세코 저도 몰라요. 어느 날 밤 가브리엘 천사가 다녀가고 난 뒤로 이렇게 됐단 말이에요."

"그런 미치광이 같은 소리를 믿으란 말이오? 지금이 어느 세상인데 천사 운운하면서 사람을 조롱하는 거요?"

요셉은 너무 화가 나 밖으로 나가버렸다. 부엌에서 나온 유디트가 앞섶에 손을 닦으며 근심에 싸인 얼굴로 물끄러미 상황을 파악하다가 요셉의 뒤를 따라갔다. 처연한 얼굴의 요셉을 억지로 끌고 들어와 전에 요아킴이 거처하던 큰 방으로 안내했다.

"요셉, 너무 절망하지 마세요. 마리아가 임신한 건 사실이에요. 그렇다고 당신이 마리아를 버리면 마리아가 어떻게 되겠어요? 결국 나처럼 살다가 인생의 끝을 맞이할 게 아니겠어요? 당신은 선한 사람이에요. 대사제로부터 마리아를 보호하라는 명령을 받았으면 끝까지 책임지고 지켜줘야지요. 그러지 않으면 당신은 신과의 약속을 저버리는 또 다른 죄를 저지르게 돼요."

"아니, 내 애도 아니고 다른 사람 애를 임신한 여자를 어떻게 보호하란 말입니까? 저 여자의 죄를 덮어준다면 나는 주님의 율법을 거스르는 죄인이 된다고요."

"두려워 마세요. 당신을 마리아의 남편으로 택하신 하느님의 뜻을 진정 모르시나요? 겨우 열다섯, 딸만큼이나 어린 애를 아내로 취해 잠자리를 갖고 싶은 거예요? 요셉은 남편이라기보다는 보호자임을 잊어선 안 되죠. 잘 보호해줘야지요. 그리고 아까 들어보니 천사를 모독하더군요. 마리아가 정말로 천사 가브리엘에 의해 임신했거나[1] 신의 영이 감싸서 임신했다면 어떻게 책임질 거예요?"

유디트가 반 겁박을 해도 요셉 귀에는 들어오지 않았다.

"어찌하면 좋단 말입니까? 임신 사실을 밝히면 마리아는 투석형에 처해질 테고, 그러면 두 명의 목숨이 사라지는 것이니 차라리 조용히 파혼한 다음 떠날 것이오. 유디트가 잘 보호해주세요."

유디트는 깊은 한숨을 내쉬었다. 그래, 아무리 중늙은이라지만 어떤 남자가 혼전에 다른 사람 아이를 임신한 여자를 아내로 받아들이겠는가. 이제 다른 방법이 없었다. 유디트는 요셉에게 잠깐 쉬면서 다시 한번 생각해보라며 준비한 음료와 다과를 내왔다. 요셉은 먹지 않으려 했지만 유디트가 자꾸 권하자 분노와 절망으로 갈증이 올라오던 차에 벌컥벌컥 단숨에 음료를 두 잔이나 들이켜댔다. 그러고는 머리가 어지럽다고 하더니 이내 쓰러져버렸다.

시간이 얼마나 흘렀을까. 요셉은 한밤이 되어 깨어났지만 아직도 비몽사몽, 몸을 움직일 수 없었다. 마치 꿈꾸는 듯했는데, 아름

---

1   어떤 전승에는 예수가 천사 가브리엘의 아들이라고 한다.

다운 한 여인이 달을 뒤로 한 채 나타나 말했다.

"나는 하느님의 옥좌 왼쪽에 서 있는 신의 사자 가브리엘입니다. 다윗의 아들 요셉, 그대는 왜 마리아와의 결혼을 주저하세요? 두려워하지 마세요. 당신의 마음을 괴롭히고 있는 마리아는 사람에게서가 아니라 신의 영에 의해 임신했답니다. 신의 여자이자 신인의 어머니인 마리아가 아들을 낳을 터이니 그 이름을 예수[2]라고 하세요. 예수는 자기 백성을 죄에서 구할 것입니다. 이사야의 예언서에 '동정녀가 잉태하여 아들을 낳을 것이니 그 이름을 임마누엘이라 하리라'라는 예언을 성취하기 위한 것이랍니다."

요셉은 뭐라 대답하려 했으나 몸이 움직이지 않았다. 그 여자 천사는 곧 눈앞에서 사라졌다. 그리고 또 얼마나 시간이 흘렀을까. 꿈결인지 생시인지 어둠 속에서 한 여인이 들어왔다.

"마리아는 부모가 없으니 친정에서 잔치는 열 수 없네요. 집에 돌아가더라도 결혼식은 올리지 말고 조용히 합방하세요. 그러나 관습에 따라 여자가 임신하면 아기를 낳을 때까지 성관계를 가져서는 안 됩니다. 꼭 명심하세요. 대신 오늘 밤 당신을 황홀경에 빠지게 해줄게요. 오늘 이후, 앞으로 성욕 때문에 당신의 남성이 한 번만이라도 부풀어 오르면 성에 대한 욕구가 영원히 사라질 거예요."

여인은 아직도 몽롱한 상태의 요셉에게 다가와 능숙하게 옷을 벗기기 시작했다. 요셉은 저항하려 했으나 몸이 말을 듣지 않았

---

2   예수(여호수아, 요슈아)는 당시에 가장 흔한 이름이다. '야훼가 구원하시다'라는 뜻이 있다.

다. 아니, 그보다도 아내가 죽은 뒤로 한 번도 여자와 몸을 섞어본 적이 없기에, 게다가 마리아 때문에 자포자기한 마당에 오히려 욕구가 분노처럼 치밀어올랐다. 여인은 요셉의 옷을 다 벗기고 요셉이 보는 앞에서 천천히 옷을 벗었다. 달빛에 비친 여인의 몸은 평생 본 적 없을 만큼 관능적이었다. 여인은 숨소리조차 내지 않고 발끝에서부터 서서히 상체 쪽으로 애무해 나갔다. 요셉은 보드라우면서도 온기 있는 여인의 가슴과 입술과 혀가 살갗을 스칠 때마다 때론 짜릿하고 따끔거리는 통각을 느끼며 가느다란 신음으로 여인에게 대답해주고 있었다. 이래서는 안 되는데, 아무리 남의 아이를 가졌다지만 아내가 될 여자의 집에서, 아내가 될 여자를 집 안에 두고, 여인의 향기란 이런 것임을 온몸과 영혼으로 느끼면서. 그런데 왜 저 여인을 저항할 수 없지? 아늑하고 황홀한 죄의식이 오히려 막히고 답답한 가슴의 응어리를 풀어주기라도 하듯 아내가 죽은 이후로 자기 자신도 믿기 힘들 정도의 가장 격렬한 하룻밤을 보내면서 요셉은 지금까지 경험하지 못한 최고조의 쾌락을 만끽한 후 이내 깊은 잠에 빠져들었다.

　다음 날 새벽, 눈을 뜬 요셉은 어젯밤의 황홀경을 선명하게 되새겨 보며 아직 아쉬움이 남은 듯 묵직하면서도 시큰거리며 따끔거리는 아랫도리로 손을 가져갔다. '그런데 왜 이리 아프지? 예전에 없던 통증이 왜 이리 하체를 자극하지?' 요셉이 손을 더 아래로 내리자 아뿔싸, 남세스럽게도 바짓가랑이가 끈끈한 액체로 흠뻑 젖어 있었다. 이 나이에 망측스럽게도 몽설을 했단 말인가? 간밤의 모든 것이 다 꿈이었단 말인가? 천사가 전한 말도 꿈속의 계시였단 말인가?

　요셉은 천사를 모독하면 안 된다는 유디트의 말이 떠올랐다. 요셉은 일어나 모세의 율법대로 유출한 자가 행해야 하는 정결례를 한 다음 바닥에 엎드려 신께 사죄의 기도를 올렸다.

　아침이 되어 요셉은 유디트가 차려준 아침밥을 먹었다. 유디트의 입술이 부르터 있었지만 묻지 않았다. 요셉은 자기도 모르게 움직일 때마다 출렁거리는 유디트의 풍만한 가슴을 힐끔거리다 어젯밤 비몽사몽 간에 보았던 여인의 모습이 겹쳐 보이자 머리를 세차게 흔들며 부끄럽고도 평온한 미소를 머금었다.

　"요셉, 오늘 밤 결혼하도록 해요. 신랑을 따라온 악기 연주자도 없고 신부를 위한 면사포도 부모도 친구도 없으니 혼인 잔치를 할 수는 없지만, 여기가 신랑집이라 여기고 조용히 합방하고 내일 새벽 일찍 마리아를 데리고 떠나세요."

　유다에서 결혼은 가족뿐 아니라 손님과 행인, 마을 전체에 베푸는 큰 축제나 다름없었다. 그래서 일주일이 넘도록 노래와 춤이 끊이지 않는다. 결혼식 날이 되면 신부는 드레스를 입고 발끝까지 닿는 면사포를 쓰며, 신부의 친구들은 따로 신부의 겉옷 주위를 묶는다. 신랑 집에서는 악기 연주자들을 필두로 신부 집에 오는데 아버지, 장인, 마을 연장자들이 뒤따르고, 친구들에게 둘러싸인 신랑이 마지막으로 뒤따른다. 신랑이 도착하면 신부 아버지가 신랑과 신부에게 축복을 빌어주고, 신부는 아버지와 작별 인사를 나누며 가족과의 이별을 드러내기 위해 눈물을 흘리며 큰 소리로 운다. 신부는 결혼하지 않은 친구들에게 둘러싸여 집을 떠나 신랑 집으로 따라가 하객들이 모인 가운데 화려한 결혼 잔치를 한다. 결혼식 행렬이 신랑 집에 도착하면 신랑 아버지가 신부를 축복하고, 신랑과 신부는 서약을 교환한다. 포도주 한 잔으로 축복하고 하느님께 감사 기도를 드린 후 남편이 먼저 마시고 아내가 마신 다음 잔을 내려놓는다. 그러면 결혼식 축제는 노래와 춤과 함께 계속된다. 신부를 동반하고 온 하객들은 잔치가 끝날 때까지 계속 신랑 집에 머물며 잔치를 한다. 신부는 손님을 맞는 방에서 친구들과 머물면서 손님에게 감사 표시를 하다가 신랑이 들어오면 신부 친구들이 물러가고 신랑과 신부 둘만 남는다. 첫날밤, 신랑은 신부의 베일을 벗기고 띠를 푼다.[3]

그러나 이런 관습이 중늙은이와 혼전 임신한 여자에게 무슨 의미가 있겠는가. 그날 밤 요셉은 깊은 한숨을 쉬며 마리아와 합방했다. 그러나 어젯밤 천사의 계시대로 임신한 마리아와 부부관계를 갖지 않았다. 그리고 앞으로도 마리아와 부부관계를 하지 않겠다고 결심했다. 신앙도 신앙이지만 누군지도 모르는 다른 존재의 아이를 임신했기에 거부감이 앞섰을 뿐더러 정말로 신의 여자일 수도 있기 때문이었다.

다음 날 새벽, 요셉은 풍습대로 마리아의 부모를 대신한 유디트에게 지참금을 주려 했다. 유디트는 자신이 받을 지참금이 아니니 가져가서 가정을 꾸리는 데 쓰라며 요셉에게 신신당부했다.

"마리아가 아이를 낳으면 사람들이 달도 차지 않은 아이를 낳았

3   《성서의 풍속》, 허영엽 지음, 이유, 2006.

다고 의심할 텐데 칠삭둥이라고 하세요. 디오니소스도 칠삭둥이
였답니다."

그렇게 요셉은 마리아를 데리고 예루살렘 변두리 자신의 집으
로 떠났다.

요셉과 마리아가 떠나자 유디트는 부엌에 앉아 어젯밤 준비해
놓은 포도주와 하오마즙을 내놓고 향을 음미하다 적당히 섞어 벌
컥벌컥 들이마시고는 안도의 한숨을 내쉬었다. 그리고 탁자에 쓰
러지듯 엎드려 흐느꼈다.

"술도 제대로 마셔본 적 없는 착하고 순진해 빠진 중늙은이 같으
니라고. 이걸 마셨으니….”

그녀의 발아래에는 부드럽고 환상적인 로마 여사제의 흰옷이
놓여 있었다.

유디트는 몇 달 전에 준비해 둔 한 뼘 길이의 칼과 가위를 날카
롭게 갈았다. 그러고는 그 칼로 어제 집에 숨겨 들여온 새끼 돼지
한 마리를 단박에 찔러 죽인 다음 가위로 돼지의 성기를 자르고
심장과 내장을 꺼내 싹둑싹둑 잘라 나갔다. 핏기 어린 눈동자에
불꽃이 번뜩였다. 유디트는 어금니를 꽉 문 채 아직 뜨거운 기운
이 가시지 않은 돼지 피를 얼굴에 발랐다.

요셉이 마리아를 데려간 다음 날, 디오니소스 신전 한쪽 구석에
서 판테라는 성기가 잘려나간 채 신음하고 있었고 유디트는 멀찍
이 칼에 찔려 피를 토한 채 죽어 있었다.

◈

─────────── 참고자료 ───────────

■ 가브리엘 천사

구약 성경에서는 '장정'으로 표현되기도 하지만, 가브리엘은 유일하게 여성으로 표현되는 천사다. 위경 〈에녹서〉에 하느님의 옥좌 왼편에 있다고 했다. 유다 관습에서 여자는 왼쪽에 있어야 하기에 여성으로 표현된 것이다. 가브리엘은 수태를 알리는 천사다. 가브리엘을 상징하는 꽃은 백합인데, 백합은 순수한 처녀의 성기를 의미한다. 백합은 후대에 성모 마리아를 상징하는 꽃이 된다. 가톨릭교회에서는 3월 25일에 가브리엘이 마리아에게 수태고지를 했다 하여 그날을 성모영보 대축일로 기념한다. 또한 대천사(미카엘, 가브리엘, 라파엘) 축일은 9월 29일, 수호천사 기념일은 10월 2일로 정해 기념한다.

■ 칠삭둥이

초기 기독교에서는 예수가 칠삭둥이라고 가르쳤다. 지금은 극히 일부만 남아 있는 위경 〈헤브라이 사람들의 복음서〉에 "그리스도는 그녀의 자궁 속에 일곱 달 동안 있었다"라고 기록되어 있다. 초기 기독교에 영향을 준, 오르페우스와 연관이 있는 디오니소스도 동정녀 어머니 세멜레의 자궁 속에 7개월 동안 있었다. 칠삭둥이는 두 신인과 그의 어머니를 동일시하는 소재 중 하나다. 두 종교의 교리와 두 신인의 기적도 상당히 닮아 있다.

마리아와 요셉의 수난

◈

종종 지중해의 시원한 바람이 구릉을 타고 바다로부터 멀디면 이곳 고원지대 예루살렘까지 불어오기도 했지만, 뜨거운 열기는 살갗을 태우고도 남을 지경이었다. 하지가 지나 이미 본격적인 더위가 시작된 터라 뜨거운 바람에 숨조차 쉬기 힘들었다.

두어 시간 남짓이면 도착할 거리임에도, 황금문을 통해 성 밖으로 나간 요셉은 나귀를 도시의 외곽으로 이끌어 빙빙 돌았다. 남편도 없이 임신한 젊은 여자를 늙은 남자가 대낮에 버젓이 데리고 간다는 게 부끄럽고 창피해서 인적이 끊긴 밤길에 마을 사람들을 피해 발걸음 소리조차 내지 않고 들어가려는 심산이었다. 이런 이상한 행군을 해본 적 없는 마리아는 종일 갈증에 시달렸고, 간간이 들려오는 산짐승 소리에 소스라치게 놀라며 눈물을 흘리기까지 했다.

'혼전 임신한 여자라….'

솔직히 말해 그다지 마리아를 보호해주고 싶은 생각은 없었다. 왜 늙은 자신이 저 어린 여자와 결혼해야 하는지, 정말 신의 숨결로 임신한 것인지 도무지 이해할 수 없는 상황이었다. 저 지경이 되었으니 앞으로 부끄러워 마을에서 어떻게 처신하면서 살아야 하나 그저 막막할 따름이었다.

성의 외곽을 한 바퀴나 돌았을까, 더위에 지쳤는지 요셉은 허공에 대고 혼잣말로 횡설수설했다.

'가브리엘 천사는 진짜였을까? 그 여자와의 일은 정말 꿈이었을까?'

꿈인지 생신지 모를 하룻밤의 쾌락이 자꾸만 가물거려 성욕이 치솟자 정신은 오락가락했고 비틀걸음으로 터벅거렸다. 그렇잖아도 상처한 후 늙어가는 이 나이에 새벽마다 부풀어 오르는 성욕 때문에 짜증 날 정도로 거추장스러웠던 적도 여러 번, 때론 아티스 사제처럼 거세해버릴까 혼잣말을 뱉었다가 멋쩍게 피식거리기도 했었다. 매춘부를 찾아갈까 망설이다 그냥 혼자 해결해버리고는 얼쯤하니 멍 때리고 있은 적도 한두 번이라야지, 정말이지 성욕을 준 신이 원망스럽기까지 했고 제발 좀 없애달라고 기도도 해보았다. 한편으로는 성생활 없이 살아간다는 사해 부근의 에세네인들에게 도망쳐서 그들과 함께 살까 고민해보기도 했었지만 어린 자식들이 눈에 밟혔다. 이제는 이 어린 여자와 살아야 하는데 신과 사제에게 한 맹세를 과연 지킬 수 있을까. 그 순간 요셉 자신도 인지하지 못한 채 성기가 최고로 부풀어 올랐고 아랫도리의 통증에 휘청거렸다. 약간의 피가 섞인 유출과 함께 이내 시들어버리더니 두 번 다시는 발기되지 않았으며 성에 대한 욕망이 영원히 사라져버렸다. 정신을 가다듬은 요셉은 나귀 고삐를 손에 힘을 주어 쥔 다음 다시 걸음을 재촉했다.

'내 몸이 갑자기 왜 이러지? 그나저나 겨우 이틀 밤을 보냈지만, 애들은 잘 지내고 있을까?'

집에는 두 딸이 있어서 네 남자 형제들 밥도 해주고 가사를 돌봐주어 살림에는 걱정이 없지만, 그래도 두 살배기 막내 야고보가 걱정되었다.

야고보만 생각하면 가슴이 울컥했다. 다른 자식들은 그래도 엄마 젖을 먹고 사랑도 받으며 컸는데, 막내 야고보는 태어나자마자 얼마 안 되어 엄마가 죽고 말았다. 아내 살로메는 요셉보다 다섯 살을 더 먹어 쉰을 훌쩍 넘긴 나이, 사위나 며느리를 보고도 남을 나이에 덜컥 아이를 가진 것이었다. 신의 뜻인지 릴리트[4]의 질투인지는 몰라도 야고보가 태어난 지 8일째에 할례를 받고는 그 작은 고추에 칼 독이 올라 퉁퉁 붓고 검은 핏물이 그치지 않고 흘러나왔다. 온몸에 열이 펄펄 올라 까무러치기도 여러 번, 모조리 토

---

4 릴리트(릴리스)는 유다 신화를 비롯해 메소포타미아 문화권 텍스트에 등장하는 여성이다. 유다 신화에서 릴리트는 아담의 첫째 아내로, 성관계 시 남성 상위 체위를 하는 것과 아담이 원하면 무조건 성관계에 응해야 한다는 데 불만을 품고 홍해로 도망가 사막에서 혼자 살면서 많은 남자를 유혹했다고 한다. 이후의 전설에서는 남자들의 침실에 나타나 욕정을 부추기는 존재로, 더 후대에는 아기를 잡아가는 귀신으로 변형되었다.

하고 설사했으며 오줌도 못 싸고 고통스럽게 울어댔다.

아내는 산후 정화 기간을 넘기지도 않은 채 남편이 목수 일을 나간 틈을 타 아픈 아이를 안고 동네 의원을 찾아가고야 말았다. 당연히 말 많은 동네 여자들과 율법학자들의 좋은 먹잇감이 되고야 말았다. 물론 옛날만큼 잘 지켜지는 않으나 아들을 낳으면 33일, 딸을 낳으면 66일의 산후 정화 기간을 넘겨야 외출을 할 수 있고 아이도 데리고 나갈 수 있는데, 간신히 부정 기간[5]을 넘긴 열이틀째 되던 날 아이를 데리고 나왔으니 동네 사람들이 놀라지 않을 수 없었다.

의사는 율법에 어긋난다고 만나주지 않았으며, 아이를 안고 울면서 거리를 미친 듯 헤매는 아이 엄마에게 동네 할머니가 불쌍하다며 알려준 민간 처방이 문제를 일으켰다. 소금물로 입을 헹궈낸 다음 아이의 고추를 살살 빨아 시커멓게 죽은 피를 뽑아내면 효과가 있다고 했는데, 급하다 보니 아이의 고추에서 피를 한입 가득 뽑아내고는 엉겁결에 그만 삼켜버렸다. 모세의 율법에 피는 생명이니 절대 먹어서는 안 된다는 금기가 있지만, 모성애는 신의 명령이나 율법보다 강한 법. '저 더러운 피를 차라리 제가 다 마셔버릴 테니 아이를 살려주시고 차라리 저를 죽여주세요'라고 마음속으로 기도했다.

몇 번을 반복하니 아이 몸에서 죽은 피 대신 맑은 피가 비쳤다. 이제 아이는 살았구나 하는 생각에 아내는 마지막 더러운 피를 뽑

5　부정 기간은 7일이고 8일째에 할례를 베푼다.

아 꿀꺽 삼켜버렸다. 이내 아이는 오줌소태 난 것처럼 싸댔고 울음소리는 맑아졌다. 아이는 점차 건강을 회복했다. 그러나 아내는 산후조리를 잘못했기 때문인지, 신의 율법을 어겼다는 죄의식 때문인지 그날 저녁부터 아프기 시작해 일주일 만에 온몸이 퍼렇게 멍든 채 죽고야 말았다.[6]

이런저런 생각이 뒤죽박죽 몇 번이나 계속되었을까. 요셉과 마리아는 땅거미가 지고 나서도 한참 뒤 밤하늘에 별이 총총 빛나는 컴컴한 밤이 돼서야 마을 사람들 눈에 띄지 않게 조용히 집으로 들어갔다. 요셉은 아이들을 불러 짧은 여로였지만 물 한 모금 못 마시고 지칠 대로 지친 마리아에게 인사시켰다. 두 딸과 요셉, 유다, 시몬, 막내 야고보가 호기심 반, 걱정스러운 얼굴 반으로 어색하게 인사했다. 열여섯 먹은 새어머니라!

요셉은 마리아를 데려온 뒤 일절 밖에도 안 나가고 각방을 쓰며 며칠 동안 끙끙 앓았다. 신에게 기도하며 마음을 달래고 또 달랬다.

'그래, 마리아가 애를 낳으면 유디트의 말대로 칠삭둥이라 하면 되지. 교활하고 약아빠진 유디트. 어찌 보면 그리 사는 게 편할지도 모르지.'

신께 의지하면서 점차 평정을 찾은 요셉은 다시 목공 일을 시작해 출장도 다녔고, 마리아는 길쌈과 바느질로 살림을 도왔다. 너도부추꽃(아르메리아)이 마당 한쪽에 울긋불긋 피어나 아름다웠

---

6   야고보의 영아 시절 이야기는 요셉이 상처했음을 말하기 위해 필자가 지어낸 내용이다.

다. 마리아는 그중에서 좋아하는 흰 꽃을 꺾어 곁에 두고 바느질할 때마다 바늘을 꽂아두었다. 바람이 살랑살랑 불어들 때마다 꽃향기가 방 안 가득 차 마리아의 심신을 안정시켰다. 마리아는 점차 요셉 가족의 삶에 적응하며 녹아 들어갔다.

성전에서 지낸 덕택에 마리아는 성경 지식이 많았으며, 민중어인 아람어는 물론이고 로마 글자도 읽고 쓸 줄 알았고, 종교어인 히브리 문자[7]를 능수능란하게 구사했기에 아이들과의 관계는 날로 좋아져 갔다. 날마다 아이들을 불러 글을 가르치고 천지창조, 노아 홍수, 아브라함과 이사악, 야곱, 요셉, 구원자 모세, 이집트 탈출기를 비롯해 삼손, 다윗, 솔로몬의 이야기, 이사야의 예언, 다니엘의 용맹함, 다윗의 시를 가르쳤으며, 천사 이야기로 아이들 마음을 사로잡았다. 나이 차이가 크지 않았지만 아이들은 마리아를 어머니라고 불렀고, 요셉의 목공 일도 제법 번창해서 가정이 화목했다.

그러던 어느 날 지역 유지이자 율법학자인 안나스[8]가 예전에 수리를 맡겼던 의자를 찾으러 요셉의 목공소에 들렀다.

"지난번 신의 딸 마리아와 결혼하러 간다더니 돌아온 뒤로 통 얼

---

7   바빌론 포로 시절 이후 예수 시절에도 팔레스티나 지역에서는 아람어를 사용했으며, 히브리어는 종교의례 때만 사용했다. 히브리어는 자음으로만 글을 썼고 발음은 구약 성경을 모두 암기하여 후세로 전해 내려왔는데, 아람어가 통용되면서 히브리 발음을 점차 잊어 사어死語가 될 지경에 이르자 토라와 예언서를 읽는 데 문제가 생겼다. 후대 마소라 사본 편찬가들은 올바른 발음의 보전을 위해 모음을 덧붙였다. 신의 이름 '야훼(여호와)'도 사실 그 발음을 정확히 모른다. 신의 이름을 절대 발음해서는 안 된다는 불문율이 있었기에 문자는 존재하되 발음은 잊었기 때문이다.
8   '안나스'라는 이름이 예수 설화에 성가정의 방해자로 종종 등장한다. 안나스는 예수를 신문한 대제사장 이름인데 악인의 대명사로 사용되고 있다.

굴을 볼 수 없으니 어찌 된 일이오? 결혼은 신랑집에서 하는 것인데 집에 돌아와 잔치도 안 열고. 아무리 재혼이라지만 이건 아닌 듯싶소이다."

"선생님, 저는 부모도 안 계신 데다 늙었고, 또 아이들마저 저렇게 장성해 있잖습니까? 더군다나 재혼이니 어찌 부끄럽게 잔치를 열 수 있겠습니까?"

마침 그때 제법 배가 불러 오른 마리아가 목공소에 나왔다. 당황한 요셉은 마리아를 몸으로 가렸다. 임신한 마리아를 본 안나스는 놀라 뒷걸음치며 곧바로 사제에게 달려갔다.

"당신이 인간적으로나 신앙적으로 그렇게 신뢰하는 늙다리 요셉 녀석이 성전에서 데려온 동정녀를 결혼도 하기 전에 더럽혀 임신을 시켰소. 엊그제 결혼했다는데 마리아의 배가 감람산만 하단 말이오. 제멋대로 간음하고 혼자 결혼해놓고는 그 사실을 숨기고 있었던 거요. 이미 산달이 가까운 듯한데, 율법대로 처단해야 하지 않겠소?"

사제가 놀라서 되물었다.

"뭐라고요? 그게 정말이오?"

"빨리 하인을 시켜 확인하도록 하시오. 보는 순간 임신 사실을 알 수 있을 거요. 그런데 이상하지 않소? 요셉은 약혼하고 1년 넘도록 한 번도 이곳을 떠난 적이 없단 말이오. 그런데도 마리아가 임신을 했으니 혹 저 여자가 다른 남자와 부정을 저지르지는 않았나 모르겠소."

하인들이 가서 사실을 확인했다. 회당에 끌려오다시피 한 마리아와 요셉은 아내의 부정을 밝히는 절차를 밟게 되었다. 유다인에게 회당(시나고그)은 성전이자 학교이자 법원이기도 했다. 본래 하느님께 경배와 번제와 속죄를 드리는 유일한 장소는 예루살렘 성전이었다. 하지만 바빌론 유배 시절 조상들은 여전히 모여 율법을 듣고 묵상하기 위해 회당을 지었고, 이후 마을마다 집단마다 회당을 지어 예배와 각종 집회, 교육의 장소로 사용했다. 당연히 회당은 예루살렘 성전을 본떠 지었는데, 회당 앞쪽 끝에는 성서 두루마리를 담는 작은 상자를 놓아두는 벽장이 있고, 성서를 낭독하거나 해석하는 사람이 올라가는 성서대도 있다. 회당은 민주적으로 운영되는데, 원로들 가운데서 뽑힌 행정관인 회당장이 전례를 체계적으로 관리할 뿐 아니라 성서 낭독자를 지정했으며 유명한 랍비를 초빙하기도 했다.

"아니, 본래 남편이 아내를 의심하여 야훼 앞에 내세울 때만 해당하는 재판 아닙니까? 난 아내의 부정을 고발한 적이 없습니다. 그러니 이 재판은 무효입니다!"

요셉이 항의하자 율법학자 안나스가 눈을 부릅뜨며 말했다.

"얼마 전 결혼했다는 당신 아내 배를 보시오. 간음하다 잡힌 여자는 돌로 쳐 죽이라고 모세의 법에 나와 있소. 당장 돌에 맞아 죽을 거요? 아니면 부정한 짓을 밝히는 절차를 밟을 거요?"

화가 나 씩씩거리는 요셉을 진정시키며 마리아는 절차를 밟겠다고 했다. 본래 열 명 이상이 모여야 하지만 이 규정도 잘 안 지켜졌기에 사제는 회당장에게 특별히 부탁해 사제와 안나스, 회당장 셋이서 심문하자고 했다. 회당장과 안나스는 규정대로 하지 않는 것이 꺼림칙했지만 사제가 하도 고집을 피우는지라 일단은 지켜보기로 했다.

"마리아, 이게 무슨 일인가? 요셉은 약혼 후 이곳을 떠난 적이 없는 것으로 아는데, 대체 무슨 짓을 했길래 임신을 했는가? 성전에서 천사들의 노래를 듣고 사제들의 사랑과 보살핌을 받으며 자란 당신이 왜 스스로 영혼을 타락시키고 하느님을 배신한 것인가?"

마리아는 눈물을 흘리며 대답했다.

"저는 하느님 앞에 죄가 없습니다. 전혀 남자를 알지 못합니다."

"그렇다면 요셉, 언젠가 회당 의자 수리를 부탁했을 때 아프다고 거절하고는 며칠 동안 밖에 나오지 않았는데, 혹시 그때 슬쩍 마리아를 찾아가 남몰래 관계를 한 게 아니오?"

요셉은 주춤했다. 만약 아니라고 하면 마리아가 다른 남자와 간통했다고 투석형에 처해질 것이고, 그렇다고 하면 없는 죄를 인정하게 되는 셈이다. 한참을 머뭇거리던 요셉이 입을 열었다.

"우리 관습에 결혼하지 않고 동거하면 채찍형을 받은 후 그 여자를 아내로 취할 수 있다고 했으니, 그렇게 해주시기 바랍니다."

유다 관습에서는 결혼할 때 신랑이 신부 측에 지참금을 줘야 하는데, 가난한 자가 결혼식을 올리지 않고 동거만 했을 경우에는 지참금 대신 채찍 형벌을 받고 부부로 인정받을 수도 있다. 안나스가 말했다.

"채찍 형벌을 받겠다? 그러나 이 경우는 당신이 몰래 가서 간음한 것이니 경우가 다르오."

"그거나 이거나 뭐가 다릅니까? 내가 결혼 전 마리아에게 몰래 찾아가서 일을 저질렀든 아니든 그 자체는 중요하지 않습니다. 이제는 내 아내가 되었지 않습니까?"

그러자 사제가 말했다.

"그렇게 모호하게 대답하지 말고 진실을 말하세요. 마리아가 다른 남자와 부정을 저지른 것이오? 아니면 요셉 당신이 이 여자와 동침해놓고 숨기고 있는 것이오? 마리아는 신의 딸로 대접받고 살아온 여인이오. 나는 마리아가 부정을 저질렀다고는 생각하지 않소."

요셉은 난감했다. 저 현실적이고 세속적인 안나스와 회당장에게 마리아가 천사 이야기라도 하면 어떻게 생각할까?

"사제님, 모든 건 신의 뜻, 굳이 변명하지 않겠습니다. 그러면 어찌하면 좋겠습니까?"

그 말에 안나스의 표정을 한참 동안 살피던 사제가 결심한 듯 선언했다.

"악행을 저질렀는지 아닌지를 확인하는 극약이 든 주님의 물을 마리아에게 내리겠소."

요셉은 당황했다.

"뭐라고요? 아니, 아무리 주님 앞에서 죄의 유무를 확인한다지만 주님의 물을 내리는 경우가 어디 있단 말입니까? 마리아가 아무런 부정도 저지르지 않았음을 증언해줄 증인을 세우면 되지 않습니까?"

"그게 누구요?"

"마리아 집안의 하녀 유디트입니다."

그러자 안나스가 끼어들었다.

"둘 이상의 증인이 필요한데 일단 유디트는 하인이자 여자라서 증인이 될 수 없소. 또 소문에 따르면 유디트는 창녀나 다름없을 뿐 아니라 이교 신앙에 빠져 하느님을 멀리했던 여자라니 어찌 믿을 수 있겠소? 더군다나 얼마 전 로마 군인하고 놀아나다 칼에 맞아 죽었다는 이야기도 들었소만."

마리아가 말했다.

"유디트를 욕하지 마세요. 우리 가문을 위해 일하고 저를 돌봐준 여인입니다. 한때는 계명을 어기고 살았으나 돌아와 율법을 잘 지키며 살고 있습니다. 그런데 칼에 맞아 죽다니요? 그게 무슨 말씀이세요?"

사제는 요셉을 향해 눈을 한번 찡긋하고는 충격을 받을지도 모르는 마리아를 달랬다.

"죽었다는 건 소문일 뿐이니 안심하시오. 유디트를 데려오기 힘드니 별수 없소. 마리아에게 주님의 물을 내리겠소."

"차라리 제게 주십시오. 마리아는 임신 중입니다. 만약 잘못되기라도 하면 두 명의 목숨이 사라집니다."

"아니 되오. 예로부터 주님의 물은 여자의 부정을 확인하는 데 사용하는 것이지 남자에게는 내리지 않소."

토라의 〈민수기〉에는 아내의 간통을 밝히는 절차[9]가 기록되어 있는데, 남편이 아내의 부정을 고발하면 이를 시행했다. 대부분

---

9   〈민수기〉 5:11~31 참조.

죽음의 물을 내리기 전 부정을 저지른 아내가 실토하거나 증인들이 증언하여 해결됐지 실제로 실행된 적은 거의 없었다.

사제는 회당을 관리하는 행정관에게 뭐라 귓속말한 다음 주님의 물을 가져와 마리아 앞에 놓았다.

안나스는 적잖이 놀랐다. 지금까지 마을에 회당을 세운 이후로, 아니 그 이전은 몰라도 적어도 자신이 태어난 이후로는 단 한 번도 주님의 물로 재판한 적이 없었는데 이런 일이 생기다니. 말릴 수도 없고 말리지 않을 수도 없고, 이미 엎질러진 물이니 차라리 당당해지자고 마음먹고는 마리아에게 마시라고 큰소리쳤다.

그 순간 요셉은 마리아가 말릴 새도 없이 거리낌 없이 당당히 그 물을 마시기 시작했다. 당황한 마리아가 달려와 안 된다고 소리 지르며 반쯤 남은 물을 빼앗아 마셔버렸다. 이내 마리아는 요셉에게 안기더니 발밑으로 쓰러졌고 안나스는 적잖이 당황했다. 여자인 마리아는 몰라도 마시지 않아도 되었던 요셉까지 죽어버리면 자신에게도 문제가 될 뿐 아니라 요셉의 여섯 자녀를 부양해야 할 수도 있었다.

당혹해 부들거리던 안나스의 신음이 한소끔 올랐다 잠잠해지자 요셉 곁에 쓰러졌던 마리아가 눈을 뜨더니 일어나 앉았다. 사타구니에서 피가 흘러내리고 배가 부풀어 오를 줄 알았는데 아무렇지도 않았다. 그러자 사제는 둘에게 제대를 일곱 바퀴 돈 후 기다리라고 했다.

아무런 이상이 나타나지 않자 요셉은 오히려 사제와 안나스에게 화를 냈다.

"마리아를 데리고 뒷산에 올라갔다 오면 반나절이 더 지날 텐데 그때까지 아무 이상이 없으면 무죄가 분명하지요?"

요셉은 당당하게 말하고는 마리아와 나가버렸다.

회당에 남은 셋은 어정쩡하게 서로 바라보기만 했다. 안나스가 말했다.

"주님의 물을 마셨는데 멀쩡하다니… 이럴 수가 있소?"

"그러게 말이오. 주님의 물을 내리면 죄인들은 여지없이 못 마시고 실토합니다. 그런데 저렇게 당당히 마셔버리다니. 그런데 대체 어떻게 임신했을까요?"

사제에 이어 회당장이 말했다.

"요셉이 저토록 감싸는 걸 보면 그의 소행일 수도 있는데, 중늙은이를 처벌할 수도 없고 확실한 증거도 없으니 참으로 딱합니다. 율법학자나 바리사이인조차 우리 조상 때만큼 율법을 잘 지키지는 않는데, 그냥 넘어가면 어떨까요? 증인 없이 우리 셋만 참여한 것도 그렇고 말이오."

사제가 웃으며 말했다.

"별수 없죠. 저렇게 당당히 물을 마셔버렸으니 당연히 아무 일도 일어나지 않을 것이고. 좌우지간 돌아오면 봅시다."

그러자 안나스가 의아한 표정을 지으며 물었다.

"당연히 아무 일도 일어나지 않을 것이라니요?"

"주님의 뜻이니 아무 일도 일어나지 않는다는 뜻입니다."

반나절이 지나 요셉과 마리아는 회당으로 돌아왔다. 사제는 둘을 성서대 위로 올라오게 하고 벽장에서 성서 두루마리 하나를 가져온 다음 손을 얹도록 했다.

"주님이 당신들의 죄를 드러내지 않았으니 나도 단죄하지 않겠소. 돌아가시오. 그리고 회당장과 율법학자 두 분은 오늘 일을 절대 입 밖에 내지 않겠다고 약속하시오."

모두 서약한 다음 요셉과 마리아를 돌려보냈다. 요셉은 기쁨에 넘쳐 하느님을 찬미했다. 또 마음속으로 사제에게 고마움을 표했다.

'감사합니다. 사제님과 회당장님. 주님의 물이 맹물로 된 가짜인 것을 짐작하고는 있었지만, 진짜라면 어쩌지 하며 많이 떨었습니다. 그렇지만 사제님이 회당장에게 귓속말을 할 때 나를 힐끗 쳐다보며 지어 준 미소와 약을 가져와 내게 눈을 찡그릴 때의 그 표정을 보고 확신을 하였기에 마신 것입니다. 죄가 만천하에 드러나 확실한데도 끝까지 부정하는 자에게만 극약을 내려 마시게 하는 주님의 물. 일종의 사형이자 다른 사람들에겐 경각심을 불러일으키는 주님의 계율이죠. 그런데 우리의 용감한 마리아는 순진해서 주님의 물이 진짜라고 믿었을 텐데 벌컥벌컥 마셔버리다니 정말 다른 남자의 애가 아닌 신의 아이를 가진 모양입니다. 그나저나 인간미라곤 하나도 없이 뭐든지 법대로만 따지는 율법학자 안나스가 밉상이긴 하지요?'

집에 도착해 요셉이 마리아에게 물었다.

"죽으면 어쩌려고 그 물을 마셨소?"

"전 아무 죄가 없는걸요. 그리고 당신을 믿었기에 마셨어요. 당신이 죽으면 난 과부가 되잖아요. 유디트처럼 살긴 싫어요."

첫 번째 크리스마스

◈

해는 점차 짧아져 동지에 가까워가고 있었다.[10] 거리에서는 로마 사람들과 군인들이 미트라 신의 축제를 준비한다며 부산을 떨고 있었다. 젊은 유다 남자 몇몇도 덩달아 흥분해 쏘다녔는데 그리스와 로마 물을 깨나 먹어 이름조차 그리스식인 이웃집 필리포스(필립, 빌립보)는 자신이 미트라 제의에서 군인 계급이라며 자랑했다. 본래 미트라 미스테리아는 디오니소스 미스테리아와 달리 여자는 배제하고 남자만 참여하는데, 누구에게도 그 의식에 대해 발설하

---

10 이 장의 줄거리도 대부분 창작했다. 예수 탄생 이야기가 당시 지중해 설화들과 얼마나 많이 닮아 있고 연관되어 있는지를 말하기 위해 가상의 인물과 목동들을 등장시켰다. 미트라교는 초기 기독교 박해 시절 로마, 특히 군인들 사이에서 유행했다.

지 않겠다는 서약을 반드시 지켜야 한다. 경망스러운 필리포스는 서약을 지키는 대신, 그리스 로마 문화와 그들의 신이 좋다며 의식에는 아무나 참여할 수 없고 자기처럼 선진 문화에 눈뜬 사람만 선택받아 참여할 수 있다고 요셉의 네 아들에게 자랑했다. 그는 주위를 살피고는 절대 말해서는 안 된다며 속삭이듯 말했다.

"미트라는 그리스의 술과 풍요의 신 디오니소스, 아나톨리아 반도 프리기아 왕국의 대지모신 키벨레, 이집트의 이시스와 세라피스와 함께 로마 제국에서 섬기는 이교도의 주요 신 중 하나야. 미트라는 로마인들, 특히 로마 군인이 가장 좋아하고 숭배하는 신이지.

전설에 따르면 자라투스트라교가 페르시아 일대를 지배하기 전에 미트라 숭배가 있었다고 해. 자라투스트라는 본래 미트라교 사제였는데 미트라교가 세속화되고 분화되어 종교 본연의 가치를 잃자 '아후라 마즈다'라는 신의 계시를 받아 미트라교를 흡수해 새로운 종교를 만든 거야. 그런데 자라투스트라교가 너무 권력과 왕권에만 치우치고 백성과는 유리된 교리로 지배하자 차츰 지지 세력이 사라져 쇠퇴하고 다시 미트라를 섬기게 된 거지."

요셉의 아이들이 눈을 크게 뜨고 흥미진진하게 듣자 필리포스는 계속해서 미트라 탄생 신화[11]를 이야기해주었다.

"미트라는 황소자리 시대가 끝나고 양자리 시대가 시작되는 먼

11　미트라 신화는 기록으로 존재하지 않는다. 단지 미트라 사당인 미트라에움(동굴 혹은 지하 예배소)에 그려진 벽화나 조각 등을 참고해 추론할 뿐이다.

옛날, 동짓날이자 태양이 탄생하고 부활한 날인 12월 25일에 바위에서 태어났대.[12] 벌거벗은 몸으로 한 손엔 단검, 한 손엔 횃불을 들고, 머리에 프리기아 모자를 쓴 채 바위에서 걸어 나오는 모습을 세 명의 목동이 지켜보았지. 목동들은 그에게 쉴 곳을 제공하고 선물을 바치면서 경배했어. 미트라가 바위에 화살을 쏘아 샘이 솟아나게 하자 그 물로 목동들은 목을 축였고 세상은 온갖 열매로 풍요로워졌지. 그런데 다시 습기가 부족해서 사람들이 고통받자 미트라는 생명의 본질을 소유한 황소가 습기를 가지고 있음을 알고 황소를 잡으러 다녔어. 악의 신 아리만Ahriman은 전갈과 뱀을 보내 미트라와 싸우게 했지만, 결국 미트라는 이를 물리치고 황소를 잡아 동굴에서 살해했는데 그 살과 피와 뼈에서 수많은 식물이 빠져나와 대지를 풍요롭게 했대. 특히 등뼈와 꼬리에서는 밀이, 피에서는 포도나무가, 바닥에 뿌려진 정액에서는 유용한 동물들이 탄생했대. 미트라를 섬기는 사람들은 이를 기념하기 위해 황소를 죽여 쏟아지는 피를 몸에 적심으로써 구원을 받는다고 믿어."[13]

필리포스는 미트라 입교에는 일곱 단계가 있다고 했다.

"가입 의식은 컴컴한 동굴 속에서 횃불과 촛불만 켜고 하거든.

---

12 고대 종교에는 현재의 양력 1월 5~7일이나 12월 25일이 신의 탄생일인 경우가 많다. 이날은 고대 태양력의 동지였다. 예수 탄생일도 알렉산드리아 클레멘트 교부의 계산법에 근거하여 1월 6일로 지켰으나 326년(혹은 336년, 공식 축일은 354년) 미트라교 무적의 태양신 탄생일을 예수 탄생일로 바꾸어 오늘에 이르게 되었다.

13 이 의식을 '타우로볼리움Taurobolium' 또는 '타우로크토니'라고 한다. 가난한 사람은 황소를 바칠 수 없기에 양의 피로 대신하기도 했는데, 이를 '크리오볼리움Criobolium'이라 한다. 크리오볼리움은 아티스 의식 때 헌신한 자들을 양의 피로 씻기는 의식이기도 하다.

입문식을 거치면 하오마즙을 마시고 미트라 찬미가를 부른 다음 몸과 마음을 정화하기 위해 물로 세례를 받는단다. 초初 입문자인 까마귀와 신랑(혹은 신부) 단계는 의식에 참가할 수 없어. 세 번째 군인 단계는 이마에 표식을 하고 횃불로 정화하지. 네 번째 사자 단계는 물 대신 꿀로 손과 혀를 씻어 정화해. 그 위 단계의 의식은 알 수 없으나 의식 중간에 연회를 개최하여 빵과 포도주를 먹고 마신단다.[14] 빵은 황소 꼬리에서 자라난 밀을 상징하고 포도주는 황소의 피를 상징하기 때문이야."

필리포스는 머리가 나빠서 잘 기억이 안 나니 다음에 확실히 알아 와서 일러주겠다고 더듬거렸다.

어느 날 필리포스는 '파테르'라 불리는 높은 계급의 로마 군인을 요셉에게 데려왔다. 그 군인은 근엄했으며 예지력이 있어 보였다. 그는 요셉을 자신들의 사당인 동굴로 데려가 설계도를 보여주면서 제단 제작을 주문했다. 단상 중앙 상단부에는 태양과 달, 네 귀퉁이에는 바람의 요정과 신인 에우루스Eurus, 제피루스Zephyrus, 노투스Notus, 보레아스Boreas[15]를 새겨넣고 중앙 하단에는 칼을 든 다섯 흉상[16]을 새겨넣으라고 했다.

---

14 의식의 모방. 교부 테르툴리아누스(155 또는 160년경~220년, 카르타고 출신. 최초의 라틴 교부로서 삼위일체 용어를 처음 사용했다. 서방 그리스도교의 어휘 및 사상 형성의 기초를 이룩하여 이후 1000년 동안 영향을 끼쳤다)는 미트라교의 성찬 예식이 기독교의 의식을 따라 한 것이라 하여 '성체의 악마의 모방'이라고 기록하였다(《예수는 신화다》, 티모시 프릭·피터 갠디 지음, 송영조 옮김, 미지북스, 2009). 다른 한편으로는 기독교 탄생 몇 세기 전부터 오르페우스교에서 행하던 의식이었음이 여러 자료를 통해 드러나고 있다. 참고사항 참조.
15 그리스 로마 신화에 나오는 바람의 신으로, 에우루스는 동풍, 제피루스는 서풍, 노투스는 남풍, 보레아스는 북풍의 이름이다.

그곳 벽면에는 일곱 개의 벽화[17]가 있었다. 첫 번째 단계에는 까마귀Corax와 수성이 그려져 있고 납이 박혀 있었다. 두 번째에는 신랑Nymphus과 금성이 그려져 있고 주석이 박혀 있었다. 세 번째에는 군인Miles과 화성이 그려져 있고 청동이 박혀 있었다. 네 번째에는 사자Leo와 목성이 그려져 있고 철이 박혀 있었다. 다섯 번째에는 페르시아인Perses과 달이 그려져 있고 합금이 박혀 있었다. 여섯 번째에는 태양의 전령Heliodromus과 태양이 그려져 있고 은이 박혀 있었다. 마지막 일곱 번째에는 아버지Pater와 토성이 그려져 있고 금이 박혀 있었다.

요셉은 깜짝 놀라 도대체 뭘 하는 곳이냐고 물었다. 파테르는 유다의 종교와 신에게 조금도 해를 끼치지 않으며 로마 군인과 관계있는 곳이니 시키는 대로 제작을 하고 비밀을 반드시 지켜야 한다며 겁박 투로 말했다. 물론 제작비는 넉넉히 주겠다고 했다.

파테르는 동굴에서 나와 요셉의 집까지 동행했다. 파테르는 만삭인 마리아를 보고는 언제가 예정일인지 물었다. 동지 무렵일 거라는 요셉의 대답에 파테르는 의미심장한 표정을 짓더니 하늘의 징조가 이상하다고 했다. 멀리서 하늘의 별 하나가 폭발하더니 사라지고 목성이 물고기자리(쌍어궁)에 들어왔다며 이는 유다와 사

---

16 해와 달과 다섯 흉상은 미트라교에서 신성하게 여기는 숫자 7, 곧 일곱 계급을 상징한다. 이는 수금화목토 오행성과 일월을 합한 수이다.

17 미트라 사당마다 그림이 조금씩 차이 나는 듯한데, 까마귀-토성, 신랑-금성, 군인-목성, 사자-수성, 페르시아인-화성, 태양의 전령-달, 아버지-태양으로 그려진 사당도 있다고 한다. 이처럼 계급과 별을 연관시킨 명칭이 그리스 로마 신화 및 북유럽 신화와 더해져 전해지면서 요일 이름에 영향을 끼쳤다.

마리아를 다스릴 새로운 왕이 나타난다는 조짐일 수 있는데, 아마도 미트라 탄생일인 동지 즈음에 태어날 확률이 높다는 이야기였다. 그리고 월식이 일어나면 헤로데가 죽을 전조[18]라며 그 일가도 머지않아 권력을 잃을 것임을 하늘의 별들이 보여주는 것이라고 했다.

그 무렵 로마 황제 아우구스투스가 온 천하에 인구 조사 칙령을 내렸다.[19] 이는 유다인들에게 세금을 징수하기 위해서였다. 유다인들은 외세의 침입을 많이 받은 민족이었다. 바빌로니아 네부카드네자르 2세 때 점령당해 국토가 초토화되고 많은 유다인이 끌려가면서 동족이 흩어지고 간신히 명맥만 남기도 했었다. 이후로도 알렉산드로스 대왕 때부터 상당수 유다인이 점령당한 조국을 떠나 시리아, 페르시아, 이집트, 그리스, 로마 등지로 흩어져 살면서 재산을 많이 모았다. 그들은 조상들로부터 이어받은 야훼 신앙에 비교적 철저했었다. 그래서 거주하는 곳마다 회당을 세워 조상 때

---

18   유다 역사가 요세푸스는 헤로데 대왕이 사망할 즈음 월식이 있었으며 죽기 얼마 전 과월절을 지냈다고 기록했다.

19   〈루카 복음서〉의 이 구절(2:1)은 AD 6~9년 시리아 총독을 지낸 퀴리니우스(구레뇨)가 헤로데의 아들 아르켈라오스가 추방(AD 6년)된 뒤 유다의 대리통치자로 부임한 코포니우스와 함께 팔레스티나 지역의 인구 조사를 수행한 역사적 사건을 말한다. 반면 〈마태오 복음서〉 헤로데 시절 예수 탄생 이야기는 BC 4년이다. 시간이 역행되지만 두 사건을 결합하여 이야기를 서술했다. 그런데 예수 시절 전후 실제 로마에서 세 번의 인구 조사(켄수스Census)가 시행되었다. ① BC 28년 옥타비아누스(아우구스투스)와 아그리파 집정관 시절 ② BC 8년 가이우스 켄솔리누스와 가이우스 아시니우스 집정관 시절 ③ AD 14년 섹스투스 폼페이우스와 아풀레이우스 집정관 시절. 이 중 ②와 ③이 〈루카 복음서〉의 인구 조사 칙령과 예수 탄생의 역사적 사실에 관한 단초를 제공해줄 수 있지만 로마와 유다의 인구 조사는 별개의 행정 집행인 데다 공교롭게도 성경 속의 예수에 관한 기록이 거의 없어 연관성을 찾기가 힘들다.

부터 섬겨온 신 야훼를 잊지 않도록 했고 후손들에게 조상의 전통과 언어를 가르쳤다. 그런데 세월이 흐르면서 로마나 그리스, 이집트 등 제국에 사는 유다인들은 선진 문화에 물들어 자신들의 언어를 잊어버리고 정체성이 흔들렸을 뿐 아니라 심지어 유다인이라는 사실을 감추고 신고하지 않기까지 했다. 막대한 부를 축적했음에도 그들은 이방인으로, 때로는 로마 시민 행세를 하며 그들이 소속된 국가에 세금을 바치지 않았다. 이를 못마땅하게 여긴 로마 귀족들은 유다인들로부터 세금을 징수할 방법을 강구했는데, 그것이 바로 인구 조사였다. 황제는 외국에 나가 사는 유다인은 그곳 디아스포라나 유다 고향에, 유다 땅의 유다인은 자신의 고향에 가서 신고하고 세금을 바쳐야 한다고 공포했다.[20] 여기서 고향이란 조상들이 이집트를 탈출해 이스라엘에 돌아와서 열두 지파가 물려받은 땅을 중심으로 하되 호적이 있는 곳을 말한다.

요셉 아버지의 고향은 갈릴래아였다. 그러나 그는 다윗의 후손이었고, 다윗은 이사이의 아들이며, 이사이는 야곱의 열두 아들을 근거로 할 때 유다 지파의 자손이었다. 유다 지파는 먼 옛날 그들의 조상이 이집트에서 탈출하여 이곳 가나안 땅에 들어왔을 때 예루살렘을 중심으로 한 친(씬) 광야를 차지했다. 그중에서도 요셉의 직계 조상 이사이는 베들레헴이 본향이었다.

---

20 고대 이집트의 인구 조사 문헌에도 자신의 호적이 있는 곳에 가서 신고하고 세금을 내야 한다고 기록되어 있다.

나오미는 남편과 두 아들이 죽은 후 며느리 룻과 함께 베들레헴으로 돌아왔다.[21] 거기서 룻은 보아즈를 만나 결혼했다. 보아즈는 룻에게서 오벳을 낳았다. 오벳은 이사이를 낳고, 이사이는 다윗 임금을 낳았다.[22] 주님께서 사무엘에게 말씀하셨다. … 기름을 뿔에 채워 가지고 떠나라. 내가 너를 베들레헴 사람 이사이에게 보낸다. 내가 친히 그의 아들 가운데에서 임금이 될 사람을 하나 보아 두었다. … 바로 이 아이다. 일어나 이 아이에게 기름을 부어라. … 사무엘은 기름이 담긴 뿔을 들고 형들 한가운데에서 그에게 기름을 부었다. 그러자 주님의 영이 다윗에게 들이닥쳐 그날부터 줄곧 그에게 머물렀다.[23]

그렇기에 요셉은 본향 베들레헴에 가족 수대로 세금을 바치러 떠나야 했다.[24]

마리아는 만삭이라 움직이기가 곤란했다. 하지만 동네 사람들은 마리아가 임신 7개월이라고 알고 있었다. 커다랗게 부른 배를 보며 사람들이 의심하기도 했지만, 거짓말이 또 다른 거짓말을 낳아 요셉은 마리아가 쌍둥이[25]를 임신했을지도 모른다고 둘러댔다.

요셉은 만삭의 마리아를 데려가지 않으려 했으나 마리아는 동

---

21 〈룻기〉 1:19~22.
22 〈룻기〉 4:22, 〈마태오 복음서〉 1:5~6.
23 〈사무엘기 상〉 16:1~13.
24 영지주의를 추종하는 일부 고고학자들은 베들레헴이 두 곳이며, 그리스 문화가 범람했던 데카폴리스와 가까운 나자렛 북서쪽에 있던 즈불룬 지파의 성읍 베들레헴(〈여호수아기〉 19:15)이 예수가 탄생한 곳이라고 주장한다.
25 예수가 쌍둥이였다는 전설도 전해진다. 예수의 제자 디디무스 토마스(도마)는 '쌍둥이'라는 뜻이므로 둘을 연관시키기도 한다.

행을 원했다. 그도 그럴 것이 얼마 전 병사들을 데리고 이곳을 순찰하던 로마 백부장이 주변을 맴돌며 마리아를 힐끗힐끗 쳐다보면서 고개를 갸우뚱거렸다. 그는 어디서 많이 본 여자라며 마리아의 출신을 캐물었다. 요셉과 마리아는 그게 불쾌했다. 어쩌면 마리아가 유디트와 함께 지내던 시절에 유디트에게 성을 사던 병사 중 하나였는지도 몰랐다. 예루살렘과 베들레헴은 왕복 하루 거리도 안 되기 때문에 금방 신고를 끝내고 올 수 있을 것이기에 마리아를 데리고 가지 않아도 될 터인데 자꾸 마리아가 동행하기를 통사정했다. 요셉은 주저하다가 설마 그사이에 길에서 아이를 낳겠느냐며 별수 없이 마리아를 데려가기로 했다.[26]

요셉이 망설였던 이유는 또 있었다. 헤로데 대왕이 노쇠해 병석에 눕자 그 아들들이 권력 싸움에 돌입하고, 여기저기서 반란 세력이 들고일어나 자기가 왕이니 메시아니 하며 세력을 규합하는 한편, 툭하면 살인하고 재산을 약탈해가니 아무리 다 컸다지만 자식들만 두고 가기에는 세상이 너무도 뒤숭숭했다. 혹 아들들이 휘말리거나 딸들이 못된 일이라도 당할까 봐 불안하기도 하여 무엇에 홀린 사람처럼 요셉은 지난번 신탁 행사에 참여하기 위해 떠났을 때 아이들을 친자식처럼 돌봐줬던 유복한 친척 부부에게 또다시 아이들을 부탁했다.

해가 짧아질 대로 짧아지고 그림자가 길어져 동지가 가까웠음

---

26 위경 〈마리아 탄생 복음〉에 보면 '출산 때가 다가오자 (아기를 낳기 위해) 자기의 출신지인 베들레헴으로 돌아갔다'라고 하였다.

을 알 수 있었다. 지중해로부터 제법 온화한 바람이 불어와 올겨울은 유난히 따뜻했는데, 들판에선 양들을 우리에 넣지 않고 그대로 방목해도 될 정도였다. 비도 많이 내려 먼지가 일지 않아 여행하기에 딱 좋았다. 그래도 겨울인지라 혹독한 추위가 뼛속까지 파고드는 광야의 밤에 단단히 대비해야 했다. 별일 없다면 내일 돌아오겠지만 혹시 하루 이틀 더 머물게 될지도 모를 일이기에 마리아를 태우고 갈 나귀 한 마리와 두툼한 담요, 여벌의 옷가지를 준비하고 간단한 식량과 추위에 물을 끓여 먹을 그릇을 챙겼다. 천생 목수인지라 잘 때도 옆에 놔두는 생명과도 같은 연장도 몇 개 싣고 출발했다.

요셉은 옛날에 지름길로 베들레헴에 다녀와본 적이 있어서 기억에 의지해 큰길을 버리고 산길로 접어들었다. 사실은 그 나이에 만삭의 젊은 아내를 데리고 다니는 게 겸연쩍어서였다. 인적이 아예 없는 산길로 접어들어 베들레헴 지경으로 막 넘어서자 갑자기 배가 아프다며 쉬어가자는 마리아에게 요셉은 은근히 화가 났다. 어디서 쉰단 말인가. 왜 그러느냐는 요셉의 질문에 마리아는 아이가 나오려는지 아랫배에 통증이 오면서 온몸이 뻐근하고 무겁다는 것이었다. 요셉은 한편으로는 당황하면서도 어이가 없었다. 자신의 산달이 언제인지도 모르는 저 어린 아내. 출산일이 가까웠음에도 불구하고 막무가내로 동행을 요구한 철없는 여자. 요셉은 이전에 산통을 많이 봤기에 아직은 아이 나올 시간이 아니라며 걸음을 재촉했지만 큰길로 가지 않은 것을 후회했다.

최대한 베들레헴 성읍에 가까이 가야 산파도 불러올 수 있고, 조금이라도 움직여야 진통이 덜함을 알기에 요셉은 간간이 고통을 호소하는 마리아를 데리고 걸음을 서둘렀다. 그런 와중에도 마리아는 헛소리인 듯 자꾸만 이상한 말을 되풀이했다.

"제 앞에 두 사람이 보여요. 한 명은 울고 한 명은 기뻐해요."

요셉은 조금은 무서운 기분이었으나 짜증으로 무마하려 했다.

"쓸데없는 소리 그만하고 나귀에 얌전히 앉아 있기나 하시오."

"하얀 옷을 입은 어린 천사가 나타나 제게 말을 걸어요. 장차 유다인들은 태어날 아이로 인해 하느님을 떠날 것이기 때문에 울고, 거대 제국의 이방인들은 태어날 아이를 섬겨 주님께 가까이 다가올 것이기에 웃는다고 했어요."

극심한 산통으로 까무러치기 일보 직전인데도 계속 혼잣말을 중얼거리니 혹시 이 여자가 미치지는 않았나 두려워 요셉은 별수 없이 근처 동굴[27]을 찾았다. 천만다행으로 조그만 옹달샘도 있고 제법 풀도 나 있으며 주위에 마른 나뭇가지가 널려 있어 불을 피우기에도 적당한 동굴이 있었다. 동굴에서 마리아는 반나절이 넘도록 진통에 시달렸다. 요셉은 손쓸 방도가 없었다. 날은 벌써 어

---

27 초기 기독교에서는 예수가 베들레헴 입구의 동굴에서 태어났다고 가르쳤다. 성경의 외양간은 그리스어 카탈렘나katalemna를 번역한 것인데, 이는 동굴이나 임시 움막을 뜻한다. 콘스탄티누스 대제(의 어머니 헬레나)는 330년 예수가 태어난 곳으로 추정되는 동굴 위에 성전을 세웠는데, 본래 그 자리에는 아도니스 신전이 있었다. 공교롭게도 아도니스의 어머니는 몰약 나무이며 아기 예수에게 바쳐진 선물 중 하나가 몰약이다. 곡물의 신이자 이크티스 곧 물고기라는 별명의 아도니스와 빵집을 의미하는 베들레헴, 훗날의 오병이어 기적의 예수는 비의적으로 깊은 연관이 있을 수밖에 없다. 참고로 이스라엘에는 자연 동굴이 많은데 집을 지을 때 동굴을 건물 안으로 들어오게 하여 지하 창고나 짐승 우리 등으로 활용한다. 가난한 사람은 동굴 자체가 집이다. 감옥을 만들 때도 동굴을 많이 이용했다.

두워지고 있는데 마리아 혼자 두고 산파를 구하러 가자니 그사이에 경험도 없는 여자가 불쑥 아이를 낳기라도 하면 산후 수습에 문제가 될 것이고, 혹 피 냄새를 맡은 들짐승이 달려들지도 모를 일이었다.

마리아는 요셉에게 불을 피워달라고 했다. 어차피 어두워져 불을 피워야만 추위도 이겨내고 짐승들을 피할 수 있기에 요셉은 마른 나뭇가지를 모아 불을 피우고 그 위에 물을 끓였다. 저 멀리 아득히 양치는 목동들의 것으로 보이는 화톳불이 손톱보다 더 작은 점으로 가물거렸다.

'저 정도면 잰걸음으로 한 식경 남짓 되는 거리인데 달려가 도움을 요청할까? 그새 아이를 낳으면 어쩌지?'

밤이 깊어 은하수가 밤하늘 한가운데 와 있고 북두칠성과 카시오페이아가 북극성을 중심으로 마주했다. 마리아의 고통스러운 신음은 열 호흡 간격으로 계속되었다.

그때 동굴 밖에서 부스럭거리는 소리가 들렸다. 요셉은 광야에 사자와 표범, 사막여우가 산다고 들었기에 칼과 불붙은 나무를 들고 살금살금 동굴 밖으로 나갔다. 요셉은 까무러치게 놀랐다. 사람 둘이 동굴 밖 옹달샘 가에 서 있었다. 서로가 동시에 고함을 지르며 뒤로 나자빠졌다. 상대가 여자임을 확인한 요셉은 아내가 곧 출산하려 하니 제발 도와달라고 통사정했다. 그 여인들은 주위에서 양을 치는 목동[28]이었다. 자매인 살로메와 젤로미는 염소의 젖

---

[28] 상당수 위경에는 이들이 천사로 소개되어 있으나 사람으로 기록된 위경도 있어 이를 따랐다. 목동이라는 직업은 필자가 임의로 설정했다.

과 양의 털로 연명하는 남편 잃은 과부들이었다. 나이 많은 살로메가 말했다.

"여기서 멀지 않은 곳에 양들을 풀어놓았는데, 산통인 듯한 비명이 계속 들렸어요. 소리를 따라 내려 와보니 동굴이 상서로운 구름과 향기로운 기운으로 가득 차 있고[29] 불빛이 보이길래 혹시나 하고 살피러 왔어요."

자매는 동굴 안으로 들어갔다. 마리아의 산통 소리가 제법 오랫동안 들리더니 아기의 울음소리가 우렁차게 퍼져 나왔다.[30]

"아들이에요."

살로메가 동굴에서 나오며 요셉에게 웃어 보였다.

"그런데 희한하게도 도움 없이 혼자 힘으로 낳았답니다. 초산인 듯한데 고통도 잘 참고 간혹 산고에 시달리기도 했지만 웃으면서 아이를 낳았어요. 더욱 놀라운 사실은 아이를 낳았는데도 처녀의 징표가 그대로 있어요.[31] 출산한 여인이 처녀라니 동정녀가 아이를 낳은 거네요."

요셉은 흠칫 놀랐다. 이제는 예루살렘까지 점령하다시피 한 이집트, 소아시아, 그리스 등지의 동정녀와 신의 아들에 관한 이교도 의식과 신화를 많이 접해온 터라 혼란스러웠다. 자신의 꿈에도 가브리엘 천사가 나타나 결혼을 종용했고, 마리아가 평소에도 자

---

29 왕이나 성현, 영웅의 탄생에 흔히 나타나는 징조로, 부처의 탄생 때도 그러했다.

30 예수가 태어날 때 울지 않고 빙그레 웃었다는 전설도 있다.

31 위경 〈야고보의 원복음서〉에는 살로메가 마리아의 처녀성을 검사했다는 이유로 손이 말라비틀어졌으나 마리아가 용서해 바로 나았다고 기록되어 있다. 위경 〈예수 그리스도의 어린 시절 제1복음〉의 아랍어 필사본에는 늙은 히브리인 노파가 산파 역할을 했다고 기록되어 있다.

꾸 이상한 소리를 해왔으며 남자와 성관계도 없이 임신했다고 말하곤 했는데, 아이를 낳은 뒤에도 처녀성[32]을 그대로 유지하고 있다니 마리아가 정말 신의 어머니란 말인가? 그럼 이 아이가 우리 이스라엘을 해방하고 인류를 구원할 구세주란 말인가?

머릿속이 복잡해진 요셉에게 살로메 자매는 산모가 함부로 움직이면 안 되니 여기서 하루 이틀 몸조리한 다음 베들레헴 성읍으로 들어가라며 신신당부하고 떠났다. 하늘에는 여태껏 본 적 없는, 반달만큼이나 커다란 별 하나가 다른 별들을 압도하고도 남을 만큼 밝게 빛나고 있었다.

요셉이 동굴로 들어가자 마리아는 아이를 안고 빙그레 웃어 보였다.

"아이 좀 보세요. 예쁘지 않나요? 그런데 이름을 무어라 짓지요? 당신 조상 중에서 존경할 만한 분의 이름을 따서 짓는 게 어때요?"

요셉은 그제야 생각났다. 꿈에 가브리엘 천사가 나타나 이름을 예수라 하라 했지.

"아기 이름은 태어난 지 8일째 되는 날 할례를 베풀 때 지어주는 거라오. 그러니 좀 더 기다렸다 짓도록 하지요."

이렇게 둘이 대화를 나눌 때 밖에서 바스락거리는 소리가 들렸다. 피 냄새를 맡은 맹수들이 동굴 주위로 몰려들지도 모른다는 생각에 요셉은 바짝 긴장했다. 아까처럼 불붙은 나뭇가지와 칼을

---

32   중동을 비롯해 대부분 민족이 여자의 처녀성을 매우 중시했고, 첫날밤 잠자리에서 처녀성을 상징하는 여성의 신성한 혈흔이 묻은 이불을 사람들 앞에 드러내 자랑하기도 했다. 여기서는 동정녀임을 상징하고 있다.

들고 동굴 입구로 살살 걸어 나갔다. 입구 앞에는 세 사람이 횃불을 들고 서 있었다.

"누구시오?"

놀란 요셉의 물음에 그중 가장 나이가 많은 사람이 말했다.

"우리는 양 치는 목자입니다. 우리가 양 떼 곁에서 잠시 잠을 청하던 중에[33] 희한하게도 셋이 똑같은 꿈을 꾸었어요. 주의 천사라고 하는 분이 나타나 '너희와 모든 인류에게 큰 기쁨이 될 소식을 전하러 왔으니 두려워하지 말아라. 오늘 밤 너희의 구세주께서 다윗의 고을에 나셨다. 그분은 바로 주님이신 그리스도시다'라고 말했습니다. 우리는 꿈속에서 두려워 떨며 어찌해야 할 줄 모르고 있었는데, 때마침 살로메 자매가 양 떼를 몰고 지나가다가 꿈꾸는 우리를 흔들어 깨워 이곳을 일러주었지요. 미트라와 자라투스트라의 생일이 오늘이라고 이야기하다 잠들었더니 그런 꿈을 꾸었나 봅니다.

아들을 낳았다면서요? 축하드립니다. 출산 뒤 최소 8일에서 33일 동안은 접근하면 안 되지만 그래도 먹을 것이 부족할지 모른다며 살로메 자매가 양젖과 고기를 가져다주라고 당부했습니다. 그리고 아기 몸에 소금과 올리브유를 바르고 강보에 싸는 것이 우리 관습인데 댁네한테는 아무것도 없을 거라고 하더군요. 마침 우리에게 소금과 올리브유가 있고 한 번도 안 쓴 강보도 있으니 받으

---

[33] 〈루카 복음서〉는 들판의 목동들이 경배했다고 전하는데, 팔레스티나 지역은 10월 하순 무렵에 한바탕 비가 내리고 이후 기온이 급강하하여 들판에서 양을 칠 수 없기에 3월까지 우리에서 기른다. 따라서 〈루카 복음서〉에 근거한다면 예수 탄생일은 4월에서 10월 초 사이이다.

십시오. 강보는 양의 새끼를 받을 때 필요해서 항상 준비해 다닌 답니다. 마침 뜻깊게 사용하는군요."[34]

목동들은 강보와 함께 엉킨 양젖[35]과 신선한 양젖, 그리고 맛있게 잘 익힌 고기를 요셉에게 건네주었다. 요셉은 감사히 받아 마리아에게 가져다준 다음 그들과 동굴 앞에 화톳불을 피우고 앉았다. 젊은 목동이 말했다.

"그런데 살로메가 지나가는 말로 아기 어머니가 동정녀로 출산했다고 하더군요. 마침 오늘은 동짓날로 미트라의 탄생일이랍니다. 고대 바빌로니아의 여신 이슈타르Ishtar[36]의 남편 탐무즈Tammuz[37]의 탄생일이자 이집트의 여신 이시스의 아들 호루스의 탄생일이기도 하죠. 어떤 이들은 알렉산드리아의 아이온Aion[38]도 동짓날에

---

34 전설에는 마들렌이라는 소녀 양치기가 세 명의 목동과 함께 와 양피로 만든 강보를 덮어주었으며 장미꽃을 바치고 싶어 하자 가브리엘 천사가 나타나 꽃밭을 만들어 주었다고 한다. 이 전설은 뒤에 다시 언급된다.

35 요구르트를 말한다.

36 고대 바빌로니아 지방에서 오랫동안 숭배되던 젖과 꿀로 상징되는 사랑과 풍요의 여신. 육체적 사랑을 즐기는 금성의 여신으로서 우르크의 수호신이자 매춘부의 수호신이며 선술집의 후원자였다.《길가메시 서사시》에서는 길가메시를 유혹하는 여신으로 등장한다.

37 메소포타미아 종교에서 풍요의 신이자 목초지의 신으로, 이슈타르와 남매이자 연인이다. 이슈타르를 위해 멧돼지 사냥을 나간 탐무즈가 멧돼지 어금니에 받혀 죽자 이슈타르는 남편을 찾아 명계로 내려가지만 자매이자 명계의 신인 에레슈키갈이 잡아 가뒀다. 지상에서 사랑과 성욕의 여신이 사라지자 인간과 동물은 성욕이 없어져 인구와 가축이 줄어들었는데, 이에 제물을 바치고 존경해줄 인간이 사라질까 봐 두려워진 신들은 에레슈키갈에게 이슈타르를 풀어주라고 요구하고, 이슈타르는 탐무즈의 부활을 요구했다. 결국 신들의 중재 끝에 탐무즈가 겨울 동안은 명계에서 에레슈키갈과 머무르고 봄에 부활하여 이슈타르와 함께 머무르기로 했다. 이는 훗날 그리스 신화의 페르세포네, 아도니스 이야기에 깊은 영향을 주었으며, 아도니스는 탐무즈와 동일시된다 (《황금가지》, J. G. 프레이저 지음, 신상웅 옮김, 동서문화사, 2017, 29장 아도니스의 신화 및 위키디피아 참조).

38 알렉산드리아를 관장하는 신으로, 알렉산드리아 시민들은 아이온을 오시리스, 아도니스와 동일시하며 밀교적 신으로 숭배했다(《시간의 탄생》, 알렉산더 데만트 지음, 이덕임 옮김, 북라이프, 2018).

176

태어났다고 하는데, 재밌게도 오늘날의 동지와 서로 날짜가 다르답니다. 이는 먼 옛날에는 태양이 빨리 달렸고 오늘날에는 느려졌기 때문인데 아이온의 탄생일[39]은 옛 날짜 그대로를 사용하고 미트라 탄생일은 오늘날의 태양의 움직임을 따라 지금의 날로 지킵니다. 결국은 같은 날입니다."

다른 목동이 거들었다.

"미트라 탄생일에 동정녀가 아이를 낳았다…. 묘하게 일치되지 않습니까?"

요셉이 대꾸했다.

"오늘이 미트라 탄생일인지는 알고 있습니다만, 그게 어떻다는 거지요? 젊은이는 밤하늘 별의 움직임에 대해 많은 것을 알고 있군요."

늙은 목동이 말했다.

"우리는 양 치는 목동입니다. 아브라함과 이사악과 야곱도 목동이었지요. 우리의 위대한 왕 다윗도 그러했고요. 아주 먼 옛날 바빌로니아에서 유목 생활을 하던 우리와 같은 핏줄의 조상들은 양을 치고 푸른 초원을 이동하면서 밤하늘의 별들을 연결해 동물들

---

39 태양력 1월 6일. BC 45년 11월 1일 로마의 모든 권력을 장악한 가이우스 율리우스 카이사르는 당시 혼란스러웠던 모든 달력을 폐지하고(어떤 달력은 태양의 움직임과 67일이나 차이 났다) 율리우스력을 공식화했다. 이에 현대의 양력 1월 1일이 탄생했다. 이후 1582년 교황 그레고리는 율리우스력의 3월 24일이 아닌 3월 11일에 춘분이 되어 13일이나 차이가 나자 부활절 계산에 애를 먹다가 10월 4일 다음 날을 10월 15일로 하여 10일을 앞당기고 춘분을 3월 24일에서 21일로 고쳐 오늘날에 이르게 되었다. 동지의 날짜나 신인의 탄생일이 다른 것은 분점의 세차 운동과 달력의 차이에서 발생한 것이다.

을 그려냈지요. 야훼께서도 아브라함에게 밤하늘의 별들을 자주 보여주셨잖아요? 어쩌면 별자리와 별의 움직임에 대한 관찰은 아브라함에게서 비롯되었는지도 모르지요. 그 후예인 우리는 밤하늘을 바라보면서 자연스럽게 별의 길도 익히고 많은 영감을 얻으며 때로는 신비한 황홀경에 빠지기도 한답니다. 이방인들의 점성술을 익히기도 하고요.

그런데 이상하게도 어제 초저녁 하늘에 태양이 지면서 목성, 토성, 금성 세 별이 나란히 섰답니다. 더군다나 얼마 전 월식까지 일어났어요. 옛날부터 전해오는 이야기에 따르면 이런 현상이 나타나면 새로운 왕이 탄생하고 지금의 왕은 죽는다 합니다."

그러자 젊은 목동이 말했다.

"어른들께는 부끄러운 말씀이지만, 저는 우리 유다 의식보다 이교도 미스테리아에 즐겨 참여합니다. 소아시아에서 숭앙받고 이곳까지 전파된 아티스 비교秘敎 의식을 보면, 아티스의 어머니 키벨레는 동정녀[40]라고 합니다. 그뿐 아니라 시리아에서 숭배하는 아도니스 신의 어머니 스미르나[41] 역시 동정녀이고, 알렉산드리아에서 전해진 아이온의 어머니 코레Kore[42] 역시 동정녀지요. 그리스

---

40 신화에서 동정녀란 결혼하지 않은 처녀를 뜻하며, 대부분 비정상적으로 아들을 낳는다. 대개 그 아들은 죽어 저승에 갔다가 인간 세상으로 돌아오며 어머니와 함께 신인으로 숭배받는다. 그를 기리는 의식에 쓰이는 피, 포도주, 빵, (일부는) 몰약 등과도 밀접한 관련이 있다.

41 아도니스(이집트의 아톤Aton, 셈어의 아도나이Adonai. 유대인들과 기독교의 '주님'의 뜻에서 기원)는 아시리아의 왕 키니라스Cinyras와 켐크레이스Cenchreis의 딸인 스미르나Smyrna(몰약나무)의 아들이다. 하단의 '미트라 성체와 오병이어'와 다음 장 〈최초의 공현〉의 참고자료 참조.

42 그리스 신화에 나오는 제우스와 데메테르의 딸로 저승의 여왕이다. 페르세포네라고도 한다.

의 디오니소스의 어머니 세멜레 역시 동정녀랍니다. 그런데 댁의 부인도 동정녀라니, 그럼 갓 태어난 아드님이 신의 아들이란 말인가요? 하하하.”

“글쎄요…. 아이를 가졌을 때부터 이상한 징조가 많이 나타나긴 했습니다만….”

요셉이 머리를 긁적이며 말을 더듬자 늙은 목동이 말했다.

“제발 그랬으면 좋겠습니다. 우리 민족을 로마로부터 해방해줄 메시아를 우리 모두 애타게 기다려오지 않았습니까? 더군다나 헤로데는 우리 민족도 아니면서 왕이 되어 우리를 괴롭히고 있잖아요. 참, 아내가 젊고 초산이라시던데 결혼한 지는 얼마나 되셨나요?”

“이제 7개월째입니다만.”

“네? 그럼 저 아이가 칠삭둥이란 말입니까?”

“아, 그렇게 됐습니다.”

요셉은 엉겁결에 대답하고 말았다. 그러자 젊은 목동이 말했다.

“이런, 몹시 당황하셨겠네요. 가만있자…. 디오니소스도 어머니 자궁 속에 일곱 달만 있었다는데, 이거 점점 흥미로워지는데요? 피타고라스나 플라톤도 아폴론의 아들, 곧 신의 아들이라고들 하죠. 그뿐 아니라 지난번 로마 황제였던 율리우스 카이사르도 ‘신의 화신이자 인간 생명의 공동 구원자’로 불렸고, 지금의 아우구스투스 황제도 ‘세계 인종의 구원자’로 불리고 있죠. 재밌는 사실은 로마 시인 베르길리우스가 아우구스투스의 탄생을 예언하면서 ‘동정녀가 하느님의 아이를 낳을 것’이라고 썼다고 해요.”

"젊은 사람이 참 많은 걸 아는구먼. 우리는 그저 토라의 율법대로 살고, 믿는 건 야훼 하느님뿐이지."

요셉의 말에 다시 젊은 목동이 대꾸했다.

"하하, 토라와 야훼 하느님이요? 지금 우리가 이렇게 곤경에 빠져 있는데 구하러 오지도 않잖아요. 아브라함과 이사악, 야곱과 직접 대화하고 모세에게 당신의 뒷모습을 보여주시며 십계명을 직접 돌에 새겨주셨던 하느님, 이집트에서 탈출해 가나안 땅으로 갈 때 직접 인도해주시던 하느님, 가나안 땅을 정벌할 때 직접 적을 치시던 하느님, 삼손과 사무엘과 다윗과 솔로몬과 이사야와 엘리야와 엘리사와 직접 대화하시던 하느님. 우리 조상들이 어렵고 힘들 때마다 직접 나타나 도와주시던 그 하느님이 그 어느 때보다 더 처절하게 고통받는 지금 왜 나타나지 않나요? 모두 실제로 일어난 일이 아니라 민족을 이끌던 모세가 지어낸 이야기가 아닐까요? 아브라함 후손으로서의 정체성을 잃고 이집트에 동화된 민족을 굴레에서 벗겨내기 위해서, 그리고 모세를 따르지 않고 반역하려는 친이집트 세력을 말살하기 위해서 말입니다. 그런 이유로 이집트의 신과 대적하는 상상 속의 신을 만들어내 백성에게 공포 분위기를 조성하며 신권정치를 펼쳤겠죠. 후대의 왕들도 모세의 통치법이 무지한 백성을 다스리기에는 안성맞춤이라 이를 계승해 써먹었을 테고요."

나이 든 목동이 젊은 목동에게 훈계하듯 말했다.

"자네 무슨 말을 그리 하나? 우리 민족을 다스리고 이끌어주시고 장차 구원해주실 하느님은 실재하신다네. 최고의 예언자이자 선지자인 민족의 구원자 모세를 비하하고 능멸하다니, 자네 제정신인가?"

"아니요, 저는 모세의 정체를 말하려는 거예요. 전설에 따르면 이집트에서는 태곳적부터 현재에 이르기까지 33개 왕조가 이어져 왔는데, 그중 '모세'라는 이름의 파라오가 다섯 명 있었다고 해요. 바로 18왕조 때의 투트모세Thutmose 1세, 2세, 3세, 4세와 19왕조 때의 아멘모세Amenmose죠. 이로 보아 '모세'는 이집트 왕, 곧 파라오만 사용할 수 있는 이름이라 추정할 수 있어요. 18왕조 투트모세 2세와 3세 사이에 하트셉수트 여왕이 다스렸고, 투트모세 3세와 4세 사이에는 훗날 아크나톤으로 이름을 바꾼 아멘호테프[43] 4세가 다스렸다고 하는데, 문제는 이 아멘호테프 4세예요. 그는 세멘크카라와 공동으로 통치하면서 다신교였던 이집트에 유일신 사상을 처음 도입한 왕이라고 해요. 태양신 아톤을 모든 백성에게 유일신으로 섬기도록 강요하며 이전의 신을 모두 말살하는 정책을 폈는데, 훗날 다신교 사제들과 백성이 종교 반란을 일으켜 국가가 극도로 쇠약해지자 통치권을 잃고 아들인 어린 투탕카멘이 통치했다고 하는데요. 아크나톤은 파라오임에도 무덤이 없고 사후 흔적도 없다고 해요. 생전에 아크나톤 자신과 아내 네페르티티를 위해 무덤을 조성해놓았으나 투탕카멘이 겨우 10년도 안 되는 짧은 기간을 통치하고 죽자 그의 무덤을 분할하여 안장했다는 전설이 있죠."

---

43 '아멘이 기뻐하다'의 뜻. '아멘'은 이집트 나일강 하류에 위치한 테베에서 숭배하던 바람의 신으로 아문, 아몬, 암몬 등으로도 불린다. 아크나톤은 '아톤을 섬기는 자'라는 뜻이다.

"이 사람아, 우리 이스라엘 역사나 제대로 알게나. 들어본 적도 없는 이집트 역사와 전설에 대해 그토록 잘난 체하는 걸 보니 자네는 이집트 미스테리아 신봉자임이 틀림없구먼."

"신봉자까진 아니에요. 제가 말하려는 건 바로 유일신이자 태양신 아톤을 섬기는 아크나톤인데요, 또 다른 전설에 따르면 왕위를 빼앗긴 아크나톤이 잠적했다가 다시 이집트로 돌아와서는 당시 최하위 노예 계층인 히브리인들에게 태양신 아톤을 포교하고 그들과 결탁해 파라오에게 대적했다고 해요. 당시 우리 조상은 아브라함과 이사악과 야곱이 섬겼던 이름을 알 수 없는, 아니 알아서는 안 되는 유일신을 섬기면서 노예 생활에서 구원해줄 메시아를 간절히 염원하고 있었잖아요? 공교롭게도 그 두 종교는 공통점이 많아 결합하게 되었고, 급기야 파라오를 비롯한 이집트 상류층과의 싸움에서 이겨 노예 생활에서 벗어나 아크나톤의 인도하에 이집트를 떠났다고 해요. 더 재미있는 건 시나이산에서 신께서 모세에게 내려 준 십계명은 아크나톤 18계명과 거의 같다는 거예요.[44] 아크나톤이 모세일 가능성이 매우 큰 거죠. 모세는 이집트의 파라오였기 때문에 이집트가 그리워 가나안에 들어가지 않고 양쪽을 모두 바라볼 수 있는 곳에서 죽음을 맞이했다고 해요. 또 어떤 전설에 따르면, 느보산에서 사라진 모세의 무덤이 어디에 있는지 모르는 이유는 모세가 죽지 않고 다시 이집트로 돌아가 숨어 지냈기 때문이라고 하고요. 좌우지간 이후 이집트에서는 아멘호테프,

---

[44] 《성서의 뿌리》, 민희식 지음, 블루리본. 2019. 참고자료 참조.

곧 아크나톤에 관한 기록을 모두 지워서 심지어는 돌에 새긴 것까지도 정으로 쪼아 사람들이 알아볼 수 없게 만들었다고 하는데요. 그리고 우리 조상들이 이집트에서 탈출했다는 기록과 전설은 토라 외에는 그 어디에도 없다고 하더라고요. 아크나톤의 유일신 숭배 사상이 우리 이스라엘 땅에 전해지기까지의 과정이 신의 부름을 받은 모세가 우리 민족을 구원하여 가나안 땅으로 이끈 이야기로 변환되어 재미나는 신화로 정착되었다고 주장하는 사람들도 있어요. 그냥 전설일 뿐이니 괘념치는 마세요."

"허! 이 사람이 어디서 그런 요망한 말을 들었나? 토라에는 아브라함 때부터의 역사와 야훼 하느님께서 우리 민족을 선택해 이끌어주신 사랑이 자세히 기록되어 있거늘, 아무리 세상이 어지럽기로서니 어찌 그리 말할 수 있는가?"

"신이 진짜 세상과 인류를 지어낸 창조주라면 모든 국가와 인종과 민족을 함께 사랑해야지요. 우리 민족만 선택하고 다른 민족은 말살하려는 피비린내 나는 신이 아니라요."

"자네, 신성 모독죄로 투석형이라도 당하고 싶나? 아무리 세상을 로마가 점령하고 이교가 지배하고 있다 해도 우리의 뿌리조차 폄훼하고 부정하려 들다니 자네 정말 큰일 낼 사람이구먼. 어디가서 그런 소리는 하지도 말게나."

"네네, 알겠어요. 좌우지간 저는 서역에서 건너온 이교도들의 미스테리아 의식에 거의 빠짐없이 참여하고 있는데, 오늘 태어난 이 아기는 정말 신기하게도 이교도들의 신인과 너무도 일치해요."

"참나, 또 엉뚱한 소릴 지껄이려는구먼. 그래, 어떻게 같은데?"

"일단 어머니가 동정녀라는 점에다 칠삭둥이에 동굴에서 태어났잖아요. 제우스도 크레타섬의 동굴에서 태어났고, 디오니소스도 동굴에서 태어났고, 디오니소스와 동일한 신으로 추앙받는 판Pan도 동굴에서 태어났어요. 페르시아 신 미트라는 바위에서 태어났는데 우리처럼 세 목동이 지켜봤다고 해요. 아, 그리고 지금 이곳이 베들레헴이잖아요. 그 뜻이 '빵집'인 줄은 잘 아실 테고. 그런데 아도니스는 곡물의 신이고 빵과 물고기가 그를 상징하잖아요."

"허허, 헛소리라도 듣고 보니 거참 희한하게 일치하는구먼. 그래, 이 아이가 이교도들의 신보다 더 훌륭한 신의 아들이 되어 로마의 압제에서 우리를 구원할지도 모르지."

"그러게 말입니다. 갑자기 노래를 부르고 싶어지네요. 이교도들은 그들의 신에 대해 노래를 많이 하죠. 이집트의 신인인 오시리스의 탄생일에는 '온 땅의 주께서 태어나신다. 그대 신성한 사람의 아기여, 지상의 왕이여, 지하 세계의 왕자여'라고 노래한답니다. 또 안티오크에서 행해지는 아도니스 미스테리아 의식에서는 '구원의 별이 동녘에 나타났다'라고 노래한대요. 보세요. 하늘의 별들이 하늘의 군대처럼 반짝반짝 빛을 발하고, 들짐승과 풀벌레, 양들의 울음소리가 마치 천사들이 신의 아들의 탄생을 찬양하듯이 노래하는 것 같지 않나요? 저도 저 아이를 위해 노래를 불러 볼게요. '하늘 높은 곳에는 하느님께 영광, 땅에서는 그가 사랑하시는 사람들에게 평화.'"

요셉은 감동이 밀려왔다. 동굴 안에서 듣고 있던 마리아도 이 이야기와 노래를 마음속 깊이 새겼다. 그 순간 지금껏 한 번도 보지 못했던 천문 현상이 일어나 하늘을 바라보고 있는 모두에게 놀라움과 환희를 안겨주었다. 마치 하늘 문이 열린 듯 수백만 개의 별똥별이 하늘을 뒤덮어 바람에 흩날리는 봄날의 아몬드꽃잎처럼 사방팔방 쏟아지며 성탄을 축하하는 듯하였다. 별똥별이 떨어진 자리 곳곳마다에는 지금까지 눈에 띄지 않았던 별 모양의 하얀 꽃들이 피어올라 마치 하늘의 별이 땅에 내려앉은 듯하였다. 요셉과 목동들은 탄성을 자아냈다.

"이렇게 별똥별이 많이 떨어지는 건 본 적이 없군요. 밤하늘을 수놓은 저 별똥별이 꽃보다 더 아름다우니 그야말로 성탄별꽃[45]이라 할 수 있겠네요. 마치 아기의 탄생을 축하하는 듯합니다. 이 아이가 훌륭하게 자라 부모에게는 기쁨이 되고 우리 민족에게는 희망이 되며 신의 뜻에 알맞은 성자가 되었으면 합니다."

목동들은 요셉의 배웅을 받으며 멀리멀리 그들의 화톳불을 향해 어둠 속으로 사라져갔다.

때는 유다인의 마지막 왕조인 하스모니안 왕조가 멸망하고 로마가 점령한 지 59년이 되는 해이자 헤로데 통치 37년, 그가 죽기 몇 개월 전이었다.

---

45 예수 탄생 때 목동과 동방 박사를 인도하던 밝고 커다란 별이 임무를 끝낸 다음 수만 개의 빛으로 분해되어 땅에 떨어지자 그 자리마다 수만 송이 아름다운 흰 꽃이 피어났다고 하는데, 백합류의 '오니소갈룸Ornithogalum umbellatum'이라는 이스라엘과 근동 지방의 야생화다. '성탄별꽃' 혹은 '베들레헴 별꽃Star of Cross; Mary's Tears'이라고 하며 〈열왕기 하〉 6장 25절의 합분태鴿糞太(비둘기똥, Dove's dung, 히르요님)를 말한다. 이는 전설이지만 당시에 유성우나 수십, 수백의 불꽃별똥(화구火球, fireball)이 낙하하면서 공중 폭발했을 가능성도 배제할 수 없다.

◈
참고자료 ────────────

■ 미트라스 성체성사와 오병이어五餠二魚

초기 기독교와 미트라교 성체성사가 흡사하여 이 두 종교가 서로 (자기들의 의식을 모방했으니 거행하지 말라는) 다툼이 빈번했다고 교부 테르툴리아누스의 글과 일부 문헌에 언급되어 있다. 미트라교는 그 당시 2000년이 넘게 이어져온 종교이지만 초기의 의식과 로마 시대 의식과의 상관성은 밝혀진 바가 없으니 성체성사가 어느 종교에서 먼저 발생했는지 단언하기 쉽지 않다. 더군다나 오르페우스교, 곧 디오니소스교에서도 성체성사가 행해졌다는 그림과 흔적도 있어 더더욱 혼란스럽기까지 하다.

그런데 이에 대한 답을 시사하는 내용이 성서에 암시되어 있으니 오병이어(《마태오 복음서》 14:13~21, 〈마르코 복음서〉 6:30~44, 〈루카 복음서〉 9:1017, 〈요한 복음서〉 6:1~14) 혹은 칠병다어(《마태오 복음서》 15:32~39, 〈마르코 복음서〉 8:1~10에는 칠병)의 기적이 그것이다.

비현실적이라서 좀처럼 믿기 힘든 이 기적을 어떻게 이해해야 할지, 상징하는 바와 내포된 의미가 무엇인지 해석은 다양하지만, 그 중 '나눔'과 '성체성사' 의식이 비교적 지지를 받는 편이다.

당시 사람들은 여행할 때 무교병과 건무화과, 대추야자, 말린 물고기 등의 먹거리를 가지고 다니며 끼니를 때웠다. 예수를 따르는 장정 5,000명 혹은 4,000명도 음식을 갖고 다녔음은 쉽게 짐작할 수 있다. 그런데 이들이 저녁이 되어 배가 고팠지만 자기만 먹을 욕심에 서로 눈치를 보느라 음식을 꺼내지 않았다. 그 순간 한 소년이 빵(보리 떡) 다섯과 물고기 두 마리를 예수에게 바친다. 감동한 예수와 제자들은 사람들에게 이 음식을 보여주며 아이를 축복한다. 이에 양심의 가책을 느낀 어른들이 삼삼오오 모여 모두 마음을 열고 음식을 꺼내 나누어 먹었다는 해석이 '나눔'이다. 하이델베르크 출신 신

186

학자 파울루스와 계몽주의 신학자들, 가톨릭 해방신학자들의 해석이다.

일부 성서학자는 이를 '성체성사' 의식이라고 말한다. 성체성사는 예수가 십자가에 못 박히기 전날 마르코의 다락방 최후의 만찬에서 이를 기억하고 기념하라며 최초로 행해진 기독교의 상징적인 의식으로 오병이어의 기적을 베푼 때에는 확립되지 않았었다. 그럼에도 불구하고 이런 의견을 내놓는 이유는, 진행 방법이 대규모 인원에 대한 성찬 예식과 동일하며(현재의 의식이 이를 모방했을 수도 있다), 5,000명을 배불리 먹였다는 것은 종교적인 상징성 곧 사마리아 여인의 '목 마르지 않는 샘물'처럼 이 의식에 참여한 자들의 '영적인 만족'이라는 접근이 설득력이 있기 때문이다.

그런데 빵(곡물)과 포도주(피)는 미트라교나 디오니소스교, 고대 지중해의 신인(과 대지모신) 숭배에서 매우 중요한 요소였다. 이스라엘 지역에는 고대 토착 가나안 신과 이러한 여러 비의가 수백 년 전부터 들어와 야훼 신앙과 함께 생활 속에 침투되어 있었다. 그 중 미트라교가 별자리 숭배와 깊은 연관이 있다는 것은 잘 알려진 사실이다. 신자를 토성(까마귀), 금성(신랑 혹 신부), 목성(군인), 수성(사자), 화성(페르시아인), 달(태양의 주자), 태양(아버지)의 일곱 단계로 나누었고 제단의 그림은 동서남북 사방의 바람을, 벽면의 그림은 황도상의 12궁이 완성되기 전 고대 별자리와 깊은 관련이 있음은 연구된 바 있다. 그런데 미트라교의 중요 의례인 황소희생제 중간에 빵과 포도주(황소의 살과 피—죄 씻음을 상징하는 매우 중요한 신화적 소재)의 성찬 예식이 거행되었다. 이 의식에 총 일곱 단계 신도 중 초初 입문자인 까마귀와 신랑은 참여할 수 없고 상위 다섯 단계의 신자만이 참여한다. 이처럼 양자에 공통적으로 등장하는 숫자 5(혹은 7)는 천문학과 점성술에서 매우 중요한 수이다. 지구를 중심으로 태양과 달은 각각 1년과 29.5일을 기준으로 변화와 반복을 거듭하며 사계절과 바다의 조수와 풍요를 관장하고 신화에 작용한다. 12궁과 모든 별은 규칙적으로 움직이며 그 사이를 5행성이 불규칙하게 떠돌면서(행성의 겉보기 운동) 인간사의 운명을 결정한다. 이는 천동설이라는, 초창기로부터 중세에 이르기까지 기독교 천문학과 점성술의 근간이 되는 것이다. 이처럼 점성술의 관점으로 본다면 미트라 성찬 예식과 오병이어 의식은 서로 닿아 있음을 쉽게 유추할 수 있다.

물고기 곧 이어二魚 혹은 다어多魚에 대해서 상당수 천문학자들은 황도상의 춘분점이 시작되는 별자리와 관계있음을 언급한다. 미트라 이전의 춘분점은 황소자리, 미트라 시절은 양자리였고 예수 시절은 물고기자리(쌍어궁)였다. 당대 천문학자 곧 점성술사들은 춘분점 이동을 알고 있었기에 새로운 신인을 찾아 나섰다. 〈마태오 복음서〉에만 등장하는 동방박사가 예수를 찾은 것도 새로운 별자리 신인 숭배와 관련이 깊다. 당시 숭배되고 있던 물고기자리 신인은 별명이 이크티스ΙΧΘΥΣ, ICHTHYS(물고기)인 곡물(빵)의 신 아도니스였으며 종종 디오니소스도 언급되었다. 그런데 물고기는 예수 사후 박해 시절 기독교를 상징하는 비밀 문양이었고 후에는 그리스도 예수를 상징했다. 물고기로 상징되는 신인이 아도니스에서 예수로 옮겨온 것이다. 따라서 물고기(이어二魚 혹은 다어多魚)를 등장시킨 것은 쌍어궁 시대에 예수 자신이 아도니스와 함께 진정한 주인공임을 표명한 것으로 해석할 수 있다. 곧 예수가 물고기자리 신인과 동등한 지위였다가 이들을 몰아내고 훗날 최고의 신인으로 숭배받았음을 성서 기자들이 오병이어를 통해 상징했다고 볼 수 있다. 이 해석이 가능하도록 암시한 부분 역시 성서에 기록되어 있다. 〈마태오 복음서〉(16:5~12), 〈마르코 복음서〉(8:14~21)를 보면 예수가 오병이어 기적 후 남은 열두 광주리와 칠병 기적 후 남은 일곱 광주리를 언급하면서 "(그 의미를) 아직도 알지 못하고 깨닫지 못했느냐?"라고 말한 부분이 나온다. 개인적 해석이지만 12는 황도상의 12궁을, 7은 상기 언급한 신도를 표현한 일곱 별(모든 사람), 곧 온 세상(우주)과 인류에 예수 자신이 구원자(신인)임을 드러냈음을 상징한다고 볼 수 있다.

참고로 '아도니스'라는 명칭은 이집트 '아톤Aton'신에 기원을 두고 있으며 이는 이름을 결코 함부로 불러서는 안 되어 그 발음을 잊은 셈족의 신 야훼(여호와, 예호바. 이 발음도 추측일 뿐이다)의 예배 용어인 '아도나이Adonai(나의 주)'와 동일한 명칭이다. 모세에게 처음으로 자신을 '나는 나', '스스로 있는 자'이며

'너희 조상의 신 야훼'라고 밝힌 그 신을 로마자로 YHWH(YHVH, JHWH, JHVH)로 표기하며 70인역 성서(셉투아진트Septua Ginta)에는 퀴리오스Kyrios(주님)라 번역했다. 신약에서 예수를 퀴리오스라 하였으며 〈요한 복음서〉(8:51~58)에는 '태초 곧 아브라함 이전부터 존재한 자'로 표현했다. 이에 신화적인 관점에서 볼 때 '아톤, 야훼, 아도니스, 예수'는 동질이자 동등한 위치의 숭배 대상임을 쉽게 짐작할 수 있다.

따라서 미트라교, 디오니소스교, 예수의 성만찬 의식은 상기 언급한 여러 공통 요소를 공유하고 있으므로 타 종교의 '의식의 모방'이라기보다는 고대로부터 서구 종교가 가져야 하는 기본적인 코드(전통적 사회 규약이자 관례)로써의 전례라고 보는 것이 더 타당하다.

고대의 의식은 별자리와 태양의 길과 깊은 관련이 있다.

■ 크리스마스의 기원

크리스마스Christmas는 메시아를 뜻하는 그리스도Christ와 미사, 축일Mas의 합성어로 '메시아 축일'이라는 뜻이다. 아르메니아 교회를 제외하고 가톨릭교회와 대부분의 그리스 정교회, 개신교는 이 기념일을 12월 25일에 지킨다. 그러나 예수의 실제 탄생일에 대해서는 성경에 기록된 바가 없으며, 예수의 탄생일이나 교회에서 성탄 의식을 시작한 시기에 대해서도 의견이 일치하지 않는다.

336년에는 성탄 축일을 12월 25일로 지키는 관습이 서방 교회에 널리 퍼져 있었는데, 이는 로마인들의 이교 축제일이었던 '무적의 태양 탄신일 Natale Solis Invicti'을 기독교화한 것으로 보인다. 로마에서는 274년, 아우렐리아누스 황제 때부터 태양을 최고신으로 공경하여 태양신 신전을 건립하고, 그 건립일을 축제일로 지정했다. 이 태양신을 예수로 대치해 354년 로마의 리베리오 주교는 12월 25일을 그해 로마 축일표에 기록했고, 5세기 초 이날을 예수 성탄 축일로 정식 선포했다.

동방교회에서는 예수의 탄생, 동방박사들의 경배, 세례자 요한에 의한 예수의 세례 등을 공동으로 기념하기 위한 특별한 예배 의식을 채택하여 처음에는 '주의 공현 축일'(1월 6일)에 거행했다. 그러나 점차 12월 25일의 성탄축일이 서방 교회에서 동방교회로 퍼져나가 5세기 말에는 대부분 12월 25일에 예수 성탄을 기념하게 되었다. 단, 아르메니아 교회는 오늘날까지 1월 6일을 성탄일로 지킨다.

오늘날 여러 나라에서 행해지는 성탄 의식에는 이교도의 관습이 기독교화된 것이 많다. 어린이들에게 선물을 나누어주는 관습은 성 니콜라오 축일에서 유래된 것이다.

– 《가톨릭 대사전》 참조

■ **복음서의 예수 탄생 기록**

성서 학자들은 공관 복음서가 마르코(마가) 복음→루카(누가) 복음→마태오(마태) 복음→요한 복음의 순서로 기록되었을 것으로 추정한다.

〈마르코 복음서〉에는 성년 세례자 요한이 먼저 등장하고 이후 성년의 예수가 요한에게 세례를 받는다. 그런 다음 예수는 광야에서 시험을 받고 공생활을 펼친다.

〈루카 복음서〉는 세례자 요한의 출생이 예고된 후 예수 탄생이 예고되고 신이한 임신을 한 두 여인, 곧 늙은 엘리사벳과 젊은 처녀 마리아의 만남이 이루어지는 것으로 시작된다. 〈마르코 복음서〉에 없는 동정녀 설화와 신인 탄생 설화가 개입되어 있다. 요셉의 조상 중에는 〈이사야서〉에서 예언한 이사이가 포함되긴 했으나 대개 평범한 인물들이다.

〈마태오 복음서〉에서는 이사야가 예언한 이사이가 다윗 왕의 아버지로 나오고, 요셉이 왕족으로 소개된다. 〈루카 복음서〉에 비해 신분이 업그레이드된 것이다. 이후 동정녀 설화 전개 이후 새로운 별자리 신인(구원자, 메시아) 찾아 나서기 설화, 기아棄兒 모티프인 영아 살해와 시련과 성장이 전개된 다음 〈마르코 복음서〉, 〈루카 복음서〉의 내용과 이어진다. 예수 탄생 이야기가 더 극적으로 풍부하게 발전했다.

공교롭게도 예수 탄생 이야기가 기록된 **〈루카 복음서〉**와 〈마태오 복음서〉는 예수의 족보, 시대 배경, 사건 등이 사뭇 다르다.

〈루카 복음서〉의 시대 배경은 시리아 총독으로 부임한 퀴리니우스(재임 AD 6~9년)가 헤로데의 아들 아르켈라오스가 추방(AD 6년)된 뒤 유다의 대리통치자로 부임한 코포니우스(재임 AD 6~9년)와 함께 팔레스티나 지역의 인구 조사를 실시(AD 6년)한 역사적 사건과 관련되어 있다. 요셉과 마리아는 나자렛 사람으로, 인구 조사 때문에 베들레헴으로 갔다가 마구간(혹은 동굴)에서 예수를 낳았으며 목자들의 방문을 받았다. 8일 만에 할례 의식도 행하고, 40일째 되는 날 예루살렘에서 정결례와 맏물 바침 의식을 치른 후 무사히 나자렛으로 돌아간다. 예수 탄생 때 양치는 목동이 경배드렸다고 하는데, 팔레스티나 지역에서는 3월 말경부터 양 떼를 방목하고 추위가 밀려오는 10월 말경에 우리에 가두어 기르기 때문에 11~3월 초 사이에는 목동이 들판에서 양들과 함께 잘 수 없다. 그렇다면 예수의 탄생일은 AD 6년 4월 이후 따뜻한 계절로 추정된다. 일부 전설에는 처녀자리(8.23.~9.23.)에서 예수가 탄생했다고 한다.

한편 〈마태오 복음서〉의 시대 배경은 헤로데 사망 전인 BC 4년 무렵이다. 요셉과 마리아의 거주지는 베들레헴으로 전제되어 있으며, 예수가 태어나자마자 동방 박사의 방문을 받았다. 그리고 오로지 〈마태오 복음서〉와 후대의 일부 위경에만 기록되어 있는 영아 살해 사건 때문에 이집트로 피난 갔다가 귀국해 신의 명령에 따라 나자렛에 숨어 산다. 이 때문에 예수가 나자렛 사람이다. 3장 19~23절을 보면 성가족이 이집트에서 이스라엘 땅으로 돌아왔을 때 (본래 살고 있던 유다땅으로 가고자 했으나) 헤로데의 아들 아르켈라오가 왕이 되어 있어 그리로 가기를 두려워하므로 꿈의 계시로 나자렛이라는 동네로 가게 되는데 마치 나자렛을 처음 접하는 듯한 뉘앙스가 풍겨난다. 성가족이 본래 베들레헴에 살았다는 다른 자료로는 여러 위경을 들 수 있다. 〈야고보 원복음서〉 후반부 요한의 전설과 관계된 부분에는 엘리사벳이 헤로데의 영아 살해 명령이 있는 줄도 모르고 베들레헴에 사는 마리아를 만나러 왔다가 급히 동굴로 피했다고 하며, 또 다른 기록에서는 '베들레헴에 사는 마리아'를 언급한다.

헤로데는 BC 40년에 왕위에 올랐고 37년간 통치했다. 유다 역사학자 요세푸스의 기록에 따르면, 헤로데 사망 전 월식이 일어났고 과월절을 지낸 후 죽었다고 하는데, BC 4년 3월 12일 월식이 있었고 그해 과월절은 4월 11일에 시작했으므로 BC 4년 4월 중순경 사망했다고 추정할 수 있다. 그러므로 〈마태오 복음서〉를 근거로 하면 예수 탄생일은 BC 4년 3월 이전으로 추정된다. 어떤 전설에는 염소자리(12.25.~1.19.)에서 탄생했다고 한다.

이처럼 두 복음서의 예수 탄생 기록은 10년 이상 차이 날 뿐 아니라 태어난 계절과 요셉의 거주지, 족보도 다르고 사건도 별개다. 여러 위경이나 문서에서도 상기 복음서들처럼 양자로 나뉘어 언급되고 있다. 도대체 왜 이렇게 뒤죽박죽 혼란스러울까? 이유는 간단하다. 역사성을 가미하여 위장한 둘의 기록은 서로 다른 인물의 서사인데 베들레헴이라는 공통 요소를 매개로 하여 한 인물의 이야기인 양 연결하였고 이를 메시아 설화로 발전시켰기 때문이다. 바로 이런 이유로 성전聖傳과 성인들의 기록물과 증거물들이 앞뒤가 잘 맞지 않아 축일이나 기념일 등에 종종 모순이 발생하여 독자들을 혼란에 빠트린다(12월 28일은 〈마태오 복음〉의 영아 학살에 근거하여 죄 없는 아기 순교자 기념일로 이 때 예수는 피난을 갔다. 1월 1일은 루카복음에 근거하여 예수 할례 기념일이다. 예수는 베들레헴에서 할례를 받았다).

그런데 하고많은 장소 중 왜 베들레헴을 선택했을까? 유다인의 관점에서 보자면 베들레헴은 다윗왕의 고향이자 정치적 근거지이며 예언 속에 등장하는 장소다. 메시아는 베들레헴에서 탄생해야 했기에 어떠한 방식으로라도 그곳을 필연의 땅으로 수용해야 한다.

그런데 베들레헴은 공교롭게도 물고기자리 신인이자 곡물(빵)의 신인 아도니스의 신전이 있었던 곳이며 빵집이라는 뜻이 있다. 곧 동정녀 설화와 신인 설화가 결합한 아도니스 신화가 개입된 곳이다. 아도니스는 동정녀인 어머니 스미르나(몰약나무)에게서 태어난다. 그는 죽어 저승에 갔다가 이승으로 돌아온다. 이는 원래대로 어머니의 자궁 속으로 환원된다는 의미, 곧 곡물의 씨앗이 대지인 땅속으로 묻혔다가 방부제 곧 껍질 덕에 죽지 않고 살아 봄이 면 껍질을 뚫고 싹을 틔운다는 비유적 표현이다. 몰약은 동방 박사가 예수에게 바친 선물이자 예수 사후 몸에 바른 방부제이다. 이와 관련지어 보면 왜 베들레헴에서 물고기로 상징되는 신의 아들 예수가 동정녀 마리아에게 태어 났는지 시사하는 바가 크다. 아도니스의 죽음과 부활을 기념하는 아도니아 축제 풍습은 지금도 키프로스 그리스도인들 사이에서 행해지고 있다.

이러한 오류와 불일치의 기록은 성경에 종종 나타난다. 〈창세기〉 1장~2장 3절에 이르는 천지창조와 2장 4절~3장에 이르는 창조 순서의 오류가 대표적 예다. 또 예수가 군대 마귀를 돼지에게 보낸 사건이 일어난 장소도 세 복음서가 모두 다르며 예수가 십자가형에 처해졌을 때 마지막 말도 복음서 마다 다르다. 이처럼 기자는 서로 다른 신의 서로 다른 이야기를 하나의 신으로, 둘 이상의 인물에 대한 사건을 동일인의 동일 사건처럼 기록해 놓았는데, 나는 이를 '의도적 혼동' 혹은 '의도적 오류'라 표현하려 한다. 곧 둘 이상의 신화를 어떤 매개체로 뭉뚱그려 놓아 하나의 사건인 양 혼동을 일으키지만, 독자나 신자는 착시 효과로 인해 결국은 이를 수용하고 믿게 되는 것이다.

■ 동정녀와 신인 탄생 설화(대지모신 설화)

동정녀란 남자와 성적 관계가 없는 처녀를 의미한다. 그러나 신화 속의 동정녀란 결혼하지 않고 임신한 처녀 혹은 성관계가 없이 임신한 여자를 말한다. 주로 신이한 기운이나 불륜을 저질러 신인으로 추앙받는 아들을 낳는다. 대지모신 설화 곧 동정녀 설화와 신인 탄생 설화의 주된 구조는 다음과 같다.

- 성관계 없이 신이나 자연물, 신이한 경험으로 임신한 처녀가 아이를 낳는다. 혹은 결혼하지 않은 처녀가 부모나 본인의 잘못에 대한 신의 징벌로 불륜(주로 근친상간)을 저지르거나 성적 학대를 당한 다음 임신하여 아이를 낳게 된다.
- 아이는 주로 칠삭둥이 미숙아로 태어난다.
- 시련 속에서 양육한다. 혹은 어머니가 죽고 양육자(주로 신)가 나타나 기른다.
- 성년이 된 아이는 위대하거나 매우 잘생긴 인물이 된다.
- 아들은 뭇 여인들이 흠모하는 대상이 된다. 혹은 모자(혹은 남매이거나 보호자인 신)는 연인 관계가 된다.
- 뜻하지 않은 사건이나 신의 질투로 아들은 죽어 저승에 가게 되고, 저승 신의 연인이 된다.
- 어머니(연인)가 저승에 가 저승 신과 투쟁하여 아들(연인)을 데려오는 과정에서 서로 아이를 차지하기 위해 싸우지만 결국 신의 중재로 화해하고 시간 혹은 계절을 나누어 양쪽에서 살게 된다.
- 아들은 죽었다가 살아났기에 신인이 되고 어머니(연인)는 위대한 동정녀로 숭앙받는다.

이 설화의 주인공을 숭배하는 의식을 보면 대부분 다음과 같은 공통점이 있다.

- 신인의 인형이 십자가에 못 박히거나 나무에 매달린 채 행진한다. 대부분 나귀가 신물을 이끌고, 추종자들은 종려나무 가지를 든다.
- 의식을 주관하는 제사장은 자신의 성기를 자르거나 몸에 상처를 입힘으로써 피를 흘린다.
- 의식의 주관자는 신인의 인형을 헝겊에 싸 몰약이나 방부제를 바른 다음 땅이나 동굴 또는 우물에 묻고, 의식에 참여한 자들은 슬퍼한다.

- 신인의 인형은 사흘 만에 부활하고 신도들은 기뻐하며 축제를 벌인다.
- 대부분 춘분 무렵에 열린다. 일부는 부활절과 일치한다(춘분 이후 첫 번째 만월. 고대에는 1년의 시작이 춘분이었다).

보통 이러한 설화는 곡물이나 식물의 자연 순환 과정을 신화화한 것으로 해석한다. 즉, 씨앗이 봄에 대지에서 싹 터 자연환경을 이겨내고 가을에 결실을 맺고(3~9월), 이후 겨울이라는 자연환경에 의해 죽어 대지에 묻혀 겨우내(10~2월) 저승에 가 있다가, 다시 봄이 와 어머니 대지의 신이 저승에서 씨앗을 데려오면 부활하여 땅 위로 싹을 내민다. 여기에 3일이라는 태양절(동지)의 요소가 개입되었을 것으로 보인다. 하지부터 낮이 계속 짧아지다가 태양은 동짓날 땅속 가장 깊숙이 들어간다. 그런데 죽을 것 같던 태양이 더 이상 짧아지지 않고 3일째 되는 날 부활하여 해가 길어지기 시작하는데 이날이 12월 25일, 태양신 미트라의 탄생일이다. 참고로 동지는 모든 신인의 탄생일이기도 하다.

이와 관련해 콘스탄티노폴리스의 대주교였던 네스토리우스Nestorius(386?~451)는 소아시아 지역의 전통적인 지모신地母神 숭배의 영향으로 나타난 마리아를 '신의 어머니'라 부르는 관행에 문제를 제기하였으며 예수의 신성을 부정하였다. 이에 에페소 공의회는 그를 이단으로 몰아 파문하였다.

참고로 이 동정녀 설화는 세계적인 분포를 보이고 있는데 중국 주나라 후직의 설화(중국에 온 기독교 선교사들이 이 설화를 접한 후 성모 마리아 신화라며 숭배했다고 한다)나 고구려 시조 추모왕(주몽) 설화가 대표적이다.

- 고구려 시조 추모왕(주몽) 설화
  물의 신 하백의 딸 유화가 오룡거를 타고 내려 온 태양신 해모수와 불륜을 저지른 후 결혼하였으나 해모수는 떠나버리고 유화는 쫓겨나 동부여 금와왕의 도움을 받게 된다. 어느 날 햇살이 유화의 몸에 비추자 임신하게 되었고 알을 낳았으니 알에서 깨어난 사내가 주몽이다. 왕의 아들들이 총명한 그를 죽이려 하자 어머니로부터 오곡 종자를 받아 세 명의 친구와 함께 도망가는 중에 강을 만나나 어별의 도움으로 무사히 건너게 되고 종국엔 고구려를 세운다. 훗날 죽지 않고 승천하였으며 그의 어머니는 성모로 추앙받는다.

태양신, 물의 신, 곡물 신(성모)의 요소가 개입된 신화다. 천체 숭배 사상 즉 오룡거라 명명된 당시 육안으로 관측이 가능했던 떠돌이별도 등장하고, 강을 건넌다는 통과의례 곧 부활의 개념과 승천 요소도 드러나 있다.

■ 아크나톤의 아톤신 18계명과 개신교 성경의 10계명

빛의 신이자 창조의 신이신 아톤신이 내려주신 평등의 율법은 이러하니라.

1. 너희는 다른 신들을 질투의 신이자 창조주인 내 앞에 있게 하지 말라.
   → 1계명:너희는 내 앞에 다른 신을 모시지 말라.
2. 너를 위하여 우상이나 다른 신들을 섬기기 위하여 어떤 상도 만들지 말라.
   → 2계명:너를 위하여 우상을 만들지 말라.
3. 너는 마음을 다하고 성품을 다하고 힘을 다하여 너의 주 아톤신을 사랑하라.
4. 너의 주 아톤신의 이름을 함부로 부르지 말라. 또한 그 이름을 걸고 거짓되이 맹세하지 말라.
   → 3계명:너희 하느님 여호와의 이름을 함부로 부르지 말라
   → 9계명:이웃에게 불리한 거짓 증언을 하지 말라.
5. 너의 주 아톤신의 날을 기억하여 거룩하게 지키라.
   → 4계명:안식일을 기억하여 거룩하게 지키라
6. 너의 어머니와 아버지를 공경하라.
   → 5계명:네 부모를 공경하라

7. 살인하지 말라.

  → 6계명:살인하지 말라.

8. 간음하지 말라.

  → 7계명:간음하지 말라

9. 물질적으로 마음으로도 도둑질하지 말라.

  → 8계명:도둑질하지 말라

10. 네 이웃의 집에 속한 일체의 모든 것을 탐내지 말라.

  → 10계명:네 이웃의 집을 탐내지 말라.

11. 너의 의지를 남에게 강요하지 말라.

12. 남을 판단하려 들지 말라.

13. 뿌린 대로 거둔다는 인과응보를 기억하라.

14. 신에게 행하는 모든 봉사를 거룩하게 여기라.

15. 인류의 번영을 위하여 신의 지혜를 본받으라.

16. 남에게 대접받고자 하는 대로 너희도 남을 대접하라.

17. 악행은 쉽게 드러남을 알라.

18. 너희는 신이 창조한 어떤 인간도 노예로 부려서는 안 된다.

*페트리Finders Petrie(1853~1942, 영국의 이집트 학자)

이뿐 아니다. 모세의 기아棄兒 설화는 아카드의 사르곤 왕(BC 2334경~BC 2279년 재위)의 그것과 매우 흡사하다. 민간 전설에 따르면 사르곤은 하층민 출신의 자수성가한 인물로 그가 어린아이였을 때 바구니에 담겨 강물에 떠내려가는 것을 한 정원사가 발견하고 데려다 키웠다고 한다. 아버지는 알려지지 않았으며 어릴 때의 이름도 알려지지 않았으나 어머니는 유프라테스강 중류에 있는 한 마을의 여제사장이었다고 한다.

– 다음백과 '사르곤왕' 참조

최초의 공현[46]

◈

요셉과 마리아와 갓난아기는 동굴에서 3일[47]을 지냈다. 더 지체할
수는 없었다. 밤의 추위와 맹수도 문제였지만 본래 목적대로 베들
레헴에 가서 가족 신고를 하고 세금을 내고 얼른 집으로 돌아가야
만 했다. 마리아를 데려온 게 얼마나 다행인지 몰랐다. 혼자 베들
레헴으로 갔더라면 요셉이 없는 사이에 마리아가 누구의 도움도

---

46 가톨릭교회에서는 동방 박사가 예수를 알현한 날을, 동방교회에서는 예수가 요한에게 세례받은
날을 공현절 혹은 주현절이라 하여 기념한다. 주님 세례 축일은 공현절 다음 일요일로, 보통 1월
6일이지만 1월 2~8일 사이에 지낸다. 카나의 기적도 1월 6일이다. 이 날짜는 고대의 동지와 관
련되어 있는데, 동방 박사의 알현, 예수의 세례, 카나의 기적 모두 같은 날짜에 이루어졌다고 한
다.
47 일부 위경에는 6일간 머물렀다고 기록되어 있다.

받지 못한 상태에서 아이를 낳을 뻔했으니 말이다. 사람의 앞일은 그 누구도 모르는 법. 불행인 듯싶은 일도 행운으로 다가오고 행운인 듯한 일도 불행으로 뒤바뀌는 경우가 있다. 신께서 인도하시는 일이란 정말 오묘하여 오히려 하느님께서 많은 사람의 도움도 받게 하고 건강한 아이를 낳을 수 있도록 인도해주신 것 같아 요셉은 감사의 기도를 올렸다.

베들레헴은 상상을 초월했다. 이 조그만 마을[48]에 이토록 많은 사람이 와 있을 줄은 몰랐다. 저들이 모두 이사이와 다윗의 후손이란 말인가? 요셉은 마리아와 아기 때문에 다급했기에 서둘러 공회당으로 갔지만 어림도 없었다. 출신 신고와 세금 납부를 위해 수천 명이 바글거리며 대기하는 통에 발 디딜 틈조차 없었다. 요셉의 차례가 오려면 일주일도 넘게 기다려야 할 것 같아 산모와 갓난아기의 안정을 위해 별수 없이 숙박할 곳을 구해야 했다.

요셉은 마을에 하나밖에 없는 여관에 가서 빈방을 물었다. 주인은 이런 난장판에 방이 남아 있겠냐며 혀를 끌끌 찼다. 할 수 없이 마을을 돌아다니면서 집집마다 사정했다. 이미 수많은 사람이 친척 집이든 남의 집이든 간에 신고가 끝날 때까지 기거하기 위해 진을 치고 있었고, 마을 어귀 빈 땅이나 구릉의 동굴까지도 사람이 머물 수 있는 공간이라면 어김없이 다 들어차 있었다.[49] 산모는 몹시 힘들어했다. 일단 예루살렘으로 돌아갔다가 다음에 다시 올

---

48 당시 베들레헴 토착 인구는 5,000~8,000명으로 추정된다. 현재 인구는 3만 명 정도다.
49 당시에는 외부인이 남의 집 마당이나 빈터에 기거하더라도 땅 주인에게 돈을 주지 않았다.

까도 생각했지만, 마리아는 이미 실신하기 직전이었다.

그때 한 꼬마가 오더니 자기 집 외양간이 비었다고 했다. 급한 마음에 꼬마를 따라갔더니 초라하게나마 비바람은 막을 만했고, 황소가 한 마리 있었지만 비교적 깨끗한 편이었다. 아이가 엄마와 대화를 나눈 후 요셉 일행에게 그곳에 묵어도 된다고 전해주었다.

위로는 계단을 통해 주인집으로 연결되고, 짐승들이 드나들 수 있는 제법 큰 문이 있는 아늑한 동굴이었다. 노숙하지 않아도 되고 산모와 갓난아기가 쉴 잠자리가 생겼으니 얼마나 다행인가. 일단 나귀를 매어둔 다음 아기를 누일 곳을 찾아봤지만 마땅치 않았다. 마침 빈 여물통이 있길래 깨끗이 청소해서 집주인이 내어준 향긋한 건초를 깔고 아기를 뉘었다. 꼬마가 양피 담요를 가지고 와서는 어느 양치기 소녀가 전하라 했다며 마리아에게 건네고는 나갔다. 고마운 마음에 요셉이 나가 보았으나 어느새 가버렸는지 아무도 보이지 않았다. 다시 마구간으로 들어온 요셉은 양피 담요로 아기 예수를 포근히 감쌌다. 그런 다음 천생 목수인지라 고마운 마음에 부서진 마구간을 말끔히 손질하고 마리아가 누울 침상을 급한 대로 뚝딱 만들어놓자 제법 살림집 모양이 갖춰졌다. 주인아주머니가 고치고 만드는 요셉의 솜씨에 감탄하여 세는 받지 않겠다고 했다. 대신 자기 집의 망가진 가구를 고쳐달라고 부탁했다.

요셉이 공회당에 다녀오겠다고 나간 사이, 여독에 힘들었던 마리아는 그만 잠이 들었다. 꿈속에서 마른 풀들이 일제히 살아나면서 꽃을 피우더니 향기를 뿜어냈다. 너무도 희한하여 자세히 살펴보니 꽃들뿐 아니라 잡풀들까지도 온통 푸르고 노랗게 저마다 아름다움을 뽐냈다. 이름 그대로 밟고 지나가면 신발에 향이 묻어 백 리까지 따라간다는 백리향thyme[50]은 온 세상에 향을 퍼트려 예수의 탄생을 축하했으며, 마치 아기 예수에게 바친 황금처럼 작고 예쁜 노랑 갈퀴덩굴bedstraw[51]은 마구간을 노랗게 물들였다. 토끼풀 같은 세인포인sainfoin[52]의 분홍색 꽃은 아기 예수의 머리 주위로 왕관처럼 피어올라 예수가 장차 왕이 될 거라고 예언하는 듯했다. 페니 로열penny-royal[53]은 박하 향을 내뿜어 동물들의 악취를 없애고 벌레들을 내쫓아 아기 예수를 보호했다. [54]

요셉이 공회당으로 다시 가보니 로마 병사와 세리, 담당자들이 길게 늘어선 사람들을 정리하고 있었다. 요셉이 로마 병사에게 상황을 이야기하며 먼저 신고하게 해달라고 부탁했으나 단박에 거절당했다. 저렇게 많은 사람이 며칠씩 줄 서서 기다리고 있으니 아마 한 달도 넘게 걸릴 텐데, 혹시 돈을 좀 쓴다면 열흘 뒤 이름쯤은 올릴 수 있을 거라면서 로마 병사는 은근히 기대하는 눈치였다. 거기에다 세리와 담당자에게도 웃돈을 얹어줘야 한다며 그럴 돈이 없거든 매일같이 여기 줄 서서 기다리는 수밖에 없다고 했다. 그러면서 혹 글을 쓸 줄 알거든 순서가 빨라질 수도 있다며 비

---

50 '마리아의 갈퀴덩굴'이라고도 불린다.

51 '성 마리아의 줄기꽃St. Mary's Straw'이라고도 불린다.

52 프랑스에서는 '성건초Holy Hay' 또는 '거룩한 토끼풀'이라고 불린다.

53 '성모 박하Our Lady's Mint'라고도 불린다.

54 전설에 따르면, 주인이 내어준 풀을 구유에 깔고 아기 예수를 뉘었더니 위에서 이야기한 꽃들이 아름답게 피었다고 한다. 여기서는 전설을 꿈으로 처리했다.

웃는 투로 말했다.

그 말에 쫑긋한 요셉은 산모와 아기 때문에 한시라도 빨리 돌아가려고 로마 병사에게 제법 큰 돈을 쥐여주었다. 요셉은 마리아에게 배워 로마 글을 어느 정도 쓰고 읽을 줄 알았기에 파피루스를 가져다 달라고 했다. 돈을 받은 로마 병사는 어디 한번 쓸 테면 써보라는 듯 킬킬거리며 파피루스를 내밀었다. 요셉은 한쪽 구석에 쭈그려 앉아 먼 조상 이사이와 다윗의 후손인 자신의 가계도를 써 내려갔다.

이사이—다윗—솔로몬—르하브암—아비야—아삽—여호사팟—여호람—아하지야—요아스—아마지야—우찌야—요탐—아하즈—히즈키야—므나쎄—아몬—요시야—여호야킨—여고니야—스알티엘—즈루빠벨—아비훗—엘야킴—아조르—차독—아킴—엘리웃—엘아자르—마탄—야곱—요셉

사람들이 웅성거리며 요셉을 둘러쌌다. 로마 글을 모르는 그들에게는 당연히 신기하고 귀한 구경거리였다. 그때 다른 로마 병사가 오더니 웅성거리며 모여 있는 그들을 흩어버렸다.

"건방진 자식이 어디 감히! 한 번만 더 글 쓰는 모습을 사람들에게 보이기만 하면 선동죄로 체포해 가둬버리겠다."

로마 병사는 요셉을 째려보더니 파피루스를 빼앗아 찢어버렸다. 겁에 질린 요셉 주위로 사람들이 다가왔다.

"당신처럼 처음 와서 사정하는 사람들 주머니를 노리고 사기 친

거니까 다시는 속지 마쇼. 그리고 저놈들이 대필료 챙겨 먹으려고 글 쓸 줄 아는 사람한테는 아주 폭압적으로 구니까 다음부터는 글 쓰는 모습도 절대 보이지 마쇼."

제법 큰 돈을 사기당한 요셉은 풀이 죽은 채 외양간으로 돌아왔다. 요셉은 아직 몸에 부기도 빠지지 않은 채 건초 덤불 위에서 아기 옆에 쪼그려 단잠을 자는 마리아를 한참이나 바라보다 '여행 중 길에서 애를 낳은 여인이라! 철이 있는지 없는지 어쩌면 저리 편안히 잘도 잘까?' 혼잣말을 하다가 가련한 생각에 담요를 덮어주었다.

바람구멍을 막으려고 요셉이 조심조심 망치질하는 소리에 잠을 깬 마리아는 주위를 둘러보더니 그 많던 꽃이 다 어디로 갔느냐고 물었다. 요셉은 무슨 소리냐며, 이제 세금 낼 돈을 빼면 이틀 치 식량을 간신히 살 돈밖에 없어서 걱정이 태산이라고 했다. 마리아는 요셉의 말에 아랑곳하지 않고 꿈 이야기를 해주었다. 요셉은 혀를 끌끌 차며 그런 이상한 소리는 그만하라고 말했다. 한 달도 더 걸릴지 모르는 터라 당장 뭐라도 해서 돈을 벌어야만 하는 이 판국에 소녀마냥 꿈을 꿔도 꽃 꿈이라니. 나 같으면 돈 버는 꿈을 꾸었을 텐데.

그러나 궁하면 통하는 법. 주인아주머니가 어찌나 입이 가벼운지 동네방네 요셉이 잘 고쳐놓은 외양간을 자랑하고 다닌 덕에 사람들이 목공 일을 부탁하기 시작했다. 또 요셉이 글 쓰는 것을 본 부유한 사람들이 로마 병사와 세리, 담당자에게 뇌물과 웃돈을 얹어 주고 파피루스를 받아와서는 자기 가계도를 써달라고 부탁하며 수고비로 돈이나 식량을 제법 주곤 했다. 어차피 차례가 오려면 멀었고 매일매일 돌아오지도 않을 순번을 기다려봤자 헛수고임을 알게 된 요셉은 바쁜 나날을 보내기 시작했다. 혹시 모르니 저녁 무렵이면 공회당으로 가서 자기 순서를 확인해보기도 하면서.

시리아에서 온 사람이 로마에 있을 때 퀴리니우스(구레뇨) 밑에서 하급 일을 봐서 글을 조금은 안다며 작성해온 문서를 요셉에게 검토해달라고 부탁했다. 그 말에 사람들은 민감하게 반응했다. 퀴리니우스가 시리아 총독으로 부임할 거라는, 혹은 부임했을지도 모른다는 소문이 파다하기 때문이었다. 유다 지방을 통치하는 헤로데는 사실상 통치 권한이 거의 없어 대부분을 로마와 상의해야 하는 영주나 다름없음에도 불구하고 독재를 일삼았고, 심지어 자기 아내와 자식을 죽이기까지 한 악독한 왕이었다. 유다는 시리아 총독 관할 구역이므로 퀴리니우스가 부임한다면 유다에 미칠 영향은 절대적이었다. 퀴리니우스는 상급 통치자라서 헤로데의 폭정을 잠재울 권한이 있으며, 모두가 제발 그렇게 되길 희망했다.

어느덧 아기가 태어난 지 8일이 되었다. 야훼 하느님께서 아브라함이 99세일 때 유다 민족의 하느님이 되어주시겠다며 그 계약의 징표로 삼은 할례[55]를 아들에게 베풀어야 하는 날이었다. 아담

---

[55] 〈창세기〉 17:10~14. 할례Circumcision는 BC 4000년경의 이집트 미라에서도 그 흔적을 발견할 수 있다. 이집트 사카라 네크로폴리스의 무덤(BC 2400년경)에서 발견된 부조에는 포경수술 장면이 묘사되어 있다. 나일강의 신 하피가 유방을 가진 남성의 모습이라고 믿었던 고대 이집트인들은 사람도 신처럼 양성의 특성을 가지고 태어나므로 온전한 성을 갖기 위해 남자는 신체의 여성

과 이브 이후로 야훼 하느님과 가장 가까운 사이였던 모세도 아들에게 할례를 베풀지 않았다는 이유로 죽임을 당할 뻔했으니[56] 할례가 얼마나 중요한 의식인지는 두말할 필요가 없다.

할례는 특별한 경우가 아닌 한 간혹 어머니도 가능했으나 아버지가 행하는 것이 원칙이므로 요셉은 칼을 예리하게 갈고 야고보와 같은 불상사가 일어나지 않도록 불에 잘 그을린 다음 아기의 포피를 잘라냈다. 그리고 전에 가브리엘 천사가 꿈에 나타나 일러준 대로 아기 이름을 예수라 지었다.

그때 옆에서 구경하던 웬 노파가 잘라낸 포피를 달라고 했다. 자신에게 신기神氣가 있어서 그러는데, 저 아이에게 신의 기운이 있으니 이를 보관하겠다는 것이었다. 보통 땅에 묻는 것이 관례지만 노파가 하도 부탁하는 통에 주었더니, 감송향(나르드nard) 기름 단지에 넣고는 약을 파는 자기 아들에게 주며 신신당부했다.

"누가 300데나리온을 준다 해도 이 기름 단지는 절대로 팔지 말아라. 훗날 위대한 왕의 장례 전에 이 기름을 그의 발에 부어 기념하게 될 것이다."[57]

스러운 부위로 여기는 포피를, 여자는 남성스러운 부위로 여기는 음핵을 제거해야 한다고 생각했다. 일종의 통과의례인 셈이다. 초기에는 사제들만 받다가 점차 파라오도 할례를 받았고 나중에는 일반으로 확대되고 종국에는 노예들까지도 받으면서 신성성은 사라지고 일종의 사회적 관습이 되었다. 아브라함은 이집트와 교류가 있었으므로 그들의 관습을 수용했으리라 추정해볼 수 있다. 이후 이집트 노예 시절 그들의 문화와 종교에 동화되면서 할례가 성스러운 의식이 되었으리라는 점은 쉽게 유추해볼 수 있다.

56 〈탈출기(출애굽기)〉 4:24~26.
57 예수가 붙잡히기 전 마지막 과월절을 엿새 앞두고 베타니아(예수가 살려낸 라자로가 살던 마을)로 갔을 때, 만찬회에서 마리아가 나르드 향유 한 근을 예수의 발에 붓고 자기 머리카락으로 닦는다. 이를 보고 유다 이스카리옷이 300데나리온 값어치가 나가는 향유를 허투루 쓴다고 투덜거리자

그렇게 순서를 기다리며 매일매일 바쁘게 살다 보니 어느새 한 달이 훌쩍 지나 산모의 부정을 벗기는 예식인 정결례를 치러야 하는 날이 되었다. 남자아이가 태어나면 1주일을 월경하는 것처럼 부정하게 여기고 33일째 정결례 의식을 행하며, 여자아이가 태어나면 2주일을 부정하게 여기고 66일간 집에 머물러야 했다. 기간이 차서 몸이 깨끗해지면 1년 된 양 한 마리와 속죄물로 드릴 산비둘기나 집비둘기 한 마리를 사제에게 바쳐야 한다. 만일 새끼 양 한 마리도 바칠 힘이 없다면 집비둘기나 산비둘기 두 마리를 구해 한 마리는 번제로 드리고 한 마리는 속죄물로 드려야 한다.

요셉은 마리아의 정결례와 '누구든지 첫아들을 낳으면 주님께 바쳐야 한다'는 모세의 율법에 따라 40일째 되는 날 아기를 봉헌하기 위해 마리아와 아기 예수를 데리고 예루살렘으로 향했다.

맏물을 바치는 의식은 이집트 탈출 이전 가나안 유랑 시절까지 거슬러 올라간다. 고대에 유목민이었던 유다인들은 춘분이 지난 첫 번째 만월에 그해 태어난 양의 맏물을 잡아 그 피를 초막 입구와 가축우리에 바르고 양의 내장과 기름으로 신에게 번제를 드린 다음 통째로 구워 고기를 나눠 먹었다. 가나안에 머물게 되면서부터는 가나안 농경 축제와 결합하여 춘분 다음 만월부터 7일간, 추수한 첫 곡식인 보리와 토착민에게 배워 만든 누룩 없는 빵을 신께 제물로 바치면서 수확을 감사드리고 새해 풍년을 기원했다. 그

예수는 내 장례 날을 위해 한 것이니 이 여자 일에 참견하지 말라고 한다. 전설에 따르면 바로 그때 사용된 기름이라고 한다.

러다 흉년과 토착민과의 갈등[58]으로 이집트로 이주하게 되었고, 이미 국가를 이룬 거대 민족의 하층민으로 살다가 노예로 전락했다. 유다인들은 야훼께서 조상 아브라함에게 약속한 땅인 가나안으로 돌아가기를 기원하면서 메시아를 기다렸는데, 그가 바로 모세다. 모세가 파라오와 투쟁하는 과정에서 신은 '만물 죽음'이라는 재앙을 내렸는데, 선조 때부터 내려오는 풍습대로 어린양의 피[59]를 문설주에 바른 유다 민족의 만물은 죽지 않았다. 이로 인해 히브리 노예들은 속박에서 벗어나 가나안으로 가서 이스라엘을 건국했다. 이렇듯 고대의 관습과 해방절의 의미가 결합하여 '만물 바침'은 매우 의미 있는 의식이 되었다.

그런데 로마 병사가 견고히 막아서서는 요셉 가족을 보내주지 않았다. 한 번 마을에 들어오면 황제의 칙령에 따라 세금을 낸 자만 나갈 수 있다는 것이었다. 정결 의식과 신에게 만물을 바치는 의식이 끝나면 곧바로 돌아오겠다고 통사정하며 돈을 몇 푼 쥐여 줬지만, 로마 병사는 돈만 가로채고는 막무가내였다. 그러자 이 소식을 들은 사람들이 예루살렘으로 통하는 마을 어귀에 몰려들어 폭동이라도 일으킬 기세로 로마 병사에게 항의했다. 다들 양손에 큼지막한 돌멩이를 들고 있었다. 퀴리니우스 밑에서 일했다는

---

58 카인과 아벨 이야기는 유목민과 농경민 사이에서 발생한 갈등을 서사화한 것으로 볼 수 있다. 우르 출신인 유목민 아브라함도 가나안에 정착하는 과정에서 선주민인 농경 부족과 (주로 종교적 이유로) 화합하지 못하고 갈등을 일으켜 이집트로 쫓겨났다. 축제는 니산월 15일(태양력 3월 22일~4월 25일 사이)부터 일주일간 열렸다. 자세한 내용은 참고자료의 '과월절' 참조.

59 이스라엘 백성을 구하기 위해 희생 제물인 양을 잡았을 때 다리를 꺾지 않은 것과 인류의 구원자인 예수를 십자가형에 처했을 때 다리를 꺾지 않은 것에는 신앙적, 종교적 연관성이 있다.

하급 관리가 나서서 소리쳤다.

"우리를 압제하고 통치하는 것은 참을 수 있으나 모세의 율법을 막는 자는 투석형에 처해 죽이겠다!"

군중은 요셉 가족을 보내주라며 로마 병사 쪽으로 향했다. 결국 겁에 질린 로마 병사는 요셉 가족에게 길을 터주었다.

성가정은 무사히 예루살렘 성전에 당도했다. 요셉은 돈이 많지 않았으므로 비둘기 두 마리를 구해서 바쳤다. 요셉과 마리아가 첫 아들에 대한 율법을 지키기 위해 예수를 품에 안고 막 성전에 들어설 때였다. 예루살렘에 살면서 날마다 성전에 와 기도하며 누군가를 기다리는 시몬이라는 노인이 다가오더니 아기 예수가 빛기둥처럼 빛나는 것을 보고 감격하여 아기 예수를 두 팔에 안고 하느님을 찬양했다.

"주님, 이제 당신의 말씀에 따라 당신의 종인 이 몸은 평온하게 떠날 것입니다. 주님의 구원을 제 눈으로 보았기 때문입니다. 만민에게 베푸신 구원을 보았습니다. 그 구원은 이방인들에게는 주의 길을 밝히는 빛이 되고, 주의 백성 이스라엘에는 영광이 됩니다."

시몬은 의롭고 경건하게 살면서 이스라엘의 구원을 기다리고 있었다. 그가 마리아에게 말했다.

"이 아기는 수많은 이스라엘 백성을 넘어뜨리기도 하고 일으키기도 할 분이십니다. 이 아기는 많은 사람의 반대를 받는 표적이 되어 당신의 마음을 예리한 칼에 찔린 듯 아프게 할 것입니다. 그러나 그는 반대자들의 숨은 생각을 드러나게 할 것입니다."

시몬에게는 신의 거룩한 숨결이 머물러 있었는데, 그 성령이 그에게 '당신이 죽기 전 신께서 약속하신 그리스도를 꼭 보게 될 것'이라고 알려주셨다.

의식이 거행되는 동안 한 여자가 다가와 하느님을 찬미하고 마리아의 행복을 축하했다. 아셀 지파의 혈통을 이어받은 파누엘의 딸 안나라는 예언자였다. 안나는 결혼 7년 만에 과부가 되어 여든넷이 되도록 성전을 떠나지 않고 단식과 기도로 하느님을 섬겨온 여자였다.

이 광경을 처음부터 끝까지 유심히 보고 있던 이교도가 있었다.[60] 의식이 끝나고 성가정이 성전 밖으로 나오자 온유한 표정을 지으며 가까이 다가오더니 요셉과 마리아에게 합장한 후 아기 예수의 용모를 요리조리 살펴보았다.

"정말이지 이 아기를 보고는 말하지 않을 수 없습니다. 저는 저멀리 인도에서 온 비쿠(비구)입니다. 부처님을 섬기고 그의 계명을 따라 수행하는 신분이지요. 우리 기록과 전설에 따르면, 500여 년 전 카필라바스투(가비라성) 샤카(석가)족 슈도다나왕(정반왕) 시절 고타마 싯다르타 왕자님이 태어나셨는데, 그분은 성인이 되어 깨달음을 얻어 부처(붓다)님이 되었답니다. 그분이 태어난 지 얼마 안 되었을 때의 이야기입니다.

그 시절 아시타 선인이 살았는데, 왕자가 태어났다는 소식에 궁

---

60 예수와 부처의 탄생 이야기가 흡사하기 때문에 비구승과의 대화를 지어내어 삽입했다. 이어지는 동방 박사 이야기도 일부 전설을 참조하여 대부분 창작했다.

으로 왔습니다. 그런데 선인이 태자를 안고 골상을 살피더니 불현
듯 눈물을 떨어트렸습니다. 왕이 이유를 묻자 '이 왕자님은 서른두
가지 대장부의 몸매와 여든 가지 미묘한 모습을 갖췄습니다. 이
세속에 있으면 전륜성왕이 되어 온 천하를 통치할 것이며, 세속
을 떠나 도를 닦으면 반드시 큰 도를 깨달아 부처가 되어 널리 중
생을 구제하실 것입니다. 그런데 저는 이미 늙어서 부처님의 법을
듣지 못하게 될 것이므로 슬퍼 그럽니다'라고 했는데, 정말 그 왕
자는 나중에 깨달음을 얻어 부처님이 되셨지요.

아까 성전 입구에서 저 노인이 한 말을 듣고 불현듯 제가 섬기는
부처님의 어린 시절 이야기가 떠올라 아기를 보았습니다. 전설로
전해오는 32상을 누구도 본 적이 없어 정확히는 모르겠습니다만
이 아기에게서 기운이 느껴집니다. 부디 왕이 되어 천하를 다스리
거나 깨달음을 얻어 부처님만큼 위대한 현자가 되시길 기원합니
다."

그는 합장한 뒤 이마와 무릎과 팔꿈치가 땅에 닿도록 엎드려 큰
절을 올렸다.

베들레헴으로 돌아온 요셉은 매일같이 차례를 기다리며 사람들
의 계보를 대필해주고 마을 여러 집의 목공 일을 도맡아 했다. 벌
써 춘분이 가까워지고 있었다. 그리스나 소아시아, 이집트, 데카
폴리스, 갈릴래아 북부 지방에서 온 사람들은 자기들이 살던 지방
의 영향을 받아서인지 이교 축제 준비로 분주했다. 공교롭게도 과
월절(파스카)[61]과 무교절 직전의 시기에 축제가 열려서 어느 것이
전통 축제인지 구분할 수 없을 만큼 뒤섞여 있었다. 그래도 나이

든 사람들은 과월절을 잘 지키고 기념했지만, 젊은이나 지식인, 외지 물깨나 먹은 사람들은 디오니소스, 아도니스, 아티스 등의 이교도 축제를 더 즐겼다.[62]

아티스 미스테리아 봄철 축제인 메갈렌시아Megalensia[63]는 사흘 동안 계속되었다. 이때 아티스의 신화가 수난극으로 공연되었다. '신들의 어머니'인 키벨레는 아티스의 애인으로, 고대 아나톨리아의 도시 프리기아가 근거지다. 아티스의 어머니 나나는 처녀 시절 익은 복숭아(아몬드) 혹은 석류를 가슴에다가 대고 누르자 임신했다고 한다.

아티스의 죽음에 대해서는 두 가지 전설이 전해 내려온다. 하나는 아도니스처럼 산돼지에게 살해되었다는 이야기로, 그래서 그의 숭배자들, 특히 사제들은 돼지고기를 먹지 않는다. 또 하나는 그가 소나무 밑에서 스스로 거세하여 출혈로 죽었는데, 그 피가 땅에 떨어져 오랑캐꽃이 되었고 그는 신성한 소나무로 변했다고 한다. 그런 이유로 갈리Galli라고 하는 키벨레-아티스의 사제들은 거세된 중성적 존재였다. 그들의 의식은 다음과 같다.

3월 22일에는 숲에서 소나무를 베어 시체처럼 양털로 만든 끈으로 감고 오랑캐꽃 화환으로 장식한 후 젊은이 형상의 인형을 나무 중간에 매

---

61 유월절, 해방절이라고도 한다. 자세한 내용은 참고자료의 과월절 참조.
62 오늘날 젊은이들이 정월 대보름은 잘 몰라도 밸런타인데이나 핼러윈은 잘 챙기고 즐기는 것과 같다.
63 로마에서는 BC 204년경부터 시작되었다.

달아 키벨레 성소 지하실로 운반한다.

3월 23일에는 종일 나팔을 분다.

3월 24일은 '피의 날'이라고 부른다. 아르키갈루스Archigallus, 곧 대사제는 자신의 팔에서 피를 뽑아 제물로 바친다. 각종 악기가 요란하게 울리면 하급 사제들은 광란의 춤을 추면서 최면, 즉 환각 상태에 들어가 토기 조각이나 칼로 자신의 몸에 상처를 내어 그 피를 신성한 나무와 인형에 바친다. 최면 상태가 최고조에 이르면 자신의 생식기를 잘라 여신에게 바치는데 이를 소중히 싸서 흙이나 성소에 매장한다. 그때 인형도 함께 매장한다. 이 기간 내내 숭배자들은 빵을 먹지 않는다. 키벨레가 아티스의 죽음을 슬퍼하고 있기 때문이다. 그러나 밤이 되면 숭배자들의 슬픔은 환희로 바뀐다. 느닷없이 한 줄기 빛이 어둠을 가르고 무덤이 열린다. 사제는 슬퍼 우는 자들의 입술에 향유를 발라주며 그들의 귀에 구원의 복음을 부드럽게 속삭인다. 숭배자들의 슬픔은 기쁨으로 바뀐다. 신의 부활은 신도들 또한 무덤에서 썩지 않고 되살아날 것이라는 약속이다.

3월 25일 춘분에는 사도들이 신인 아티스의 부활을 열렬히 찬양하는 요란한 환희의 축제(힐라리아)가 열린다. 이날은 가는 곳마다 방종과 환각이 넘친다. 3일 동안 누구나 제멋대로 하고 싶은 대로 말하고, 하고 싶은 대로 행동한다.

3월 27일에는 키벨레 여신의 조상을 황소가 끄는 수레에 태워 강으로 데려간다(로마에서는 티베르강으로 흐르는 알모강으로 간다). 그리고 대사제는 의식에 사용한 모든 것을 깨끗이 씻어 정화한다.[64]

이러한 봄의 축제가 유다 전역에서 한창 벌어지고 있을 때, 동방 페르시아에서 미트라와 자라투스트라를 섬기는 마기(동방박사) 셋[65]이 예루살렘으로 와서 헤로데 왕을 접견했다.

"얼마 전 밤하늘에 지금껏 없었던 커다란 별이 나타났는데, 점을 쳐보니 유다의 왕이 태어났음을 상징하는 별이었습니다. 그러자 지금까지 관찰된 적도 없고 기록에도 없는, 미소년의 눈처럼 아름답게 반짝이는 행성이 그 커다란 별 쪽으로 우리를 인도해 여기까지 오게 되었습니다. 유다의 왕으로 태어나신 분이 어디 계십니까? 우리는 동방에서 그분을 경배하러 왔습니다."

그 말에 병석의 헤로데가 당황했음은 두말할 필요가 없다. 정신 질환 증세를 보이는 그가 이미 잔인한 피의 살육을 몇 차례 저지른 뒤였다.

헤로데는 정통 유다인이 아니어서 왕권 견지와 백성의 환심을 위해 하스모니안 왕조의 마지막 공주인 마리암네 1세와 결혼했다. 하지만 유다인들이 반란을 일으킬까 봐 항상 노심초사하며 강박신경증 증세를 보였고, 의처증까지 심해 정신이 극도로 혼미했다. 그러다 보니 주위의 누구도 믿지 못했다. 결국 아내 마리암네와 숙부 요셉의 간통이 의심된다고 거짓으로 고해바친 여동생 살로메와 장모 알렉산드라의 말에 눈이 뒤집혀 로마의 승인을 얻은 뒤 아내를 도륙해버렸다.[66] 의처증에 눈이 멀어 아내를 죽이고 나

---

64   J. G. 프레이저, 앞의 책. 티모시 프릭·피터 갠디, 앞의 책, 89쪽.

65   동방교회의 전승에는 12명이다. 천문학과 점성술적인 관점에서는 황도상 12궁의 의미가 있으므로 12가 더 타당하다.

서는 하스모니안 왕가의 혈족과 유다인들이 반란을 일으켜 자신을 폐위시키고 하스모니안 왕조를 복원할 거라는 망상에 사로잡혔다. 그래서 그들을 대역죄로 몰아 로마의 승인하에 로마법에 따라 피의 처단을 하고야 말았다. 무려 45명의 옛 왕족이 몰살당했다. 이제 걸림돌은 마리암네가 낳은 두 왕자 아리스토블루스와 알렉산드로스뿐이었다. 잔인한 헤로데는 왕위 계승 문제로 골치가 아파오자 그 둘 역시 반역죄로 몰아 사마리아에서 처형해 버렸다.

이런 마당에 동방의 마기가 새로운 왕을 숭배하러 왔다고 하니 그가 어떤 일을 벌일지는 불 보듯 뻔했다. 더군다나 갈릴래아 세포리스 근교에서 에제키아스(히스기야)의 아들 유다가 세력을 형성하여 스스로 왕이라 칭하고 봉기를 일으키려는 조짐이 보인다는 보고까지 받은 터였다.

하스모니안 왕조의 몰락, 외세 침략, 성전 침탈, 피의 숙청, 비유다인의 집권, 왕족 몰살 등 전대미문의 사건이 50여 년간 계속되면서 유다인들은 지칠 대로 지쳐 있었다. 유다와 팔레스티나 곳곳에서 스스로를 메시아, 왕이라 일컫는 자들이 들끓었고 봉기와 반란이 끊이지 않았다. 그럴수록 유다인들은 이제 메시아가 올 때임을 확신했다. 이미 유다인들 사이에서는 유다와 사마리아와 팔레스티나 땅끝까지 통치할 유다인 왕이 태어나 헤로데를 피해 어디엔가 숨어 있을 거라는 소문이 파다했다. 새로 태어난 왕은 다윗

---

66 로마법에 따라 사형은 로마 주둔군만 집행할 수 있었다. 사형 집행권이 없는 헤로데는 반드시 로마의 허락을 받아야 했다.

의 혈통이며, 다윗의 고향인 베들레헴 출신일 뿐 아니라 다윗처럼 목자이고, 다윗이 사악한 사울의 뒤를 이은 것처럼 헤로데가 신의 저주로 죽으면 갑자기 등장해 로마의 압제로부터 유다 백성을 구해줄 것이라는 등 구체적인 내용까지 떠돌았다. 예루살렘의 귀족, 얼마 남지 않은 채 숨어 지내는 하스모니안 왕가 핏줄들은 분명 자신의 혈통에서 왕이 나타날 것이라고 술렁거렸고, 백성들은 소문 속의 왕을 절실한 마음으로 기다렸다.

헤로데는 페르시아의 마기를 극진히 대접했다. 막강한 페르시아의 군사력과 시리아 총독의 심기를 건드릴 필요가 없었기 때문이다. 또 점성가인 그들을 잘 이용하면 새로 탄생했다는 왕을 쉽게 찾아내 쥐도 새도 모르게 제거할 수 있을 거라 생각했기 때문이다. 헤로데는 마기에게 무슨 근거로 왕이 태어났다고 하느냐고 물었다.

"하늘의 별자리를 보고 짐작합니다. 저 동쪽으로 계속 가면 땅의 끝이 나오고 해가 뜨는 바다로 이어지며, 그 바다는 무한대로 펼쳐 있어 배를 타고 3년을 가도 그 끝이 나타나지 않는다고 합니다. 바로 무한대의 바다가 시작되는 땅끝에는 황인족의 거대한 나라가 있는데, 그 크기는 우리가 살고 있는 땅을 다 합친 것보다도 100배나 더 크다고 합니다. 그곳은 천문학이 매우 발달해 있어 달의 운행으로 일수를 세고 인간의 운명을 점친다고 하는데, 이를 28숙이라 합니다. 이 수요宿曜 별점은 인도의 성인 석가모니 사후에 태어난 문수보살이라는 제자가 우주의 진리를 설명하려고 쓴 《수요경宿曜經》에 기록되어 있으며, 이를 통해 인간의 길흉화복을 점쳤다 합니다. 일월화수목금토의 칠요와 달이 차고 기우는 27.3일에 삭일朔日을 더한 29.5일을 주기로 하는 생년월일시, 즉 달의 길과 모양을 삼원三垣 28수宿에 근거하여 운명을 들여다보는 점인데, 우리가 쓰는 태양의 길과 19년마다 정확히 일치[67]한다고 합니다.

이에 비해 우리의 천문학에서는 12개 별자리가 하늘을 제어하며 운명을 결정짓지요. 물론 미트라 초기 시절까지만 해도 88개 별자리가 있었으나 너무 복잡해 어느 천재 신인이 12개로 축약했다는 전설이 내려오기도 합니다만, 어쨌든 천구상에서 황도가 통과하는 12개의 별자리인 12궁은 황도 전체를 30도씩 12등분하여 각각에 이름을 붙인 것으로, 춘분점이 위치한 물고기자리부터 양자리, 황소자리, 쌍둥이자리, 게자리, 사자자리, 처녀자리, 천칭자리, 전갈자리, 궁수자리, 염소자리, 물병자리까지를 말합니다. 태양, 달, 떠돌이별 그리고 혜성이 이들 별자리 사이를 이동하는 것을 보고 인간사의 운명을 점쳐 예고하지요.

춘분점은 대략 2160여 년마다 다른 별자리로 이동하여 2만 5920년이 되면 다시 제자리로 돌아오는데, 지금 우리 시대의 춘분점이 양자리를 지나 물고기자리로 들어선 지 대략 150여 년이 흘렀습니다. 양자리 신인은 미트라인데 이전 황소자리의 신앙을 개혁하기 위해서는 황소를 잡아 죽이는 의식을 거행해야 했지요. 뒤

---

67 1삭망월은 29.53059일이고 1태양년은 365.2422일이다. 음력 12달×29.53059일=354.36708일이므로 태양력과 약 11일 차이가 나 24절기의 계절과 어긋나게 되는데, 19년마다 7개월의 윤달을 두면 태양년과 거의 정확하게 일치해 0.08685일(약 2시간)밖에 차이 나지 않는다.

를 이어 아후라 마즈다의 예언자인 자라투스트라가 인간을 구원의 길로 안내했는데, 그분은 신이거나 신인이었고 죽었다 부활했으며 미스테리아 의식으로 인간을 깨달음의 경지로 안내했습니다. 그 시절 동방에서는 싯다르타와 마하비라가 태어나 불교와 자이나교를 창시하여 역시 인간을 계도하고 각성의 길로 이끌었습니다.

그런데 별자리가 바뀌면 그 시대에 맞는 새로운 신인이 등장하는 법, 아직도 양자리 신인들이 인류를 구원하고 인간들은 그들을 숭배하고 있지만, 이미 기운이 쇠해가고 있어 물고기자리 시대에 맞는 구원자를 기다리고 있답니다. 이미 여러 위位의 신인이 탄생하여 인간의 정신을 다스리고 있는데, 물고기 곧 이크티스ICTHYS와 깊은 관련이 있는 시리아의 아도니스도 그중 한 분이지요.

그런데 베르길리우스(BC 70~BC 19년)라는 시인이 무려 1000년이나 살았다는 그리스 여사제 시빌라(시빌레)의 예언을 빌어 '신의 아들'에 대해 노래했는데, 그분은 처녀자리에서 태어날 것[68]이라고 전합니다. 한번 들어보시겠습니까?

우리는 시빌라의 노래처럼 마지막 시대에 이르렀다. 시간의 여신은 잉태했으며 위대한 일련의 시대가 새로워진다. 정의의 성 처녀가 우리에게 돌아올 것이다. 이미 새로운 시대의 첫 탄생이 하늘에서 지상으로 보

---

68 점성술에서는 태양력 8월 23일~9월 23일에 해당한다. 또는 '처녀의 몸에서 태어날 것'이라고도 해석한다. 일부 전설에는 예수가 염소자리에서 태어날 것이라고 했다. 염소자리는 태양력 12월 25일~1월 19일이다.

내졌다. 이 탄생과 더불어 철의 종족은 멸하고, 황금 인간이 세계를 물려받을 것이다. 아기의 탄생을 웃음으로 맞아들여라. 영광의 시대가 도래할 것이다. 황소는 사자를 두려워하지 않으리라. 너의 요람은 꽃으로 장식되어 너를 애무하리라. 들어오라, 시간이 임박했다. 모든 창조물이 다가올 시대를 얼마나 기뻐하는지 보라! 아기여, 너의 어머니를 미소로 맞이하라.[69]

그분이 누구인지 아시겠습니까? 바로 디오니소스입니다. 그런데 그때와 흡사한 현상이 하늘에 나타났기에 별점을 쳐본 결과 '유다 왕의 별'이 나타났다고 해석되었습니다."

헤로데는 흠칫 놀라 물었다.

"유다 왕의 별이 무엇이고 왕이 태어났다는 근거는 무엇이오?"

그러자 멜키오르라고 이름을 밝힌 현자가 답했다.

"우리는 고대 수메르로부터 시작하여 미트라와 자라투스트라로 이어져 현재까지 전해오는 지식과 지혜를 젊은 시절부터 공부해온 마기입니다. 이집트와 페르시아의 점성술, 심지어 인도와 중국의 점성술까지 두루 공부했습니다. 우린 태양의 길과 달의 변화를 알 수 있을 뿐 아니라 일식과 월식을 모두 예언할 수 있을 정도의 경지에 오른 박사들입니다. 밤하늘과 별의 운행은 인간에게 많은 것을 깨닫게 해주고 인간의 미래와 운명을 예언해주는데, 우리는 천체의 변화를 보고 신의 위대함과 인간의 나약함 그리고 겸손을

---

69   티모시 프릭·피터 갠디, 앞의 책, 122쪽에서 재인용.

배우지요.

실은 몇 년 전부터 천체에 이상한 현상들이 일어났습니다. 서너 차례에 걸쳐 별이 갑자기 밝아졌다가 서서히 죽어가는 현상이 나타났습니다. 그 현상이 미미해서 보통 사람들 눈에는 잘 띄지 않지만, 이는 이 땅에 존재하는 모든 왕에게 닥칠 재앙을 뜻합니다. 하지만 놀라운 사실은 그게 아니라 2년 전 봄, 목성이 금성과 함께 샛별로 떠올랐고 토성을 따라잡아 둘이 겹쳐지더니 별의 밝기가 수십 배나 밝아졌다는 점입니다. 그리고는 가을로 접어들자 서로 앞서거니 뒤쫓고 싸우면서—이러한 현상을 목성의 역행이라고 하며 두 별이 서로 손잡고 빙빙 도는 것처럼 보여 행성의 춤[70]이라고도 한답니다—쌍어궁에 목성이 먼저 들어가고 이어서 토성, 달, 태양까지 들어갔으며 월식이 일어나더니 목성이 금성 대신 샛별로 떠올랐습니다.[71] 그런데 공교롭게도 두 별이 또다시 겹쳐져 그 밝기가 밤하늘의 다른 별들을 압도하고도 남았습니다. 더군다나 얼마 전 밤은 금성과 목성과 토성과 달이 서쪽 하늘에 일직선상으로 늘어지기도 했답니다.

---

70 약 20년 주기로 나타나는 우주 댄스 또는 행성들의 퇴행운동이라고도 한다. 목성과 토성이 실제로 서로 마주 보고 빙빙 돌거나 운동 방향을 바꾸는 것이 아니라 지구의 공전운동 때문에 나타나는 현상이다. 지구가 태양에 더 가까우므로 외행성들보다 더 빨리 태양을 공전하면서 앞서기 때문에 외행성의 위치가 변하는 것처럼 보이는 겉보기 현상이다. 일부 종교학자들은 케플러를 인용해 BC 7년 이런 현상이 물고기자리에서 세 번 일어났다고 하였는데, 대근접은 794년을 주기로 나타난다고 한다. 영국 천문학자 세이무어는 BC 7년 9월 15일 처녀자리로 태양이 진 후 동쪽 하늘에 이 현상이 나타났다고 주장했다.

71 BC 6년 4월 17일 실제로 행성 정렬 천문 현상이 일어났다고 미국 인디애나주 노틀담대학 그랜트 매튜스 교수와 창조과학회 김명현 박사가 주장했다.

쌍어궁은 유다와 사마리아, 곧 팔레스티나 지역을 상징하고 이전 시대의 종말임과 동시에 새 세상을 의미하며, 목성은 주신 마르두크이자 선한 왕의 별이니 곧 당신네가 그토록 기다리던 통치자 메시아를 상징한다고 해석할 수 있습니다. 토성은 악한 왕, 금성은 비너스, 곧 어머니의 별이며, 달은 처녀의 신 셀레네Selene이자 가브리엘 천사를 상징합니다. 따라서 '유다와 사마리아를 넘어 세계를 통치할 신의 아들인 전륜성왕이 동정녀에게서 태어날 것임을 가브리엘 천사가 이미 어딘가에 예고해주었다'라고 해석할 수 있습니다. 그 새로운 왕은 악한 왕의 압제를 이기고 우뚝 설 것이며, 장차 물고기자리를 대표하는 또 하나의 신인이 될 것입니다. 미트라가 양자리 신인으로서 황소자리의 낡은 신앙을 떨쳐버리고 피로 재생한 이 시대의 신인이 되기 위해 황소희생제 의식을 제정한 것처럼 새로운 왕은 어떠한 방법으로든 이전의 신앙이었던 양자리 신앙을 초탈하고 그의 피로 부활하기 위해 양 희생제를 치르고 물의 의식을 제정할 것입니다.

　그리고 미트라와 모든 신인처럼 태양이 염소자리를 지날 때 태어날 가능성이 큽니다. 그는 미트라나 자라투스트라, 디오니소스를 위시한 지중해의 모든 신인보다 더 위대한 신인이 되어 인류를 구원할 것입니다. 그런데 하필 이런 때 월식이 발생했으니, 이는 현재의 왕에게 재앙이 겹쳐 올 것을 예고하므로 더더욱 근신해야 합니다."

　그 말에 헤로데는 불안감을 감추지 못했다.

　"신인인 그 왕이 태어나 현재의 왕을 살해합니까?"

"그렇지는 않을 것입니다. 그러나 온 세상의 백성이 현재 이 땅의 모든 왕보다 그를 더 숭앙할 것입니다."

"재위 중인 왕에게 재앙이 닥친다니, 백성들이 반란이라도 일으킨단 말이오?"

"거기까지는 알 수 없으나 왕의 운명이 다했다는 뜻입니다. 그는 세상의 모든 권한을 가지실 분이므로 유다 왕뿐 아니라 이 땅이 모든 왕의 권한과 기운이 쇠할 수 있습니다. 그러나 그를 섬기는 왕은 그 신인의 힘으로 온 세상을 지배하게 될 것입니다."

헤로데는 제사장과 율법학자들을 급히 소집하여 왕이 태어난 곳이 어디인지 알아보라고 했다. 찾아서 죽여버릴 속셈이었다. 제사장과 율법학자들은 선조로부터 전해 내려온 예언서들을 샅샅이 살피고 하나하나 해석해 마침내 가장 가까운 예언을 찾았다.

"신은 자신의 뜻을 백성의 입을 통해 말한다고 했습니다. 이미 사람들 입에 오르내리고 있는 곳, 유다의 베들레헴입니다."

"왜 베들레헴인가?"

"미카의 예언서에 '유다 땅 베들레헴아 너는 유다의 주요 고을 가운데 결코 가장 작은 고을이 아니다. 너에게서 통치자가 나와 내 백성 이스라엘을 보살피리라'[72]라고 기록되어 있습니다."

헤로데는 동방의 마기를 불러 베들레헴으로 가보라고 했다.

"가서 그 아기를 잘 찾아보시오. 나도 가서 경배할 터이니 찾거

---

[72] 〈마태오 복음서〉 2:6. 〈미카서〉에는 '베들레헴아 너는 유다 부족들 가운데에서 보잘것없지만 나를 위하여 이스라엘을 다스릴 이가 너에게서 나오리라'(5:1)라고 기록되어 있다.

든 왕궁으로 돌아와 꼭 말해주시오."

헤로데의 부탁에서 마기는 악한 마음을 읽었다. 그들은 헤로데의 판단을 흐리게 할 심산으로 제법 의미심장한 말을 남겼다.

"유다 학자들이 예언서를 뒤져 베들레헴이라고 판단했으므로 가보기는 하겠지만, 왕은 왕족에서 태어나는 것이지 아무 힘도 없는 평민이 하루아침에 왕이 될 수는 없습니다. 그러니 왕궁의 왕족 중에서 혹시 아이가 태어났는지 찾아보시기 바랍니다. 또 목성이 쌍어궁으로 들어갔다는 것은 왕족 중 한 명이 커다란 세력을 규합한다는 뜻이며, 이는 현재의 왕이 운명이 다하여 신망이 두터운 왕자가 뒤를 이을 수도 있다는 뜻도 됩니다."

그 말을 들은 헤로데는 골똘히 생각에 잠겼다. 마기는 그의 눈빛을 스치는 살기를 보았다. 헤로데는 그 짧은 순간에 세상을 뒤흔들고도 남을 모사를 계획했음이 틀림없어 보였다.

헤로데는 마기에게 말을 내주고 군사를 보내 호위해주겠다고 선심을 썼다. 헤로데의 악명을 익히 들은 바 있는 마기는 그의 속셈을 짐작하고는, 군사를 대동하면 영의 기운이 혼탁해져 아기를 찾지 못할 가능성이 크다는 말로 단박에 거절했다. 마기는 사제나 율법학자의 동행도 거부했다. 이에 헤로데가 다소 강압적으로 나오자 마기가 경고했다.

"아기를 찾으면 왕궁으로 와서 꼭 알려줄 테니 성급한 행동으로 시리아 총독과 페르시아 왕의 심기를 건드리지 마시지요. 우리는 고국으로 돌아가 왕에게 이 일에 관해 보고해야 하므로 왕의 사자나 다름없습니다. 괜스레 우리를 건드렸다가는 자칫 전쟁이 다시 일어날지도 모릅니다.”

헤로데는 침묵했다.

해가 저물자 마기는 헤로데에게 내일이나 모레쯤, 아니면 그보다 더 늦게 또 한 명의 마기가 올 터이니 베들레헴으로 안내해달라고 부탁했다. 그들은 헤로데의 살기를 뒤로 한 채 베들레헴을 향해 출발했다. 낮에는 별의 기운을 알 수 없기에 일부러 밤에 나선 것이다.

마기가 떠나자마자 헤로데는 궁전 사령관을 불러 귀엣말로 속삭였다. 사령관은 흠칫 놀라더니 두려움에 떨며 바닥에 엎드렸다. 헤로데는 칼을 뽑아 들고, 명령을 따르지 않으면 죽이겠다고 겁박했다. 사령관은 “제가 어찌 세자 전하를…” 하며 머리를 바닥에 박은 채 한참이나 흐느꼈다.[73]

천체의 운행은 제법 많이 변해 있었다. 목성과 토성과 달은 일직선상에 놓여 있지 않았고 금성 대신 목성이 떠오르지도 않았다. 목성은 토성에 한참 앞질러 있고 별들은 쌍어궁을 벗어나려 하고 있었다. 자칫하면 못 찾을지도 몰랐다. 하지만 미트라와 아티스의 탄생일인 동짓날에 목성이 쌍어궁으로 들어갔으므로 그날 탄생한 아이가 만왕의 왕일 가능성이 가장 컸다.

그들은 밤새 걸어 드디어 베들레헴 성읍에 도착했다. 아우구스투스의 칙령 때문에 아직도 베들레헴은 사람들로 북적였다. 마기

---

73 헤로데는 이 무렵 54대 제사장 마티아(맛디아)를 파면했는데 공교롭게도 그날 밤 월식이 일어났다. 며칠 후 세자 책봉 문제로 골치가 아프자 장자 안티파테르를 죽였으며 5일 후 사망했다.

는 밤새 걸어온 탓에 피곤한 나머지 쉴만한 공터를 찾아 간단한 천막을 치고 우선 잠을 청했다.

어디서부터 찾아야 할지 막막하던 마기는 어둠 속에서 헤맸다. 가도 가도 끝이 없는 길은 밤안개에 묻혀 있었고, 조그만 불빛을 만나 안도의 숨을 내쉬며 다가가면 이상하게도 출발했던 자리로 돌아와 있었다. 마치 허공 속을 거닐 듯이 허우적댔다. 견디다 못해 아후라 마즈다와 그의 사자 자라투스트라에게 제발 왕의 집으로 안내해달라고 기도를 올렸다. 그런 다음 고개를 드니 밤하늘의 별처럼 눈이 반짝이는 꼬마 아이가 앞에 서 있었다. 하늘의 별을 닮은 눈의 꼬마라니, 신의 계시가 분명했다. 마기는 기쁨에 가득차 꼬마에게 동지 무렵 태어난 아이가 있느냐고 물었다. 꼬마는 자신이 멜기세덱의 화신이며, 대문 앞에 데이지꽃이 피어 있는 집으로 가면 그 아이를 만날 수 있다고 말하고는 종종걸음으로 뛰어갔다. 마기는 꼬마가 사라진 쪽으로 눈을 돌려 보니 걸음마다 데이지꽃이 피어났고 꽃을 따라가 보니 어느 집 누추한 외양간에 다다랐다. 그들은 드디어 새로이 탄생한 왕을 찾았다는 탄성을 지르다 꿈에서 깨어났다.[74] 별이 총총거리는 늦은 밤중이었다.

마기는 신에게 감사 기도를 드리고 꿈에서 안내받은 대로 찾아가 보니 아니나 다를까 요셉과 마리아 부부가 아기를 안고 앉아

---

[74] 전설에는 예수가 태어났을 때 미소년 형상을 한 별이 밤하늘에 나타나 동방박사에게 예수를 찾으러 떠나라고 했다고 한다. 그리하여 베들레헴에 왔을 때 아기 예수가 어디에 있는지 알아낼 수 없자 멜기세덱이 나타나 황소눈 데이지꽃이 피어 있는 집으로 찾아가라고 가르쳐 주었다고 한다. 이 글에서는 꿈으로 처리했다.

있었다. 요셉과 마리아는 조상들이 이방인마저도 반갑게 손님으로 맞아 대접했듯이 세 명의 마기를 영접했다.

마기는 보자마자 이 아기가 장차 세상을 구원할 왕이 될 것을 직감했다. 그들은 아이를 받아 안고 이리저리 살펴보았다. 갓난아이지만 전륜성왕이나 붓다가 몸에 갖추었다는 32상이 드러나 보였다. 마기는 이 아이가 잉태된 과정과 잉태할 때의 징조, 태어난 날 등을 꼬치꼬치 물었다. 요셉과 마리아가 질문에 번갈아 가며 대답해주자 그들은 무릎을 꿇고 절했다.

"자라투스트라의 아버지 푸루샤스파가 어머니 두도바가 출산 사흘 만에 죽자 마구간에서 자며 아기를 돌봤다는 전설이 있는데, 이곳도 마구간이군요. 우연의 일치치고는 상당한 의미가 있습니다.

이 아이에 관한 모든 것이 예언과 일치합니다. 그러나 우리의 점괘와 희망과는 달리 이스라엘 남북왕조나 하스모니안 왕가의 직계가 아니라는 점, 최소한 사제의 후손이어야 하지만 그도 아니며 혈통을 알 수 없다는 단 하나의 결핍이 있습니다. 예언에 부합하는 또 다른 아이가 분명 존재해야 하지만 찾아 나서기에는 증거도 여력도 시간도 없습니다. 당신들의 조상 야곱이 형 에사우에게 내려질 축복을 가져가 계보를 이은 것처럼 이 아이에게 그러한 일이 반복될 수도 있겠지만, 신께서 여러 징표를 보이시면서 우리를 이 가정으로 인도하였으므로 이 아이가 메시아임을 확신합니다. 우리는 당신들의 탄생 의식이나 왕을 맞이하는 의식을 알지 못합니다. 또한 전륜성왕이 태어났을 때 어떤 의식을 치러야 하는지도 모릅니다. 별수 없이 고대로부터 구전되어온 각 종교나 미스테리 아에서 신인을 맞이하는 의식을 거행할 수밖에 없습니다. 이 의식 의 내용을 하나씩 설명해드릴 테니 거부하지 말아주십시오. 마침 내일이 키벨레와 마티스의 축제인 메갈렌시아의 힐라리아Hillaria일 인데, 이날 디오니소스 미스테리아 축제인 안테스테리아[75]를 곁들 여 거행하기도 합니다. 내일 새벽부터 이곳 사람들도 축제를 벌일 테니 그때 의식을 거행하면 그 누구도 우리 의식을 의심하지 않을 것입니다. 그러니 아이의 신분이 드러나지도 않을 테고 안전할 것 입니다."

마기가 왕이자 신인의 탄생 의식을 거행하겠다고 하자 요셉과 마리아는 당황했다. 저들은 이교도이자 이방인인 데다가 살육을 서슴지 않는 헤로데나 소요를 용서치 않는 로마가 이 사실을 알면 가만 있을 리 만무했기 때문이었다. 마기는 헤로데에게 일체 비밀 로 할 것이며, 조용히 지나갈 수 있으니 로마를 걱정하지 않아도 된다고 안심시켰다. 또 이 아기는 다른 신인들과 달리 특정 종교 나 지방의 구원자가 아니라 온 인류의 구원자가 될 터이니 누구든 경배할 수 있어야 한다며 멀리 페르시아에서 이곳까지 목숨 걸고

---

[75] 술의 신 디오니소스를 기념하기 위한 아테네의 축제로, 봄의 시작과 지난해 창고에 보관했던 포 도주의 숙성을 축하하기 위해 매년 안테스테리온(2~3월)에 3일간 열렸다. 첫째 날에는 새로 개봉 한 술통의 술을 디오니소스에게 바쳤고, 둘째 날에는 술 잔치를 벌였으며, 셋째 날에는 죽은 사 람들을 위한 축제를 벌였다. 이 축제 기간에는 죽은 사람의 영혼이 지하 세계에서 올라와 지상을 걸어 다닌다고 믿었으므로 사람들은 악령으로부터 보호받고자 산사나무 잎사귀를 씹고 문에 타 르를 칠했다. '쓴 나물 먹기와 문설주 칠하기'는 유다인, 가나안 지역의 풍습이기도 했던 것으로 보아 당대 지중해 지역에 널리 퍼져 있던 축사逐邪 의식으로 판단된다.

찾아온 자신들의 경배 의식을 허락해달라고 부탁했다.

마리아와 요셉이 허락했다. 마기는 가방에서 의식에 필요한 도구들을 꺼내 준비하기 시작했다. 먼저 그들이 숭배하는 불을 피웠다.

자라투스트라의 불에는 세 등급이 있다. 가장 낮은 등급인 아타시 다드가Atash Dadgah는 '정해진 장소'라는 뜻으로, 간단한 예식에서나 가정에서 기도드릴 때, 결혼 예식, 초신자 입회식 때 피운다. 60센티미터 높이의 금속 항아리 위에 접시를 놓고 거기에 불쏘시개를 준비한 다음 인도산 백단나무 가지를 올려놓고 불을 지핀다. 타다 남은 재를 이마에 묻히기도 한다.[76] 숨이 닿거나 침이 튀지 않도록 마스크를 써야 하며 입으로 불어 끄면 안 된다. 자라투스트라교도가 아닌 사람도 볼 수 있는 불로, 식이 끝나면 밖에 내놓아도 무방하다.

두 번째 등급의 불은 아두르 아두란Adur Aduran이라고 하는데, '불 중의 불'이라는 뜻이다. 무사 계급을 상징하며 여러 계층 다양한 사람의 불씨를 가져와 성전에서만 피운다. 절대 꺼지면 안 되기에 성직자가 하루 다섯 번 나무를 집어넣어 지핀다.

가장 높은 등급의 불인 아타시 바흐람Atash Bahram은 '승리의 불'이다. 대성전의 불로, 왕과 왕족을 상징한다.

마기는 아기가 왕이고 아버지 요셉이 왕족 다윗의 후손이므로 아타시 바흐람의 불을 피웠다. 그들은 자라투스트라 대성전의 불

---

76 가톨릭의 재의 의식과 비슷하나 참회의 의미는 없으며 불에 대한 경배심을 나타낼 뿐이다.

꽃을 역청을 부은 항아리에 심지를 돋우어 옮겨 붙이고는 꺼지지 않도록 노심초사 철저히 간수해 여기까지 가져왔다. 물론 이 불을 대성전 밖에서 피워서는 안 되지만, 바로 이곳이 왕 중 왕이 있는 곳, 즉 대성전을 상징하는 곳이기에 그들은 새로운 세상을 다스릴 왕을 위해 교리를 어기면서까지 불을 가져온 것이다. 마기는 기도를 드렸다.

"정결한 마음으로 이 제물과 기도를 드립니다. 오 불이여, 이 제물은 선한 제물이며, 자비를 구하는 제물이며, 아후라 마즈다 아들이신 당신으로부터 온 제물입니다. 당신께 드리기에 알맞은 나무를 바치고, 그에 알맞은 향을 바치고, 그에 알맞은 기름을 바치게 하소서. 이 집안에서 타오르소서. 이 집안에서 영원히 타오르소서. 이 집안에서 불꽃이 피어나게 하시며, 그 불꽃이 더 커지게 하소서. 이 세상이 다시 강하고 바르게 회복될 때까지, 이 세상이 다시 강하고 바르게 회복될 때까지, 영원히 피어나소서. 네메세-테 아타르슈 마즈다오 아후라헤 후다오 마지슈타 야자타Nemesse-Te Atarshu Mazdao Ahurache Hudao Magishuta Yazata."[77]

이 말은 '만세, 오 아후라 마즈다의 불이여, 오 자비가 넘치는 가장 위대한 영혼의 보호자여!'라는 뜻이다.

기도가 끝나고 마기들은 미스테리아 의식을 위해 도구를 꺼냈다. 소나무로 만든 십자가에는 인형이 양팔과 다리가 묶인 채 달려 있었는데 그 나무 아래에는 '오르페우스 바키코스', 즉 '오르페

---

77   나종근 지음, 앞의 책, 30쪽.

우스**78**가 바쿠스가 되다'라고 쓰여 있었다. 그리고 방울, 탬버린, 심벌즈 등의 악기도 꺼내 준비했다. 그들은 특히 십자가를 소중히 여겼는데 다음과 같이 설명했다.

"십자가는 고대 민족 사이에서 종교적 상징으로 쓰였고 지금도 그러합니다. 바빌로니아인이나 칼데아인은 하늘의 신인 아누Anu의 상징으로 등변십자가를 사용했고, 고대 이집트인은 영생의 상징으로 바퀴 달린 십자가를 사용했습니다. 또 그리스의 신 아폴론은 십자형의 홀笏을 가지고 있고, 게르만의 신 토르는 십자 모양의 망치를 가지고 있지요. 또 인도에서는 옛날부터 만자卍字(갈고리형 십자가)가 사용되고 있습니다. 힌두교에서는 가네샤라 불리는 남성적 원리를 상징하는 오른쪽 어깨가 올라간 갈고리형 십자가가 있으며, 반대로 왼쪽 어깨가 올라간 갈고리형 십자가 사우바스티카는 칼리라 불리는 여성적 원리를 상징한답니다. 그 외에도 십자가는 고래로부터 페르시아인, 페니키아인, 에트루리아인, 로마인, 갈리아나 브리타니아의 켈트족 사이에서 종교적 의의를 가지고 널리 사용되고 있지요. 신의 사자인 자라투스트라는 수행 중 동녘에서 떠오르는 십자 모양의 별을 본 다음 이를 상징으로 삼았답니다. 우리는 종교와 국가와 민족과 인종을 가리지 않고 이 모든 사상과 의식을 수용하여 십자가를 받듭니다. 아기 예수도 모든 인류

---

78 오르페우스교는 기원전 7세기 무렵에 고대 그리스에 퍼져 비밀 의식을 행하던 종교다. 신화 속 오르페우스를 종조宗祖로 하며, 인간은 진정한 영혼이 사악한 육체에 잡혀 긴 윤회의 업業이 계속되므로 금욕 생활로 구원을 받아야 한다고 주장하였다. 초기 기독교 영지주의에 많은 영향을 끼쳤다.

와 종교와 사상을 포용한다는 뜻에서 훗날 이 십자가를 상징으로 삼았으면 좋겠습니다."

자정이 막 지나자 마리아에게 아기를 안게 하고는 의식을 거행하기 시작했다.[79]

"온 땅의 주께서 태어나신다. 그대 신성한 사람의 아기여, 지상의 왕이여, 지하 세계의 왕자여!"

이는 이집트 오시리스 탄생일에 거행하는 의식이었다.

"신성한 아기가 태어나 우리에게 온다. 우리에게 '히오스 투 테오Hyios tou Theou, 곧 하느님의 아들이 온다."

이는 엘레우시스의 디오니소스 탄생일에 거행하는 의식이었다.

"구원의 별이 동방에 나타났다!"

이는 아이온의 탄생일인 1월 6일에 거행하는 의식이었다. 아주 먼 옛날에는 1월 6일이 동지였다. 구원의 별이란 베누스Venus인데, 이는 신인의 배우자 이름이기도 하다. 이집트에서는 이시스를 지칭하며, 그 별은 시리우스로 선원들의 수호신이다.

"마리아께서는 앞으로 영원히 이시스의 별명인 '바다의 별', 곧 '스텔라 마리스Stella Maris'가 되어주십시오."

그들은 악기를 연주하며 노래 부르기 시작했다. 고대로부터 전해오는 이집트의 시라고 했다.

그분이 태어나셨네! 그분이 나셨네! 어서 와서 찬미하라!

[79] 이하 기도문은 티모시 프릭·피터 갠디, 앞의 책, 54~59쪽 재인용.

생명을 주시는 어머니들, 그분을 잉태한 어머니들이여

새벽을 밝히는 하늘의 별들이여

아침의 별, 오, 그 조상들이여

여자들과 남자들이여, 어서 와서 찬미하라!

아기가 밤에 나셨네.

그분이 태어나셨네! 그분이 나셨네! 어서 와서 찬미하라!

다우트(지하 세계)에 사는 자들이여, 기뻐하라.

하늘의 신들이여, 가까이 와서 그분을 보라.

지상의 인간들이여, 어서 와서 찬미하라!

그분 앞에서 절하고, 그분 앞에서 무릎을 꿇어라.

왕이 밤에 나셨네.

그분이 태어나셨네! 그분이 나셨네! 어서 와서 찬미하라!

빛나며 변하는 달님처럼 어리네.

하늘 위로 그분의 발자취가 퍼지네.

별들은 쉬지 않고 별들은 지지 않네.

하느님이 몸소 잉태시킨 아기를 경배하라!

하늘과 땅이여, 어서 와서 찬미하라!

그분 앞에서 절하고, 그분 앞에서 무릎을 꿇어라!

그분을 경배하고 찬미하라, 그분 앞에 엎드려라!

신이 밤에 나셨네.

노래가 모두 끝나니 한 사람은 횃불을 들고, 또 한 사람은 소나무 십자가를 들고, 또 한 사람은 인형의 두 손, 두 무릎 그리고 머리에 십자가 표시를 했다. 십자가 표시는 자라투스트라의 기호이자 상징이라고 재차 강조한 다음 마리아를 향했다.

"오늘 이 시간에 동정녀 코레가 아이온을 낳았도다!"

이는 아이온 탄생 축일의 절정에 포고하는 내용이었다.

"이와 같이 동정녀 마리아가 신인 예수를 낳았도다!"

마지막으로 마기[80]는 이렇게 포고하고는 한참이나 기도를 드린 다음 아기 예수 앞에 엎드려 경배했다.

"의식이 모두 끝났습니다. 이제 준비해온 선물을 드리겠습니다."

인형에 십자가를 그었던 백발이 성성한 마기가 먼저 선물을 드렸다.

"저는 멜키오르[81]라고 합니다. 여기 황금을 받으십시오. 이는 아기 예수가 신의 독생자이자 장자이며 왕으로 오셨다는 뜻입니다. 권력으로 세상을 다스리는 왕이 아닌 사랑으로 사람을 다스리는 전륜성왕이 되십시오."

이어서 소나무 십자가를 들었던 수려한 용모의 청년 마기가 말

---

[80] 8세기 무렵 〈Excerpta latina barbari〉라는 연대기에는 3명의 박사 이름이 '비디사리아', '멜리오르', '가다스파'로 나타난다.

[81] 서방교회의 전승에 따르면 멜키오르(멜콰이어)는 페르시아의 왕, 발타사르(발타살)는 아라비아의 왕, 가스파르(캐스퍼)는 인도의 왕이라고 한다. 이들로 추정되는 유해가 5세기 말 콘스탄티노폴리스에서 밀라노로 전해졌다가 12세기에 현재의 독일 쾰른성당으로 옮겨졌다. 이들은 여행자의 수호신으로 추앙받는다. 축일은 7월 23일이다.

했다.

"저는 가스파르입니다. 여기 유향(보스웰리아)을 드립니다. 신을 경배할 때 유향으로 의식을 행하지요. 신께서 가장 좋아하시어 흠향하신답니다. 이는 아기 예수가 대사제라는 뜻입니다. 자라투스트라가 아후라 마즈다의 예언자이듯이 하느님과 인간을 잇는 다리가 되어주십시오."

마지막으로 횃불을 들었던, 머리에 둥근 터번을 두르고 풍채가 늠름한 중년의 마기가 말했다.

"저는 발타사르입니다. 여기 몰약을 받으십시오. 아도니스 어머니의 몸이자 태아 아도니스를 감싸 죽지 않게 보호했던 스미르나(몰약나무)는 신인 축제에 사용하는 신성한 방향제로 부패를 막는 약입니다. 이는 곡물의 씨앗이 껍질로부터 보호받아 썩지 않고 땅에 묻혀 있다가 어머니 스미르나의 배를 가르고 태어난 아도니스처럼 두꺼운 껍질을 뚫고 싹을 틔운다는 뜻이 담겨 있습니다. 성년이 된 예수가 다른 신인들처럼 구원자가 되기 위하여 인신공희의 제물이 되어 죽음을 맞이하게 된다면, 몸이 썩지 않도록 발라 아도니스와 아티스와 디오니소스처럼 그리고 우리의 양식이 되는 곡물처럼 부활하시기 바랍니다. 마침 이곳이 '빵집'이라는 뜻의 베들레헴이지요. 아도니스는 곡물의 신이니 훗날 예수의 몸이 세상 사람들을 위한 나눔의 빵이 되어 인류의 영혼을 살찌우고 그들을 구원하시길 바라는 마음에서 바칩니다."

멜키오르가 말했다.

"같이 오기로 했던 또 다른 마기가 며칠 내로 당도할 것입니다.

이름은 알타반인데, 우리보다 더 현명한 마기이므로 반드시 찾아올 것입니다. 함께 오던 도중에 병자의 마을에서 병든 자들을 치료하느라 늦어졌는데, 별의 징표가 사라지기 전 어서 왕을 찾아야 한다는 열망에 우리만 먼저 오게 된 것입니다.

알타반은 루비와 청옥과 진주를 예물로 준비했다고 했습니다. 루비는 신이 창조한 만물의 열두 보석 중 가장 고귀한 보석의 왕이며, 신의 명령에 따라 모세의 형이자 대사제인 아론의 가슴을 장식한 돌[82] 중 첫 번째 것입니다. 유다 종족을 나타내는 보석으로, 돌 위에 유다의 명칭이 새겨졌다고 합니다. 정열, 행운을 의미하지만 아기 예수가 장차 다른 신인처럼 흘릴 피의 색깔과 같습니다. 청옥(사파이어)의 빛은 하느님이 뿜어낸 광선의 빛으로 신의 지혜를 뜻하며, 세피로트 나무[83]의 기하학적 도형의 근원입니다. 아기 예수가 하느님의 아들이자 인간이며 소피아, 즉 지혜와 깨달음을 얻을 것이라는 뜻으로, 무지한 인간들에게 깨달음의 지식(그노시스)을 가르쳐준다는 의미지요.

그리고 진주는 보석의 여왕이므로 마리아 님을 위해 준비했다고 합니다. 부귀와 영화와 장수를 상징하지만 아픔과 눈물이란 뜻도 있답니다. 마리아 님은 장수하여 자식보다 오래 살 것이기에 장차 아기 예수가 다른 신인들처럼 죽음을 맞이할 때 그 최후를 보고 진주 방울만큼 커다란 눈물을 흘릴 것이며, 예수가 부활하고

---

[82] 〈탈출기〉 28:17~21. 야훼는 모세와 아론에게 제사장의 제복 중 가슴받이에 한 줄당 3개씩 4줄의 보석(각 보석은 열두 지파를 상징)을 각각 금테에 박아 부착하라고 했다.
[83] 세피로트의 나무(생명나무)는 유대교의 신비주의 종파인 카발라에서 사용하는 문양이다.

난 뒤 천주의 성모로, 인류의 어머니로 추대받을 것입니다."

마기는 아기의 머리에 물을 뿌렸다. 그런 다음 햇불을 아기 주위에 두르더니 황금빛 꿀을 아기의 입술에 바른 뒤 땅 여기저기에 뿌렸다. 마기는 외양간의 황소에게 다가가 쓰다듬고는 머리에 입을 맞췄다.

"너는 미트라 타우로볼리움(황소희생제)의 제물이 되어주었도다. 너로 인해 신인이 재생되었고 이제 너의 시대는 끝이 났도다."

그러고는 요셉과 마리아에게 설명해주었다.

"미트라교 최대 의식인 황소희생제에 바쳐진 황소는 밑으로 구멍이 뚫린 제단 위에서 죽임을 당하는데, 제단 밑에 서 있는 입문자는 구멍을 통해 흘러내린 피로 몸을 씻어 '재생(중생)'된다고 합니다. 지금은 미트라의 기운이 쇠하고 추종자가 많지 않아 경제적 여유가 없기에 직접 황소를 잡는 대신 제단 위에 황소 그림을 붙여놓고 피 대신 포도주를 뿌리거나 마시면서 거행하지요. 가난한 자들은 황소를 제물로 바칠 수 없기에 크리오볼리움, 즉 '양의 피로 씻김' 의식을 거행합니다."

이번에는 당나귀에게 다가갔다.

"너는 오시리스를 살해한 세트 신이 신성시한 동물. 고대 이집트에서는 오시리스 축제 때 그에 대한 보복으로 너를 벼랑 아래로 밀어 죽였지. 또 아테네에서 엘레우시스로 가는 신성한 길에 너는 디오니소스의 우상을 만들 신성한 바구니를 날랐지. 나귀 너는 인간 세상에서 마지막으로 활동하는 신인 예수를 태우고 예루살렘에 입성해주려무나."

의식이 모두 끝나고 마기들은 요셉과 마주 앉았다.

"자라투스트라가 아직 깨달음을 얻기 전 본명이 스피타마였지요. 그도 역시 다른 사람들처럼 현자 자라투스트라가 나타나 세상을 구원해주길 기다렸고, 당대 최고의 현자와 만나 대화를 나눴답니다. 자신이 아후라 마즈다의 예언자 자라투스트라가 될 줄 모르고 말입니다.

현자가 '고대 페르시아에서 가장 훌륭했던 전설의 왕 루스탐의 아들이 죄 많은 인간을 심판하러 세상에 나타날 것입니다. 그가 구세주 사오시안트(사오샨츠)입니다'라고 말했답니다. 익히 예언의 내용을 알고 있던 스피타마는 '사오시안트가 올 것을 알릴 예언자 자라투스트라가 세상에 이미 태어났다고 하며, 그가 30세 되는 해에 구세주 강림을 선포한다는 예언이 널리 퍼져 있습니다. 저는 기필코 자라투스트라를 찾아 만나겠습니다'라고 답했다 합니다. 결국 스피타마는 30세에 예언자 자라투스트라가 되어 10년간 산속에 머물며 고독 속에서 자신의 정신세계를 탐구한 후 마침내 세상에 모습을 드러냈습니다.

이스라엘 역사에서 가장 훌륭했던 왕인 다윗 대왕의 후손이 양아버지이며 동정녀의 아들인 이 아이가 자라투스트라보다 더 위대한 예언자이자 구세주가 되어 세상을 구원해주길 기원합니다."

그들은 떠날 채비를 마친 다음 점괘를 보더니 예루살렘으로 가서 헤로데에게 말해야 할지, 아니면 그냥 돌아가야 할지 한참을 논의했다. 그들은 요셉 부부에게 헤로데를 만난 일을 전하며, 이아기의 존재를 알면 헤로데가 반드시 죽이려 할 테니 당신의 신에게 의지하여 그분이 내리실 신탁대로 하라고 했다. 오늘의 의식과 자기들에게서 들은 이야기, 심지어 자기들을 만난 사실조차 절대 누구에게도 말하지 말라면서, 언제라도 피난 갈 준비를 하고 헤로데의 영향력이 미치지 않는 이집트나 페르시아로 가라고 당부했다. 떠나는 그들에게 마리아가 말했다.

"저희에겐 지혜로운 분들께 드릴 예물이 없습니다. 박사들께서 아기 예수를 위해 성스러운 의식을 거행해주셨으니 기념으로 아기를 감싼 포대기라도 가져가신다면 좋겠습니다."

마기는 서로 상의하더니 먼 훗날 아기 예수가 성인이 되었을 때 다시 만난다면 이것이 양자 사이의 믿음과 영광의 징표가 될 것이라며 기쁘게 받아 입 맞춘 뒤 고이 접어 의례용구 사이에 소중히 넣었다.

그들은 동쪽 하늘의 밝은 별을 따라 자기 나라로 무사히 돌아가 왕에게 모든 일을 이야기했다. 또 아기 예수를 감쌌던 포대기를 왕에게 보이고, 그 나라 관습에 따라 신의 불을 피우고 축제를 벌여 포대기를 숭배했다. 불에 포대기를 던지자 불이 이를 받아 보호했고, 불이 다 타 꺼질 때까지 포대기는 전혀 타지 않고 그대로 있었다. 왕을 비롯한 그 나라 백성은 포대기에 최고의 존경을 표하고 보물 창고에 넣어 보관했다. 그들은 소원을 빌 때나 몸이 아플 때 포대기에 기도했고, 그때마다 모든 것이 이루어졌다고 한다.

마기, 곧 동방박사들이 떠나간 새벽 무렵, 마구간 멀찌감치에서 이를 지켜보던 소녀가 있었다. 마들렌은 성가정이 처음 이곳에 왔을 때 추위에 떠는 마리아와 품속의 아기 예수를 위해 양피로 만든 이불을 건네준 양치기였다. 마들렌은 매일같이 남몰래 마구간 근처로 와서 피리로 자장가를 연주해주곤 했다. 하지만 가난한 탓에 더 드릴 게 없어 슬피 울다 잠이 들었다. 그날따라 갑자기 추워져 제법 많은 눈이 내렸다. 그때 가브리엘 천사가 나타나 왜 우느냐고 물었다.

"장미꽃으로 구유를 장식하고 싶은데, 저는 가난해서 꽃을 사서 바칠 수가 없어요. 아직 겨울이 끝나지 않아서 꽃을 구할 수도 없고요."

이에 감명받은 가브리엘 천사는 마들렌 주위의 눈 덮인 땅을 날개로 쓸어 내고 언 땅을 녹여 연분홍 무늬가 들어간 흰 장미꽃이 만발하게 했다. 마들렌은 그 꽃을 한 아름 꺾어 아기 예수가 누운 구유와 마리아의 침상을 한껏 장식했다. 그런 뒤 밖에 나와 보니 장미꽃밭은 흔적도 없이 사라지고 없었다. 마들렌은 놀라 울먹이다가 꿈에서 깨어났다. 혹시나 해서 마구간에 들어가 살펴보았더니 꿈에서 열심히 장식했던 꽃은 보이지 않았다. 대신 장미 향이 마구간에 가득했고, 아기 예수의 머리맡에는 연분홍 무늬가 있는 장미꽃잎 하나가 놓여 있었다. [84, 85]

---

84 본래 전설에서는 마들렌이 세 명의 목동과 함께 예수 탄생을 경배하러 동굴로 가서 아기 예수에게 양피 이불을 덮어준다. 그리고 마들렌이 장미꽃을 바치고 싶어 하자 가브리엘 천사가 꽃밭을 만들어준다. 여기에서도 전설을 꿈으로 처리했다.

85 이 아름다운 이야기를 프랑스 시인 에밀 블레몽은 이렇게 읊었다. "가난하여 바칠 황금이 없더라도 / 대지가 꽁꽁 얼어 하늘이 내리신 꽃이 없더라도 / 오롯이 오신 만민의 왕께 마음 바치나니 / 이것이 바로 성탄 장미 전설일진저."(다음 블로그 '아침의 까치 소리' 참조)
이 꽃을 성탄장미(니게르헬레보루스Helleborus niger)라고 한다.

238

■ 과월절

과월절Pascha, Passover은 유월절 또는 해방절이라고도 한다. 과월過越은 '지나치다', '거르고 지나가다'라는 뜻인데, 이스라엘 백성이 이집트를 탈출하기 전날 밤 야훼가 이집트 파라오의 장남을 비롯한 맏물을 모두 죽였지만, 이스라엘 백성의 집에는 어린 양의 피를 문설주에 바르게 하여 그 표지가 있는 집은 그냥 지나쳤다는 고사에서 유래했다.

　　본래 과월절 축제는 유목민이었던 유다인의 고대 명절에 지켰던 행사다. 춘분이 지난 첫 만월 무렵인 니산월 14일에 그해 태어난 양의 맏물을 잡아 그 피를 문설주에 발라 가축의 번성을 기원했으며 내장과 기름은 신에게 번제로 드리고 고기는 통째로 구워 가족이 나눠 먹었다. 누룩 없는 떡을 먹는 축제(무교절)는 가나안 토착 농경민의 명절이었다. 처음 수확한 곡물로 무교병(무효병)을 만들어 신에게 수확에 대한 감사를 드리고 새해의 풍년을 기원하며 바쳤는데, 역시 니산월 14일부터 일주일간 축제를 즐겼다. 고대 유다인이 가나안에 정착하면서 동화되고 혼합된 이 두 축제는 모세 시대 이후로 이집트로부터의 해방을 기념하는 의미가 더해져 해방절 축제가 되었다. 나중에는 천지창조, 아브라함에게 내린 약속의 실현 및 미래에 올 메시아의 해방이라는 의미까지 더해졌다. 과월절은 민족의 해방을 의미하는 경축일이자 하느님 은혜의 표징이 되었다.

　　빠스카 예식은 당년 치의 흠 없는 어린 숫양, 즉 빠스카 양을 죽이는 데서 시작되었다. 사제는 성전으로 인도된 이 양을 트럼펫 소리에 맞추어 잡아서 그 피를 제단에 뿌리고 키드론 골짜기로 흘려 보냈으며 내장과 지방은 불에 던져 태웠다. 가정에서는 온 가족이 모여 가장의 주도 아래 양과 쓴 나물과 포도주에 축복을 내린 다음 빠스카 식사를 하였다. 양의 뼈는 부러뜨려서는

안되고(〈탈출기〉12:46, 〈민수기〉9:12, 〈시편〉34:20), 날로 먹거나 삶아 먹어서
도 안 되며, 반드시 불에 구워 먹어야 한다(〈탈출기〉12:9). 식사 도중 중간중
간 〈알렐루야 시편〉(112~117)을 노래하였다. 특별히 이 축제 때 순례객이 많
았기 때문에 로마 총독은 치안 유지를 위해 카이사리아에서 예루살렘에 와
있었다.

과월절(유월절)은 이스라엘의 축제 중에서 가장 신성하고 열광적이었던 축
제이다. 예수는 과월절이 지나고 오는 안식일의 바로 다음 날인 초실절에 부
활했으며 오순절에 최초의 교회(모임)가 만들어졌다.

■ 아티스 신화

프리기아의 전설과 그리스 로마 신화에서는 아티스에 대해 다음과 같이 이
야기한다. 제우스가 프리기아에서 잠을 자다 몽정을 했는데, 그때 흘린 정액
이 땅에 스며들어 양성신 아그디스티스가 태어났다. 올림포스 신들이 양성
합일체가 두려워 그의 남근을 잘라버리자 아그디스티스는 대지의 신 키벨레
여신이 되었다. 디오니소스는 자신의 머리카락으로 피 흘리는 남근을 나무
에 매달아놓았다. 그 피에서 발아한 편도나무(아몬드나무)가 자라 열매를 맺
었는데, 상가리우스강의 딸인 강의 요정 나나가 그 열매를 가슴에 품자 임신
하게 되었다. 화가 난 상가리우스는 나나를 가두어 굶겨 죽이려 했으나 키벨
레의 도움으로 아티스를 무사히 출산했다. 상가리우스는 아티스를 들에 버
렸으나 숫염소와 양들이 보살피는 가운데 아름다운 젊은이로 성장했고, 키
벨레가 그만 첫눈에 반해버렸다. 아티스가 미다스의 딸과 결혼하려 하자 키
벨레가 식장에 나타나 아티스를 미치게 만들었고, 아티스는 스스로 거세하
고 목숨을 끊었다. 땅에 떨어진 아티스의 피에서 제비꽃이 피어났으며, 아티
스는 소나무(전나무)가 되었다. 키벨레는 자신이 한 일을 후회하며 제우스에
게 그의 몸이 썩어 없어지지 않게 해달라고 부탁했다. 그러자 아티스의 머리
카락이 자라났고 새끼손가락이 움직였다.

또 다른 전설에서는 아티스가 죽자 키벨레는 반미치광이가 되어 북을 치
며 온 나라를 돌아다녔는데, 그때 프리기아에 기근이 심하게 들었다. 사람들
이 신에게 묻자 키벨레를 여신으로 받들고 아티스의 제사를 후하게 지내라
는 신탁이 내려왔다. 사람들이 신탁대로 행하고 키벨레를 숭배하자 여신이
된 그녀가 아티스를 부활시켰다.

이 신화는 식물의 일대기를 이야기한 것으로, 자기 거세self-castration와 죽
음, 부활로 겨울 동안 죽었다가 봄이 되면 소생함을 상징적으로 표현한 것이
다.

■ 아도니스 신화

키프로스의 왕 키니라스에게는 미모의 딸 스미르나가 있었다. 왕비 켕크레
이스가 자기 딸이 아프로디테보다 아름답다며 자랑하자 분개한 아프로디테
는 아들 에로스를 시켜 스미르나에게 금화살을 쏘게 했다. 금화살을 맞으면
처음 만난 이성을 사랑하게 된다. 스미르나는 그게 하필 아버지였다. 이를
알게 된 유모가 왕에게 인사불성이 되도록 술을 먹이고 스미르나를 침실에
들여보냈고, 결국 스미르나는 아버지의 아이를 임신했다. 곧 이 사실을 알게
된 키니라스는 격노하여 스미르나를 칼로 찔러 죽이려 했다. 스미르나가 아
버지로부터 도망 다니면서 신에게 도움을 요청하자 아프로디테는 스미르나
를 몰약 나무로 변신시켰다.

아프로디테는 스미르나 나무에서 태어난 아이 아도니스를 상자에 넣고 하
데스에게 데려가 페르세포네에게 맡겼다. 아프로디테는 이후 그를 되찾으
려 지하 세계로 내려갔지만, 아도니스를 사랑하게 된 페르세포네는 이승과
저승을 마음대로 오갈 수 없다는 이유로 돌려주길 거부했다. 두 여신은 다툼
끝에 제우스에게 중재를 부탁했고, 제우스는 아도니스에게 남은 인생의 3분
의 1은 아프로디테와 지내고, 3분의 1은 페르세포네와 지하 세계에서 지내
고, 나머지 3분의 1은 그가 원하는 이와 보내도록 판결했다.

아프로디테를 선택한 아도니스는 지상에서의 삶을 시작했는데, 아프로디테의 케스트스 히마스(마법의 띠)에 홀려 페르세포네를 잊어버렸다. 아프로디테가 올림포스에 올라가야 해서 잠시 헤어질 때 아프로디테는 사냥을 즐기는 아도니스에게 공포를 모르는 동물은 공격하지 말라고 경고했으나 아도니스는 귀담아듣지 않았다. 아프로디테가 떠나고 얼마 지나지 않아 아도니스는 지금껏 본 적 없는 엄청난 크기의 야생 멧돼지에게 물려 죽고 만다. 페르세포네가 아프로디테의 정부인 아레스에게 둘 사이를 말하자 질투가 난 아레스가 변신해 아도니스를 죽인 것이다. 아프로디테는 이 소식을 듣자마자 달려왔지만, 이미 아도니스는 죽어 있었다. 그의 피에 넥타르를 뿌리자 붉은 아네모네 꽃이 피어 올랐다. 아도니스가 죽자 지하 세계의 왕비인 페르세포네가 아도니스를 독점하게 되었고, 이에 아프로디테가 반발하여 두 여신은 다시 싸우기 시작했다. 이에 또다시 제우스가 중재해 6개월은 아프로디테와 보내고, 나머지 6개월은 페르세포네와 보내게 했다.

이 신화 역시 해마다 죽었다가 부활하는 자연의 순환을 나타내는 이야기로, 신화학자들은 아도니스가 씨앗을 의인화한 것이라고 해석한다.

– 위키피디아, 다음백과 참조

■ 오르페우스교Orphism, Orphicism의 특징

오르페우스는 유명한 시인이자 가수였다. 결혼 첫날밤 그의 아내 에우리디케가 뱀에게 물려 죽자 아내를 찾아 저승에 간다. 오르페우스의 노래에 넋을 잃은 하계 왕 하데스와 그의 아내 페르세포네는 오르페우스에게 이승에 도착할 때까지 절대로 뒤돌아보지 말라는 조건을 내세워 에우리디케를 보내주지만 그는 지상에 도착하기 직전 금기를 망각하고 아내가 잘 따라오는지 궁금하여 뒤돌아보고 만다. 아내는 다시 저승으로 갔고 상실감에 빠진 오르페우스는 청혼을 거절당한 디오니소스교 여신도들에 의해 고통 속에서 죽고 말지만 그의 머리는 계속 노래를 불렀다 한다.

신화에서 저승에 다녀 온 신인 및 인간은 헤라클레스, 테세우스, 디오니소스, 아이네이아스, 프시케 그리고 오르페우스까지 여섯 명이다. 기원전 6~7세기 무렵 소수의 현자들은 인간의 육체는 악하며 영혼은 신성하기에 죽은 후에도 불멸한다면서, 오르페우스의 망각에서 영감을 얻어 또 하나의 신화를 창조했다. 그들을 '오르페우스파'로 불렀다. 오르페우스교의 특징은 다음과 같다.

인간의 영혼은 신성 및 불사성을 가짐에도 불구하고, 윤회전생(슬픔의 고리)에 의해 육체적 삶을 반복하는 운명을 지고 있다는 교의. '슬픔의 고리'로부터의 최종적인 해탈. 그리고 신들과의 교감을 목적으로 하고, 비의적인 통과의례(입신의식) 및 금욕적 도덕률을 정하고 있던 점. 생전에 범한 특정의 죄에 대해 사후의 벌칙을 경고한 점. 교의가 신과 인류의 기원에 관한 신성한 서적에 근거하고 있는 점. 이는 후에 초기 기독교(영지주의)에도 영향을 주게 된다.

오르페우스교는 디오니소스교의 영향을 받은 것은 확실하지만 이 둘은 혼합되어 구별하는 게 큰 의미가 없게 되었다. 일부 지역에서 디오니소스에 대한 광신적 신앙은 제재를 받기도 하였다.

고대 부장품이나 조각, 그림 등에서 기독교 신앙과 관련이 있거나 유사한 의례들이 많이 발견되었는데 십자가에 매달린 디오니소스 반지 도장 석고상('오르페우스가 바쿠스가 되다'라는 문구가 새겨져 있음), 십자가 수난 축제, 면류관과 마차가 있는 디오니소스 십자가 수난상, 십자가와 포도를 든 디오니소스 부조, 마법의 지팡이로 무덤에서 죽은 자를 살려낸 디오니소스 부조, 벌거벗은 채 나귀를 탄 디오니소스 그림, 디오니소스 만찬, 아기 디오니소스를 안은 세레네 모자이크 등이 그것으로 디오니소스교와 기독교 간의 경계가 모호한 자료들이다.

– 위키피디아 참조

■ 야훼의 열두 보석: 〈탈출기(출애굽기)〉(28:17~21)

야훼 신은 모세와 아론에게 제사장의 제복 중 가슴받이에 1줄당 3개씩 4줄의 보석(각 보석은 열두 지파를 상징)을 각각 금테에 박아 부착하라고 했다.

	가톨릭 성경	개신교 성경	현대 보석명	이스라엘 지파
첫째 줄	홍옥수	홍보석	루비	유다
	황옥	황옥	토파즈	이사카르
	취옥	녹주옥	베럴	즈블론
둘째 줄	홍옥	석류석	터키석	루우벤
	청옥	남보석	사파이어	시므온
	백수정	홍마노	다이아몬드(또는 크리솔라이트)	갓
셋째 줄	풍신자석	호박	황수정	에브라임
	마노	백마노	애거트	므낫세
	자수정	자수정	애머시스트	베냐민
넷째 줄	감람석	녹보석	베럴	단
	얼룩마노	호마노	오닉스	아셀
	벽옥	벽옥	재스퍼	납달리

4부

이집트로의
피난

영아 살해 명령

◈

헤로데는 조급했다. 사흘이 지났는데도 페르시아 마기로부터 아무런 연락이 없기 때문이었다. 마기의 행적을 알아 오도록 비밀리에 보냈던 궁정 군사들은 그들이 이미 베들레헴을 떠나 유다 영지에서 벗어난 것 같다고 보고했다. 격분한 헤로데는 유다의 모든 아기를 죽여버리라고 명령했다.[1] 그러자 제사장들과 율법학자

---

[1] 가톨릭교회에서는 12월 28일을 '무고한 어린이들의 순교 축일'로 정하여 지킨다. 동방교회는 12월 29일이다. 참고로 동방박사의 예수 방문이 실제라 해도 그때가 언제인지는 전혀 알 수 없다. 예수가 태어난 직후인지, 아니면 3개월 또는 2년 후인지, 다시 말하면 헤로데 사망 당시의 예수 나이나 존재를 알 수 없다는 뜻이기도 하다. 따라서 예수 탄생 설화는 동지와 하지, 양자리에서 물고기자리로 바뀐 춘분점 등 당대의 풍습과 점성술과 메시아니즘과 신인설화(대지모신 신화)가 잘 반영된 천문학의 상징적인 집약체로도 해석할 수 있다.

들이 그 많은 아기를 죽인다면 폭동이 일어날 것이고 그러면 로마 군사들이 더 증강되어 왕권을 잃을 수도 있다며 헤로데를 진정시켰다. 이미 새로운 왕이 태어날 징조가 2년 전부터 나타났고, 태어나리라고 예언된 장소가 베들레헴이므로 그 인근에서 2년 이내에 태어난 사내아이만 제거하면 만사가 해결될 것이라고 조언했다. 헤로데는 일단 로마의 심기를 건드려서는 안 되므로 로마 총독이나 사령관이 알지 못하게 궁중 병사들을 선발하여 보내되 집집마다 샅샅이 뒤져 아이들의 목을 가져오라고 했다. 한편으로는 궁중 사령관에게 장자 안티파테르도 죽이라고 명령했다.

마리아와 요셉은 요란한 말발굽 소리와 신경질적인 말 울음소리에 잠이 깼다. 헤로데가 아기 예수를 찾아 죽일 수도 있다는 마기의 말에 두려워하며 며칠 동안 제대로 잠도 못 자고 신탁을 기다리던 차였다. 주의 천사가 나타나 비몽사몽인 요셉의 어깨를 마구 흔들며 다급히 소리쳤다.

"헤로데가 아기를 죽이려 하니 어서 일어나 아기와 어머니를 데리고 이집트로 피신하고, 내가 알려줄 때까지 그곳에 있어라."

요셉이 깜짝 놀라 정신을 차리고 눈을 떠보니 요란한 바깥 소리에 당나귀가 흥분하여 푸르르거리면서 머리로 요셉의 어깨를 마구 흔들고 있었다. 선잠에서 깬 요셉이 마구간 입구로 가보니 말발굽 소리와 말 울음소리, 군사들의 고함과 여자들의 비명, 무지막지하게 두들겨 맞는 듯한 남자들의 절규가 들렸다. 틈 사이로 밖을 살짝 내다봤더니 횃불이 마을 여기저기에서 어지럽게 돌아다니고 있었고, 지난번 마기와 똑같은 복장을 한 중년 남자가 피를 토하듯 절규하고 있었다.

"왕이여, 신의 아들이여! 어서 피하시오! 그분의 아버지여! 혜로데가 아기를 죽이려 하니 어서 일어나 아기와 어머니를 데리고 이집트로 피신하시오!"

꿈속의 천사가 외쳤던 말 그대로였다. 그 남자는 칼로 아기를 베려는 병사를 붙잡고 통사정하고 있었다. 병사는 남자를 밀어내고 아기를 요모조모 살피더니 서너 살짜리라서 죽일 대상이 아니라며 아기를 돌려주고는 다른 곳으로 가버렸다. 요셉이 넘어진 남자를 부축하려고 나가려 하자 마리아가 요셉의 옷자락을 끌어당겼다. 병사에게 발각되면 아기 예수가 위험해지기 때문이었다. 요셉은 급한 대로 바구니에 아기 예수를 누이고 소의 여물로 덮은 다음 서까래까지 끌어올려 매달아놓았다. 마기 복장의 중년 남자는 사방에 외치며 돌아다녔다.

"왕이여, 신의 아들이여, 동정녀여! 어서 달아나시오! 난 왕에게 바칠 예물을 불쌍한 사람들에게 모두 주었기에 당신에게 줄 선물도 당신을 만날 자격도 없소. 아기 왕을 만나는 게 내 소원이지만 지금은 아닌 듯하오. 살아 있으면 언젠가는 만나는 법. 빨리 도망가시오!"

그 순간 병사 서너 명이 성가정이 머무는 마구간으로 들이닥쳤다. 여기저기를 뒤지다 서까래에 매달린 바구니를 보더니 마리아에게 저게 무엇이냐고 물었다. 벌벌 떨며 한쪽 구석에 숨어 있던 마리아는 겁에 질려 그만 까무러쳤다. 병사 하나가 마리아의 몸매를 유심히 살피더니 가슴이 크고 몸의 부기가 빠지지 않은 것으로 보아 젖먹이가 있음이 분명하다고 다그쳤다. 또 다른 병사가 바구니가 수상하다면서 창으로 바구니를 찌르려고 다가왔다. 요셉이 고함을 지르자 그 소리에 놀란 황소가 날뛰면서 병사를 뿔로 받아버렸다. 병사는 바구니 바로 밑으로 나가떨어졌다. 황소가 씩씩거리며 병사에게 다가갔다. 허리가 꺾인 채 피를 흘리며 움직이지도 못하는 병사는 겁에 잔뜩 질려 요셉을 바라보았다. 다른 병사들이 흥분하여 날뛰는 황소의 배를 칼과 창으로 잔인하게 찌르자 황소는 더욱 흥분하여 마구간을 날뛰었고, 쓰러진 군사를 발로 짓이겨버렸다. 날뛰는 황소의 피 한 방울이 허공에 날려 바구니가 매달려 있는 서까래까지 튀더니 바구니로 뚝 떨어졌다. 그와 동시에 황소는 쓰러졌고, 마구간 바닥에 흥건한 황소의 피가 쓰러진 병사까지 뻘겋게 물들였다.

그때 바구니에서 아기 예수를 덮었던 풀 한 가닥이 쓰러진 병사 위로 떨어졌다. 찰나의 긴장이 감돌았다. 병사들은 고개를 들어 바구니를 주시했다. 그 순간 쓰러져 죽은 줄 알았던 병사가 눈을 뜨더니 고함과 함께 눈물을 흘리며 요셉의 눈을 바라본 다음 서까래에 매달린 바구니로 시선을 돌렸다. 또다시 풀 한 가닥이 병사의 얼굴 위로 떨어졌다. 그러자 병사는 기적처럼 몸이 회복되어 벌떡 일어났다. 그는 황홀경에 빠진 듯 비틀거리더니 자기는 헤로데의 병사지만 율법을 잘 지키고 토라와 예언서를 충실히 믿는 유다인으로, 자기 역시 메시아를 간절히 기다린다고 말했다. 그러고는 무언가에 이끌린 듯 바구니를 향해 외쳤다.

라마에서 들려오는 소리,

울부짖고 애통하는 소리,

자식을 잃고 우는 라헬,

위로마저 마다하는구나.[2]

노래를 듣던 다른 병사들은 공포에 휩싸여 벌벌 떨었다. 그러다가 이상한 힘이 이곳을 지배하고 있다며 겁에 질린 채 피에 물든 병사를 데리고 나가버렸다.

요셉은 안도의 한숨을 내쉬었다. 군인들 소리와 횃불이 멀어지자 얼른 마리아를 나귀에 태우고, 젖먹이 예수를 누인 바구니를 더 많은 풀로 덮은 다음 마리아에게 안기고는 재빨리 빠져나갔다.

베들레헴 남쪽에 얕은 야산이 있었다. 마리아와 요셉은 바위 뒤에 숨어 한숨을 돌리고 동굴에 은신했다. 아기 예수에게 젖을 줘야 할 시간이 한참이나 지나 마리아의 가슴은 퉁퉁 불어 있었지만 이러지도 저러지도 못했다. 평소 같으면 곧잘 히힝거리던 당나귀도 숨소리조차 내지 않았다. 멀리서 횃불이 부산하게 움직이고 있었고, 말굽 소리와 군사들의 고함이 뒤엉켜 극도의 공포와 긴장감을 자아냈다. 마리아는 두려움 속에서도 아기 예수가 배고플까 봐 옷섶을 가만가만 풀었다. 그러자 불어 있던 가슴에서 모유 몇 방울이 흘러내려 땅을 적셨다. 순간 그 일대 바위와 흙이 우윳빛으로 변했다. 마리아는 당황하여 손과 발로 땅을 비벼봤지만 대지는

---

2   〈예레미야서〉 31:15.

은총이라도 받은 듯 더욱 밝게 흰빛을 뿜어냈다.[3]

새벽이 가까울수록 날은 더 추워져 찬기가 뼛속까지 저며왔다. 희미한 기운에 동굴 밖을 보니 어느새 하얀 서리가 내려 있었다. 요셉이 가족을 이끌고 올라온 길목은 비 한 방울 내리지 않는, 팔레스티나 전역에서 가장 건조한 곳임에도 무슨 연유에서인지 일대에 온통 서릿발이 솟아올라 성가정과 당나귀의 발자국을 덮어버렸다.

이 추운 새벽에 어디서 나타났는지 수만 마리 거미 떼가 동굴 입구에 왕성하게 거미줄을 치기 시작했다. 해 질 무렵부터 밤에만 집을 짓는 거미가 해 뜰 무렵 활동하는 모습은 한 번도 본 적이 없었다. 그것도 때로 나타나 동굴 입구에 서 있는 노간주나무[4]까지 촘촘히 엮어 막아버리는 광경에 요셉은 덜컥 겁이 났다. 마리아와 아기를 데리고 나갈까 했지만, 거미줄 덕분인지 동굴 안이 바깥의 차가운 공기와 차단되고 당나귀와 사람의 체온으로 점차 훈훈해져 불안해도 조금 더 머물기로 했다.

그때 동굴 밖에서 사람 소리가 들렸다.

"발자국이 중간에 끊겨 있고 주위가 온통 서릿발로 가득한 걸 보

---

3   현재 이 동굴 위에는 밀크 성당이 세워져 있으며 수녀들이 관리하고 있다. 불임 여성이 이곳에 와서 흰 돌가루를 먹으면 임신할 수 있다고 하여 많은 여신도가 순례한다.

4   높이 약 8미터의 상록침엽수로, 이 나무에 악을 물리치는 힘이 있다고 믿는다. 숲속 동물들에게 은신처를 제공하기도 하고, 가정과 교회에서는 아기 예수를 보호하는 묵상 성지聖枝로도 쓰인다. 우리나라에서는 먼 친척뻘인 측백나무를 성지로 사용하며, 일부 성당에서는 종려나무와 비슷한 소철나무 잎으로 대신하기도 한다. 노간주나무는 성가정이 숨을 수 있도록 도와주었는데, 중세 수도원에서는 이를 기념하여 정원수로 즐겨 심었다.

니 다른 길로 빠져나간 모양이야."

혜로데의 병사들이 분명했다. 요셉은 무서웠다. 저까짓 거미줄은 손으로 몇 번 휘저어버리면 바로 발각될 텐데 이제 여기서 끝인가 하고 절망에 빠져 포기 하려는 순간 병사들끼리 두런거리는 소리가 들렸다.

"아 정말, 저 징그러운 거미줄이 난리를 쳐놨네. 마치 구름이 내려앉은 것 같아. 아기를 데리고 있는 도망자들이 저 동굴로 들어갔다면 입구의 거미줄이 저렇게 성할 리가 없겠지. 게다가 서리도 저렇게 어머니 젖보다 더 하얗게 내려 있잖아. 서릿발에 발자국이라도 남아 있어야 할 텐데 흔적도 없이 깨끗하고 말이야. 들여다보지 않아도 뻔해. 거미줄 만지기도 싫고. 그만 내려가 다른 곳을 찾아보자고. 그리고 조금만 더 내려가면 시리아 떠돌이들 정착촌이니 괜한 시빗거리 만들지 말자고."

그런데 높은 계급인 듯한 병사가 그래도 확인은 해보고 돌아가야 한다며 음침한 동굴 입구로 다가왔다. 요셉과 마리아는 아기 예수의 요람을 가운데 두고 땅에 엎드렸다. 마음속으로 주님을 부르면서 손으로 아기 예수의 입을 막은 채 제발 당나귀가 얌전히 있기만을 바랐다. 병사는 들어갈 듯 망설이다가 촘촘히 엮인 거미줄에 겁이 났던지 돌멩이 하나를 던져 거미줄을 찢었다. 동굴 안으로 날아든 돌멩이가 땅에 한 번 튀고 또르르 굴러 당나귀 옆으로 떨어졌지만 고맙게도 울지 않았다. 안을 기웃거리던 병사의 머리 위로 갑자기 거미들이 우수수 떨어지자 병사는 흠칫 놀랐다. 그는 거미를 털어내고 발걸음을 돌리다가 뾰족한 노간주나무 잎에 찔려 피를 보고야 말았다.

"에휴! 이렇게 가시투성이 나무가 동굴을 가로막고 있는데 무슨 재주로 들어갔겠어. 괜히 손가락만 찔렀네."

병사는 나무를 한참이나 바라보고는 피가 흐르는 손가락을 서릿발에 닦았다. 손가락에 하얀 돌가루가 묻어났으나 덕분에 피가 그쳤기에 그는 닦아내지 않았다. 그리고는 기분 나쁜 듯 철수하라며 신경질적으로 목소리를 높였다.

병사들이 떠나고도 요셉과 마리아는 한참이나 동굴 바닥에 엎드려 있었다. 아침 해가 떠올라 동굴 입구를 비추자 서리가 녹아 보랏빛 두송실[5]과 거미줄에 치렁치렁 매달렸다. 햇빛을 받은 물방울이 금사슬, 은사슬을 두른 듯 영롱한 자태로 빛났고, 죽음의 문턱에서 아슬아슬 벗어난 요셉과 마리아는 안도의 한숨을 쉬며 이 아름다운 광경을 바라보았다.[6] 동굴에서 나올 때 마리아의 옷자락이 거미줄에 파묻혔던 로즈메리를 스쳤다. 그러자 아무런 향도 없던 나무에 마리아의 향기가 스며들어 세상에서 가장 향기로운 나무가 되었고 하얗게 덮인 거미줄 속에서 푸른 꽃을 피워냈다.

그날 밤 그 군인의 집에서는 놀라운 기적이 일어났다. 그 군인의 아내는 아이를 낳지 못해 소박맞기 직전이었다. 남편의 상처 난 손가락에 하얀 가루가 묻어 있는 걸 본 아내가 입으로 호 불며 혀

---

5   노간주나무의 열매.

6   다윗이 사울에게 쫓길 때도 거미줄 전설이 등장한다. 거미줄 모티프는 세계 곳곳의 전설에서 찾아볼 수 있다. 크리스마스 트리의 방울 장식은 이 설화의 이슬방울을 재현한 것이라고 전해오기도 하는데, 밤하늘의 별빛을 모방했다는 설이 더 설득력이 있다.

로 닦아주자 여자의 몸에 활기가 돌았다. 사랑을 나눈 그 부부는 드디어 그토록 원하던 아기를 갖게 되었다.

■ **헤로데는 어떻게 이스라엘 왕이 됐을까?**

헤로데[*]는 아라비아 혈통 이두매아 사람으로 팔레스타인[**] 지역을 다스리는 새로운 왕이 되어 헤로데 왕조를 열었다. 남북왕조나 하스모니안 왕조 후손도 아닌 비유다인이 어떻게 왕이 되었을까?

하스모니아 왕조를 연 마카베오로부터 네 번째 왕인 요한 히르카노스(재위 BC 134~BC 104년)는 사마리아를 점령하고 그들의 게리짐(그리짐)산 성전을 파괴할 때 요르단과 이두매아(에돔)도 점령했다.[***] 그는 유다인화 정책의 일환으로 이두매아인들에게 강제로 할례를 받게 했다. 아이러니하게도 이 정책이 훗날 이두매아 출신의 헤로데가 유다의 왕이 될 수 있었던 단초를 제공했다.

이후 여섯 번째 왕 알렉산드로스 얀나이오스(재위 BC 103~BC 76년) 시절 두 가문의 인연은 시작되는데 이두매아 지역 최고의 명문가인 헤로데의 할아버지 안티파테르 1세가 이 지역 총독으로 임명되었다. 얀나이오스가 죽자 아내 알렉산드라 살로메가 정권을 장악하게 되고(재위 BC 76~BC 67년) 이 시절 헤로데가 태어났다. 살로메는 여성이라서 대사제는 될 수 없었기 때문에 무능한 장남 요한 히르카노스 2세를 대사제에 임명했다. 그러나 살로메가

─────────────────────

[*]   《신구약 중간사》(마르틴 헹엘 지음, 임진수 옮김, 살림, 2004)와 《통박사 조병호의 신구약 중간사》(조병호 지음, 국제성경통독원, 2012) 등을 참조했다.

[**] 본래는 필리스티아 곧 필리스타인(블레셋인)이 사는 땅이라는 뜻인데 로마 하드리아누스 황제가 처음 사용한 것으로 알려졌으며 1948년 영국이 이에 근거하여 '팔레스타인'이라는 명칭을 공식화했다. 팔레스티나로 쓰기도 한다.

[***] 에돔은 사해와 아카바만 사이의 요르단 남서부 지역으로, 구약 성경에 수도 없이 등장한다. 이사악의 장자 에사우의 후예로 이스라엘인과 가까운 혈족으로 알려져 있다..

죽기 얼마 전 둘째 아들 아리스토불로스 2세가 반란을 일으켜 형 히르카노스 2세와 협상해 자신이 왕이 되고 형은 대사제직을 유지하기로 한다.

살로메 사후 아리스토불루스 2세(재위 BC 67~BC 63년)가 왕이 되자 드디어 헤로데 가문의 활약이 시작된다. 아버지의 총독직을 계승한 헤로데 안티파테르 2세는 히르카노스 2세에게 빌붙어 반란을 종용했다. 그러나 반기를 든 히르카노스 2세는 예리코 북단에서 밀려나 예루살렘 아크라로 도망갔고 결국 패배하여 헤로데 안티파테르 2세의 처가국인 나바테아 왕국 페트라로 피신했다. 그런데 나바테아의 왕 아레타스 3세가 헤로데 안티파테르 2세의 설득으로 히르카노스 2세를 지원하자 다급해진 아리스토불로스 2세는 아시아를 점령하고 다마스쿠스에 주둔하고 있던 로마 사령관 폼페이우스 마그누스에게 도움을 요청했다. 히르카노스 2세도 폼페이우스에게 사절단을 보냈다.

폼페이우스는 처음에는 아리스토불로스 2세를 선택했으나 유다 대표들이 하스모니안 왕가를 제거해달라고 부탁했다. 이에 불안해하던 아리스토불로스 2세는 알렉산드리움 요새에서 로마군에 석 달 넘게 대항했다. 진노한 폼페이우스는 안식일에 유다를 침공해 1만 2,000여 명의 아리스토불로스 군대와 유다인을 학살했으며, 예루살렘과 왕궁을 점령하고, 성전 지성소 안에까지 흙발로 들어가 성전을 더럽히고 모독했다(BC 63년). 로마군에게 끌려간 아리스토불로스 2세와 그의 가족은 로마 외곽에 정착했는데, 아이러니하게도 훗날 그의 후손들은 로마에 기독교를 전파하는 데 한몫한다.

이로써 사실상 유다의 역사는 끝이 났고 로마의 통치가 시작되었다. 로마는 무능한 히르카노스 2세를 왕이자 대사제로 인정하고 꼭두각시 정부를 세워 통제했고(BC 63~BC 40년), 헤로데 안티파테르 2세가 실권을 쥐게 되었다. 율리우스 카이사르는 이집트전투 때 히르카노스 2세의 실권 내시인 헤로데 안티파테르 2세가 유다군을 보내 지원하자 이에 대한 보답으로 히르카노스 2세에게 '유다의 총독'이라는 칭호를 부여했다(BC 47년). 이 칭호는 헤로데 안티파테르 2세에게 막강한 권한을 안겼다. 헤로데가 드디어 유다 역사전면에 등장하게 된 것이다.

실권자 헤로데 안티파테르 2세는 큰아들 파사엘에게 예루살렘의 통치권을 주고, 후대 왕이 될 둘째 아들 헤로데*를 갈릴래아 지방의 영주로 임명했다. 그런데 카이사르가 살해당하자 로마의 안토니우스는 헤로데와 파사엘에게 분봉왕 칭호를 내리고 팔레스티나 지역에 무거운 세금을 부과했다. 유다인들의 불만은 극에 달했으며, 헤로데 안티파테르 2세는 그의 정적이자 히르카노스 2세의 심복인 말리코스에게 독살당했고, 말리코스는 헤로데에게 죽었다. 이때를 틈타 파르티아가 대규모 침략을 감행했다. 히르카노스 2세는 아리스토불로스 2세의 아들 안티고노스에게 붙잡혀 귀를 잘리는** 수모를 당하고 감금됐으며, 파사엘 역시 체포되어 감금당하자 겁에 질려 자살했다. 안티고노스는 파르티아군을 지원한 대가로 왕으로 추대되었다(재위 BC 40~BC 37년). 안티고노스는 화폐를 주조하기도 했지만, 그의 왕권은 파르티아에 예속되었다.

한편 갈릴래아를 버리고 로마로 망명을 떠난 헤로데는 안토니우스의 후원을 받아 유다의 왕으로 책봉되었다(BC 40년). 로마는 군대를 보내 시리아에서 파르티아를 몰아냈으며(BC 38년) 헤로데는 프톨레마이스(아코)에서 유다인으로 구성된 군대를 조직하여 갈릴래아로 진군한 후 영토 없는 왕으로 3년에 걸친 전쟁을 벌인 끝에 마침내 승리하여 안티고노스를 로마의 안토니우스에게 보내 참수해버렸다. 이로써 유다의 마지막 왕조인 하스모니안 왕조는 완전히 멸망하고 말았다.

헤로데는 예루살렘에 입성하여 유다의 새로운 왕이 되었다(BC 37년). 그는 80세가 넘은 선왕이자 대사제였으며 자신의 상전이었던 히르카노스 2세를

*   헤로데 대왕의 어머니는 나바테아 왕국 페트라의 공주 키프로스다. 헤로데의 자녀들이 나바테아 왕국의 공주들과 결혼한 이유가 이 때문이다.

**   귀가 잘리는 것은 최대의 치욕이었다. 훗날 베드로가 예수를 잡으러 온 로마군의 귀를 자른 것도 이와 같은 의미다. 또한 율법에 따라 '신체에 흠이 있는 자'는 사제가 될 수 없다.

죽여버렸다.

헤로데는 안티고노스와 전쟁을 개시할 무렵 자신의 입지를 다지기 위해 이두매아 여인 도리스와 이혼하고 하스모니안 왕가의 마리암네 1세와 결혼했다. 처가를 통해 왕권에 정통성을 부여하고 유다인들에게 권위를 인정받기 위해서였다. 마리암네 1세는 히르카노스 2세의 딸 알렉산드라와 아리스토불로스 2세의 아들 알렉산드로스 2세 사이에서 태어난 딸이자 안티고노스의 조카다. 헤로데는 왕이 된 후 성전 대학살을 단행했다. 사두가이파 제사장들을 처단해버린 다음 하스모니안 왕가와 관계없는 하나넬을 대사제로 임명했다. 하스모니안 왕가의 권한을 축소하고 지난 왕조에 대한 유다인들의 추억을 흐트러트리려는 심산이었다.

이에 불만을 품은 알렉산드라(마리암네 1세의 어머니)는 헤로데 몰래 이집트 여왕 클레오파트라에게 연락을 취했다. 클레오파트라의 애인이자 로마의 실권자인 안토니우스는 헤로데에게 압력을 넣어 알렉산드라의 뜻대로 하나넬을 파면하고 마리암네 1세의 남동생 아리스토불로스 3세를 대사제로 임명하게 했다. 그러나 알렉산드라의 음모를 파악한 헤로데는 알렉산드라를 연금해 감시하고, 유다인들에게 인기가 높았던 열여덟 살의 아리스토불로스 3세가 예리코 근처 하스모니안 왕가 왕궁의 수영장에서 수영하고 있을 때 익사시켜 버렸다.

알렉산드라는 다시 클레오파트라에게 연락했고, 헤로데는 로마로부터 아리스토불로스 3세의 죽음을 추궁당했다. 그러자 헤로데는 자신의 아내에게 빌붙은 숙부 요셉을 상간죄로 몰아붙여 죽이고, 마리암네 1세를 감옥에 가둔 뒤 죽임으로써 하스모니안 왕가의 마지막 공주까지 제거해버렸다(BC 29년).[*] 알렉산드라 역시 클레오파트라와 공모했다는 죄목으로 처형했다. 이리하여 헤로데는 실권을 완전히 장악하고 유다 전역을 통치하게 되었다.

---

[*] 헤로데는 마리암네를 사랑했지만 의처증이 매우 심했는데, 장모 알렉산드라와 헤로데의 누이 살로메가 질투심을 부추겨 사형에 처하도록 했다고 한다.

헤로데는 이두매아 출신이었기 때문에 민족적 정치 기반이 미약하여 처음에는 팔레스티나 지역을 통치하면서 애를 먹었다. 또 자신을 왕으로 세워준 로마에 대한 지나친 충성심으로 유다인들의 반감을 샀다. 그러나 바리사이파와는 가능하면 부딪히지 않으려 노력했고, 자기가 다윗의 후손이라고 주장하면서 유다인들의 민심을 살폈다. 한편 그는 이스라엘 역사상 가장 큰 규모의 공사를 벌였으며, 로마와의 관계를 돈독히 하여 팔레스타인 지역을 보호했는데, 후대 유다 사학자들 중에는 그가 솔로몬을 능가할 만큼 유다 역사에서 가장 위대한 업적을 세웠다고 평가하는 경우도 있다.

헤로데는 거대한 규모의 예루살렘 성전을 재건하기 시작했다.[**] 또한 북이스라엘의 수도 사마리아를 재건했다. 로마 황제 아우구스투스가 사마리아 지방을 헤로데에게 주자 그는 사마리아 성읍에 4킬로미터가 넘는 성벽을 쌓고 거대한 망대를 세웠으며 6,000여 명의 용병이 주둔할 수 있도록 했다. 신전과 도로, 화려한 궁전을 지어 '세바스테'(고귀한 자)라 명명하고는 아우구스투스 황제에게 봉헌했다.

사마리아 북단 지중해 해안가에 스토라토 성채를 13년(BC 22~BC 9년)에 걸쳐 건설해 '카이사리아'라고 명명하고 로마의 팔레스티나 수도로 삼아 로마와의 해상로를 열었다. 이 궁전에 필라투스(빌라도) 등 로마에서 파견된 총독이 기거했다. 헤로데는 카이사리아를 건설하기 위해 세계 최초로 콘크리트 수중 공법을 사용했는데, 20톤이 넘는 콘크리트 덩어리를 바다에 가라앉혀 700미터가 넘는 방파제를 만들고 그 가운데에 수중 궁전을 세웠다. 그곳에는 샘이 없기 때문에 북쪽에 있는 가르멜산 수니 샘까지 20킬로미터가 넘는 수로교를 만들어 물을 끌어와 식수로 사용했으며 초호화 민물 수영장까지 만들었다. 또한 3,500석의 원형극장을 건축했는데, 지중해를 바라보며

[**] 축구장 12개와 맞먹는 480미터×300미터 규모로, BC 20년경에 착공하여 헤로데 사후인 AD 64년경에 완공했다. 그러나 완공 6년 뒤 로마 장군 티투스에 의해 완전히 파괴되었다. 오늘날의 '통곡의 벽'은 이 성전의 일부다.

아름다운 석양을 감상할 수 있도록 방위 배치에도 신경을 썼고 과학적 설계와 공법을 사용하여 어느 자리에서든 똑같은 음향을 느낄 수 있도록 고려했다. 이뿐 아니라 도심에 2만 명이 넘는 관중을 수용할 수 있는 히포드롬, 곧 전차 경주장을 세워 로마 문화를 만끽할 수 있도록 했다.

헤로데는 예리코의 하스모니안 왕가 별장 옆에 자신의 별장을 지었는데, 이곳을 이중 궁전이라 부른다. 이곳에 320여 미터의 전차 경주장을 만들고 그 북쪽 끝에 반원형 야외극장을 만들어 그곳에 앉아서 경기를 볼 수 있게 했다. 그리고 마사다 요새에 자신의 왕궁(헤로디움)을 건설했다(BC 24~BC 15년).[*]

이 외에도 각종 요새를 세우고, 거의 모든 도시를 정비해 수로를 만들었으며, 곳곳에 로마식 경기장과 원형극장을 짓고 도로망을 정비했다.

그는 유다에 큰 가뭄이 들어 백성들이 굶어 죽을 지경에 이르자 이집트에서 대량으로 곡물을 수입해 나눠주고 세금을 감면해주기도 했다(BC 20년). 또 배를 건조할 때 바르는 역청(아스팔트)을 사해에서 추출해 클레오파트라와 배분하여 부를 축적하기도 했으며, 아우구스투스에게 키프로스의 구리 광산을 임대해 많은 돈을 벌었다. 한편으로는 몇백 년 전부터 유다 문화에 영향을 미쳤던 당시의 선진 문화인 그리스 문화를 적극적으로 수용하는 등 유다에 서구의 지식을 보급하여 문화의 꽃을 피우기도 했다.

또한 헤로데는 이스라엘 역사상 영토를 가장 크게 확장했다. 그의 순종에 대한 보답으로 로마는 인근의 제법 많은 지역의 영토를 선물했는데, 북으로는 카이사리아 북단으로부터 이투레아, 아빌레네와 경계를 이루는 파네아스 이북까지, 남으로는 사해 최남단 나바테아와의 경계까지, 동으로는 요르단 강과 사해 동편 페레아를 넘어 데카폴리스와의 경계까지가 헤로데의 영토였다.

헤로데는 최소 열 명의 부인이 있었다.

----

[*]　2007년 헤로데의 무덤이 이곳에서 발굴되었다.

이두매아 여인 도리스와 세자 안티파테르를 낳았으나, 왕이 되자 마리암네 1세와 결혼하기 위해 이혼하고 그녀와 자식들을 궁궐 밖으로 추방했다. 마리암네 1세와의 사이에서는 알렉산드로스와 아리스토불로스를 낳았다.

대사제 시몬*의 딸인 마리암네 2세와 필리포스 1세를 낳았다.

사마리아인 말다케와의 사이에서는 아르켈라오스와 안티파스를 낳았는데, 아르켈라오스는 유다와 사마리아의 영주가 되고 안티파스는 갈릴래아의 영주가 된다.

예루살렘의 클레오파트라와의 사이에서 필리포스 2세를 낳았는데, 필리포스 2세는 북동부 지역의 영주가 된다.

이 외에도 최소 다섯 명 이상의 아내가 더 있었다.

마리암네 1세의 아들 아리스토불로스는 아그리파 1세와 헤로디아를 낳았다. 아그리파 1세는 아그리파 2세와 드루실라, 버니게를 낳았다. 헤로디아는 필리포스 1세와 결혼하여 살로메를 낳았지만, 갈릴래아의 영주 안티파스가 헤로디아를 아내로 취했다. 안티파스는 본래 나바테아의 왕 아레타스 4세의 딸 파살리스와 결혼했는데(AD 14년) 로마 여행 중 필리포스 1세를 방문했다가 그의 아내 헤로디아에게 반해 불륜을 저질렀고, 파살리스는 나바테아로 가버렸다. 세례자 요한이 이를 비판하자 헤로디아의 딸 살로메의 요청으로 안티파스는 요한을 참수했다.**

말년에 헤로데는 혈족을 살육하며 왕실을 피바다로 만들었다. 왕위 계승 문제가 복잡해지자 가족에게 강포해져 세 명의 왕자를 죽였는데, 마리암네 1세와의 사이에서 낳은 알렉산드로스와 아리스토불로스는 대역죄라는 누명을 씌워 사마리아에서 처형했고(BC 7년), 도리스와의 사이에서 태어난 장자 안티파테르도 후계자로 지명해놓고 자신이 죽기 5일 전에 처형했다. 이뿐

---

* 헤로데가 시몬을 대제사장으로 임명한 이유는 그의 딸 마리암네 2세의 미모에 반해 그녀와 결혼하기 위해서였다.

** 세례자 요한의 죽음에 관한 이 이야기는 성경에만 나와 있고 다른 기록에는 없다.

아니라 하스모니안 왕조의 피가 섞인 사람은 한 사람도 남김없이 처형했는데, 그 수가 무려 45명이었다. 그의 선왕이자 대사제였으며 자신의 상전이었고 왕위 계승의 경쟁자였던 80세가 넘은 히르카노스 2세도 헤로데가 왕이 된 후 7년 뒤(BC 30년) 죽임을 당했다.

심지어 자신이 죽으면 유다인들이 눈물을 흘리지 않을 것을 염려하여 예리코 경기장에서 유다인들을 대거 살해하라는 명령을 내리기까지 했다.

나는 내 죽음이 유대인에게는 도리어 기쁨의 축제가 되리라는 것을 알고 있다. 그러나 만일 너희가 나의 지시를 따른다면 나는 애도할 사람을 얻을 수 있고, 이를 통해서 나의 장례식을 성대하게 치를 수 있게 될 것이다. 그러니 너희는 내가 죽으면 즉시 군사를 보내 포위하여 저 감금된 자들을 모두 죽여서, 원하든 원치 않든 상관없이 유대 전역과 모든 가족이 나의 죽음을 애도하게 하여라.*

바리사이파 수백 명이 교수형에 처해졌고, 사관 300명이 사마리아에서 반역을 모의했다는 이유로 처참하게 죽었다. 아우구스투스 황제조차 사형 집행을 승인하면서 "헤로데의 아들huios이 되는 것보다 헤로데 집의 돼지hus로 태어나는 것이 더 안전하다"라고 말했을 정도였다.

헤로데의 영아 살해 명령은 바로 그의 말년 시기에 일어난 일일 수 있다. 새 왕의 탄생은 곧 자신의 종말을 예고하는 것이었기에 자식도 무참히 죽인 헤로데로서는 영아 살해가 필요악이라고 생각했을 것이다. 그러나 공교롭게도 영아 살해 기록은 〈마태오 복음서〉 2장 말고는 당대 어디에도 기록된 바가 없으며, 후대에 한두 줄 언급된 문헌이 있을 따름이다.**

* 《유대 전쟁사》(플라비우스 요세푸스 지음, 박찬웅·박정수 옮김, 나남출판, 2008).
* 〈마태오 복음서〉를 제외하고 헤로데의 영아 살해를 언급한 문헌으로는 BC 1세기~AD 1세기 초반의 유대교 위경인 〈모세의 승천〉과 고대 말기의 지식을 백과사전식으로 집대성한 5세기의 신플라톤주의 문법학자 마크로비우스의 《사투르날리아》 제2권 4장 11절이 거의 전부라 할 수 있다. 2세기 후반에 기록되었다고 추정되는 위경 〈야고보의

헤로데는 말년에 정신착란증이 생겨 측근들을 매우 의심했다. 요세푸스의 《유대 전쟁사》에는 헤로데가 말년에 앓았던 질병의 증상이 자세히 기록되어 있다.

열은 그렇게 심하지 않았으나 피부 전체에 참을 수 없는 가려움증이 나타났고 내장의 심한 통증이 계속되었으며, 발에는 수종이, 하체에는 염증이 심했다. 심지어는 성기 부분이 종양으로 썩어 벌레가 나오기도 했다. 그는 똑바로 앉아서만 겨우 숨을 쉴 정도였고, 급기야 몸의 모든 부위에서 경련이 일어났다.

학자들은 그가 장암에 걸렸을 것으로 추정하며, 장티푸스와 동맥경화의 가능성도 있다고 본다. BC 4년 4월 헤로데는 예리코의 별장에서 왕좌에 앉은 채 죽었으며, 베들레헴 서남쪽 헤로디움에 묻혔다.

■ **사마리아인**

사마리아는 BC 880년(유다 임금 아사 31년) 경 오므리에 의해 건립되었다(《열왕기 상》 16:21). 솔로몬 이후 이스라엘 왕국은 남북으로 갈라지게 되는데 아합왕의 아버지 오므리는 북이스라엘 왕국의 6대 왕이다. 그는 우상 숭배와 죄악의 대명사로 불리기도 하지만 이스라엘을 중흥시킨 인물로 평가받기도 한다. 그는 '세메르'에게 2탈렌트(달란트)로 사마리아산을 사서 요새로 만든 다음 본래 소유자 이름을 따서 사마리아라 하였으며 북이스라엘의 수도로

원복음서》를 보면, 영아 시절의 세례자 요한이 살해 대상이었으며 '마리아가 두려워 예수를 소 여물통에 숨겼다'라는 한 구절만 등장할 뿐이다. 복잡하게 얽힌 헤로데 가문의 살육은 자세히 기록된 반면, 예수 탄생 시절 영아 살해 사건은 기록이 거의 없어서 종교적 의미 외에는 사실성이 결여되어 있다. 유다의 일부 학자는 모세를 메시아로 여기기도 했는데, 모세 탄생 시절의 영아 살해 설화가 새로운 메시아 탄생의 모델로 적합하기에 이 설화를 차용했다는 가설이 설득력을 얻고 있다.

삼았다. BC 721년경 북왕조가 아시리아에 의해 멸망했을 때 아시리아는 사마리아인들을 내쫓고(한 묘비에 2만 2,290명이 추방되었다고 기록되어 있음) 그곳에 시리아인과 아라비아인과 메소포타미아인들을 정착시켰다. 남아 있던 북왕조 사람들은 대부분 하층민, 천민이었는데, 그들은 이주해온 이방인과 결혼해 피가 섞였고 이교마저 받아들여 혼합 종교를 믿게 되었다.

이후 바빌론 유수에서 돌아온 유다인들은 예루살렘 성전을 재건할 때 혈통과 종교적 이유를 들어 사마리아인들의 참여를 거부했다. 사마리아인 역시 자신들의 거주지(아크라바테네Akrabatene)에 그들의 정착을 반대했다. 이렇게 반목의 골이 깊어지던 중 BC 4세기경 사마리아인들이 게리짐산에 자신들만의 성전을 세우면서 둘은 완전히 분열되었다. BC 128년 히르카노스가 사마리아를 점령하고 게리짐산 성전을 파괴해버림으로써 유다와 사마리아는 원수가 되었다. 거기에 헤로데왕은 사마리아를 재건, 확장(BC 30년경)하면서 지명을 세바스테로 고치고 아우구스투스 황제에게 헌납하기까지 했다. 유다인들은 갈릴래아로 갈 때 사마리아를 거치지 않고 요르단강 동편 페레아로 거슬러 올라가 요르단강 서편 데카폴리스 지역을 통과해 다녔을 정도로 사마리아 지역에 발 디디는 것 자체를 수치스럽게 여겼다.

사마리아인들은 스스로를 쇼메림Shomerim(진리의 수호자)이라 불렀다. 모세 5경만을 경전으로 여기고, 모세가 최고 예언자이자 신과의 중개자이며, 심판의 날 모세와 같은 구원자가 나타나 회복시켜줄 것이라고 믿는다. 또한 자라투스트라교의 심판관과 매우 흡사하게 의인은 낙원에서 부활하고 악인은 영원히 꺼지지 않는 불 속으로 떨어진다고 믿는다. 빌라도는 이들을 대량 학살함으로써 유다 총독에서 면직되었다.

– 〈신약성서소사전〉 27장(전게서) 참조

■ 성가정의 피난을 도운 식물에 관한 전설*

• 군사들에게 쫓기며 성가정은 콩밭과 배나무밭을 지날 때, 갑자기 식물

들이 수선거리기 시작해서 둘러보니 군사들이 가까이 와 있었다. 바로 옆 노간주나무에 숨을 만한 공간이 있어 성가정은 그리 숨어들었다. 헤로데의 군사들은 겉보기에 칙칙할 뿐더러 나무에 가시가 나 있어 찾아볼 엄두를 내지 못하고 지나쳐 갔다.

- 성가정이 군사들에게 쫓겨 피난 갈 때 한 농부가 밭에 옥수수를 심고 있었다. 거짓말을 못 하는 마리아가 농부에게 군사들이 뒤쫓아와 물으면 이 길로 지나갔다고 말해도 된다고 했다. 아기 예수가 하룻밤 사이에 옥수수를 다 자라게 하여 농부가 다음날 추수하고 있는데, 군사들이 와서 성가정의 행방을 물었다. 농부는 자기가 씨를 뿌릴 때 이 길로 지나갔다고 솔직히 말했다. 이에 군사들은 이미 3개월 전에 지나갔다며 뒤쫓던 일을 그만두고 되돌아갔다.

- 마리아가 피난길에서 만난 농부에게 "선량하신 분, 하느님께서 함께하시길 씨를 다 뿌리는 대로 추수할 것입니다"라고 말했다. 과연 농부가 씨를 뿌리자마자 싹이 돋아 이삭이 맺히더니 밭 저쪽에서부터 이쪽으로 곡식이 익어오기 시작했다. 군사들이 들이닥쳐 농부에게 성가정이 지나가는 것을 언제 보았느냐고 묻자 농부는 "내가 밀 씨를 뿌릴 때 지나갔소"라고 대답했다. 그러자 군사들은 "열두 주간이나 지났잖아" 하고는 추격을 포기하고 되돌아갔다.

이런 전설을 배경으로 마자르인Magyars들은 밀 낱알 하나하나에 성모와 아기 예수가 새겨져 있다고 생각했다. 또 프랑스의 전설에서는 복음서의 자캐오(삭개오)가 그 밭의 소유주였기에 이런 기적이 일어날 수 있었다고 전해진다.

* 다음 블로그 '아침의 까치 소리' 참조.

이 외에도 헤로데의 박해로부터 성가정을 보호하고 숨겨주었다는 식물이 많은데, 이들 식물 모두 성모 마리아의 축복을 받았다고 전해진다.

이집트 피난 중의 휴식

◈

날이 서서히 밝아왔다. 동굴에서 나온 요셉은 헤로데의 군사들이 추격해올까 봐 조바심 내며 아기 예수를 품에 안은 마리아를 나귀에 태우고 뛰다시피 길을 재촉했다. 사해 근처 엔게디(엔게다)와 마사다 길을 선택하려다 자칫 광야에서 길을 잃었다간 영락없이 짐승 밥이 될 수도 있으므로 이집트로 가는 지름길인 가자를 거쳐 지중해 해안을 따라 남으로 남으로 달렸다. 얼마나 빨리 달렸는지 금세 사해를 지나 시나이반도 동단 지중해 길을 훨씬 넘어 선조들이 이집트를 탈출해 건넜던 홍해의 끝이 아스라이 보이는 지점을 통과하고 있었다.[7] 사흘 밤낮을 쉬지 않고 달려온 성가정은 사막의 열기에 지칠 대로 지쳐 있었다.

'여기만 넘으면 이집트 관할 구역이다!'

땀과 흙모래로 범벅이 된 요셉은 더 빨리 가려고 나귀 고삐를 잡아당겼다. 나귀가 힘에 겨운 듯 버티다가 결국 안장 끈이 끊어져 버렸다. 요셉은 이 상황을 몹시 불길하게 여겼다.

갑자기 바람이 세차게 불고 기온이 급격히 떨어졌다. 경계를 막 넘어서면서 더는 무리라고 판단한 요셉은 쉴 만한 장소를 찾았다. 저 멀리 지평선에 모래 폭풍이 일었는지 암운이 짙게 드리워 몰려오고 있었다. 저만큼 종려나무(대추야자) 숲이 보였다. 가까이 가 보니 종려나무뿐 아니라 개암나무, 체리나무, 양느릅나무, 수양버들까지 뒤엉켜 하늘을 찌를 듯 높이 자라 있었다.[8] 종려나무는 그렇다 쳐도 어떻게 이 척박한 곳에 개암나무와 체리나무가 뿌리를 내리고 자라 열매를 맺었는지 신기하기만 했다.

마리아가 앉아서 쉬고 싶다고 하자 요셉은 종려나무 숲으로 데려가 다 떨어진 양탄자를 깔고 마리아를 앉혔다. 마리아는 배가 고프고 목이 마르니 샘이 있는지 찾아보고 대추야자나 개암, 체리를 따달라고 요셉을 재촉했다. 지친 요셉은 벌컥 짜증을 냈다.

"내 나이가 당신 아버지뻘인 데다 나도 이렇게 지쳐 있거늘 사람 키보다 몇 배나 큰 저 나무에서 당장 어떻게 열매를 딴단 말이

---

[7] 실제 이 경로로 탈출한 것은 아니고, 필자가 이집트로 가는 지름길을 찾아 구성해낸 것이다.

[8] 예수 전설 가운데 '체리 과수원 사건'이 있는데, 위경인 〈위僞 마태오 복음서〉에는 예수 피난 시절 이집트로 가는 도중 종려나무로 변형되어 나온다. 이 책에서는 피난 시절을 배경으로 삼아 종려나무 숲과 체리 과수원, 기타 나무를 하나로 묶어 서술했다. 이 나무들은 피난 시절 성가정에게 열매를 내주고 그늘을 만들어주었다고 한다. 체리 나무를 소재로 한 체리트리 캐롤송은 15세기 때부터 불렸다. 참고자료 참조.

오? 조금 쉬었다가 열매를 따든지, 아니면 나바테아 상인이나 유목민이 지나가거든 물과 음식을 얻어먹든지 해야지. 재촉하지 마시오.”

당황한 마리아는 모깃소리보다 작은 목소리로 다시 부탁했다.

“너무 배가 고파요. 좀 따주시면 안 되나요? 전 아기를 안고 있잖아요.”

그러자 요셉이 화가 나 소리쳤다.

“직접 따 먹든지, 저 아이 아버지한테 따달라고 하든지! 신의 자식이니 신에게 따달라고 하란 말이오!”

아무리 신탁에 의한 결혼이라지만 자기 자식도 아닌 남의 아이를 낳은 마리아를 볼 때마다 은근히 속상하고 화가 치밀었다. 누구 아이냐고 조심히 물을 때마다 신의 아이라고만 대답하는 마리아를 보며 무슨 영문인지 도통 이해가 안 돼 답답하던 차에 이런 난리를 당하다 보니 감정을 추스르지 못하고 그만 화를 내버린 것이다.

철이 있는지 없는지 이런 상황에서도 위축되기는커녕 마리아는 품에 안은 아기 예수에게 혼잣말로 속삭였다.

“우리 아기가 걸어 다니기만 했어도 엄마에게 열매를 따주었을 텐데.”

아기 예수가 예쁘게 방긋 웃었다. 그 말에 요셉도 화가 풀려 웃고 있는 아기 예수의 눈을 보며 따라 헛웃음을 쳤다. 그때 요셉의 귀에 아기의 목소리가 들려왔다.

“나무야, 허리를 굽혀 땅에 엎드려다오. 네 열매를 내 어머니께

드려 배고픔을 면하게 해주렴."

요셉이 깜짝 놀라 마리아에게 물었다.

"아니, 아기가 말을 했단 말이오?"

"아기 예수는 태어난 지 얼마 안 돼서 바로 말을 시작했답니다. 혹시 사람들이 해코지할까 봐 얘기하지 않았어요."

그 순간 갑자기 사막의 모래 폭풍이 불어왔다. 나무들이 세찬 바람에 끊어질 듯 휘청거리자 놀란 요셉이 모래바람을 막기 위해 마리아와 아기 예수를 품에 안고 겉옷으로 감쌌다. 사막의 모래와 흙먼지가 날아들어 눈도 못 뜨고 숨조차 제대로 쉴 수 없었다.

시간이 지나 모래바람이 잠잠해지자 요셉은 가족을 감쌌던 겉옷을 들췄다. 수양버들이 성가정 앞으로 기울어 제법 많은 양의 모래를 막아주었고, 풍성한 열매를 맺은 종려나무가 마리아의 발앞에 쓰러져 있었으며, 개암과 체리가 모래 위에 몇 움큼이나 떨어져 있었다. 요셉은 묘한 표정을 지었다. 허허, 참. 정말로 아이의 말대로 이루어지다니.

아기 예수가 빨갛게 농익은 체리를 집어 머리에 올려놓았다. 그러자 체리의 과즙이 피처럼 흘러 아기 예수의 이마를 적셨다. 그들은 허기진 배를 채우고 다음 여정에 알맞은 만큼만 열매를 따서 바구니에 담았다. 요셉이 겸연쩍게 쓰러진 나무 주위를 어슬렁거리며 모래 폭풍의 힘에 놀라워하고 있는데, 또다시 아기 예수가 말했다.

"종려나무야, 네 뿌리로 땅속의 물을 찾아 어머니의 갈증을 달래주렴."

그러자 쓰러진 나무뿌리 구덩이에서 샘물이 솟아올랐다. 놀란 요셉이 아기 예수를 바라보았다. 아기 예수는 그저 방긋 웃고만 있었다. 정말 시원한 탄산수였다. 피곤과 짜증과 배고픔과 갈증과 모래 폭풍에 흐려진 요셉의 눈이 아기 예수의 말에 띄여 사막의 샘물을 보게 된 것일까. 요셉과 마리아는 갈증을 달래고 가죽 부대에 물을 가득 담았다. 마리아는 아기 예수의 이마에 흘러내린 붉은 체리 과즙을 씻어주었다.

　"아기 예수님, 이런 장난 하면 안 돼. 진짜 피처럼 보이잖니?"

　아기 예수가 방긋 웃으며 말했다.

　"저는 그렇게 되어야 하는걸요."

　마리아는 이 말이 무슨 뜻인지 몰랐다.

　요셉은 자신이 가장으로서 배고픔과 갈증을 해결해주지 못하니 아기 예수가 대신 해결해준 것 같다며 마리아에게 사과했다. 배가 부르니 마음도 순해지고 자기 잘못도 보이고 또 용서도 되는가 보다. 그러면서도 아무리 신의 아들이라지만 어린아이의 말인데 바람이 불어 나무가 쓰러지고 열매가 떨어져 허기를 달래주고 샘물이 솟아 나오다니…. 우연의 일치이겠거니 생각했다. 한참을 쉬고 다시 떠나려 일어서자 아기 예수가 중얼거리듯 말했다.

　"종려나무야, 너는 우리 가족에게 힘을 주었으니 먼 훗날 나의 나무가 되어 내 곁을 지켜 주렴."

　종려나무는 대답이라도 하듯이 바람에 한들거렸다.

　'저를 예수님의 나무로 삼아주시니 자랑스러워요. 훗날 예수님이 나귀를 타고 예루살렘에 입성할 때 승리의 나무가 되어 그 마

지막 걸음마다 발밑을 감싸드리고 하늘을 향해 노래를 부르며 춤을 출게요.'

본래 종려나무는 디오니소스의 나무였다. 디오니소스 축제 때면 사람들, 특히 여자들은 머리에 온갖 봄꽃으로 장식한 담쟁이넝쿨 화관을 쓰고 손에 종려나무를 든 채 나귀가 끄는 마차에 실린 십자가나 형주에 매달린 디오니소스나 아티스 인형을 찬양하며 행진했다.

성가정은 사흘을 더 걸어 나일강 강가의 헬리오폴리스에 도착했다. '이우누Iunu'라고도 불렀던 이곳에는 유다인이 제법 많이 살고 있었다. 바빌론 유수 시절부터 이곳으로 도피해 머물던 사람들의 후손, 알렉산드로스 대왕 시절 피난 왔던 사람들의 후손, 프톨레마이오스 왕조 시절 노예로 온 자들의 후손이었거나 하스모니안 왕조 시절 왕과 대적하다가 도망쳐온 자, 헤로데에게 저항하거나 압제가 싫어 떠난 자, 유다에서 율법을 어겨 마을에서 살지 못하고 도망친 자, 무역을 하기 위해 정착한 자, 로마의 압제가 싫어 떠나온 자 등등 각각의 사연이 있는 사람들이었다.

다행히 이곳에는 유다인 디아스포라가 형성되어 있고 회당도 있어서 신앙심이 깊은 요셉은 내심 반가웠다. 요셉은 회당에 가서 회당장을 찾아 인사하고는 일자리를 찾는다고 했다. 회당장은 요셉을 힐끔 보고는 옆의 마리아를 위아래로 훑어보았다.

"나이가 제법 들어 보이는데, 갓난아이와 젊은 아내라… 어디서 오셨소?"

거짓말에 익숙하지 않은 요셉이 머뭇거리다가 거주지인 예루살렘 대신 본향을 대며 더듬더듬 대답했다.

"본향이 갈릴래아인데 아우구스투스의 호구 조사 때 베들레헴에 왔다가 사정이 생겨 고향으로 돌아가지 못하고 이집트로 오게 되었습니다."

회당장이 굳은 표정으로 물었다.

"그 사정이란 게 뭐요?"

요셉이 머뭇거리자 회당장이 다시 물었다.

"엊그제 헤로데 왕실에서 근무했다는 군인과 친분이 있는 사람에게 들었는데, 헤로데의 군대가 베들레헴 지역의 두 살 이내 사내아이들을 모두 죽였다는 소문이 사실이오? 혹시 헤로데의 영아 살해를 피해 여기에 온 거라면 우리는 받아줄 수 없소. 고향에 친척도 있는데 그들의 안전도 생각해야지요."

요셉은 뒷걸음질 쳤다. 자칫 대답을 잘못하면 저들에 의해 죽을 수도 있다. 그때 뒤에서 돌멩이 하나가 날아와 요셉의 뒤통수를 쳤다.

"이봐, 중늙은이. 어서 여기를 떠나라고. 우리는 여기서 안전하게 잘 살고 있는데 당신 가족 때문에 문제를 일으키기는 싫어. 그리고 당신같이 유다에서 온 거지들, 유랑자들, 배신자들은 지긋지긋해. 여기에 빌붙어 살면서 강도질에 살인에 온갖 나쁜 짓은 다하지. 한 번만 더 눈에 띄면 아이와 함께 죽여서 모래에 파묻고 저 여자는 매음굴에 팔아버리겠어. 유다인 하나 죽어 나가도 누구도 신경 안 쓰거든. 알았어? 꺼져!"

등골이 오싹하고 식은땀이 주르르 흘렀다. 피의 살육이 있었던 그날 밤, 오로지 아이의 생존만을 위해 생사를 신에게 맡기고 죽음만큼이나 두려운 어두움을 뚫고 여기까지 달려오지 않았던가. 붉은 피가 대지를 적시고 강물처럼 흘렀을 그 밤의 절규가 귀에 소용돌이치는 듯했다. 그 속에서 이 아이는 겨우 살아남았는데, 이국땅에서 강포한 동족에게 죽임을 당한다면 그날 밤 죽은 수많은 아이의 핏값은 아무 의미도 가치도 없게 되는 것이 아닌가.

얼마 지나지 않아 이들 가족이 헤로데에게 쫓기고 있다는 소문이 퍼졌고, 동족들은 유다인 마을에서 그들을 추방해버렸다. 요셉은 차라리 유다인 거주 지역을 떠나 이집트인 속에서 숨어 지내는 편이 더 안전하겠다고 생각했다.

아무것도 가진 것 없는 성가정은 도시 외곽을 돌며 이 집 저 집 목수 일을 알아보기도 하고 무역상의 짐꾼 노릇도 했지만 돌아오는 건 냉대와 핍박뿐이었다. 유다인을 무척 싫어하는 이집트인들도 있었는데, 유다인들은 신앙과 율법 아래 동족끼리 서로 돕고 사는 것이 아니라 재물에 혈안이 되어 서로 속고 속이고 등쳐먹기 일쑤라는 이유에서였다. 특히 요셉은 유다인 유랑자라는 이유로 노동의 대가는커녕 밥 한 끼도 제대로 주지 않았다. 심지어는 마리아에게 매음을 권하는 사람도 있었다.

요셉은 서러웠다. 동족에게도 이집트인들에게도 학대받고 천대받는 삶이 슬펐다. 이곳이 피난처가 아님을 깨달은 요셉은 도시 남문을 빠져나와 유리걸식하며 사막 남쪽으로 향했다.

◈
━━━━━━━━━ 참고자료 ━━━━━━━━━

■ 체리나무 캐럴 The Cherry-Tree Carol
15세기 성체 축일 때 부르던 성가로, 가사는 다음과 같다.[*]

　요셉은 나이 들어, 나이 든 요셉은
　갈릴래아 여왕 성모 마리아를 사랑했네.
　어느 날 요셉과 마리아가 사과 체리 과수원을 걸을 때
　바라보기 너무 아름다운 사과와 체리가 있었네.

　마리아가 요셉에게 온화하고 부드러운 목소리로 말하길
　"요셉, 체리 좀 따주세요. 나는 아기를 가졌어요."
　그러자 요셉은 몹시 화가 났다네.
　"오, 그 아이 아빠에게 체리를 따달라 해."

　(태중의 아기 예수) '체리나무야! 가지를 숙여라!' 하자
　땅에 닿도록 가지를 숙였다네.
　마리아는 요셉이 서 있는 동안 체리를 땄네.
　요셉이 무릎을 꿇고 울부짖으며 말했다네.
　"주여! 제가 한 일을 용서하소서."

　요셉은 나이 들어, 나이 든 요셉은
　갈릴래아 여왕 성모 마리아를 사랑했네.

[*] http://blog.naver.com/PostView.nhn?blogId=chanwoolee&logNo=220213124554

발삼 정원

헬리오폴리스에서 동족들에게 쫓겨난 성가정은 그곳에서 그다지 멀지 않은 남쪽 마을 마타레아[9]로 갔다. 마을 입구에서 요셉은 고민했다. 저만치에 심은 지 몇백 년이 지났는지도 모를 다 말라 비틀어진 무화과나무 한 그루가 서 있었다. 허기진 요셉은 일단 나무 밑으로 갔다. 이곳에도 기거할 곳이 없기는 마찬가지, 유다인들이 살고 있다면 또다시 쫓겨날 게 뻔했다. 이집트로 피난 가라

---

9 마타레아 혹은 마타리에가 어디인지는 알 수 없다. 다만 정황상 구舊카이로의 어느 곳이거나 신新카이로(당시 헬리오폴리스)일 가능성이 있다. 이 책에서는 예수 피난 교회가 있는 구카이로라고 임의로 설정했다. 구카이로는 7세기 중반 '푸스타트'라고 불렀는데, 천막촌의 도시라는 뜻이다. 카이로는 아랍어로 '알 카히라', 곧 승리의 도시라는 뜻이다.

고 한 신의 계시도, 천사의 목소리도 더는 들리지 않았다.

'이제 혼자 힘으로 저 여자와 아이를 먹여 살리고 이끌어 가야 하는구나.'

이 낯선 땅에서 앞으로 어떻게 살아가야 할지 막막했다. 신탁에 따라 마리아와 결혼하긴 했지만, 마리아가 자꾸만 신의 아들이라고 하는 저 아이를 어떻게 책임져야 하나 고민하고 또 고민했다. 저 아이 때문에 헤로데에게 쫓기고 이국땅에서 동족에게 무시당하고 거지가 되어 굶어 죽을 지경에 이르렀으니 처량했다. 부자 친척 집에 보낸 아이들이 보고 싶었다.

마리아가 배가 고프다고 했다. 요셉이 나무 주위를 둘러보니 천만다행으로 나무 뒤쪽 뿌리에서 다행히 죽지 않은 곁가지가 자라나고 있었고 제법 먹음직스러운 무화과 몇 개가 달려 있었다. 그것을 따서 주니 마리아는 허겁지겁 먹다 목에 걸려 캑캑거리다가 그만 아기 예수의 옷에 토해버렸다.

"어머니, 제 옷을 벗겨 나무 아래로 던지세요."

마리아가 토사물에 젖은 아기 예수의 옷을 벗겨 나무 아래로 던졌다. 그러자 요셉의 눈이 열려 나무 뒤로 바짝 마른 듯한 우물이 보였다. 그동안 물이 고여 있지 않아서인지 사람의 흔적이 없었다. 요셉은 혹시나 하는 마음에 기도를 올리며 손으로 모래를 파헤쳤다. 무화과나무가 죽지 않았다는 것은 곧 지하에 물이 고여 있다는 뜻이다. 마리아는 계속 쿨럭거렸다.

다시 아기 예수가 말했다.

"사막아, 너의 땅에서 샘물을 뿜어 올려 어머니의 갈증을 달래주럼."

그 순간 물이 스며 나오기 시작했다. 아니, 물이 콸콸 솟아오르기 시작했다. 그 옛날 아브라함의 아내 사라에게 쫓겨난 하가르와 이스마엘이 브에르 세바 광야에서 하느님의 도움으로 눈을 떠 샘물을 찾아 갈증을 해소했듯[10] 그렇게 샘물이 솟아 흘렀고 마리아와 요셉은 그 물을 실컷 마셨다. 참말이지 허기짐이 사라지고 배가 불러올 때까지 마시고 또 마셨다. 쫓기던 이후 며칠 만에 처음으로 요셉은 손가락 끝이 저리어 올 만큼 통쾌한 오줌 줄기를 몇 번이나 내갈겼다.

마리아는 샘물로 아기 예수의 옷과 기저귀를 빨았다. 그리고 요셉과 자신의 옷도 빨아 무화과나무 가지에 널었다. 그런 다음 아기 예수의 찢어진 옷을 깁기 위해 바늘을 집어 들다 그만 모랫바닥에 떨어트렸다. 마리아가 당황하여 모래를 헤집으며 바늘을 찾자 아까는 보이지 않던 너도부추꽃이 피어 있었고 그 꽃송이에 바늘이 꽂혀 있었다. 눈을 들어 다시 보니 마치 마리아의 방석이라도 되는 듯 모랫바닥에 제법 널찍하게 무리를 이뤄 피어 있었다.

'이곳에도 너도부추꽃이 피어 있다니. 예루살렘 변두리 우리 집에도 피어 있어서 바느질할 때마다 항상 곁에 두곤 했는데.'

마리아는 그 꽃이 고마워 이후 바느질할 때면 언제나 그 꽃을 꺾어 바늘을 꽂아두었다.[11]

---

10 〈창세기〉 21:14~18.
11 전설에 따르면, 이집트 피난 시절에 마리아가 바느질로 생계를 유지할 때 바늘겨레로 쓰라고 천사가 선물했다고 한다. 이 글에서는 결혼 후 요셉의 집에 살 때(마리아와 요셉의 수난 편) 최초로 등장시켰다.

옷을 다 꿰매고 아기 예수를 목욕시키기 위해 안아 들자 아기의 땀방울이 땅에 떨어졌다. 그러자 그 자리에 바카(발삼나무) 한 그루가 싹이 터 자라더니 커다란 그늘을 만들어 성가정이 쉴 수 있게 해주었다.[12] 요셉은 생각했다. 제아무리 음침한 골짜기를 헤매며 힘든 고통의 연속일지라도 중간중간 겨자씨보다도 작은 행복이 보상으로 주어지니 견딜 수 있겠구나. 내가 고통에 끌려다니는 게 아니라 고통은 내 영혼이 당도하는 곳까지의 동행자이며 조언자라고. 고통은 내 영혼을 성숙하게 하고 신의 발자취를 따라가게 하는 깨달음의 디딤돌이라고.

이곳에서 며칠을 묵은 성가정이 다시 출발하기 위해 일어났다. 그러자 앉았던 자리에서 예리코의 장미[13]가 피어났다.

먼 옛날 이집트에서 탈출하여 40년간 광야를 유랑하다 가나안으로 막 들어갈 때 모세는 최고 지도자였음에도 신의 명령에 따라

---

12 이 샘을 '마리아의 샘'이라고 하는데, 이후로 영원히 마르지 않은 샘이 되었다고 한다. 17세기에 한 여행자가 이곳 나무에 대한 기록을 남기기도 했는데, 이 우물과 무화과, 발삼나무의 성가정수 聖家族樹를 아울러 '발삼 정원'이라고 하며, 1615년 나일강이 범람하면서 파묻혀 그 위치를 찾을 수 없다고 했다. 여러 위경과 예수 피난 전설을 보면 이 사건은 성가정 피난 막바지에 일어난 일로 추정되는데, 이 책에서는 전개상 피난 초기에 일어난 일로 서술했다.

13 샤론의 꽃(샤론의 장미)과 함께 거룩한 꽃으로 알려진 다년생 식물로, 성모 마리아의 장미로 추앙받는다. 이스라엘, 아라비아, 시리아, 이라크, 알제리 사막에서 자라는 풀로, 우리나라 바위손과 많이 닮았다. 성가정이 이집트 피난 시절 쉬어간 자리마다 피어났다고 하는데, 대지(사막)가 성가정이 머물렀음을 표시하고 기념하기 위해서였다고 한다. 예수 탄생 때도 꽃이 피었다고 하며, 십자가에 처형될 때 시들었다가 예수 부활 때 소생하여 꽃을 피웠다고 한다. 또한 예수가 광야에서 40일간 금식할 때도 예수 옆에서 머물며 새벽이면 이슬을 머금어 예수가 손가락으로 찍어 입술을 축였다고 한다. 십자군에 의해 유럽으로 전해졌으며 마리아의 장미(스위스), 마돈나 장미(이탈리아), 사막 장미(미국) 등으로 불린다. 다른 전설에서는 성모 마리아가 쉬었다 간 곳마다 꼬리풀꽃Veronica chamaedrys이 피어 마리아가 머물렀음을 기념했다고 한다. 우리의 토종 꼬리풀꽃과는 약간 차이가 있다.

그토록 염원했던 젖과 꿀이 흐르는 약속의 땅[14]으로 들어갈 수 없었다. 야훼는 여호수아를 제외하고 이집트에서 태어난 모든 사람이 나이 들어 죽을 때까지 사막을 유랑하도록 했다. 이집트의 신과 생활 방식을 가나안으로 옮기고 싶지 않아서였을 것이다. 모세도 이집트에서 태어난 이집트의 왕자였다. 심지어 백성이 타락했다 하여 신께서 직접 새겨주신 증언판을 집어던지고,[15] 자신들을 이끌어준 신에게 화를 내기도 했으며, 백성에게 물을 내려주라는 신의 명령에 항의하듯 바위를 두 번이나 내리쳐 자신이 기적을 일으키는 것처럼 백성 위에 군림하려 한 막중한 죄[16]까지 저지른 몸이었다.

모세가 느보산 기슭에 누워 저 멀리 아스라이 가나안에서 풍겨 나오는 향기로운 꽃향기를 맡으며 숨을 막 거두려 할 때 덤불 더미 하나가 바람에 실려 굴러왔다. 모세는 자신이 저 덤불처럼 사막의 바람에 구르다 말라 죽을 운명임을 신께서 예견해주시는구나 생각하고는 물끄러미 바라보며 눈물을 흘렸다. 그때 신은 네게는 더 이상 필요 없으니 네가 가지고 있는 물을 그 덤불에 주라고 했다. 모세가 순종하여 한 방울도 남김 없이 덤불에 쏟아붓자 놀랍게도 덤불이 살아나 아름다운 꽃을 피웠다. 그러자 신께서 말씀하셨다.

---

14 셈족의 풍요와 다산의 여신인 아스타르테Astarte는 젖과 꿀로 상징되었다. 〈열왕기 상〉(11: 5)의 '아스도렛(아스타롯)'. 아카드족은 이슈타르라 불렀다. 따라서 젖과 꿀이 흐르는 땅은 '아스타르테를 섬기는 사람들의 땅'이라는 뜻도 있다.

15 〈탈출기〉 32:19~20.

16 〈민수기〉 20:2~13.

"너의 육체는 죽더라도 저 꽃처럼 네 영혼과 업적과 이름은 언제라도 다시 살아나고 또 살아나 영원히 기억될 것이다."

마리아는 눈물이 났다. 유다 땅 어디에나 피어 있는 저 꽃, 동족에게 문전박대와 살해 위협까지 당하고 쫓겨온 이곳 사막 한가운데에서 에리코의 장미를 만나니 집 생각이 절로 났다.

'가뭄 때에는 시들어 바람에 이리저리 뒹굴다가 물을 만나거나 비를 맞으면 피어나는 부활의 꽃. 헤로데의 박해에 쫓겨 이리저리 떠돌아다녀야 하는 우리의 신세와 어찌 이리도 닮았을까? 저 꽃이 물을 만나면 피어나듯 우리도 좋은 시절을 만나면 남편의 목수일을 도우며 아이들과 함께 웃음꽃 피우며 행복하게 살 날이 오겠지.'

가진 것도 먹을 것도 없지만 흡족하게 휴식을 취한 성가정은 어둑어둑해질 즈음 마을로 들어갔다. 바빌론 성채 밑에 동굴[17]이 있었다. 성가정은 일단 거기에 숨어들기로 했다. 동굴은 상당히 위험해 보였다. 지금이 건기이길 망정이지 나일강 상류에 비가 많이 내려 거대한 물줄기가 이곳까지 당도해 범람하기라도 한다면 영락없이 휩쓸려버릴 판이었다. 그래도 당장 갈 곳이 없으니 여기에서 지낼 수밖에.

그날 밤, 지친 요셉과 마리아는 잠을 청했으나 당장 내일부터 어떻게 살아야 할지 걱정돼 도통 잠을 이루지 못했다. 그때 동굴 밖에서 두려움에 떨며 두런대는 유다인들의 대화가 들려왔다.

---

17 오늘날 예수 피난 교회가 있는 곳으로, 필자가 임의로 설정한 장소다.

"유다 왕 헤로데가 저지른 왕궁과 성전 학살 소문 들었나? 마기가 예언한 새로운 왕이 하스모니안 왕족 중에서 탄생할까 봐 하스모니안 핏줄을 이어받은 사람은 한 명도 남김없이 모조리 도륙해버렸다는군.[18] 그 숫자가 무려 50명이 넘는다나? 심지어 히르카노스 2세의 외손녀이자 자기 아내인 마리암네는 물론이고 마리암네에게서 태어난 왕자 알렉산드로스와 아리스토불로스도 대역죄 누명을 씌워 사마리아에서 처형해버렸다는데,[19] 그게 사실인지 헛소문인지 도통 모르겠어. 아무리 왕권이 좋다지만 정말 그랬다면 그따위 짐승만도 못한 놈이 어디 유다의 왕이라 할 수 있겠는가?"

"허허, 그야말로 피의 살육이로구먼. 사제 한 명도 그 아들이 한두 살 정도 먹었다고 지성소 안에서 죽였다는 소문이 있네.[20] 그렇지 않아도 옛날 폼페이우스가 예루살렘을 점령했을 때 가장 성스러운 장소인 지성소에 흙발로 들어가서는 모조리 파괴하고 약탈해가 우리 민족이 얼마나 분노에 들끓었었는가? 그런데 헤로데 그 인간도 이스마엘 후손인 아라비아인 핏줄 이두매아 출신인 데다 로마 똥 빨아 처먹는 놈이라 그보다 더한 피를 뿌려놓고도 당당하다니 신의 저주를 받아 머잖아 죽을 것이야. 암, 그런 놈은 죽어야지."

---

18 필자가 의도적으로 역사적 사건을 마기의 예언과 연결 지어 잘못된 소문으로 서술했다. 둘 사이에는 아무런 연관이 없으며, 학살 사건은 훨씬 이전에 일어났다.

19 헤로데의 궁전 학살 사건은 헤로데가 독자적으로 저지른 일이 아니다. 헤로데에게는 사형 집행권이 없었으므로 모든 학살은 로마의 허락하에 로마법에 따라 집행했다.

20 〈야고보 원복음서〉에 따르면, 어린 세례자 요한을 찾아 죽이기 위해 요한의 아버지이자 엘리사벳의 남편 즈카르야를 지성소에서 살육했다고 한다.

"태자로 책봉된 안티파테르 역시 죽이고도 남을 듯한데, 무서워서 얼마나 떨고 있을까?"

"아들마저 다 죽여버리면 대체 누구에게 왕위를 물려주려는 걸까?"

"사마리아인 말다케에게서 난 아르켈라오스와 안티파스는 총애한다는 말도 있더군. 둘 중 하나에게 물려주겠지."

"듣자 하니 자기가 죽으면 유다인들이 눈물을 흘리지 않을까 봐 유다인 1,000명을 예리코 경기장에서 죽이라는 명령을 내렸다고 하네. 그 가족과 친척의 수가 족히 만 명도 넘을 텐데, 그들의 울음소리로 자기 장례식을 치를 심산인 게지. 그런 미친놈이 또 어디 있겠는가?"

"그뿐 아니라 왕이 탄생하리라 예언된 베들레헴을 쑥대밭으로 만들어놓고 고을 아이들을 모조리 죽여 그 머리를 궁전 뜰에 묻어놓고는 발로 밟고 다닌다는 소문도 있던데, 설마 그랬을까. 아이고, 끔찍해라."

"헤로데의 영아 학살을 피해 이집트로 도망 온 가족도 제법 있다더라고. 왜 지난번 회당장이 말한 부부 있잖아? 어린애와 앳된 아내를 데리고 다닌다는 늙다리. 그들도 헤로데를 피해 도망 왔다는 소문이 있어. 절대로 그들을 도와줘선 안 돼. 만약 그랬다가 그 말이 헤로데 군사의 귀에 전해지기라도 하면 유다에 있는 우리 친척들에게 어떤 해코지를 할지 몰라."

요셉과 마리아는 두려워서 숨도 크게 쉬지 못했다. 좀처럼 남을 욕하는 일 없는 요셉의 입에서 난생처음으로 헤로데를 향한 저주가 흘러나왔다.

"저들 말이 사실이라면 피로 물든 대지가 헤로데의 발을 어찌 용서할 수 있으랴. 강을 이루어 흘러 스며들었을 붉은 피가 조상들이 파놓은 우물물보다 더 진하게 땅속을 물들였을 텐데, 헤로데 그 작자는 어찌 맨정신으로 땅이 내어주는 물을 마실 수 있겠는가. 피의 울부짖음이 하늘에 닿아 신의 저주가 그놈에게 내릴 것이야. 억울하고 분한 저들 가족의 몸부림이 유다의 허공을 찢고 땅을 갈라 저 잔인하고 극악무도한 헤로데의 배를 터트려 기어코 집어삼키리라.

오, 하느님! 그 안에서 우리 가족을 살리셨으니 억울한 자들의 죽음 값을 알게 하시고 기어이 살아 돌아가 저들의 피를 위로하게 하소서. 또 아기 예수를 대신해 죽었을 베들레헴 아이들의 영혼을 받아주시고 당신의 무릎에 앉혀 쓰다듬어 위로해주소서."

마귀 들린 여자를 치유해준 마리아

◈

역시 이곳도 마찬가지였다. 발 없는 말[言]이 발 있는 말[馬]보다 빠르다더니 요셉 가족에 대한 소문을 언제 들었는지 유다인들의 반응은 냉랭했다. 차라리 이집트 사람이 더 나았다. 귀족들의 무덤에 살면서 그 무덤을 관리하는 이집트인들은 성가정을 초대해 부족한 식량을 나누어 먹기도 하고 필요한 물품을 주기도 했다. 하지만 달포가량 유리걸식하던 성가정은 이곳에서조차 동족들에게 무시와 문전박대를 당하기가 일쑤였다. 더는 견딜 수가 없어 차라리 굶어 죽을지언정 사막을 가로질러 유랑하는 편이 더 낫다고 판단하고는 남쪽으로 길을 떠났다.

사막 깊숙이 얼마나 들어왔는지 알 수 없었다. 한낮의 열사를 견

더내는 건 그늘이라도 찾아 피할 때도 있기에 차라리 나았다. 쇠 몽둥이로 맞고 도끼로 찍히는 아픔이 이보다 더할까? 뼛속까지 아리는 밤의 추위에 밤새 덜덜 떨며 뼈 마디마디까지 전해오는 고통에 울어야 했다. 그나마 체온이 덜 떨어지게 하려면 커다란 돌덩어리를 주워 담을 쌓듯 빙 둘러친 다음 모래를 어느 정도 파내고 그곳에 건초를 깔아 쪼그려 누워야만 했다. 이런 사막에 풀이 어디 있으며 불이라도 피울 마른 나뭇가지를 어디서 구한단 말인가? 멀리서 들려오는 사자 울음소리는 온몸에 전율을 불러일으켰고 사막 표범이 어슬렁대고 하이에나가 키들거리는 밤이 되면 말 그대로 공포가 엄습해왔다. 전갈과 사막 뱀은 발걸음을 옮길 때마다 눈에 띄었다. 조심했지만, 한 번 물리면 끝장이라 두려웠다.

이런 낮과 밤을 대체 얼마나 보낸 걸까? 그도 그럴 것이 그동안 사막을 걸으며 올바른 정신일 때가 없었다. 그러나 어떤 힘이 이들을 보호했는지 한 달이나 가야 하는 거리를 하루 만에 도착해버린 것처럼 그저 걷다 보면 어느새 도시나 마을에 도착해 있었고, 또 하룻밤을 자고 나면 놀랄 만큼 체력이 축적되어 다시 사막을 횡단하고 있었다. 모세가 이집트에서 백성을 이끌고 약속의 땅으로 향할 때 신께서 낮에는 구름기둥, 밤에는 불기둥으로 보호해주셨고, 옷 하나 신발 하나 떨어지거나 더러워지지 않고 그대로였듯 이제 그 반대의 길을 걷는 성가정은 이상하게도 최악의 환경에서 아무렇지도 않다는 듯이 꿋꿋이 생존의 사투를 벌였다. 허기지고 목말라 체력이 바닥나기 직전까지 다다르면 오아시스를 만나 목을 축이고 배를 채울 수 있었으며, 옷과 신발이 닳고 해질 성싶으면 누군가가 도와줬고 때로는 주워서라도 햇빛과 추위와 거친 모래바람을 견뎌냈다.

그렇게 사막을 헤매던 어느 날 점심 무렵 성가정은 한 마을을 지나가게 되었다. 이 마을에는 마귀 들린 여자가 살고 있었다.[21] 그 여자는 마을 영주의 외동딸인데, 어느 날 갑자기 목에 붉은 자국이 생기더니 악마에 들려 산발한 채 나체로 짐승처럼 기어 다니고 온갖 포학한 행위를 일삼았다. 사람들이 여자를 잡아 그녀의 집 기둥에 쇠사슬과 밧줄로 묶어둬도 소용이 없었다. 악마의 힘이 얼마나 강한지 쇠사슬을 모두 끊어버리고 마을 외곽으로 달아나 무덤 주위를 어슬렁거리며 살고 있었다. 그래도 자식인지라 부모는 걱정하며 무덤 입구에 물과 먹을 것을 가져다주기도 했지만, 사람의 음식은 전혀 먹지 않고 뱀과 들쥐, 날벌레를 잡아 뜯어 먹고 살았다. 사람들이 마을 밖으로 지나다닐라치면 그 미친 여자가 돌을 집어 던지며 달려들어 마구 목을 조르고 할퀴고 물어뜯었다. 밤이면 무덤에서 나와 괴성을 지르며 동네를 가로질러 뛰어다니면서, 닭과 염소와 양 같은 가축을 잡아먹으니 마을 사람들은 공포에 사로잡힐 수밖에 없었다.

성가정은 마을 어귀에 접어들면서 이 여자와 눈을 마주쳤다. 측은한 마음에 마리아가 가까이 다가가니 여자는 맹렬히 날뛰며 달려들다가 아기 예수를 보는 순간 이내 눈물을 흘리며 무릎을 꿇었다. 마리아가 겉옷으로 그녀를 감싸주자 그녀의 몸에서 환영이 튀

---

21 위경에서는 마리아가 예수의 힘으로 미친 여자를 치료해주었다고만 언급했다. 인물과 사건 등은 창작했다. 이 부분은 성경의 '군대 마귀 들린 자' 전반부를 보는 듯하다.

어나와 마리아 앞에 엎드려 흐느꼈다. 바짝 여위고 근심에 휩싸여 있었지만 늠름하고 씩씩하게 생긴 청년의 모습이었다. 마리아가 환영에게 물었다.

"청년은 누구길래 이 아리따운 처녀의 몸에 들어가 있나요?"

"저는 처녀의 몸에 들어가 있는 잡귀가 아니라 처녀의 기억 속에 있는 환영으로, 아가씨를 무척이나 사모하는 마을 청년입니다. 저는 일찍 부모를 여의고 마을 어귀 무덤가 뒤편에 오두막을 짓고 홀로 살고 있습니다. 비록 가난했으나 마을 사람들 일을 잘 도와주는 덕택에 제법 사랑도 받고, 남몰래 귀족의 글자도 익혀 귀족의 집이나 무덤을 만들 때 벽과 관 뚜껑에 글씨를 새겨주면서 재물을 받아 굶주림은 면할 정도가 되었습니다.

어느 날 마을 관리 어르신 댁 벽에 글자를 새겨달라는 부탁을 받고 갔는데, 그곳에서 의자에 앉아 있는 아가씨를 본 저는 한눈에 반하고 말았습니다. 저는 일부러 며칠이나 시간을 끌며 거실 벽에 글자를 새겼는데, 아가씨도 호기심 어린 눈으로 저를 바라보곤 했습니다. 저는 신분이 미천하고 아가씨는 지체 높은 마을 관리의 딸이라 사랑을 고백할 수 없었습니다.

저는 급기야 상사병에 걸려 식음을 전폐하고 거의 죽을 지경까지 이르렀는데, 이대로 죽느니 아가씨에게 사랑 고백이라도 해보자고 결심했습니다. 그리하여 그날 밤 몰래 아가씨 침실에 들어갔는데, 아가씨는 이상하게도 전혀 도망치려 하지 않고 그대로 침대에 앉아 있었습니다. 그제야 알았는데, 아가씨는 다리에 장애가 있어서 움직이기 힘들었던 것입니다. 오히려 아가씨는 담담하게 내 손을 잡더니, 밤마다 나를 기다렸다고 하였습니다. 지체 높은 아가씨가 미천한 신분의 나를 사랑하고 있었던 것입니다. 나는 너무 기뻐서 사랑을 고백하고 매일 밤 아가씨를 찾아가 사랑을 나누었습니다. 그러던 어느 날, 아가씨는 옆 동네 관리의 아들이 청혼하려 한다며, 그는 자기를 사랑하는 것이 아니며 흑심을 품고 있다고 울면서 말했습니다. '그 남자는 나와 결혼하면 우리 재산을 모두 차지한 다음 나를 버릴 것이 뻔하니 이제 부모를 만나 정식으로 청혼하세요. 아버지는 날 사랑하기 때문에 내가 사랑하는 당신을 분명히 사위로 받아줄 거예요'라며 나에게 용기를 북돋아 주었습니다.

하지만 권력과 명망 있는 집안에 거지나 다름없는 저 같은 놈이 청혼해봤자 거절당할 것이라고 생각했습니다. 앞뒤 가리지 않고 저지른 이 사랑의 무게가 엄청난 것임을 깨달았습니다. 저는 온몸에 전율을 느끼고 쓰러지고 말았습니다. 저는 아가씨의 부모님이 너무 무서웠습니다. 이 일이 마을에 알려진다면 어디 감히 미천한 놈이 지체 높은 아가씨를 탐내느냐고 몰매를 맞고 마침내 사막에 버려져 짐승들의 밥이 될 수도 있다는 생각에 두려워 떨었습니다. 아가씨를 너무나도 사랑했지만 두려움을 이기지 못해 그다음 날부터 아가씨 집에 가지 않았고 이후로 집에 틀어박혀 온갖 고민을 하며 지냈습니다. 만약 아가씨의 아버지가 저를 잡기 위해 군사를 보내면 바로 자결하고 말리라 굳게 각오하고는 항상 칼을 품에 지녔습니다. 그런데 며칠이 지나도록 군사는 오지 않았고, 어느 날 마을에 몰래 숨어 들어가 보니 아가씨는 저 지경이 되어있었습니다."

청년은 자책에 연신 폭풍 울음을 울어댔다.

"당신의 행동이 한 여인을 저렇게 망쳐놨군요. 책임지기는커녕 찾아가 청혼할 용기도 없으면서, 단지 사랑이라는 이름으로 저지른 당신의 행위가 얼마나 큰 죄인지 아나요? 그 이후로는 어떻게 하려 했나요?"

"아가씨가 저렇게 된 건 다 제 탓이니까 어떻게든 책임을 지려 했습니다. 그래서 아가씨 부모님께 사실대로 말하고 죗값을 치르리라 결심하고는 매일 아가씨 집 앞까지 갔지만, 저를 심하게 고문하고 죽일까 봐 두려워 번번이 그냥 돌아왔습니다. 그렇게 식음을 전폐한 채 밤마다 눈물과 근심과 한숨으로만 지내고 있습니다."

"이 처녀가 정상으로 돌아오면 결혼할 자신은 있나요?"

"그럼요! 아가씨와 아가씨 부모님이 용서하고 허락만 해준다면 마귀 들린 여자와 산다고 손가락질받더라도 같이 살겠습니다."

마리아가 처녀를 데리고 마을로 들어와 집에 데려다주니 정상으로 돌아온 그녀를 보고 부모와 친척이 모두 놀랐다. 여자는 그간의 모든 일을 가족과 친척에게 설명했다. 사람들은 요셉과 마리아와 아기 예수를 극진히 대접했다.

처녀의 아버지가 즉시 그 청년을 불러 데려왔다. 이미 환영으로 마리아와 대화한 청년은 마리아 앞에 엎드려 흐느껴 울었다. 처녀의 아버지는 분노가 치밀어 칼을 뽑아 청년을 죽이려 했다. 그러나 아기 예수를 보는 순간 마음이 누그러져 딸에게 한 짓과 용기

없음을 크게 꾸짖고, 내 딸이 사랑하는 사람이니 결혼해 우리 집에 들어와 아들처럼 살라고 명령했다.

성대한 결혼식이 열흘 넘게 치러졌다. 관리는 마을 사람이든 나그네이든 부자이든 가난뱅이든 모두에게 자선을 베풀었고, 거기 모인 모든 사람은 배불리 먹고 마시면서 축하했다. 아가씨의 부모와 친척은 성가정에게 보석과 돈을 주며 감사의 뜻을 표했으나 요셉은 정중히 거절하고 하루만 묵기를 청했다. 다음 날이 되자 아가씨의 부모가 사흘 밤낮을 더 묵고 가기를 권했으나 요셉은 헤로데의 군사가 여기까지 쫓아올지 모른다며 피난길을 떠나는 데 필요한 물건과 빵, 음료만 가지고 다시 이집트의 사막으로 더 깊숙이 들어갔다.

주술에 걸린 신부

비록 사막의 피난길은 고달팠지만 헤로데의 칼에서 멀리 벗어났기에 아브라함처럼 이 고을 저 고을 떠돌아 다니면서도 요셉은 마리아와 아기 예수를 데리고 신에 대한 감사 기도를 잊지 않았다. 지치고 애처로울 때면 아찔했던 살육의 밤을 떠올리며, 아기 예수를 위해 희생 제물이 된 그날의 수많은 어린 영혼을 위해서라도 거지보다 못한 삶이지만 기필코 살아남으리라 결심하곤 했다. 언젠가 유다로 돌아갈 날이 오겠지. 살아남은 이 아이가 먼 훗날 죽어간 아이들의 모든 인생을 보상해주고도 남음이 있겠지. 그날이 오면 신께서 알려주시겠지.

저녁 무렵 성가정이 사막의 어느 마을을 지나는데 마침 성대한 결혼식이 열리고 있었다. 그런데 악한 주술사들이 신부에게 최면을 걸어 벙어리로 만들어버리고는 신부 부모에게 악귀를 내쫓아 줄 테니 거액을 달라고 요구했다. 거절하면 신랑 측에 이야기해 파혼당하게 만들겠다는 협박도 빠트리지 않았다. 신부 아버지는 안절부절못하며 그들에게 굿을 요청했다.

마침 성가정이 그 결혼식을 구경하고 있었다. 그런데 주술사들의 주문이 먹혀들지 않았다. 오히려 신부는 상태가 더 나빠져 목이 부어오르고 얼굴이 창백해져갔다. 마술사들은 진땀을 뻘뻘 흘리며 최면을 풀어보려 했지만 신부는 사지가 마비되고 최면에 더 깊이 빠져들어 움직일 수조차 없었다.

그때 신부의 눈이 아기 예수와 마주쳤다. 꼼짝도 못 하던 신부가 벌떡 일어나더니 마리아에게 다가와 팔을 뻗어 아기를 한 번 안아보자는 시늉을 했다. 신부는 아기 예수를 품에 안은 채 몇 번이고 키스하고 볼을 비벼대며 환희의 눈물을 흘렸다. 그러자 신부의 말문이 트이고 몸이 활발해졌으며, 대신 주술사들은 말문이 막히고 사지가 마비되어 모랫바닥에 나뒹굴었다. 신부 가족은 안도의 한숨을 내쉬며 하느님과 천사들이 찾아왔다고 기뻐했다.

주술사들이 아기 예수에게 용서를 구했다. 그러자 요셉의 입을 통해서 말했다.

"너희는 그동안 선한 사람들에게 얼마나 많은 용서를 받았는지 스스로 잘 알고 있다. 너희 영혼은 악마보다 더러워서 아무리 용서해줘도 똑같은 죄를 또 저지르고 만다. 그동안의 죗값을 고스란히 받아야 한다. 사지가 뒤틀린 채로 지난날의 과오를 평생 후회하며 살다가 수명이 다하는 날 주님의 품으로 가 심판을 받거라."

그 말을 들은 사람들은 하늘을 두려워하며 기도했다.

"술수와 흑마술로 선량한 백성에게 사기를 치고 못된 짓을 일삼는 저런 무뢰한들은 언젠가 반드시 죗값을 받아 유황불이 타오르는 지옥으로 떨어질 것입니다."

못된 주술사들은 불구의 몸으로 떠났고, 성가정은 사흘 동안 그곳에서 극진한 대접을 받으면서 모처럼 휴식을 취했다.

무너진 석상

◈

저 멀리 상인들이 이끄는 낙타 무리가 보였다. 그들을 만나 예를 다하여 길을 물으니 자신들은 나바투(페트라)에서 룩소르까지 왕복하며 상업을 하는 나바테아인들이라고 했다. 이곳은 한때 케메누, 크문이라 불리던 헤르모폴리스 지방인데, 여덟 개의 커다란 마을로 이루어졌으며 사흘을 걸어가면 소티넨이라는 큰 도시가 있다고 일러주었다.[22]

22 일부 문서에 성가정이 헤르모폴리스로 피난 갔다는 기록이 있다. 이 도시는 이집트 중남부에 있는 에스네로, 성서학자들은 성가정이 이렇게 멀리까지는 가지 않았으리라 본다. 이집트 북부 삼각주에 있는 헬리오폴리스(현재의 신카이로)와 발음이 비슷해 성서 기자들이 잘못 기록했을 수 있다.

정말 커다란 도시였다. 한 번도 본 적 없는 어마어마하게 커다란 여덟 신의 석상과 그보다는 규모가 작은 365개의 우상이 서 있었다. 도시 사람들은 이집트의 신들과 악마의 우상과 석상에 매일 제물을 바쳤다. 특히 달의 신 토트는 소티넨뿐 아니라 헤르모폴리스 전 지역에서 숭배받는 가장 큰 신이었다. 소티넨은 아프로도시우스 총독이 다스리고 있었다. 성가정은 급한 대로 석상 근처 여관에 묵었다.

그곳의 대사제는 자신이 히에로판테스라며 토트와 365신의 계시를 백성과 이방인에게까지 전달하겠노라 겁박하여 재물을 갈취했다. 대사제에게는 세 살 난 아들이 있었는데, 훗날 아버지의 뒤를 이어 사제가 될 아이였다. 그래서인지 그들이 섬기는 온갖 신과 악마가 그 아이의 몸에 의지하여 살았다. 그 아이가 쓰러져 눈알을 뒤집고 몸을 부들부들 떨며 거품을 내뿜으면 사람들은 무서워 벌벌 떨었다. 사람들의 불행한 앞날을 거짓으로 예언하여 겁주고 저주를 퍼붓기 때문이었다. 그럴 때마다 사람들은 불행과 저주에서 벗어나기 위해 더 많은 재물을 바쳐야 했다.

그날따라 도시가 발칵 뒤집혀 있었다. 도시의 관리들과 사제들이 큰 석상 앞에 모여 굿을 하며 절을 올리고 있을 때 그 아이의 광기가 시작되었는데, 다른 날보다 몇십 배는 더 심하고 포악했다. 갑자기 옷을 찢고 발가벗은 채로 뛰어나가 사람들에게 마구 돌을 던지며 알아들을 수 없는 말로 크게 외쳐댔고, 데굴데굴 구르며 입에서 푸른 거품을 뿜어댔다. 사제들이 아이에게 물었다.

"아이의 몸에 든 신이시여, 무슨 일이시기에 이토록 힘을 발휘하는 것입니까?"

그러자 아이 몸에 든 악령이 말했다.

"으아아아! 나는 이제 여기에서 살 수가 없도다. 나는 신이 아니라 악령이다. 우리에게는 없는 신, 우리를 지배할 신, 참된 신이 이마을에 들어왔노라. 그분 외에는 신이 없도다. 난 무섭도다. 그분의 엄청난 힘이 마을을 지배하는도다. 아아아악!"

그 순간 마을 입구에 서 있던 커다란 석상들이 아이 위로 한꺼번에 무너졌다. 사람들은 겁에 질려 모두 도망쳤다. 한참 후 아이는 부서진 석상 틈에서 피로 범벅이 된 채 기어 나오더니 성가정이 묵고 있는 여관으로 비틀거리며 뛰어갔다.

마침 마리아가 아기 예수의 포대기를 빨아 막대기에 걸어 말리고 있었다. 아이는 구원해달라는 듯 요셉과 마리아를 쳐다보았다. 그러더니 피 묻은 손으로 어떤 강력한 힘을 뿌리치려는 듯한 자세를 취하며 힘겹게 포대기를 잡아당겨 자신의 머리에 뒤집어썼다. 그러자 아이가 쓰러지고 입에서 까마귀와 뱀의 형상을 한 악령들이 차례로 뛰쳐나와 유다 쪽으로 날아가며 외쳤다.

"두고 보시오! 당신들의 아기가 언젠가 깨달음을 얻기 위해 광야에서 수행할 때 신의 아들이 되지 못하도록 철저하게 방해하여 복수하겠소!"

아이의 몸에서 온갖 악령이 사라졌을 뿐만 아니라 몸에 난 상처도 깨끗하게 치유되었다. 아이는 주님을 찬미하는 노래를 부르며 집으로 향했다.

자식이 죽은 줄 알고 울고 있던 대사제가 놀라며 물었다.

"석상에 파묻혀 죽은 줄 알고 장례를 지내려 했는데 어찌 된 것이냐?"

아이가 자초지종을 이야기하자 대사제는 기쁨에 넘쳐 아들을 안고 말했다.

"그렇지 않아도 석상이 모조리 무너져 더는 섬길 신도 없는데 잘 되었구나. 우리도 이제 올바른 삶을 살고 아기 예수가 잘 성장할 수 있도록 그들의 신을 섬기자."

한편 석상이 무너졌다는 소식을 들은 아프로도시우스는 군대를 이끌고 신전으로 왔다. 자신들이 섬겼던 석상이 모조리 쓰러지고 파괴된 모습을 보고는 겁에 질렸다. 총독은 부서진 달의 신 토트 석상 앞에 서서 통탄하며 대사제와 그 아들에게 무슨 일인지 물었다. 대사제는 마을에 거룩한 아기를 안은 이교 가족이 들어와 자식의 몸에 든 악령을 쫓아내자 석상이 모두 쓰러졌다고 고했다. 총독이 한참 동안 그 광경을 바라보고 있자 무너져버린 토트 석상 위로 토트의 달을 손에 든, 신의 사자인 듯한 영이 서 있었는데 다른 사람에게는 보이지 않았다. 총독이 영을 향해 마음속으로 어떤 신이냐고 물었다.

"나는 주의 사자, 이 마을을 다녀간 신의 아들 아기 예수와 그의 어머니 마리아와 아버지 요셉을 보호하는 달의 천사 가브리엘이다. 당신들의 주신인 달의 신 토트와 365신이 아기 예수의 힘 앞에 모두 스스로 쓰러지고 부서져 도망쳐버렸구나."

총독이 허리를 숙였다.

"우리 신들이 그 아기야말로 진정한 신임을 인정하고 자신들은 티끌만도 못한 가짜 신임을 스스로 드러내 사라져버렸군요."

　총독이 경배를 드리기 위해 찾았으나 성가정이 이미 마을을 떠난 뒤였다. 총독은 직접 군대를 이끌고 아기 예수가 떠난 길을 좇아 따라갔다.

두 명의 강도떼 두목

거대한 석상들이 파괴되자 여관 주인은 이제 사제에게 재물을 빼앗기지 않아도 되고 악령에 시달리지 않아도 된다며 기뻐했다. 하지만 요셉과 마리아는 이 모든 것이 두려웠다. 헤로데를 피해 이곳으로 간신히 도망쳐왔는데 이 도시에서 섬기는 석상들이 모두 무너져버렸으니 이집트 군사들이 그 원인을 이교도인 자신들에게 뒤집어씌워 산 채로 불태워 죽일 거라고 생각했다. 요셉은 급하게 마리아와 아기 예수를 데리고 도시를 탈출했다.

　성가정은 허겁지겁하다가 길을 잘못 들어 강도 떼의 비밀 소굴이 있는 계곡으로 들어가고 말았다. 강도 떼는 골짜기 위 커다란 동굴에 자리 잡고 있었는데, 이곳은 강도질하기에 천혜의 환경이었다. 낮이면 골짜기 멀리까지 한눈에 바라볼 수 있고, 밤이면 계곡을 어슬렁거리는 짐승의 숨소리까지 다 들을 수 있었다. 그래서 계곡 아래에서 여행자나 규모가 작은 상인들이 지나가면 금방 알아차리고 습격해 옷과 재물, 마차와 나귀, 낙타를 빼앗았다. 그뿐 아니라 사람들을 발가벗긴 채 밧줄에 묶어 끌고 다니다 거상을 만나면 노예로 팔아버리기까지 했다.

성가정이 그곳에 이르렀을 때 강도떼는 약탈한 재물을 나누고 납치한 사람들을 묶어놓은 뒤 하오마를 거나하게 마시고 동굴에서 낮잠을 즐기던 참이었다. 강도떼의 두목은 티투스와 두마쿠스였다.

성가정이 계곡에 들어서자 사람 키보다 더 큰 야생 완두[23]밭이 눈앞에 펼쳐 있었다. 나귀 목에 걸린 작은 워낭의 딸랑 소리가 바람에 실려 수선거리는 완두 넝쿨 사이를 뚫고 계곡에 청량하게 울려 퍼졌다. 그 소리에 두 강도는 잠에서 깨어나 곧바로 성가정을 쫓았다.

"두 명의 강도가 우리를 죽이러 올 거예요."

예수가 말하자, 마리아는 무서운 나머지 완두 넝쿨 때문에 아무것도 보이지 않는다며 발을 동동 굴렀다. 그 순간 완두 넝쿨이 순식간에 바닥에 누웠다.

마침 완두밭에서 칼을 빼들고 슬금슬금 다가와 성가정을 죽이

---

[23] 이 야생 완두Lupinus, Vetch를 이집트 피난 꽃이라고 한다. 전설에는 야생 완두가 수선거리면서 성가족에게 도둑이 죽이러 다가옴을 알려주자 마리아가 명령하여 완두밭 모두를 바닥에 앉힌 다음 주위를 살펴보니 아무도 없었다. 이에 축복하여 다시 살려냈다고 한다.

려던 두 도둑이 자신들의 모습이 드러나자 깜짝 놀랐지만 천생 도둑인지라 두마쿠스가 다가와 길을 막았다. 아기 예수를 본 티투스가 괜히 가슴이 울렁거린다며 두마쿠스에게 말했다.

"아무것도 없는 가족 같으니 부하들이 눈치채기 전에 조용히 보내자. 이 아기를 보니 그동안 지은 죄와 앞으로 지을 죄까지도 모두 용서받는 기분이야."

"무슨 소리야? 잡아서 노예로 팔면 되잖아. 갑자기 왜 그래?"

두마쿠스는 심사가 틀어져 화를 버럭 내더니 요셉을 묶기 시작했다. 그러자 티투스가 두마쿠스를 달랬다.

"정말 가난한 사람들이잖아. 더군다나 아기도 있고. 내가 저 사람들 몸값으로 은화 40냥과 허리띠를 줄 테니 그냥 보내자."

"단단히 미쳤군. 이 아기에게 침을 뱉고 저주의 말을 하고 싶다."

두마쿠스는 한바탕 어깃장을 놓은 뒤 자기는 돈만 챙기면 되니 알아서 하라며 동굴로 돌아갔다. 요셉과 마리아가 티투스에게 고맙다고 인사했다.

"평화와 축복을 빕니다. 하느님께서 당신을 용서하고 훗날 천국으로 이끌어주실 겁니다."

티투스는 밧줄을 풀어준 다음 아기 예수의 눈을 보았다. 그러더니 자꾸만 눈물이 나고 마음이 맑아진다면서 어서 이 계곡에서 벗어나라고 하고는 동굴로 되돌아갔다. 그러자 누웠던 야생 완두들이 다시 일어나 힘차게 생명 활동을 하며 성가정을 보호하였다. 마리아의 품에 안긴 아기 예수가 말했다.

"훗날 유다인들이 저를 십자가에 못 박을 거예요. 그때 티투스를 제 오른쪽에, 두마쿠스를 왼쪽에 매달 것인데,[24] 티투스는 저와 함께 낙원으로 갈 거예요."

마리아가 말했다.

"아가야, 넌 우리 민족을 구원해줄 왕이 될 거야. 절대 그런 운명이 되어서는 안 돼."

그러고는 한참이나 길을 걸어갔는데 저 멀리서 사람들이 뛰어왔다.

"우리는 강도들에게 잡혀 있었어요. 모래 폭풍보다 더 거대한 먼지가 계곡 건너편에서 일어나 몰려오더니 왕의 행차와 같은 수많은 말발굽 소리와 나팔 소리, 천지를 뒤흔드는 북소리, 어마어마한 기병대의 마차가 질주하는 굉음이 들려왔답니다. 강도들은 혼비백산하여 전리품을 다 버려둔 채 허겁지겁 도망쳐 버렸고, 우리는 그 덕분에 살아나 서로 밧줄을 풀어주고 그들의 전리품을 자루에 나눠 담아 소굴을 빠져나왔습니다. 그런데 왕의 행렬은 보이지 않고 당신들만 오고 있군요. 왕과 군사들은 어디에 있습니까?"[25]

그들은 이렇게 묻고는 성가정이 온 방향으로 뛰어갔다. 성가정은 그날 무사히 계곡을 지나 조그마한 마을에 머물렀다.

한편 강도 떼로부터 탈출한 사람들은 계곡을 빠져나와 시야가 탁 트인 곳에 도착했다. 저 멀리 총독의 수많은 군사가 모래 폭풍

---

24 위경 〈니코데무스 복음서〉와 〈본시오 빌라도 행전〉에는 예수의 십자가형 당시 오른쪽에 디마스, 왼쪽에 제스타스를 매달았다고 기록되어 있다.

25 위경에는 여기까지만 기록되어 있다. 나귀의 워낭 소리와 말굽 소리가 군대의 소리로 확장되는 기적을 말한 전설이다. 여기에서는 좀 더 현실적으로 변형하여 창작하였다.

을 일으키며 다가오고 있었다. 아기를 안고 가는 가족을 보았냐는 총독의 물음에 사람들은 한나절 정도 거리에서 그들을 보았노라고 대답했다. 계곡 건너편은 다른 총독이 다스리는 영토였다. 아프로도시우스 총독은 언젠가 예수를 꼭 만나리라는 희망을 품고 철수했다.

그날 밤 작은 상단이 그 계곡을 건너왔다. 그들은 소티넨의 총독이 어마어마한 규모의 군사를 이끌고 계곡 반대편에 주둔하고 있다가 떠난 이야기, 강도들이 놀라 도망간 이야기, 강도떼로부터 탈출한 사람들 이야기를 들려주었다. 그들은 성가정을 보고는 총독이 찾던 바로 그 가족이 아니냐고 물었다. 빙그레 웃는 아기를 보고 있던 상단의 행수는 이들이 분명하다며 성가정에게 여행에 필요한 선물을 바쳤다.

"총독이 신의 아들인 아기를 만나 경배하고자 직접 군대를 이끌고 영토의 경계인 계곡 입구까지 와서 강도들을 쫓아냈습니다. 이 아기 덕분에 이제 여행자들이 마음 놓고 다닐 수 있을 뿐 아니라 우리 같은 작은 상단은 더 이상 무역품을 빼앗기지 않아도 되니 기쁘기 그지없습니다."

요셉은 야훼께 감사 기도를 드렸다.

"오, 하느님! 우리 가족을 계곡의 강도떼로부터 보호해주시기 위해 총독의 군대를 동원하셨군요."

밤하늘에는 가브리엘 천사가 보름달처럼 환하게 빛나고 있었으며 하늘의 이쪽에서 저쪽 끝까지를 덮고도 남을 하느님의 군대가 별처럼 반짝이며 성가정을 보호하고 있었다.

아기 예수의 목욕물

◈

성가정은 다시 길을 떠나 헤르모폴리스 지역의 어느 유명한 도시
에 머물게 되었다. 한 귀부인이 강에 목욕하러 갔는데 뱀의 형상
을 한 악령이 달려들어 그 여인의 음부 속으로 들어갔다. 악마는
밤마다 그 여자의 허리를 휘어 감고 젖가슴 위에 머리를 올려놓은
채 혀를 날름거리며 영혼을 갉아먹었다. 자신의 몸에 악령이 든
지도 모르는 여인은 밤마다 악몽에 시달리며 괴로워했다. 그날 이
후 여인은 건기의 나무처럼 몸이 바짝 말라갔으며 들판에 붙은 불
길처럼 성욕이 타올라 주체할 수 없었다. 매일 밤 여인은 스무 명
의 힘센 남자 종들과 관계를 맺으며 성욕을 채우려 했지만 어림도
없었다. 급기야 종들은 여인의 기운을 이기지 못하고 하나씩 쓰러

져 죽어 나갔다.

견디다 못한 여인은 유명한 신들을 찾아다니며 재물을 바치고 빌기도 하고, 온갖 주술사를 불러 굿도 해봤으나 고칠 수가 없었다. 절망한 여인이 나일강에 빠져 죽으려고 집을 나섰는데, 마침 아기 예수를 품에 안은 마리아와 요셉을 보았다. 순간 마음이 평온해지고 성욕이 잠잠해지는 듯싶어 마리아에게 아기를 한 번만 안아보자고 간청했다. 마리아가 아기 예수를 건네주자 그녀는 아기 예수를 안고 이마에 입을 맞추었다. 그러자 그녀의 몸에서 악마가 뛰쳐나왔다. 사람의 몸과 얼굴을 가졌으나 오른쪽 어깨 위에는 황소의 얼굴이, 왼쪽 어깨 위에는 양의 얼굴이 달려 있고, 거위의 발과 뱀의 꼬리를 가지고 있었다. 악마는 지옥의 용을 타고 성가정과 귀부인 주위를 돌며 불을 뿜어댔다.

예수는 요셉에게 물고기를 잡아 와 심장과 간을 불에 태우라고 했다. 요셉이 급히 나일강에 뛰어들어 물고기를 잡아 그대로 하자 겁에 질린 악마는 예수를 보고 이내 몸을 떨더니 뱀의 형상으로 쪼그라들어 모래 속으로 사라지면서 외쳤다.

"아기 예수여, 두고 보시오. 난 아스모데우스[26]의 화신. 당신이 최고의 깨달음을 얻고자 광야에서 수행할 때, 물을 마시지 못하여 갈증으로 죽어가게 내가 방해하겠소."

본래 아스모데우스는 호색한 마왕으로 여자 몸에 들러붙어 그녀와 관계하거나 관계하려는 남자를 급사시킨다.

---

[26] 아스모데우스에 관해서는 〈마리아의 탄생과 어린 시절〉 참고자료 '천사'를 참조. 원문에는 나오지 않은 악귀지만 흥미의 배가를 위해 등장시켰다.

악마의 힘에서 벗어난 여인은 잘 곳이 없어 노지에 머물고 있는 성가정을 집으로 초대하여 경배를 드렸다. 다음 날 여인은 아기 예수를 위해 목욕물을 받아왔다. 마리아가 아기 예수를 씻긴 후 물을 내다 놓자 아기 예수의 능력을 체험한 여인은 이를 버리지 않고 여러 개의 향유 병에 담아 보관했다.

그 집에는 귀부인과 함께 지내는 친척 소녀가 있었다. 소녀는 이웃 왕국 왕비의 친척이기도 했는데, 문둥병에 걸려 피부가 하얗게 떠 있어 아무에게도 말하지 않고 혼자 고민하다가 마을 사람들 모르게 이 집에 와 머물고 있었다. 문둥병에 걸린 사람은 지위 고하를 막론하고 마을 밖으로 쫓겨날 뿐 아니라 사람을 만날 수도 없었다. 행여 마을에 들어오면 사람들이 돌로 쳐 죽이기까지 했다.

다음 날 소녀가 아기 예수의 목욕물이 담긴 향유 병을 옮기다가 그만 그중 하나를 방에 쏟아버렸다. 당황한 소녀가 엉겁결에 손으로 물을 훔치자 망가져가던 손이 나았다. 놀란 소녀가 바닥에 쏟아진 물을 몸에도 묻혀보았더니 그 즉시 몸이 깨끗이 치유되었다. 소녀의 기쁨은 이루 말할 수 없었다. 숨어 지낼 일이 없어진 소녀는 다시 방랑길을 떠나는 성가정과 함께 가겠다고 했다. 그리고 이웃 왕국의 마을로 데려가 여관에 묵었다.

소녀는 자신이 돌아왔다고 인사하러 왕비가 있는 왕궁으로 갔다. 수척해 보이는 왕비는 비탄에 잠겨 눈물을 흘리고 있었다. 소녀가 이유를 물었다.

"나의 이 일을 그 누구도 알아서는 안 되니 네게도 말할 수가 없구나. 오! 신이시여, 제게 왜 이런 고통을 안겨주십니까?"

"슬픔의 이유를 말씀해주시면 혹시 제가 해결해드릴지 어찌 알겠어요? 제가 왕비님 곁을 몰래 떠날 때는 말 못 할 고민이 있었지만 깨끗이 해결되어 이렇게 왕비님께 돌아왔잖아요. 그러니 말씀해보세요."

그러자 왕비는 눈물을 머금고 다음과 같이 말했다.

"이 일을 누구에게도 말해선 안 된다. 만일 외부에 알려지면 아무리 친척이라도 용서치 않고 군사를 시켜 죽일 수밖에 없다.

막강한 힘으로 이 광활한 영토를 다스리는 위대한 왕인 남편과 결혼해 지금까지 나는 행복하게 살았단다. 그런데 악마가 시기했는지 그동안 아기를 낳지 못해 왕께 죄송하고 죄인 같아 걱정이 참 많았지. 이 신 저 신 모두 찾아다니며 아기를 갖게 해달라고 기도하고, 가난하고 불쌍한 사람들에게 자선도 많이 베풀었단다. 그러자 신께서 나의 정성에 감응하셨는지 나는 임신했고 기다림과 설렘 속에서 열 달을 뱃속에 품은 후 아들을 낳았단다.

그런데 이게 웬 불행인지, 아이가 문둥병에 걸린 채 태어난 거야. 왕은 크게 실망한 나머지 아이를 자기 아들로 인정하지 않고 '신의 저주를 받았으니 아이를 데리고 영영 소식이 들리지 않는 먼 곳으로 사라지시오. 다시는 이 아이와 당신을 만나지 않겠소'라며 떠났고, 그 뒤로 두 번 다시 찾아오지 않는구나. 나는 다시금 여기저기의 신들과 영험 있다는 마술사를 찾아다니며 기도하고 빌었지만 차도는커녕 점점 더 심해지고 있으니 이 불쌍한 아이와 가련한 내 신세를 어찌해야 한단 말이냐."

소녀는 눈물을 흘리며 이야기를 듣고는 왕자를 치유해줄 신의 아들을 소개해주겠노라고 했다. 왕비는 알려진 모든 신을 찾아다녀도 영험이 없었는데 이름도 없는 그 신이 도대체 어떻게 병을 낫게 해주겠냐며 믿지 않았다.

"가짜 신과 진짜 신을 구별할 줄 아는 것이 진정한 믿음이에요. 믿지 않는 곳에선 기적도 일어나지 않는답니다."

그리고 소녀는 자신이 왕비를 떠난 이유가 바로 문둥병에 걸렸기 때문이었다는 것과 어떻게 그 병이 치유되었는지 소상히 이야기했다. 왕비는 화들짝 반기며 어서 그 가족을 궁으로 모셔오라고 했다.

궁궐에서부터 웅장한 행렬이 여관으로 향했고 왕비가 타는 마차에 성가정을 모셔왔다. 왕비는 성가정을 위해 궁궐에 많은 사람을 초대하고 성대한 잔치를 베풀어 반겼다.

다음 날 왕비는 아기 예수를 씻길 목욕물을 손수 받아 마리아에게 가져왔다. 마리아는 아기 예수를 씻긴 물을 왕비에게 주었다. 왕비가 그 물을 왕자의 몸에 뿌리고 씻기니 놀랍게도 문둥병이 깨끗이 나았다. 왕비는 요셉의 신과 아기 예수를 찬미했다.

"오! 아기 예수여, 당신을 낳은 어머니는 축복받았습니다. 당신의 몸을 씻은 물로 우리가 치유 받았으니 훗날 성인이 되어 당신의 말씀으로 우리의 허물도 씻겨주시기 바랍니다."

이 소식을 들은 왕은 단숨에 달려왔다. 마리아가 말했다.

"왕이여! 자식이 불치의 병에 걸려 태어났다고 가족을 버리면 어떻게 하나요? 같이 해결책을 찾아야지요. 주님께서 용서치 않을 거예요."

이에 왕은 재를 머리에 뒤집어쓰고 화려한 옷을 찢으며 꿇어 엎드려 크게 뉘우쳤다. 그런 다음 왕은 왕자를 세자로 책봉하고 왕비와는 예전보다 더 가깝게 사랑하며 지냈다.

왕과 왕비의 권유로 며칠을 더 묵은 성가정은 다시 길을 떠나겠다고 했다.

"이곳은 유다 땅으로부터 밤낮 쉬지 않고 한 달도 넘게 낙타를 달려야만 도착하는 아주 먼 곳입니다. 어떻게 여기까지 오셨는지는 모르겠지만 나중에 고국으로 돌아갈 일을 생각해서 다시 오던 길로 되돌아가시기 바랍니다. 강을 따라 올라가면 나일강이 바다와 연결되는 알렉산드리아가 있는데 그에 미치지 못하는 곳에 멤피스라는 큰 도시가 있습니다."

왕은 그곳은 시리아와 유다와 페르시아를 비롯한 여러 나라 사람들이 왕래하는 곳이라 유다 소식도 들을 수 있고, 유다의 군사들은 감히 얼씬도 할 수 없는 곳인 데다 혹시 돌아갈 때가 되면 유다에서 비교적 가까우니 피해 있기에 알맞은 곳이라고 권유했다.

왕은 성가정을 환송하며 경계를 벗어날 때까지 호위해줄 군사와 시종 셋을 딸려 보냈다. 소녀 역시 궁에 남지 않고 아기 예수가 이집트를 떠날 때까지 함께하겠다며 길을 떠났다. 성가정은 왕의 호의에 깊은 감사를 표하고 호위 군사들과 함께 나일강을 따라 알렉산드리아로 향했다.

피를 빨아먹는 사탄

◈

성가정이 왕궁을 막 나와 영지를 가로지를 때였다. 그 왕국의 모퉁이에 젊은 여인이 살고 있었는데, 그녀는 타락 천사인 사탄에게 날마다 시달렸다. 그 저주받은 천사는 종종 용의 모습으로 나타나 그 여인을 통째로 삼키려 들었다. 그때마다 발버둥 치며 저항하다 여인은 상처를 입어 피를 많이 흘렸고, 용은 그 피에 맛이 들어 계속 그녀를 괴롭혔다.

여인은 용으로부터 자신을 구해달라고 울부짖으며 발버둥 쳤다. 그러나 사람들 눈에는 용이 보이지 않았다. 오히려 악령이 들린 듯한 그녀의 모습을 보고는 당장 마을에서 추방해야 한다고 수군거렸다. 오직 그녀의 부모만이 슬피 울며 딸을 구원해줄 이를 찾아 헤맸다.

　이 소식을 들은 왕비는 그 부모를 불러 빨리 저기 도시를 넘어가
는 저 거룩하고 위대한 가족에게 가서 하소연하라고 일러주었다.
그동안 주술사에게 많이 의지했던 여인의 부모는 딸이 그나마 한
두 번이라도 회복했던 것은 주술사 덕분이었다며 왕비의 말을 믿
지 않고 주춤거렸다. 그도 그럴 것이 그 주술사는 자신만이 악마
를 막을 수 있으니 자신을 버리고 다른 주술사를 찾으면 딸이 저
주받아 죽을 거라고 엄포를 놓으며 부모의 재산을 갈취하던 상황
이었다. 왕비는 여인의 부모에게 그깟 사기꾼에게 당하지 말고 어
서 저 성스러운 가족이 도시를 벗어나 고향 베들레헴으로 가기 전
에 붙잡으라고 명령했다.[27] 그래도 머뭇거리자 왕비는 절대 비밀
이었던 왕자의 문둥병 이야기를 해주었다. 그러면서 가짜 신을 섬
기는 자는 철석같이 믿으면서 진짜 신을 믿지 않고 의심하는 무지
한 인간이라고 꾸짖었다. 그제야 여인의 부모는 용에게 시달리는
딸을 데리고 바람보다 더 빨리 달려 성가정을 찾아갔다.

　마침 성가정은 도시를 벗어나기 직전에 종려나무 그늘에서 쉬
고 있었다. 아기 예수의 땀을 닦던 마리아는 여인의 부모에게서
이야기를 듣고 아기 예수를 감쌌던 포대기를 주면서, 악마가 나타
날 때마다 보여주라며 축복하고 떠나보냈다.

　아기 예수의 땀이 묻은 포대기를 받는 순간 여인은 회복되기 시

27　이 이야기는 이집트 피난 시절 성가정의 유랑 생활 부분에서 갑자기 등장하는데, 원문에서는 '베
들레헴에 사는 마리아에게 가보라'고 권유하는 등 성가정이 본래부터 베들레헴에 살고 있었음을
전제하고 있다. 이에 시간과 장소가 일치하지 않아 이집트에서 일어난 일처럼 각색했다.

작하더니 이내 용에게 시달리기 전의 상태로 돌아왔다. 며칠 뒤 여인의 몸이 회복된 것을 눈치챈 사탄이 무시무시한 용의 형상으로 붉은 혀를 날름거리며 다가왔다. 용을 또다시 마주한 여인은 무서워 벌벌 떨었다. 그러자 그녀의 어머니가 말했다.

"겁내지 마라. 네겐 마리아 님께서 주신 아기 예수의 포대기가 있지 않으냐? 용이 가까이 다가올 때까지 기다렸다가 그것을 꺼내 보여주고 용이 어떻게 되는지 두고 보자꾸나."

아무것도 모르는 용은 멀리 허공에서 그녀의 주위를 맴돌다 매가 토끼를 낚아채듯, 뱀이 쥐를 덮치듯 쏜살같이 내려왔다. 여인은 기다렸다는 듯 머리 위에 포대기를 올렸다. 그러자 포대기에서 불타는 석탄 덩어리와 화염이 용을 향해 쏟아졌다. 놀란 용이 입에서 불을 뿜으며 저항했지만 포대기의 힘을 당해낼 수는 없었다. 대신 용은 사기꾼 주술사를 죽여 피를 모두 빨아먹은 뒤 도망쳤다.

지금까지 여인 말고는 아무도 못 보았던 용이 뒷모습을 보이며 달아나자 사람들은 화들짝 놀랐다. 시련과 고통에서 기적적으로 구원받은 여인을 보고 사람들은 하느님과 성가정을 찬양하고 경배했다.

용을 물리친 아기 예수

◈

여인의 가족을 축복한 후 길을 떠난 성가정은 허허벌판 사막으로 접어 들었다. 낙타를 치고 살아가는 베두인 무리가 조금만 더 가면 멤피스가 있고 더 가면 마타레아라는 소도시가 있는데 헬리오폴리스 바로 옆이라고 일러주었다. 헬리오폴리스와 마타레아는 성가정이 피난 시절 최초로 정착했던 도시이기도 했다.

　도시의 경계 지점에 다다라 성가정은 제법 숲을 이루고 작은 오아시스도 있는 산악 지대 한 동굴에 이르러 쉬게 되었다. 마리아가 나귀에서 내려오자 음침한 동굴에서 갑자기 많은 용이 뛰쳐나왔다. 마리아와 아기 예수가 앉아 쉴 수 있는 양탄자를 깔던 왕의 시종들이 공포에 질려 울부짖었다. 그때 아기 예수가 어머니 마리아의 무릎에서 내려와 두 발로 우뚝 섰다. 마리아는 용이 예수를 해칠까 봐 가슴이 조마조마했지만, 용들은 순해져 예수 앞에 엎드렸다.

아기 예수가 용들에게 아무도 해치지 말고 떠날 것을 명령하고는 왜 여기에 왔느냐고 물었다. 그러자 우두머리이자 가장 악독한 붉은 용이 대답했다.

"우리의 두목인 사탄이 우리에게, '이곳에서 아기 예수가 쉴 터이니 숨어 있다가 아기 예수를 꼭 죽여야 한다. 훗날 예수가 성인이 되어, 인간을 조종하려는 우리 악령들을 모조리 이 땅에서 내쫓기 때문에 어릴 때 없애야 나도 세상을 지배할 수 있고 너희 용들도 인간을 괴롭힐 수 있다'라고 했습니다."

그러자 용 못지않게 무서운 괴물인 만티코어[28]가 말했다.

"아기 예수님이 이곳에 가까이 오면서부터 우리는 모든 힘을 잃었고 사악한 생각이 없어져 순한 양처럼 되었습니다. 예수님이 계시는 곳엔 우린 발붙일 곳이 없으니 이곳을 떠나겠습니다. 그러나 예수님의 힘이 닿지 않는 곳이나 타락한 무리에겐 우리의 힘을 발휘할 것입니다. 먼 훗날 새로운 춘분점의 시대가 도래할 때쯤, 세상의 기운이 혼탁해져 마치 마지막 날처럼 어지러운 혼란이 펼쳐질 텐데, 인간들은 신의 본질을 잊고 자기들 멋대로 행동하며, 불

---

28 페르시아 괴물로 많은 전설에 등장하는 무서운 존재다. 협곡이나 사막 등지에서 활동하며 노인의 얼굴에 사자의 몸, 박쥐의 날개와 전갈의 꼬리를 가지고 있는 교활한 존재로, 목소리를 변조하여 사람을 유인한 다음 전갈 꼬리로 사방팔방 독침을 쏘아 죽인 후 잡아먹는데 식성이 얼마나 엄청난지 일개 군단을 한꺼번에 먹어치우기도 한다. 원문에는 없지만 필자가 흥미를 위해 등장시켰다.

투명한 미래와 부에 대한 집착으로 불안 속에서 살아갈 겁니다. 그때를 틈타 신에 대해 제대로 공부하지도 않은 가짜들이 나타나, 자신이 스스로 신의 사자이자 예언자며 선견자(선지자)라며 신께서도 함부로 사용하지 않는 호칭을 멋대로 붙여대고 신의 이름을 망령되이 내세워 저주와 협박을 일삼을 겁니다. 헌금이라는 명목으로 금품을 갈취하고 신도들의 노동력과 여성의 성을 착취하는 등 온갖 죄악을 저지르면서도 자신을 정당화할 것입니다. 그뿐 아니라 그들은 세력화하여 왕이나 군주를 협박하고 백성에겐 온갖 질병을 퍼뜨리며 신의 인침을 받았다고 떠들어댈 것입니다. 어리석은 신도들은 거짓과 죄악으로 물든 사제를 맹목적으로 떠받들면서도 믿음이 충만해졌다고 속아 넘어가는 시대가 올 것이니 그때 우리는 힘을 얻어 세상을 장악하고 더 심하게 어지럽힐 것입니다."

말을 마친 용들은 각자 사는 곳으로 떠나갔다.

성가정이 충분히 휴식을 취하고 또다시 길을 떠나자 사자와 표범들이 나타나 멀리서 호위했다. 왕의 군대와 시종들은 되돌아갔지만 사막의 그 어떤 사나운 짐승들도 성가정을 해할 수 없었다.

신혼부부를 치료하여 즐거움을 선사하다

유다를 탈출하여 이집트 땅에 온 지 제법 많은 세월이 흘러 벌써 2년이 넘어서고 있었다. 겨울이라지만 유다보다는 남쪽 땅이라 그림자는 짧고 해도 길어 햇살은 따뜻했고 바람은 온화하여 포근했다.

성가정이 나일강 가의 조그마한 마을에 도착하여 묵을 곳을 찾았다. 어느 집 앞에 몸집이 지나칠 정도로 비대한 젊은 청년 한 명이 서 있었다. 그는 요셉의 가족을 보더니 예를 다하고는 자기 집에서 묵으라며 데리고 들어갔다.

청년은 결혼한 지 얼마 안 되는 신혼부부라고 하면서 젊은 아내를 소개한 후 같이 식사를 하게 됐다. 그런데 엉킨 양젖이나 야채,

과일은 하나도 나오지 않고 불에 바짝 구워 시커멓게 탄 고기만을 내놓는 것이었다. 마리아가 먹기를 주저하자 그 청년이 말하길 자기는 어렸을 때부터 불에 바짝 태운 고기만을 먹어왔기 때문에 요리한 음식은 맛이 없어 먹지 않는다고 했다.

억지로 저녁을 먹은 후 요셉은 청년과 이런저런 대화를 나누면서 이곳이 멤피스 외곽지대임을 알게 되었다. 그런데 청년은 밤이 늦었음에도 불구하고 잠자리에 들지 않고 피곤해하는 요셉과 이야기를 더 나누고 싶어 했다. 요셉이 손님 대접도 좋지만 들어가 아내를 즐겁게 해주는 것이 더 중요하다며 신혼 방에 들어가기를 권했으나 왠지 청년은 눈치를 살피며 들어가지 않았다. 한참이나 같이 이야기하면서 청년을 살펴본 요셉은 나이에 반해 너무 나온 배와 핏기 없는 얼굴, 우울해 보이는 눈빛을 보고는 이 청년의 몸에 문제가 있음을 짐작했다. 청년은 외아들이어서 어릴 적부터 부모의 지나친 보호 때문에 여행을 다녀본 적도 없고, 집 밖에 거의 나가 본 적이 없어 잘 걷지도 못한다고 했다. 청년은 자기가 못된 마술사의 마법에 걸려 아내와 즐길 수 없다고 울먹이며 말하였다. 여기저기 유명한 신들과 주술사들을 찾아다니며 악귀를 쫓아내려 해도 좀처럼 나아지지 않아 포기하고 있다는 것이었다.

요셉이 그 집 마당을 살피니 디카 열매dika(아프리카 망고)가 열려 있었다. 디카 열매 씨를 곱게 빻아 가루를 낸 다음 양젖에 섞어 먹이고 빵을 만들 때나 모든 요리에 마늘과 함께 넣어 먹도록 하였다. 아프리카 망고 씨는 비만 치료제다.

또 마당 한곳을 보니 합환채[29]가 자라고 있었다. 요셉은 합환채를 캐 푹 삶은 다음 이를 항상 마시게 했다. 합환채는 옛 조상 야곱의 두 아내 레아와 라헬이 남편을 차지하기 위해 사용했던 강장제다.[30]

그런 다음 하인에게 나일강에 가서 장어를 잡아 오도록 했다. 요셉은 장어의 배를 갈라 간과 쓸개를 꺼내 깨끗이 씻은 후 청년에게 먹게 하고 어육을 푹 삶아 그 국물을 마시게 하였다. 예로부터 장어는 왕과 귀족들이 광란스러운 파티 전 찾았던 강장제였는데 간은 왕이, 어육은 신하들이 먹었다.

이렇게 열흘 동안 엉킨 젖과 망고 씨 가루와 마늘과 합환채 달인 물과 장어를 먹게 하고 매일 집 주위를 40바퀴씩 걸어 돌게 하였더니 청년은 허리가 눈에 띄게 줄어들고 부실한 다리가 튼튼해졌으며 얼굴에 혈색이 올라왔다. 그러자 청년은 곧 회복되어 부부의 즐거움을 만끽할 수 있게 되었다. 한 달을 묵으며 신혼 청년을 치료해 준 요셉은 이들의 만류에도 불구하고 다시 유랑 길에 올랐다. 신혼부부에게도 미안할뿐더러 이제는 안주하는 것이 신에게 죄를 짓는 것처럼 느껴졌기 때문이었다. 이런 유랑 속에서 아기 예수는 뜀박질할 정도로 자라 있었다. 그들은 도심으로 들어갔다.

---

29 디카와 합환채와 장어 이야기는 창작했다.
30 창세기 30:14-17. 참고자료 참조.

◈

──────────── **참고자료** ────────────

■ **합환채**|Mandragora officinarum

〈창세기〉(30:14~17)를 보면 다음의 이야기가 나온다.

르우벤이 밖에 나갔다가 들에서 합환채를 발견하고 자기 어머니 레아에게 갖다 드렸다. 라헬이 레아에게 "언니, 아들이 가져온 합환채를 좀 나눠줘요" 하자, 레아가 대답하였다. "내 남편을 가로챈 것으로는 모자라, 내 아들의 합환채까지 가로채려느냐?" 그러자 라헬이 말하였다. "좋아요. 언니 아들이 가져온 합환채를 주면, 그 대신 오늘 밤에는 그이가 언니와 함께 자게 해 주지요." 저녁에 야곱이 들에서 돌아오자, 레아가 나가 그를 맞으며 말하였다. "저에게 오셔야 해요. 내 아들의 합환채를 주고 당신을 빌렸어요." 그리하여 야곱은 그날 밤에 레아와 함께 잤다. 하느님께서 레아의 소원을 들어 주셔서, 그가 임신하여 야곱에게 다섯 번째 아들을 낳아주었다.

합환채는 사과처럼 달콤하고 상쾌한 냄새가 나는 것으로 묘사되었다(〈아가서〉 7:13 참조. 가톨릭 성경에는 자귀나무로 번역됨). 예로부터 어떤 마법의 힘을 지닌 것으로 알려져왔는데 두 갈래로 갈라진 뿌리의 겉모습이 사람의 형태와 비슷하여 지옥에 있는 악마의 힘을 가지고 있다고 생각했다. 합환채는 달빛 속에서 특유의 기도를 한 후에 이 식물과 줄로 연결된 검은 개만이 안전하게 뿌리째 뽑을 수 있다고 믿어져서 사람의 손은 절대로 식물에 닿아서는 안되었다. 중세에는 땅에서 뽑을 때 날카로운 소리가 나서 사람들이 귀를 막지 않으면 죽거나 미쳐버린다고 생각했다. 합환채 액은 임신 촉진, 숙면, 병의 치유 등과 최음제로 사용되었으며 너무 많이 먹어 중독되면 뇌에 손상을 입는다고 한다. 십자가 위의 예수에게 준 음료도 합환채로 담근 술이었다고 한다. 해리 포터에도 나오는 식물이다.

— 다음백과 참조.

320

노새가 된 청년[31]

도시 입구에 묘지[32]가 있었다. 딱히 기거할 곳이 없으니 묘지에 머무는 것도 괜찮을 성싶었다. 마리아와 소녀는 도시의 동정을 살피며 바느질거리와 먹을거리를 구하러 다녔고 요셉 역시 집집마다 찾아다니며 목수 일을 구했다.

어느 날 나이 든 여인과 젊은 두 딸이 화려한 무덤 앞에서 슬피 울더니 이내 그치고는 발길을 옮겼다. 매일같이 이러한 일이 반복

---

31 예수 설화가 《아라비안 나이트》에 영향을 미쳤음은 잘 알려진 사실이다. 사람이 노새나 당나귀로 변하는 이야기는 《아라비안 나이트》의 단골 소재 중 하나다.

32 이집트나 서양 귀족의 묘는 집처럼 되어 있으며 그 안에 가족의 관을 안치했다. 공간이 넉넉하기 때문에 집이 없는 빈자들이 묘를 돌보며 기거하기도 한다.

되자 마리아는 저 수척한 여인들이 왜 슬퍼하는지 알아 오라며 소녀를 보냈다. 세 여인은 소녀와 대화를 나누더니 해가 저물어 곧 밤이 되니 자기들 집으로 가자고 했다. 마리아는 요셉과 아기 예수가 있는 묘지로 돌아가고, 소녀는 세 여인의 집으로 따라갔다.

집이 얼마나 큰지 왕궁에 건줄 만했다. 세 여인은 안채와는 조금 떨어진 커다란 거실이 딸린 별채에 소녀를 묵게 했다. 여인들은 항상 울었다. 소녀는 무슨 일인지는 모르겠지만 울고 있는 여인들을 위로하기 위해 안채 거실로 들어갔다. 그런데 마구간에 있어야 할 노새 한 마리가 그곳에 있지 않은가! 기이하게도 노새는 비단으로 몸을 감싼 채 목에 흑단 목걸이를 하고 있었는데, 여인들은 노새의 목에 키스하고 건초 대신 맛있는 요리를 먹이고 있었다. 소녀가 조심스럽게 다가가 물었다.

"이렇게 멋진 노새는 처음 보네요. 그런데 왜 이렇게 치장하고 사람 음식을 먹고 있나요?"

한참 머뭇거리더니 큰딸이 대답했다.

"믿지 않겠지만 이 노새는 우리 오빠랍니다. 지난번 묘지에서 만났을 때 우리는 아버지 무덤에 다녀오는 길이었습니다. 아버지는 이 도시에서 가장 잘사는 부자셨지요. 가업과 재산을 이어받을 오빠를 위해 아버지와 우리는 적절한 배우자를 찾고 있었는데, 오빠를 짝사랑하던 여자 마술사가 오빠와 결혼하기를 간절히 바랐습니다. 그녀는 자기 마음에 안 들면 아무 상관 없는 사람에게도 저주를 퍼붓거나 마법을 걸어 괴롭힐 정도의 악인입니다. 그런 마술사와 결혼할 수는 없는 노릇이기에 오빠가 정중히 거절하고 다른 처녀를 찾자 그녀는 질투하여 우리도 모르게 오빠에게 마법을 걸었답니다.

어느 날 새벽, 평소 같으면 일어났을 오빠가 보이지 않길래 방에 가봤더니 문은 잠겨 있고 나귀 소리만 들렸습니다. 아버지가 문을 뜯고 들어가 보니 오빠의 옷과 장신구를 걸친 나귀 한 마리가 있지 않겠어요? 깜짝 놀란 우리는 나귀에게 오빠면 고개를 끄덕이라고 했더니 끄덕였습니다. 그래도 안 믿겨져 우리들의 이름을 대며 고르라 했더니 모두 맞췄습니다. 심지어 집에 있는 물건, 아버지의 장신구, 우리 옷도 다 알아맞히니 오빠가 틀림없었지요.

아버지는 충격으로 그만 돌아가셨고, 비탄에 빠진 우리는 모든 신에게 기도해보고 유명한 마술사, 점쟁이, 학자를 찾아가 도움을 요청했지만 아무도 해결해주지 못했습니다. 이렇게 답답하게 계속 시간만 보내다 울적할 때면 어머니와 함께 아버지 무덤에 찾아가 실컷 울고 오지요."

"정말 가슴 아픈 일이네요. 하지만 너무 슬퍼 마세요. 여러분의 불행을 말끔히 해결해주실 분을 소개해드릴 테니 한 번 만나보실래요?"

"용하다는 주술사니 마법사니 모두 찾아다녔어도 못 고쳤는데 그 누가 고칠 수 있을까요? 그 여자만이 주술을 풀어줄 수 있을 텐데, 오빠를 이 지경으로 만들어놓고는 다른 도시로 떠나버렸답니다.

그런데 더 큰 문제가 생겼답니다. 점차 사람의 본성을 잃어가고 노새의 본능이 나와 사람도 잘 알아보지 못할 뿐 아니라 아무 데나 배설하고 건초를 찾기 시작했어요. 더욱 민망한 건 자꾸 흥분하여 커다랗게 발기된 성기를 드러내놓고 푸르르거리는데, 제압할 힘도 없고 보기에도 부끄러워 어찌할 바 모르고 괴로워하고만 있답니다."

"저도 문둥병자였는데 제가 모시고 다니는 마리아와 아기 예수의 힘으로 모두 다 나았어요. 그뿐 아니라 친척 왕자까지도 깨끗이 다 나았답니다."

소녀의 말에 반색하며 세 여인은 서둘러 마차를 끌고 성가정을 모셔 왔다. 그들은 무릎을 꿇고 마리아께 애원했다.

"마리아님, 우리에게 자비를 베풀어주세요. 제발 노새가 된 오빠를 사람으로 되돌려주세요."

마리아와 요셉은 여인들을 위로하고, 아기 예수를 노새 등에 태웠다.

"예수야, 이 가족을 불쌍히 여겨 자비를 베풀어주렴. 이 노새를 치유해 예전보다 더 똑똑한 이성을 가지고 세상을 공평하게 판단할 수 있는 사람이 되도록 네 능력을 보여주렴."

아기 예수가 노새의 등을 쓰다듬으며 뭐라 말했다. 그 말이 끝나기가 무섭게 노새는 사람의 모습으로 되돌아왔는데, 정말 건장하고 번듯하게 잘생긴 청년이었다.

청년과 어머니와 두 누이는 엎드려 성가정을 찬양하고, 한참이나 울면서 서로 껴안고 기뻐했다. 그들은 묘지로 돌아가려는 성가정과 소녀에게 이 집에 머물라고 권유했다. 소녀도 성가정에게 간청하여 그 집에 머무르게 되었다.

어느 날 청년의 어머니와 누이가 마리아에게 물었다.

"오빠가 치유된 건 저 소녀가 아기 예수를 우리에게 소개해주었기 때문이에요. 마침 우리 오빠가 배우자를 찾고 있으니 저 소녀와 결혼하면 어떨까요?"

그렇게 둘은 성대한 결혼식을 치렀다. 불행한 한때를 보냈던 그둘은 절망이 희망으로, 비탄이 환희로, 슬픔이 기쁨으로 바뀌어 가장 값진 옷을 입고 왕과 왕비보다 더 화려한 팔찌와 목걸이로 장식하며 살았다.

이집트 유랑 생활이 끝나다[33]

집에는 그리스와 로마와 이국의 책들이 많이 있었다. 옛날의 유명한 현자들과 과학자, 수학자, 철학자, 정치인 들의 책은 물론이거니와 청년의 아버지가 동방 무역할 때 인도와 중국에서 가져온 희귀한 책들도 있었다. 예수는 언제 글을 깨우쳤는지 날마다 양피지 두루마리와 파피루스와 대나무 껍질에 기록된 글들을 읽고 하늘을 바라보며 생각에 잠기곤 하였다. 놀란 마리아가 예수에게 언제 그 많은 나라의 글을 깨우쳤냐고 물었다.

---

33 이 장은 요셉의 인간적인 고뇌를 드러낼 목적으로 창작했다. 일부 문구를 제외하고 성경이나 위경 그 어느 책에도 나오지 않는 내용이다.

"아니요. 그냥 그림과 함께 글을 보고 있으면 저절로 이해가 돼요."[34]

노새 청년의 집에서 제법 오랜 시간을 머문 요셉은 많은 생각에 휩싸였다.

'그동안 죽살이로 고생만 하다가 이렇게 평안함이 주어지니 대체 무슨 뜻일까? 이 소녀가 예전에 말하길 우리가 유다 땅으로 돌아갈 때까지 함께 있겠다고 했는데, 이제 저 청년의 아내가 되었으니 우릴 떠난 것이나 마찬가지. 머지않아 주님의 부르심이 있겠구나. 주님께서는 그날을 위해 우리의 힘을 비축하게 하시는 걸 거야.'

요셉은 귀향할 날을 고대하며 매일매일 주님께 기도를 올렸다. 한편으로는 유다로 돌아가면 어떤 험난한 일이 기다리고 있을까 두렵기도 했지만.

어느 날 밖에 다녀온 청년이 헤로데 왕이 죽고 그 아들 헤로데 아르켈라오스가 왕이 된 지 몇 년이 되었는데, 아버지보다 더 잔혹하여 많은 사람을 학살했다는 소문을 들었다고 했다. 요셉은 떠날 때가 되었음을 직감했으나 유다로 돌아가기가 두려워 그냥 여기에 눌러앉을까 생각했다. 아르켈라오스가 왕이 됐다면 아버지 헤로데와 똑같이 자기들을 찾아 죽일 수도 있기 때문이었다.

고향으로 돌아갈까 말까 갈등에 시달린 탓인지 그날 밤 이집트

---

34 〈다니엘서〉(1:7)에 "하느님께서는 이해력을 주시고 모든 문학과 지혜에 능통하게 해 주셨다"라는 구절이 나와 이를 적용했다.

유랑 생활 이후 처음으로 주의 천사가 신탁을 전해주는 꿈을 꾸었다.

"요셉, 아기의 목숨을 노리던 자들이 이미 죽었으니 일어나 아기와 아기 어머니를 데리고 이스라엘 땅으로 돌아가세요."

요셉은 두렵기 그지없었지만 용기를 내어 떠났다. 노새 청년과 소녀는 눈물을 흘리며 이별을 아쉬워했다. 부부는 성가정이 유다에서 기반을 닦을 수 있도록 양과 낙타와 소 떼뿐 아니라 진귀한 보석과 보물 등을 선물로 주었으나 여행에 짐이 될까 봐 대부분 거절하고 꼭 필요한 선물만 받아 시나이반도로 향했다.[35]

3년 전 헤로데에게 쫓겨 도망치던 길에 처음으로 쉬었던 종려나무 숲에 이르렀다. 그곳에서 쉬고 있던 베두인들이 이곳 지명은 '마한야'이며 몇 년 전 거룩한 아이를 안고 간 어느 가족이 샘을 솟아나게 했다는 전설이 있는 곳이라고 일러주었다. 종려나무와 체리나무는 더 풍성하게 열매를 맺었고, 샘은 더 힘차게 물을 쏟아내고 있었다. 종려 열매와 시원한 탄산수로 허기를 달랜 성가정은 아직 해가 남아 있었지만 그곳에서 하룻밤을 보내기로 했다. 사실은 아르켈라오스가 너무 두려워 유다 땅으로 돌아가기가 망설여졌기 때문이었다.

사막의 바람 소리와 사막여우 울음소리가 무섭고도 처량했다. 요셉은 자기와 마리아 주위를 제법 씩씩하게 뛰어다니는 예수를 바라보았다. 저 아이 하나 살리려고 내가 이토록 곤고하게 지내왔

---

35 일부 위경에는 노새 청년이 준 많은 가축을 데리고 떠났다고 하였다.

구나.

사막의 추운 밤은 뼈를 저리게 했다. 요셉은 주위의 마른 나뭇가지와 잡풀들을 주워다 화톳불을 폈다. 지평선 끝에 희미하게 자취만 남아 있는 아련한 빛을 보며 요셉은 묵묵히 앉아 있었다. 수많은 상념이 그의 머릿속에 떠올랐다 사라졌고, 미래에 대한 불안감이 사막의 추위보다 더 고통스럽게 엄습해왔다.

요셉이 이런저런 생각으로 사막의 밤 한가운데를 응시하고 있을 때 저 멀리서 주인에게서 버림받은 듯한 살루키 세 마리가 다가오고 있었다. 자세히 보니 연한 황갈색 수컷과 흰색 암컷 한 쌍인데 그 뒤에 아직 앳된 흰색 강아지가 쫄래쫄래 따라오더니 요셉의 화톳불 근처를 어정거렸다. 요셉이 손을 내밀자 불 옆으로 다가와 엎드려 꼬리를 흔들었다. 본래 살루키는 낯선 사람들을 싫어하고 경계심을 보이는데 이 녀석들은 마치 주인이라도 만난 듯 요셉과 마리아 옆에 바짝 붙어 뒹굴며 애교를 떨었다. 마리아가 살루키를 쓰다듬으며 혼잣말로 염소 고기를 실컷 먹어봤으면 좋겠다고 하니 요셉이 나도 그렇다며 서로 마주 보고 웃었다. 사막에서 그것도 한밤중에 구할 수 없다는 것을 너무 잘 알고 있기 때문이었다. 아기 예수가 아기 살루키를 쓰다듬으며 말했다.

"사람들이 신성시하는 이집트 왕실의 개가 나를 찾아왔구나. 너희들이 왕실의 주인을 만나 행복하게 살다가 주인을 잃고 오랜 세월 고난의 사막을 헤매며 여기까지 온 이유는 바로 나와 만나 짧은 하룻밤을 지새우기 위함이란다. 내가 이집트 땅을 벗어나기 전 마지막 날 우리 가족에게 따뜻한 체온을 나누고 배불리 먹여주는 일이 너희의 사명이니 내일 해 뜰 때까지 충성을 다하여 나를 지키고 떠나려무나.”

살루키가 꼬리를 흔들며 아기 예수의 손을 핥았다. 그 순간 요셉의 머릿속에 아기 예수의 말 한마디가 들어 왔다. 태어나 삶을 살아온 이유. 그렇지, 나는 왜 이 세상에 태어났고, 사별한 부인과 네 아들과 두 딸을 낳았으며, 어린 마리아와 재혼하여 내 자식도 아닌 예수를 품에 안아 보호자가 되었을까? .

사별한 아내와는 평범했지만 별다른 일 없이 남들만큼 행복한 가정을 꾸리며 잘 살았는데, 이상하게 마리아와 예수와 함께 살면서부터는 감당하기 힘든 일만 연거푸 일어났다. 예수가 신의 아들이라면서 왜 신께서는 우리를 보호해주지 않고 이토록 고통을 주시는 걸까? 요셉은 무슨 연유로 이 낯선 땅 황막한 사막에서 고생해야만 했는지 아직도 이해할 수 없었다. 자신과는 피 한 방울 섞이지 않은, 누구의 자식인지도 모르는 저 아이. 그리고 여전히 영문을 알 수 없는 저 아이의 어머니 마리아. 요셉은 지난 3년간 똑같은 물음을 수백 번도 넘게 던졌지만, 여태껏 해답을 얻지 못한 채 머릿속만 더 혼란스러워졌다.

고개를 돌려 바라보니 마리아와 예수는 살루키 가족과 서로의 체온에 의지하며 편안한 잠에 빠져들어 있었다.

‘내일이면 저 무서운 유다 땅으로 다시 돌아가야 한다. 붙잡히기라도 하는 날엔 죽음보다 괴로운 고문이 기다릴지도 모른다. 유다 땅 어디로 가야 할까? 헤브론? 예루살렘? 예리코? 차라리 사마리아로 가서 그들 속에 묻혀 살까? 이교도들의 구역인 데카폴리스로

갈까? 아니면 지금이라도 이 모자를 버리고 사막으로 도망쳐 사라져 버릴까?'

이런저런 생각에 뒤척이다 설핏 잠든 요셉은 꿈을 꾸었다.

헤로데의 군사에게 쫓기다 잡혀 쇠사슬에 묶인 채 피의 고문을 당하고 있었다. 고통을 견디다 못한 요셉이 신에게 울부짖으며 원망했다. 나에게 수고의 대가로 어떤 보상이라도 해주어야 할 판에 늙은 자신을 젊은 여자와 씨도 모르는 아이의 가장이 되게 해 놓고 왜 견디기 힘든 이런 피비린내 나는 고통과 시련을 안겨주느냐고.

신의 목소리가 들려 왔다. 어리석은 자야, 내가 너에게 무슨 보상을 해주길 원하느냐. 재물이냐 명예냐 권력이냐.

재물을 줄까? 너라고 다른 사람들과 다를 줄 아느냐. 많은 재물이 생긴다면 어찌할까, 온갖 추악한 망상에 사로잡혀 일확천금을 꿈꾸며, 부자이지 못한 것을 부끄러워하고 원망하며, 현실의 일조차 팽개쳐버리려 한 적이 한두 번이 아니었을진대, 이미 너 스스로가 잘 알고 있다. 사치와 낭비와 주색에 빠져 온갖 죄악에 물들어 신도 잊어버리고 마리아도 예수도 네 자식조차도 버릴 것이다. 돈맛을 보면 더 많은 돈을 벌기 위해 사람을 속여 세리처럼 사기나 치고, 있음을 내세워 허황된 자랑이나 일삼고, 가지지 못한 자를 짓밟고 괴롭혀 그들의 노동력을 갈취하면서 마치 네 하인처럼 다루려 할 것이다. 그러다 종국은 신의 심판을 받아 재물 지킬 능력도 없어지고 로마 군대와 헤로데에게 다 빼앗겨 너와 자녀들은 모두 죽음을 맞이하겠지.

명예? 네가 배웠으면 얼마나 배웠고 알면 얼마나 아느냐. 네가 아무리 많이 안다 한들 세상의 모든 지식 중의 모래알 하나보다 작으며 벌레 한 마리의 지혜에도 미치지 못한다. 더군다나 사제도 장로도 율법학자도 뛰어난 가문도 아닌 네가 무슨 명예를 바라느냐. 그들마저도 권력 유지와 재물에 돈이 멀어 신을 도외시하고 로마에 아첨하고 결탁하여 백성을 구렁텅이에 빠트리고 있다. 겨우 3년을 고생하면서 네가 얼마나 명예로운 행동을 했는지 너 자신을 생각하고 돌아보아라. 그러한 네가 만약 명예를 욕심낸다면 머릿속은 텅 빈 채 사람들 앞에서는 율법을 잘 지키는 척 점잖은 척 건들건들 거드름이나 피우고 뒷구멍으로는 온갖 못된 짓만 다하고 다니겠지. 그러다 결국은 바리사이파나 사두가이파의 모함을 견디지 못해 감옥에 갇혀 모든 것을 빼앗기고 말 것이다. 진정 명예로운 자는 학식과 지식과 재물이 있든 없든 언제 어느 곳에서건 남의 눈치에 아랑곳하지 않고 신을 경외하고 자신을 제어하며 명예로운 행동을 한다. 너는 그리할 자신이 있으며 그리하겠노라고 나에게 맹세할 자신이 있느냐?

　만약 네가 권력을 가진다면 어떻게 할 것 같으냐. 권력을 감당할 자신이나 있느냐? 내가 그토록 사랑했던 다윗과 솔로몬도 거만에 빠져 권력을 휘두르며 죄악의 구렁텅이로 빠졌었고 역대 왕들조차도 그리했다. 오늘날의 권력자 사이에서도 옛 왕들보다 더한 부정부패가 만연되어 살인과 폭력과 갈취를 일삼으면서 자기의 행위를 정당화하고 당연시하며 그게 죄악이라는 것조차 인지하지 않고 있다. 남들보다 조금 더 있는 자들도 마찬가지. 다람쥐가 숨겨 놓은 도토리 한 알보다 더 시원찮은 재물을 가지고 왕보다 더 심하게 거들먹거리면서 약자를 괴롭히고 자신이 최고인 양 사악한 짓은 다 하고 있다. 너는 아닐 것 같으냐? 이 어지러운 시대에 로마의 하수인이 되어 그들에겐 빌빌 기고 네 동족 앞에서는 권력에 도취되어 그들을 핍박하여 짓밟아 죽이기 뿐이겠느냐? 그러다 로마에게 팽당하고 결국 동족에 의해 암살당해 더러운 이름만 남길 것이다.

갖지도 지키지도 못할 그깟 것들을 바라지도 말아라. 난 너에게 아무것도 주지 않겠다. 훗날 인류사상 가장 큰 고통을 받아야 할 아들은 그날을 기다리며 무럭무럭 잘 자라고 있는데 네가 받은 고통이 커봤자 얼마나 크겠느냐?

요셉. 견디지 못할 고통은 없으며 영속되는 기쁨도 없다. 지금까지 잘 이겨내 왔잖느냐. 사람들이 너를 알아주지도 않고 너를 몰라도, 가진 것도 없고 내세울 것이 없어도 결코 부끄러운 일이 아니니 그냥 주어진 삶을 성실히 살아라. 차라리 빈자로 살아가면서 이웃의 기쁜 일엔 같이 기뻐 웃어주고 이웃의 가벼운 슬픔에조차 눈물을 흘릴 줄 아는 것이 참된 삶이니 그렇게 살아라. 남을 돕고 희생하면서 그날그날 주리지 않게 먹거리를 주고 너의 삶이 지속할 수 있도록 이끌어주시는 신께 감사드려라. 가난은 때론 창피하고 힘들고 절망하게 하지만 이겨내지 못할 것도 없으니 사람을 강하게 하고 깨달음의 길로 인도하기도 한다. 그러니 너와 가족을 위해서 슬퍼할 틈도 없이 부지런하게 사는 꿀벌처럼 빼앗기고 또 빼앗겨도 조금씩 조금씩 차근차근 미래를 준비하며 살아라. 이게 내가 너에게 줄 모든 것이다. 단, 네가 마리아와 어린 예수를 잘 돌보아 수고로이 지켜주고 있으며 앞으로도 네 육신의 노동으로 가족을 먹여 살릴 것이니 먼 훗날 노동자와 사회 정의의 수호자로 삼아 너의 이름이 자자손손 영원하도록 지켜주겠다.[36] 세상이 끝날 때까지 사람들은 너의 이름을 아름다이 여길 것이며 그 이름을 갖길 원하고 또 가질 것이다.

요셉은 그깟 이름이 무슨 필요가 있느냐며 예수를 돌보느라 지금까지 고생해온 자신을 위로해달라고 울부짖었다. 신의 소리가 들려왔다. 너를 축복해주랴? 평화를 줄까? 마음먹기에 따라 천국에도 권태가 있고 지옥에도 안위가 있는 법이거늘, 그런 건 너 스스로 찾아라. 네 의지는 너의 것, 왜 신에게만 의지하려느냐? 요셉은 무슨 하느님이 그리도 냉담하냐며 신의 발아래 엎드려 몸부림쳤다. 신은 나이 먹은 네가 마리아와 예수를 위로해야 할 판에 무슨 어린애 같은 생떼를 쓰느냐며 나약해져선 안 된다고, 어서 정신 차리라고 나무랐다.

요셉은 울다가 잠에서 깨어났다. 유난히 하늘이 맑았다. 그믐께

---

[36] 1841년 8월 22일, 교황 그레고리오 16세는 요셉과 원죄 없이 잉태한 마리아를 한국의 공동 수호 성인으로 선포하였다. 요셉은 캐나다와 중국, 베트남의 수호 성인이기도 하다. 교황 레오 13세는 요셉을 가장家長의 모범으로 선포하였으며, 교황 베네딕토 15세는 노동자의 수호자, 비오 11세는 사회 정의의 수호자라는 칭호를 부여하였다. 1955년에 비오 12세는 제2차 인터내셔널에서 미국의 노동 운동이 평화 시위로 실천된 5월 1일을 노동절로 지정한 것에 즉, 노동자들이 단결하여 노동해방을 이루려는 사회주의 운동을 실천한 것에 대한 대응으로 같은 날을 '노동자 성 요셉 기념일'로 지정하였다. 교황 요한 23세는 1962년 요셉의 이름을 로마 가톨릭 미사 전문에 실리도록 했으며, 제2차 바티칸 공의회의 성공적인 개최를 위하여 특별히 요셉의 도움을 위탁하였다.

인지 삭망인지 달은 보이지 않았지만 3년 전 헤로데의 군사에 죽었을 그 많은 아이의 영혼이 엄마 품이 그리워 우는 듯 으슬 바람은 종려 이파리에 매달린 채 엉키고 설키어 앙앙거렸고, 아이들의 눈망울을 닮은 하늘의 별은 애처로이 눈물을 쏟아낼 듯 반짝였으며, 헤로데의 칼에 죽어 억울하게 저승으로 끌려갔을 영혼들처럼 간간이 별똥별은 사막을 가로지르다 어둠 속으로 사라졌다. 가족 몰래 흐느껴 눈물을 흘리며 한참이나 밤하늘을 바라다보고 있던 요셉의 머릿속에 천사의 말인 듯 번쩍 떠오르는 단어가 있었다.

"두려워 말고 조상들의 땅 갈릴래아로 떠나라."

아! 그렇지. 왜 조상들의 고향 갈릴래아를 생각하지 못했을까? 요셉은 신께 감사 기도를 올리고, 어릴 적 할아버지에게 누누이 들었던 갈릴래아를 머릿속에 그려보았다.

유다와 사마리아를 거쳐 이스라엘 가장 북쪽에 자리하고 있는 고향. 동쪽으로는 겐네사렛호수와 요르단강이 흐르고, 서쪽과 북쪽으로는 시리아, 페니키아와 경계를 이루고 훌레호수에 이르며, 남쪽으로는 에스드렐론평야와 이즈르엘계곡이 사마리아 지방과 경계를 이루는 네모진 땅. 북쪽은 레바논산맥이 이어져 바위와 산이 많고, 남쪽은 경사가 완만한 구릉지여서 곳곳에 평야가 많은데, 바로 그곳에 할아버지의 고향인 작은 마을 나자렛이 있지. 유다와 사마리아에 비해 가난하지만, 율법에 얽매여 형식적인 삶을 사는 유다보다는 자유롭고, 민족자존과 율법을 잃어버린 사마리아보다는 분방하지 않은 갈릴래아.

한바탕의 흐느낌에 정화된 듯 요셉은 이내 마음이 편안해져 그제야 깊은 잠에 빠져들었다.

새벽녘 눈을 뜨니 야생 염소 한 마리가 살루키 입에 물려 있었다. 요셉은 염소를 잡아 먼저 내장과 기름으로 신에게 번제를 드린 다음 몸통은 불에 잘 구워 마리아와 아기 예수를 흡족히 먹이고 살루키 가족과도 배부르게 나누어 먹었다. 돌 하나 던져 떨어질 정도의 거리에 사막여우가 귀를 쫑긋거리며 주위를 맴돌고 있었다. 요셉이 고기 한 덩어리를 던져주자 마치 가족에게 가져다주려는 듯 입에 물더니 성가정 주위를 한 바퀴 돌고는 사막 속으로 뛰어갔다.

요셉은 이스라엘로 돌아가는 길 내내 자신의 존재 목적에 대해 깊이 생각했다. 저 짧은 만남의 살루키도 존재의 목적이 있는데 하물며 이 모자와 함께 고통을 나누는 나의 존재 목적이랴. 요셉의 눈이 어린 예수의 눈과 마주쳤다. 그러자 예수의 눈과 얼굴이 빛을 발했고, 요셉에게 무언의 깨달음이 황홀하게 밀려왔다.

'그래, 모든 존재는 이유 없이 태어나지 않고 태어남과 동시에 이뤄야 할 목적이 내재하지. 저 아이가 신의 아들이고 신의 응신應身이라면 나 역시 저 아이를 위한 그 어떤 존재의 환생이겠지. 맞아, 나의 존재 이유는 분명 마리아와 예수를 보호하는 걸 거야.'

생각이 거기에 미치자 요셉의 각오는 비장하기까지 했다.

'우리가 끊임없이 기도하고 수행해야 하는 이유는 발현해야 할 수많은 능력과 사명이 자신에게 있고 이를 완성해야 하기 때문이야. 언젠가는 그것이 완성될 것이고 설사 이생에서 이루어지지 않더라도 다음 생의 어디에선가 반드시 이루어지겠지. 전생에 나는 이 모자를 보호하겠다는 약속을 했을 것이고 신의 뜻과 나의 의지로 이생에 태어나 주어진 고통을 함께 하는 것일 거야. 태어나고 죽는 건 신의 뜻이자 전생에서의 나의 의지. 그러므로 함부로 살아서는 안 되지. 신을 욕하지도 내 삶을 불평해서도 안 되지. 나에게 주어진 길을 감사해 하며 묵묵히 걸어가야지. 지금은 도망쳐버리고 싶을 정도로 고통스럽지만 견디어 세월이 가면 고통도 끝날 것이고 그 끝엔 행복이 기다리고 있을 거야.'

이렇게 성가정은 3년간의 피난 생활을 마치고 마침내 고국 이스라엘로 돌아가게 되었다. 그리하여 주께서 예언자를 통해 하신 말씀이 이루어졌다.

"내가 내 아들을 이집트에서 불러내었다."[37]

---

37 〈호세아서〉 11:1.

5부

예수의
어린 시절

이스라엘로 돌아가는 성가정

없었던 영아 살해

성가정은 피난 왔던 길을 거슬러 올라갔다. 가자에서 갈릴래아로 가는 가장 편한 길을 물었다. 사람들은 지중해 해안을 따라 쭉 올라가면 아스클론, 아스돗, 요파가 있어 여행하기 편한데, 그 이후로 카이사리아까지 가는 길이 멀고 중간에 마을도 없으며 사마리아 지역이라 강도가 많아 위험할 수도 있다고 일러주었다. 고민하던 요셉은 헤브론, 벳추르(벳술), 베들레헴, 예루살렘을 거쳐 예리코로 간 뒤 페레아 지역 요르단강을 따라 올라가기로 했다. 그 길은 해발은 낮지만 숲이 있어 따가운 햇살을 피할 수 있고, 먹을 것이 풍부하고 사람들이 잘살기 때문에 강도당할 일도 적고 식량을 구하기 편할 듯싶었다.

그래도 베들레헴에는 과거의 무서운 기억이 남아 있던 터라 헤브론으로 향하다가 잠시 멈칫했다. 차라리 헤브론 남쪽 가리옷으로 가서 마사다, 안게다를 거쳐 사해를 따라 올라가 예리코로 갈까 고민하는 요셉에게 예수가 말했다.

"가리옷은 훗날 배신자가 나올 땅이니 그쪽으로 가지 마시고, 두려워 말고 처음 계획했던 대로 가세요."

요셉과 마리아는 예수의 말뜻을 알 수 없었으나 일단 마음을 가다듬고 헤브론과 벳추르를 지나 베들레헴으로 향했다. 감회가 새로웠다. 이집트로 피난할 때 숨었던 골짜기와 동굴을 찾아보려 했으나 그때가 밤이었던 만큼 어딘지 알 수 없었다. 영원히 오지 않으리라 다짐했던 그곳[1]에 다시 들어가기가 두려웠다. 혹시 누가 알아보기라도 하면 어쩌나. 헤로데에게 아기를 잃은 가족이 많을 텐데, 어떻게 그들과 대면한단 말인가.

요셉의 생각과 달리 3년 만에 찾은 베들레헴은 의외로 차분해 보였다. 해가 저물 무렵 마을 어귀에서 만난 노인에게 요셉은 3년 전 사건을 물었다.

"헤로데가 이 마을의 갓난아기를 모두 죽여 그 머리를 헤로데 궁정 뜰에 묻고 밟고 다녔다는 소문이 있던데요?"

노인은 고개를 갸웃거리더니 한참 만에야 군인들이 왔던 기억을 떠올렸다.

---

1 전설에 따르면, 천사가 성가정에게 나자렛에 거주하고 30년 동안 베들레헴에 가지 말라고 말해주었다고 한다. 이 장 역시 성경이나 위경 어느 곳에도 나오지 않는다. 인간 요셉의 내적 고통과 갈등을 극대화하기 위해 창작했다.

"이 마을은 아주 작아서 사람이 별로 살지 않는 데다가 당시 아이들이라곤 너덧 살도 더 먹은 사내놈이 열서넛 있었고 이상하게도 한 3년 계집애만 스물 정도가 태어나 그게 다였지요. 당시 죽은 아이는 없었고, 외지인들 사이에 젖먹이 한둘이 있었을 거라는 소문이 있긴 했는데…. 뭐 하려고 그깟 옛일을 다 물어보시오?"

"네? 갓난 사내아이들이 없었다고요?"

노인은 아마 군인들이 다른 고을에는 가지 않고 이 동네 인근에서 고작 몇 집만 뒤지고 말았을 거라고 했다.

"그때가 아마 헤로데 대왕이 죽기 전이었을 텐데, 성전 대학살 사건이 있었을 겁니다. 자기 아내는 진작 죽인 데다 아들 둘을 비롯해 하스모니안 왕가 후손들을 싹 쓸어버리고, 죽기 닷새 전에 세자인 안티파테르마저 죽였지요. 헤로데는 창자가 터지고 썩어 똥구멍으로 구더기가 기어 나오는 병으로 죽었답니다. 그가 죽자 유언대로 헤로데 군사들이 사마리아와 갈릴래아 지방에서 천 명이 넘는 많은 사람을 죽여 그의 장례를 애도하게 했고 기간 내내 우리 유다인들은 억울해 눈물을 흘렸지요."

노인은 한참을 생각하더니 다시 말을 이어갔다.

"그 시절 우리 마을에서 왕이 태어났다는 괴상한 소문이 급작스럽게 나돌자 헤로데의 군사가 로마군 몰래 도둑고양이처럼 한밤중에 우리 마을에 왔었지요. 영아를 찾아 죽이려 한 건 사실입니다. 동정녀의 아들을 찾는다는 소문이 있긴 했지만 동정녀와 그 아들은 이교도 신화에나 나오는 거잖아요? 아마 어느 위대한 사제의 젖먹이 아들을 찾아 죽이려 했던 것 같아요. 그 아이가 장차 왕이 될 거라면서요. 그 사제는 지성소 안에서 신께 기도를 드리다 살해되었다고 하는데, 사제의 아이는 행방을 알 수 없었다고들 합니다.[2] 좌우지간 우리 마을에는 젖먹이 사내가 없어서 죽은 아이가 한 명도 없었다오."

그러면서 헤로데에 대한 신의 저주가 흡족한 듯 미소를 지어 보이고는 요셉을 떠나갔다.

그 말을 들은 요셉은 머리가 멍해졌다.

'뭐야? 이 마을에 죽은 아기가 없다고? 살해 대상이 사제의 아들이었다고? 그럼 이 아이는?'

그날 밤의 말굽 소리와 햇불과 살기등등한 칼날의 소란을 또렷이 기억하고 있는 요셉은 망치로 뒤통수를 얻어맞은 듯 머릿속이 하얘졌다가 갑자기 모래 폭풍처럼 허무가 밀려오고 분노가 치솟았다.

'그럼 멀리 이집트까지 도망가지 않아도 됐다는 말인가? 그럼 지금까지 내가 겪은 고생들은 다 뭐지? 지금까지 내가 했던 고생은 뭐란 말이냐고! 이집트 바빌론 성채 밑 동굴에서 들었던 소문은 어찌 된 것이냔 말이냐고! 죽음보다도 더 두려웠던 사막 한가운데서 스스로 감내하고 위로했던 나의 고난이, 피로 물들고 통곡으로 가득 찼어야 할 이 고을에 고작 존재하지도 않은 애통을 위한 허무한 대가였단 말인가. 그냥 벳추르나 헤브론산에 숨어도 됐을걸. 아니면 예루살렘으로 가거나 갈릴래아로 도망가도 됐을 텐데.'

---

2 위경 〈야고보의 원복음서〉에는 살해 대상이 사제 즈카르야와 엘리사벳의 아들 요한이었다고 기록되어 있다.

뼈에 새겨도 모자랄 정도였던 동족의 무시와, 유리걸식의 목마르고 굶주렸던 삶과, 고생으로 점철된 사막의 유랑 생활이 너무도 억울했고 원통했고 아까웠다. '아무도 죽지 않았으며, 죽지도 않을 아이 때문에 나에게 주어진 대가가 고작 이런 쓸모없는 개고생이었던가.' 허무했다. 정말로 허무했다.

요셉은 마음 깊숙이, 뼛속에서부터 울화가 치밀어 올라 '아악-' 하며 소리쳤다. 놀란 마리아가 어디 아프냐며 마을 입구 어디에서라도 쉬어가자고 말하자 그동안 억눌렸던 감정이 한꺼번에 폭발하여 평정심을 잃고 마리아를 향해 고함을 질러대고야 말았다.

"아비가 누군지도 모르는 너의 자식 때문에 내 인생이 이 모양이 꼴이 됐어. 보이냐고! 이 늙고 추레한 내 모습이. 신의 자식 좋아하시네, 네가 동정녀야? 웃기고 자빠졌네. 살해의 대상이 저 아이가 아니었다는데 왜 괜히 설레발 쳐가지고 한 인간의 인생을 이토록 망쳐놨냔 말이야. 그날 쓰러졌던 그 사람을 구해 대화만 했었더라도 이렇게까지 억울하지는 않았을 텐데. 개고생 3년의 세월을 어디에서 찾아 되돌려 놓을 것이냐고! 저리 꺼져! 저 아이를 데리고 사라져. 다시는 내 앞에 나타나지도 마!"

이렇게 할 말 못 할 말 마구 퍼부어대고는 마리아와 예수를 길거리에 놓아둔 채 마을로 달려가 회당으로 들어갔다.

아무도 없는 빈 회당에 엎드려 주먹과 이마로 바닥을 두드리고 찧어대며 울음과 괴성과 함께 한바탕 신을 원망했다. 이마가 벌겋게 부어올라 통증이 느껴지자 분한 생각이 조금은 잦아들고 마음이 차차 진정되어갔지만 억울한 감정만큼은 억누를 수 없었다. 그

래도 겨자씨 반쪽 만한 신앙은 있던지라 자신을 한탄하며 일어나
제대 위에 올라가 보니 두루마리 하나가 펼쳐있었다. 요셉은 한숨
을 내쉬며 아무 곳이나 눈길을 주어 읽었다

'…너는 저주를 받아 … 여자와 원수가 되게 하리라 … 피가 땅
에서 나에게 울부짖고 있다.'

토라 창세기 인류의 타락과 카인의 아벨 살해 부분이었다. 괜히
뜨끔했다. '왜 신께서 이 구절을 나의 눈에 보여 주셨을까? 내가 뱀
과 카인 같은 존재란 말인가?'

그때 누군가 바짓가랑이를 잡아당겼다. 요셉이 고개를 돌려 아
래를 보니 어린 예수가 언제 따라 들어 왔는지 옆에 서서 옷을 잡
고는 빙긋 웃었다.

"아빠, 왜 엄마한테 화내고 혼자 이리로 오셨어요?"

요셉이 엉거주춤 머뭇거리다가 말을 꺼냈다.

"음. 헤로데 왕이 너를 죽이려고 이 고을의 두 살 이하 사내아이
를 죽이러 군사를 보냈었지. 그래서 우리가 피난을 간 건 알고 있
지?"

"네. 저도 기억하는 데다 엄마한테 자주 들었어요."

"그런데 막상 피난 생활을 끝내고 이곳에 와서 보니 죽은 아이
가 한 명도 없을뿐더러 그 대상이 네가 아닌 제사장의 아들이었다
는구나. 그럼 3년 동안이나 고생했던 우리의 삶은 무엇으로 보상
받아야 하나 너무 억울해서 그랬다. 특히 내 인생이."

어린 예수가 요셉을 바라보며 말했다.

"살해 대상이 누구였건 페르시아의 마기가 우리 가족을 찾아와

경배드린 건 기억나지 않으시나요? 이 땅의 수많은 아이가 그 제사장의 아들이나 저 때문에 피 흘려 죽기를 바라셨나요? 아니면 이 고을에서 제가 죽었더라면 편하셨을까요? 그리고 신께서 왜 큰 도시가 아닌, 아이도 없는 이 작은 성읍 베들레헴으로 우리 가족을 보내셨는지는 생각 안 해보셨나요?"

그 말을 듣는 순간 요셉은 모세가 시나이산에서 야훼를 처음 대면했을 때처럼, 번갯불보다도 더 번쩍이며 밝게 타오르는 불길이 자신의 몸을 뜨겁게 사르고 있음을 느꼈다. 머리가 터져버릴 듯 천둥소리보다 더 거대한 굉음에 요셉은 귀를 막고 신음하다가 바닥에 쓰러져 나뒹굴었다.

'오! 하느님. 맞습니다. 맞고 말고요. 예수야말로 동방의 현자들에게 경배를 받은 아이. 이집트에서 수많은 기적을 일으켰던 신의 아들. 보고 겪었으면서도 의심하고 깨닫지 못한 이 어리석은 인간. 아! 왜 이제야 주님의 뜻을 깨달았을까요.'

요셉은 손으로 머리를 감싸 쥐며 신에게 부르짖었다.

"저 아이를 살리시기 위해 저에게 맡기셨고, 주께서 선택하신 땅이 베들레헴이어서 죽은 아이가 없으니 얼마나 천만다행이고 고마운 일인지요. 아우구스투스 칙령 때 만약 내 조상의 고향이 예루살렘이나 세포리스나 가파르나움 같은 큰 도시였더라면 얼마나 많은 아이가 억울하게 죽임을 당했을까요. 이 땅의 아이들을 헤로데의 칼에서 모두 구원하기 위해 작은 고을 베들레헴이 기업인 나를 선택하여 예수를 맡기셨군요.

큰 나라 이집트를 피난처로 삼아 인도하셨기에 헤로데가 쫓아올 수 없어 우린 살아남았고 이렇게 귀향할 수 있게 되었지요. 만약 유다나 사마리아나 갈길래아로 피난을 갔더라면 헤로데가 끝까지 추적해 예수와 우릴 잡아 죽여 그 피로 땅을 적셨을 테고 이름도 흔적도 없이 우린 세상에서 사라졌을 테지요. 더군다나 북쪽의 나라로 도피했더라면 여름은 그런대로 보낼 수 있었겠지만 그 추운 겨울을 어찌 견뎌낼 수 있었겠으며 영락없이 길거리에서 얼어 죽어 짐승의 밥이 되거나 아무 데나 버려져 썩어 문드러진 해골만이 땅바닥에 굴러 다녔겠지요.

사막을 유랑하면서 그 많은 무시와 박해를 당하며 나로 하여금 인내와 단련을 알게 하시어 많은 영적 깨달음을 주신 분. 난 보호자의 소임을 다해야 했지만 좌절하려 했고, 그때마다 어린 예수와 마리아를 통해 신의 영광을 보여 주신 분. 고작 내가 한 일이라곤 이 거룩한 모자를 따라다니며 불평한 것뿐.

그뿐 아니라 사람이라면 누구나 가 보고 싶어 하는 곳, 내 주제에 평생 근처에도 가 보지 못할 거대하고 위대한 땅 이집트를 무일푼에 구석구석 여행하는 영광도 누렸으니. 아! 저같이 어리석고 미약한 인간이 어찌 위대하고 사려 깊은 주님의 뜻을 헤아릴 수나 있겠습니까?

하느님. 그 많던 저의 불평을 다 들으셨으면서도 벌하지 않으시고 왜 이제서야 주님의 뜻을 알게 하셨나요? 전 버림받거나 죽임을 당해도 마땅한 죄인입니다. 하느님, 죄송하고 또 감사합니다. 앞으로는 예수가 다 자라 당신의 영광을 드러낼 때까지 내 힘을 다하여 보호하겠습니다. 마리아에게 상처를 입힐 그 어떤 말도 하지 않고 가장으로서 남편으로서 뼈가 으스러지는 한이 있더라도 가족을 돌보며 저에게 주어진 소임을 다하겠습니다."

요셉은 바닥에 엎드려 부끄러움도 모른 채 오래 오랫동안 큰 소리로 엉엉 울었다. 한참의 통곡이 이어진 후 어린 예수가 흐느끼는 요셉의 등에 손을 댔다. 그러자 하느님의 기운이 요셉의 영혼을 감쌌다.

어린 예수가 만든 치료제[3]

◈

한바탕 울고 난 후 마음을 추스른 요셉은 어린 예수를 안고 회당에서 나와 마을 어귀 길가에서 고개를 숙인 채 쭈그려 앉아 있는 마리아에게 되돌아갔다. 무지할 정도로 마리아에게 막말하고 화를 낸 게 너무도 쑥스러웠다.

'그래, 난 뱀처럼 교활하여 내 고생을 예수 탓으로 돌려 마리아 마음에 못을 박는 못된 말을 했구나. 그 힘들었던 유랑 생활에 신

---

3 위경에는 아기 예수의 목욕물로 병이 나았다는 내용만 언급되어 있다. 여기서는 '비범한 능력'이라는 영웅의 요소를 부각기 위해 허구의 병과 치료제를 제시하여 창작했다. 여러 위경에 베들레헴을 배경으로 한 사건들은 예수 피난 시절이 아닌 본래 성가정이 이곳에서 살면서 발생한 이야기로 서술하고 있다. 이 부분은 나자렛으로 가는 도중에 일어난 사건으로 필자가 임의로 기술하였다.

께서 나타나지 않으셨던 것은 당신의 아들 예수와 그의 어머니 마리아가 있었기 때문이야. 그래, 이제야 예수의 존재를 어렴풋이나마 알 것 같아.'

겸연쩍은 요셉은 너무 안쓰러워 보이는 마리아에게 다가가 미안하다며 용서를 구했다. 마리아는 괜찮다며 당신이 아니었으면 어찌 나와 아기 예수가 무사했겠냐고 훌쩍였다. '울지 말아요, 마리아. 내가 너무 어리석었고 이기적이었소.' 그랬다. 요셉은 결혼 후 처음으로 마리아와 예수를 안아 위로해준 것이었다.

요셉은 마을 안으로 들어가지 않고 외곽에 머물기로 했다. 그곳에 하룻밤을 보낼 수 있는 작은 천막을 치려고 둘러 보니 예전에 보지 못했던 초라한 여관 한 채가 있었다. 그런데 문 앞에 둘러앉은 여러 명의 얼굴에 근심이 가득 차 있었다. 다가가 보니 여관 주인인 듯한 사람이 병든 아이를 안고 있었고, 같은 질병에 걸린 아이 때문에 마을에서 쫓겨났다는 다른 가족 역시 슬피 울고 있었다. 아이를 보니 마치 마마처럼 얼굴과 온몸에 붉은 발진이 오르고 검은 딱지가 져 있었는데, 아이는 괴로운지 연신 기침을 해대며 온몸을 긁어댔다. 주인이 말하길 아이들이 문둥병처럼 심한 피부병에 걸려 신음하고 있는데 마을의 아이들과 어른 가리지 않고 아픈 사람과 가까이 있기만 해도 옮는다는 것이었다.

어린 예수가 그 아이에게 다가가 몸 상태를 살피더니 요셉에게 말했다.

"아버지, 제가 말하는 대로 준비해 주세요. 벌집을 찾아 열어 보면 푸른 타액이 묻어 있을 거예요. 그것을 긁어 꿀과 함께 섞은 후,

펄펄 끓여 미지근하게 식힌 물에 타 오세요."

요셉이 고개를 갸우뚱하면서도 그대로 준비해왔다. 어린 예수가 그 물에 손을 담근 후 주님께 기도하고는 마리아를 바라보았다. 마리아가 사람들에게 두 아이를 씻기라고 했다. 그대로 하자 아이 피부에 딱지가 떨어지고 새 살이 돋아났다.

치유된 아이의 엄마가, 동네 절친한 집 아이와 엄마도 같은 병에 걸려 숨어 있는데 얼굴에까지 병이 올라와 눈을 뜨지 못한다며 모자를 데려왔다.

마리아는 아까와 똑같이 물을 만들어 예수의 손을 담근 다음 그 물을 건네주며 씻으라고 하자 아이의 몸이 깨끗해졌고 여자는 눈을 뜨게 되었다.

이미 날이 어두워져 잠자리에 들어야 할 시간인데도 이 소식을 들은 마을 사람들이 우르르 몰려 왔다. 요셉은 사람들이 자신을 알아볼까 봐 겁이 났지만 그사이 요셉이 많이 늙어서인지 아니면 밤이어서인지, 그 누구도 요셉과 마리아를 알아보지 못했다. 요셉은 예수에게 치료법을 들은 다음 사람들에게 설명해주었다. 이 병에 걸린 사람과 접촉하면 누구든지 옮을 수 있으니 서로 조심해야 하며, 몸을 긁지 못하도록 천으로 손을 감싸야 한다고 당부하고 한 번 걸렸던 사람은 이 병에 걸리지 않으니 그 사람들이 병자를 돌보라고 가르쳐 주었다. 그리고 병에 걸렸거나 걸리지 않은 사람 누구나 할 것 없이 달걀과 엉킨 젖과 꿀과 오렌지즙을 먹으면 병이 호전되고 전염이 잘되지 않는다고 일러주었다.

예수의 설명대로 요셉이 치료제를 만드는 방법을 가르쳐주자 사람들이 무서운 고통으로 신음하는 아이들과 동네 사람들을 살려주어 고맙다며 어린 예수와 마리아와 요셉을 찬양하였다.

요셉은 어린 예수에게 물었다.

"예수야, 이 피부병의 치료 방법을 어떻게 알았니?"

"네, 지난번 머물렀던 노새 청년 집에 많은 책이 있었는데 그중 인도의 한 의학 서적에 그림과 함께 자세히 기록되어 있었어요."

요셉과 마리아는 예수가 글을 읽는 모습을 보기는 했지만 인도의 서적까지 이해했다는 점에 놀라움을 금치 못했다. 예수가 너무나 똑똑하고 사려 깊은지라, 이런 아들을 보내주신 신께 감사의 기도를 드리면서도 한편으로는 어떻게 가르쳐야 하고 처신해야 할지 두려움이 앞섰다. 마리아는 사람들에게 하느님을 찬미할 것이며 이 일을 아무에게도 말하지 말라고 당부했다.

칼렙을 죽이려던 하갈의 최후

◈

동네에 아내가 둘인 부자가 있었다. 아내 중 마리아는 매우 가난한 집안 출신으로 칼렙이라는 아들이 있었고, 또 다른 아내 하갈[4]은 부유한 집안 출신으로 역시 아들이 있었다. 공교롭게도 두 아이가 같은 병에 걸려 누워 있어 온 가족이 근심하며 지냈다.

칼렙의 어머니 마리아는 예수가 질병을 치유해준다는 소문을 듣고 찾아와 손수 짠 아름다운 양탄자를 바치며 예수를 감싸 안던 포대기를 달라고 했다. 마리아는 기꺼이 포대기를 선물로 주었다. 칼렙의 어머니는 기뻐하며 그 포대기로 겉옷을 만들어 칼렙에게

---

4 원문에는 하갈이라는 이름이 나오지 않는다. 서술상 필요해서 필자가 임의로 정했다.

입혔다.

"아기 예수를 감싸던 포대기로 옷을 만들었으니 그 능력으로 너의 병이 다 나을 거야."

그러자 이를 지켜보던 하갈이 비웃었다.

"그 아이가 주술사라도 되냐? 거지같이 헌 포대기로 자기 아기 옷이나 해 입히고. 난 아이를 바알에게 데려가 많은 재물을 바치고 기도하겠어."

며칠 후 칼렙은 다 나았지만 하갈의 아들은 그만 죽고 말았다. 이후로 칼렙의 어머니는 칼렙에게 다른 겉옷은 일절 입히지 않고 예수의 포대기로 만든 겉옷만 입혔다.

두 여자가 함께 부엌일을 했는데, 하갈이 칼렙을 보며 자꾸 눈물을 흘리자 남편은 하갈이 불쌍했던지 둘이서 일주일씩 번갈아 가며 살림을 맡아 하라고 했다. 그러자 보이지 않던 불화가 드러나고 하갈의 질투가 시작되었다. 하갈은 남편에게 자기 아들이 죽고 없으니 마리아가 자기를 무시한다고 거짓 눈물을 흘리며 말했다. 한편으로는 남편이 집에 없을 때면 미천한 것이 어디 부엌에 들어오냐고 마리아를 무시하면서 마구 학대했다. 아무것도 모르는 남편은 하갈을 불쌍히 여겨 마리아를 혼내고, 두 여인이 똑같이 칼렙을 아들로 삼아 양육하라고 했다. 분이 풀리기는커녕 질투심이 더욱 불타오른 하갈은 내가 왜 저 천한 여자의 아들을 길러야 하냐며 칼렙을 죽이고자 마음먹었다.

마리아가 집안일을 맡아 하던 어느 날, 빵 굽는 가마에 불을 피우고는 밀가루 반죽을 가지러 나갔다. 호시탐탐 기회만 엿보던 하같은 그 틈을 타 혼자 있는 칼렙을 활활 타오르는 불가마 속에 처넣고 나가버렸다.

　마리아가 밀가루 반죽을 가지고 돌아오니 칼렙이 보이지 않았다. 소스라치게 놀란 마리아가 여기저기 찾아다니다가 설마 하며 가마 안을 들여다보았다. 그랬더니 칼렙이 그 안에 앉아 빙그레 웃고 있었고, 가마의 불은 다 꺼져 식어 있었다.[5] 가슴을 쓸어내린 마리아가 예수의 어머니 마리아를 찾아가 하갈의 짓이 분명한데 이 일을 어찌 해결해야 하느냐고 상의했다. 성모 마리아는 마을에 소문날까 봐 걱정된다며 아기를 품에서 떼지 말고 항상 데리고 다니라고 조언해주었다.

　이후 하갈이 살림을 맡을 때였다. 칼렙의 어머니 마리아가 남편과 함께 무거운 짐을 옮기기 위해 칼렙을 잠시 품에서 내려놓았다. 그때 하갈은 우물에서 물을 긷고 있었다. 그 우물은 하갈의 친정집에서 판 것으로, 마을 사람들은 돈을 내고 사용해야 했다. 가난한 사람이 사정해도 가차 없이 쫓아버렸고, 돈을 냈더라도 많이 사용하는 사람에게 행패를 부리기도 했다. 기세등등하게 하갈은 심지어 칼렙의 친정집에도 돈을 내라고 했다. 하갈이 하는 짓이

5　'불가마에 넣기' 화소話素는 성경이나 고대 설화에 곧잘 등장한다. 〈다니엘서〉 3장의 바빌론 유수 시절 네부카드네자르가 세운 신상에 절하지 않은 유다 청년 사드락, 메삭, 아벳 느고가 불가마에 던져졌으나 머리카락 하나 그을리지 않고 살아 나온 이야기가 대표적 예다. 〈다니엘서〉 6장에 나오는, 다니엘이 사자 굴에 던져졌으나 살아 나온 이야기는 이 화소가 변형된 형태다. 그리스 로마 신화에도 대지의 여신 데메테르가 엘레우시스의 왕 켈레오스와 왕비 메타네이라의 아들 데모폰을 불사의 몸으로 만들기 위해 불 속에 던져넣는 이야기가 있다. 초기 기독교 학대 시절에도 이러한 유형의 화소가 종종 등장한다.

하도 추잡스러워서 사람들은 필요할 때 말고는 우물에 잘 오지 않았다.

하갈이 물을 다 긷고 가려는데, 칼렙이 우물가로 아장아장 다가왔다. 마침 주위에 아무도 없음을 확인한 하갈은 칼렙을 우물 속에 던져버리고는 집으로 돌아왔다.

칼렙이 사라진 것을 안 마리아는 울며 여기저기 찾아다녔으나 헛일이었다. 마을 청년들이 같이 찾아보다가 혹시나 해서 우물 안을 들여다보았더니 칼렙이 우물물 위에 둥둥 떠서 놀고 있는 게 아닌가!

남편이 아기를 건져 품에 안고 혼잣말로 '왜 애가 우물에 들어가 있을까?' 궁금해하자 아직 말문도 안 트인 아기가 하갈을 향해 손짓했다. 하갈을 의심한 남편이 질책했더니 하갈은 억울하다고, 자기는 물을 길어 와 부엌에서 요리하고 있었다며 새끼 하나 제대로 간수 못 하는 마리아를 혼내라고 큰소리쳤다.

칼렙의 어머니 마리아는 성모 마리아를 찾아와 하갈이 언젠가는 칼렙을 죽이고 말 거라고 울며 하소연했다. 마리아는 칼렙의 어머니를 위로했다.

"칼렙은 신께서 보호해주실 거예요. 확실치 않은 것을 의심하면서 하갈에게 복수하려 하지 말고 사랑을 베풀어주세요. 자식을 잃은 어미잖아요. 그렇게 하면 당신 마음이 오히려 편해질 거예요. 신께서는 당신의 사정을 아시고 당신의 기도를 들으시며 당신의 억울한 눈물방울 수를 헤아려 못된 짓 하는 사람을 심판하실 거예요."

이후로 칼렙의 어머니 마리아는 항상 칼렙을 업고 있거나 품에서 내려놓지 않고 매사에 조심했다. 그리고 칼렙이 종종 위험에 처해도 남편에게는 말하지 않고 하갈을 따뜻하게 대했다. 그럼에도 하갈은 항상 독기로 가득 차 있었다.

하갈이 살림을 맡을 때가 돌아왔다. 몇 번이나 칼렙을 죽이려 했으나 번번이 실패해 잔뜩 독이 오른 하갈은 물을 길으러 가며 되뇌었다.

"칼렙이 우물가에 오면 내 이번에는 돌에 묶어 우물 안 바위에 던져버려 반드시 죽이고 말리라."

하갈은 이를 부득부득 갈면서 두레박을 잡았다. 그 순간 두레박 끈이 발에 걸려 하갈은 중심을 잃고 우물 속으로 고꾸라졌다. 사람들이 달려왔지만, 이미 하갈은 바위에 부딪혀 두개골이 깨지고 온몸이 으스러진 채 죽어 있었다.

"그들이 우물을 깊이 팠지만 자기가 판 그 우물에 자기들이 빠졌다"라는 예언이 이루어진 셈이다.

오! 주님. 선한 사람은 가난과 고난과 핍박 속에서 절망과 괴로움으로 사는 것 같지만 마침내는 선한 행실로 주님의 보상을 받게 되고, 악한 사람은 안하무인 남을 괴롭히며 기세등등 잘 사는 것 같지만 종래는 악한 행실로 주님의 심판을 받게 되는군요.

어린 바르톨로메오와의 만남

성가정이 마을을 떠나 예루살렘으로 가다가 잠시 쉬고 있었다. 예수의 겉옷이 아직 덜 말라 보라색 꽃 덤불 위에 널어놓았다. 그 꽃은 밀알 크기보다 작은 여러 꽃망울이 가녀린 꽃대 주위로 빙 둘러 있었는데, 일정한 간격을 두고 꽃대 위로 층층이 탑을 쌓은 것처럼 피어올라 아름다웠다. 더구나 광장처럼 넓게 보랏빛 덤불을 이루고 피어 있는 광경은 황홀하기마저 했다. 마리아가 한 송이를 꺾어 냄새를 맡아보니 아무런 향이 없었다.

"이토록 아름다운 꽃에 향이 없다니 아쉽구나. 이름이 뭘까?"

아기 예수가 말했다.

"라벤더⁶라는 꽃이에요. 노새 청년의 집에 있던 책에서 본 적이 있어요."

　그때 한 여인이 병든 아이를 안고 헐레벌떡 찾아왔다. 여인에게
는 아들이 둘 있었는데, 똑같이 죽을병에 걸려 용한 의사를 백방
으로 찾아다니던 중에 하나가 죽고, 데려온 아이마저 죽어가고 있
었다. 여인은 성가정이 베들레헴에서 베푼 치료 소식을 듣고는 여
관으로 찾아갔으나 이미 떠났다는 말에 아이를 안고 여기까지 뛰
어왔다는 것이었다. 여인이 눈물을 펑펑 흘리면서 마리아에게 아
이를 보여주었다.

　"제발 불쌍히 여겨 이 무서운 질병에서 아이를 구해주세요. 방금
한 아이를 묻고 이제 다 죽어가는 이 아이마저 잃을 수 없기에 데
려왔습니다. 제가 주님의 은총과 자비를 얻기 위해 얼마나 열심히
기도하고 있는지 하느님께서는 아실 거예요. 신께서는 두 아들을
저에게 선물로 주시고 맡기셨지만 이미 데려간 하나는 주님의 뜻,
제발 막 숨이 넘어가고 있는 이 아이만큼은 긍휼히 여겨 살려 주
시어 제 품에 남겨주세요."

　마리아는 헤로데에게 아들을 잃을 뻔했던 아찔한 순간과 예수
를 살리기 위해 겪은 그동안의 고난이 떠올랐다.

　"오, 하느님! 이 여자를 불쌍히 여기소서. 같은 아이 엄마로서 당
신의 슬픔이 얼마나 큰지 충분히 이해한답니다. 잃은 한 아이는
여인이 감당하기엔 너무 아름다운 보석이라 하느님께서 더 소중
하게 쓰시기 위해 데려가신 것이에요. 다음 생에 주님의 뜻을 펼

6　성모의 라벤더 전설을 여기에 삽입했다. 또 다른 전설에서는 예수의 옷을 빨아 로즈메리 가지에
　　말렸더니 그때부터 아름다운 향이 났다고 한다.

치기 위해 고귀한 존재로 태어날 거예요. 눈물을 그치고 당신 아들을 제 아들 예수의 요람에 누이고 저 꽃밭에 널어놓은 예수의 옷을 덮어주세요. 그리고 아이의 가슴을 마흔아홉 번 힘껏 누르세요."

아이는 이미 죽은 듯했다. 얼굴에는 핏기가 하나도 없고 사지는 축 늘어졌다. 아이의 가슴에 얼굴을 파묻고 있던 여인이 말했다.

"심장이 뛰질 않아요. 그래도 전 주님을 믿습니다."

비장한 마음으로 아기 예수의 요람에 아이를 누이고, 꽃밭에 널어놓았던 예수의 옷을 아이 몸에 덮어주었다. 그리고 마리아가 시킨 대로 아이의 가슴을 누르기 시작했다.

그 순간 아무 향기도 없던 꽃에서 지금껏 맡아본 적 없는 세상에서 가장 고운 향이 뿜어나왔고, 벌과 나비가 모여들어 윙윙거리며 성가정을 찬양했다. 향을 맡은 아이의 얼굴에 이내 핏기가 돌더니 아이가 숨을 내쉬었다. 그리고 곧장 일어서서 배가 고프니 빵을 달라고 소리치고는 마리아가 준 빵을 맛있게 먹었다.

아이의 어머니가 마리아에게 말했다.

"제 아이의 생명을 구해주셨으나 저는 가난하여 아무것도 드릴게 없으니 감사와 기쁨의 눈물이라도 받아주세요."

마리아는 라벤더꽃을 한 움큼 꺾어 향을 맡은 다음 그 여인에게 주었다.

"이 꽃을 집에 심어 오늘을 기념하세요."

아기 예수가 방긋 웃으며 말했다.

"먼 훗날 저와 다시 만날 거예요."

이 아이가 바로 예수의 열두 제자 중 한 명인 바르톨로메오다. 바람이 불어오자 꽃들이 하늘거리며 향을 내뿜어 향기로 온 세상을 가득 채웠다.

'예수님 고마워요. 본래 향이 없던 우리 위에 당신 옷을 말리니 세상에서 가장 아름다운 향을 갖게 되었어요. 그 고마움의 보답으로 우린 사람들의 질병을 치유하는 꽃이 될게요. 그리고 마리아님이 손수 우릴 꺾어 선물하였으니, 이를 기념하여 씨앗보다는 꺾꽂이로 번식하고 싶어요.'

나자렛에 정착한 성가정[7]

◈

요셉은 그동안 까맣게 잊고 있었던 여섯 아이가 보고 싶어졌다. 말이 위탁이지 부자 친척에게 입양 보낸 후 언제나 가슴에 묻어두고 있었기에 때로는 뼈에 사무쳤다. 그러나 이상하게도 예루살렘을 떠난 이후 베들레헴에서나 사막에서 유랑할 때에도 한 번도 자녀 걱정을 해본 적이 없었다. 신의 사자가 종종 꿈에 나타나, '네가 신에게 의지하지 않고 쓸데없이 걱정만 한다면 그 기운이 네 자녀에게 전달되어 자식들이 약한 마음을 갖게 될 것이다. 너의 굳센

---

7   이 이야기는 정경은 물론이고 어떤 문헌에도 없는 내용이다. 위경에 예수의 형제 이야기가 갑자기 등장해 궁금증을 유발하기에 개연성을 부여하고자 창작해 넣었다.

의지는 아이들마저 굳세게 할 것이다. 아이들은 친척의 보호로 잘 지내고 있고 잠시 너를 잊게 해두었으니 너에게 주어진 소임을 다하라'고 위로를 해주었기 때문이었다.

예루살렘으로 온 요셉은 자녀들과의 만남을 기대하며 설레는 마음으로 친척 집을 찾아갔다. 그런데 그곳에는 웬 낯선 이가 살고 있었다.

"아, 네 아들과 두 딸을 둔 부자 말씀이시죠? 그분 참 하느님을 잘 섬기고, 가난한 이웃들에게 자선을 베풀어 모두에게 존경받으셨지요. 그런데 아르켈라오스가 유다인들을 무참히 살육한 사건 아시지요?[8] 그 일 이후 며칠간 홀로 쿰란에 다녀오시더니 이전보다 더 근엄해지시고 매일 한 끼씩 금식하며 엎드려 신께 기도하셨습니다. 그리고 아이들을 데리고 이사 가려 하신다며 이 집을 파신다길래 집도 좋고 가격도 적당해서 이렇게 제가 들어왔지요. 그분은 많은 가구를 저와 가난한 이웃에게 다 나눠주었을 뿐 아니라 집사와 하녀 들에게도 재물과 자유의 신분을 주고는 꼭 필요한 짐만을 꾸려 떠났답니다.

그리고 떠나시면서 혹시 중노년 남자가 젊은 아내와 어린아이를 데리고 찾아오거든 나자렛으로 갔다고 전해달라 부탁하셨습니다. 댁을 보니 그분께서 말씀하신 바로 그 남자 같군요."

---

8 헤로데 아르켈라오스는 아버지 헤로데처럼 학정을 일삼았는데, 그가 마리암네와 이혼하고 이복형 알렉산드로스(마리암네 1세 아들)의 미망인이자 카파도키아왕 아르켈라오스의 딸인 글라피라와 결혼하자 유다인들이 반발하며 폭동을 일으켰다. 아르켈라오스는 이를 무자비하게 진압하여 유다인 3,000여 명을 죽였다. 이후에도 유다인들이 계속 소요를 일으켜 결국 아르켈라오스는 AD 6년 로마에 의해 폐위되고 갈리아 지방(오늘날 비엔나)으로 추방당했다.

요셉은 크게 안도했다. 갈릴래아로 떠나라는 천사의 소리인 듯한 환청을 듣고 무작정 떠나긴 했지만, 정작 정착할 곳이 막막했는데 자녀들을 맡아 기르는 부자 친척도 나자렛으로 이사했다니. 고마운 친척분께 어떻게 보답을 해드려야 할지. 아르켈라오스의 힘이 미치지 못하는 갈릴래아의 나자렛이야말로 우리 가족이 살 곳임이 분명했다. 이제 아이들도 볼 수 있고, 그곳에 정착해 다시 목수 일도 하며 오순도순 행복하게 지낼 일만 남은 것 같았다. '나는 언제나 삶을 근심하지만 신께서는 항상 이렇게 미리 준비하시고 인도하시는구나.'

이리하여 또 하나의 예언이 완성되었다.

"그를 나자렛 사람이라 부르리라."[9]

성가정이 나자렛에 도착하여 부자 친척을 수소문하였다. 그는 날마다 마을 입구에 나와 성가정을 기다리고 있었다. 마을 입구에는 무덤이 10기 남짓 있었다. 무덤은 마을의 규모를 말해준다. 아무리 작은 동네라도 조상 대대로 묻힌 무덤이 족히 몇십 개는 있기 마련인데, 나자렛은 너무도 작은 마을이었다. 마을에는 집들이 50~60호가량 있었고, 채 200명도 안 되는 사람들이 옹기종기 모여 살고 있었다.

부자 친척의 집은 마미온 거리에 있었는데, 목공소까지 딸려 있어 제법 규모가 커 보였다. 여섯 자녀는 요셉과 마리아를 만났을 때 마치 지난 3년간의 이별이 없었던 듯, 저녁에 보고 아침에 일

---

9   〈판관기〉 13:5, 7.

어나 만난 것처럼 설렘도 슬픔도 없이 그저 즐겁고 자연스러웠다. 어린 예수와도 마치 지금까지 함께 지낸 형제처럼 뛰놀았다. 이 평화로운 모습을 지켜보던 친척이 요셉을 조용히 불러 말했다.

"자네가 베들레헴으로 떠나기 전 주께서 내게도 사명을 주셨다네. 비몽사몽 간에 주의 사자가 나타나서 말하길 자네 자녀들을 입양하여 잘 돌볼 것과, 아르켈라오스의 잔인무도함이 극에 달할 무렵 학정을 피해 나자렛에 자네 가족이 기거할 집을 마련하라고 하셨지. 그런 다음 말년에는 속세를 떠나 쿰란에서 에세네파 일원이 되어 죽을 때까지 정결하게 지내라고 하셨다네. 얼마 전 아내가 죽어 혈혈단신인 데다 자네도 왔으니 이제 떠날 때가 된 듯하구먼."

그는 어린 예수를 품에 안고 이마에 길고 긴 입맞춤을 했다.

"왕 중의 왕, 인류의 구원자시여. 당신을 위한 나의 역할은 여기서 끝났습니다. 이제 노구를 끌고 떠나면 언제 또 만날 수 있을까."

어린 예수가 그 품에 안겨 볼에 뽀뽀해주자 그의 얼굴에는 감격의 눈물이 끊임없이 흘러내렸다.

예수의 옆구리를 때린 아이[10]

◈

성가정은 나자렛에 정착한 후 이집트 유랑 시절 그토록 꿈꿔왔던 행복한 가정을 꾸리며 오순도순 살았다. 목수 일감도 많아져 나인이나 세포리스, 카나, 심지어는 가파르나움에까지 가서 비싼 품삯을 받으며 일하기도 했다.

어느 날 야고보와 시몬이 어린 예수를 데리고 동네 아이들과 놀고 있을 때였다. 웬 아이 하나가 미친 듯 뛰어다니면서 만나는 사람마다 물어뜯으며 고함을 질러댔다. 뒤로는 부잣집 하녀로 보이

---

10 위경에는 유다가 예수의 옆구리를 친 이야기만 나와 있으나 여기서는 구전된 유다 이스카리옷 이야기 일부를 삽입했다.

는 사람이 아이를 잡으러 쫓아다니고 있었다. 사람들이 도대체 무슨 일이냐고, 당신들은 누구길래 이토록 소란스럽냐고 물었다.

"우리는 가리웃에서 왔답니다. 주인님이 무역 일로 시리아로 떠나면서 레바논 산맥이 험준해 함께 갈 수 없으니 다녀올 때까지 여기 머무르라고 했지요. 동네가 작아서 이미 다 돌아보았고, 오늘은 겐네사렛호수를 구경한 다음 가파르나움에서 묵으려고 했는데, 아이가 또다시 저리 못된 행동을 하니 어찌해야 할지 모르겠어요."

아이의 이름은 유다였다. 유다는 곧잘 악귀에 들려 집에서도 동생을 때리고 물어뜯곤 하는데, 유독 이 마을에서 더 심하게 군다고 했다.

다음 날 마리아가 예수를 데리고 집 앞에 서 있었는데, 마침 그 하녀와 만났다. 하녀가 귓속말로 말했다.

"실은 이 아이는 업둥이랍니다. 주인마님께서 아기를 낳지 못해 여기저기 기도하러 다니다가 사해 어느 기슭에서 쉬고 있을 때 바구니 하나가 떠내려오기에 건져 보았더니 갓난아이가 그 안에 있었습니다. 주인마님은 기뻐하며 이 아이를 데려와 아들로 삼았지요. 아이도 마을 사람들도 모두 주인의 친자식으로 안답니다.

그런데 얼마 지나지 않아 다행인지 불행인지 주인마님이 아이를 가져 친자식을 낳았고, 그때부터 문제가 발생했답니다. 이 아이가 자꾸 갓난애를 때리고 물어뜯고 심지어는 밖에 버리기까지 했어요. 하루는 주인마님이 갓난아이를 안은 채 잠들었는데, 동생이 젖을 먹지 못하게 끌어내 구석에 내던져두고는 엄마 젖을 다 빨아 먹어버렸지요. 이에 식겁한 마님이 이 아이를 어떻게 해야 할지 고민에 빠졌답니다. 주인 어르신은 아이의 못된 버릇을 고쳐 주기 위해 무역하러 떠날 때마다 데리고 다니면서 세상 구경도 시키고 안목을 넓혀주고 있지요. 그런데 아이는 자꾸 나쁜 것만 골라 배워요. 특히 남을 속이는 일과 돈 계산에 가히 천재적이랍니다."

마리아가 아이를 불쌍히 여겨 머리를 쓰다듬자 신들린 유다가 실실 웃으며 예수의 오른쪽으로 다가오더니 예수의 팔을 물어뜯으려 달려들었다. 마리아가 예수를 잡아당겨 가까스로 피하자 유다는 한 손으로 예수의 옷을 움켜쥐더니 오른쪽 옆구리를 주먹으로 쳤다. 그 순간 어린 예수는 아이의 배를 밀어 넘어트리면서 울음을 터트렸고, 그 소리에 놀란 유다는 입에 거품을 물고 쓰러졌다. 그러자 유다의 입에서 미친개 형상을 한 사탄이 뛰쳐나왔다.

"오늘 내가 너를 죽이려 했는데, 못 죽이고 그냥 떠나는구나. 언젠가 반드시 죽이고 세상을 지배하고 말겠다."

사탄은 소리치며 허공으로 날아갔지만, 사람들에게는 보이지도 들리지도 않았다.

한 노파가 이 광경을 보고 있었다. 그녀는 신기가 있었는데 마리아에게 조용히 다가오더니 중얼거리듯 말했다.

"저 아이를 상대하지 마세요. 저 가증스러운 놈, 나중에 제 아비를 죽이고 제 어미를 범할 뿐 아니라 제 스승을 배신하여 떠돌다가 배가 터져 죽을 놈. 태어나지 말았어야 할 놈."

예수를 때린 이 아이가 바로 나중에 예수를 배반하고 은화 30냥

에 팔아넘기는 이스카리옷(가리옷 사람) 유다다. 훗날 예수를 판 돈
으로 밭을 산 유다는 그 땅에서 꺼꾸러져 예수가 손으로 밀어트렸
던 배가 갈라지고 내장이 터져 나와 죽는다.[11] 또한 유다가 때린
예수의 옆구리는 십자가에 매달릴 때 눈먼 로마 병사 롱기누스의
창에 찔린다.

---

11 〈사도행전〉 1:18. 〈마태오 복음서〉(27:5)에는 목매달아 죽었다고 하였다. 참고로 〈사도행전〉이
    〈마태오 복음서〉보다 먼저 기록되었을 것으로 추정하고 있다.

쌍둥이 예수[12]

예수는 형제 중에서 나이가 비슷한 야고보와 가장 친했다. 둘은 항상 붙어 다녔다.

　예수가 너덧 살 무렵, 그러니까 요셉 가족[13]이 나자렛에 자리 잡

12　예수가 쌍둥이라는 전설이 있는데, 예수의 제자 디디무스 토마스의 이름이 '쌍둥이'라는 뜻이므로 둘을 쌍둥이 형제로 보는 시각도 있다. 이 부분은 문헌에 아주 간단하게만 언급되어 있어서 살을 붙여 창작했다. 고대 신화에서 쌍둥이는 매우 중요한 소재였다. 그리스 로마 신화의 아폴론과 아르테미스, 카스토르와 폴리데우케스, 로마 건국 신화의 로물루스와 레무스 등이 있고, 이 외에도 많은 부족이나 씨족 사회에 쌍둥이 신화가 있다. 이들은 주로 대립적 결합물로 상보적이며 천지, 음양, 선악, 조화를 상징한다. 고대인의 시각에서 쌍둥이는 초자연적 힘의 결과이기 때문에 그 어머니는 박해당하는 경우가 많았고, 쌍둥이는 신의 아들이거나 풍요를 상징하기에 숭배를 받거나 혹은 악마의 씨앗으로 취급되어 두려움의 대상이 되기도 했다.

13　여기에서의 가족은 요셉이 전 부인과 낳은 자녀들과 예수를 말하는데 이들을 예수의 혈족(데스포시노스Desposynos)이라고 한다.

은 지 한두 해쯤 지났을 때의 일이다. 예수는 야고보와 함께 대문 밖에서 놀고 있었고, 다른 형제들은 목공소에서 아버지를 돕고 있었다. 두 딸 역시 빨래하러 나가 집에는 마리아 혼자 있었다. 그런데 마당 나무 사이에 예수 또래의 아이가 서 있는 게 보였다.

"예수 친구니? 예수는 야고보와 함께 저기 대문 밖에서 놀고 있단다."

마리아가 다가가 쓰다듬으려 하자 그 아이가 그윽이 바라보며 나직하게 말했다.

"어머니, 제가 예수예요. 쌍둥이 예수."

"그게 무슨 말이니? 난 쌍둥이를 낳은 적이 없는걸?"

"저는 지금 야고보와 놀고 있는데, 또 다른 저를 어머니께 보여주고 싶어서 저를 놓아두고 제가 온 거예요."

"무슨 말인지 도무지 이해할 수가 없구나."

대문 밖을 보니 예수는 분명 야고보와 흙으로 무언가를 만들며 놀고 있었다.

"저기 예수가 있잖니? 너도 보이지?"

"네, 저 아이가 바로 저예요."

마리아는 갑자기 무서워졌다.

"너는 누구니? 네가 왜 내 아들 예수라 하느냐고."

"어머니, 무서워 말고 마음의 눈으로 저를 천천히 잘 보세요."

유심히 쳐다보니 정말 예수였다. 몸에서 빛이 나는데 너무 황홀하고 눈이 부셔 감히 쳐다볼 수가 없었다.

"놀라지 마세요. 모든 존재는 보이고 만져지고 먹고 마시는 '허

상의 나'가 있고, 보이지도 만져지지도 변하지도 않는 '본래의 나'
가 있어요. 둘은 다르지만 같고 같지만 다른데, 둘은 항상 같이 있
어요. '허상의 나'는 '본래의 나'가 깨달음을 얻게 해주는 도구인데,
'본래의 나'를 각성하는 순간 우주 만물의 기운과 연결돼서 서로를
알게 되는 거예요. 그래서 '나'는 시공을 초월하여 동시에 여러 곳
에 나타나기도 하고, 혼자이다가 열이 될 때도 있고, 보이다가 안
보일 때도 있으며, 우주의 온갖 사물을 명령하고 제어할 때도 있
어요. 때로는 '나'이거나 다른 사람이거나 다른 존재로 나타날 수
도 있어요. 아직은 저기에서 놀고 있는 '허상의 예수'가 '나'를 드러
낼 나이가 안 되어 제어되지 못한 온갖 기적을 일으킬 수도 있으
니 그런 일이 일어나더라도 어머니는 절대 놀라지 마시고 저를 보
듬어주셔야 해요."

"그게 무슨 말인지는 모르겠다만, 무슨 일이 일어나든 너를 혼내
지 말고 사랑으로 대해주라는 말이니?"

"네. 예수가 어린 나이에 종종 '나'를 각성할 때가 있는데, 그렇게
되면 세상 사람들이 혼란에 빠질 것이고 어른이 되기 전에 무서운
일을 당할 수 있으니 그럴 때마다 둘로 나뉘어 예수를 잘 돌볼게
요. 문밖의 예수에게 제가 다녀갔다는 말은 하지 마세요. 제가 저
에게 갈 테니까요."

그러더니 문밖의 예수에게 걸어가 하나가 되었다. 조금 뒤 예수
가 들어오자 마리아가 두려운 표정으로 물었다.

"누구랑 놀다 왔니?"

마리아의 품에 안기며 예수가 말했다.

"나랑 놀다 왔어요. 어머니 신이 다 닳아 둘이서 어머니 신을 만들어 왔거든요."

예수는 복주머니 난초로 만든 신발을 꺼내 마리아에게 신겨주었다. 그러자 복주머니 난초 이파리가 마리아의 발에 딱 맞게 달라붙더니 녹색의 아름다운 신발이 되었다. 마리아는 예수를 안고서 감격의 눈물을 흘렸다.

언젠가부터 마을 사람들이 말했다.

"예수가 쌍둥이야? 너무 닮은 두 아이가 재미있게 놀더라고."

예수가 진흙으로 만든 동물을 걷게 하다

◈

예수가 일곱 살쯤 되었을 때 어느 안식일에 일어난 일이다. [14] 소나기가 한바탕 세차게 내리고 나니 바짝 말랐던 땅이 진흙이 되어 아이들에게 좋은 장난감이 되었다. 예수는 또래 친구들과 진흙으로 당나귀, 황소, 새, 낙타 등 여러 동물을 만들며 놀았다. 아이들은 서로 자기가 더 잘 만들었다고 자랑하며 때로는 말다툼까지 했다.

예수는 재미있는 것을 보여줄 테니 다투지 말라고 하더니 진흙으로 만든 동물들에게 걸어가라고 명령했다. 그러자 진흙 동물들

---

[14] 어떤 위경에는 세 살 때로 기록되어 있으나 그때는 이집트 피난 시절이므로 일곱 살이라고 기록된 위경을 따랐다.

이 예수의 명령대로 오라 하면 오고 가라 하면 갔다. 아이들이 재미있다며 다른 것도 보여달라고 했다. 예수는 진흙으로 참새 열두 마리를 만들어 땅에 내려놓았다.

바리사이인이 그 모습을 보고 요셉에게 찾아가 호통을 쳤다.

"오늘이 무슨 날인지는 당신도 아시겠죠? 당신 아들이 흙으로 참새를 만들어 거룩한 안식일을 모독했소."

요셉이 성급히 아이들 노는 곳에 가 보았더니 아니나 다를까 여러 아이가 흙으로 동물 모양을 만들며 놀고 있었다.

"얘들아, 안식일 날 해서는 안 되는 일을 왜 하고 있느냐. 어서 집에들 가거라."

그러자 예수가 손뼉을 치며 소리쳤다.

"참새야, 너희는 날아가거라. 살아 있는 동안 나를 기억하렴!"[15]

진흙 참새들이 요란한 소리를 내며 날아갔다. 이를 본 요셉이 놀라서 예수를 집에 데려가려고 하자 예수는 아이들과 진흙 웅덩이 물로 씻고 가겠다며 웅덩이를 보고 명령했다.

"깨끗한 물이 되어라."

---

15 훗날 이 새는 로빈새로 변형이 되어 다시 예수 앞에 나타난다. 예수가 가시관을 쓴 채 십자가를 지고 골고타산을 오르고 있을 때였다. 예수의 이마의 피를 본 로빈새는 울며 가시관 속에 들어가 피를 받아 먹었다. 그리고 더는 피를 흘리지 못하도록 부리로 가시를 뽑으려 했으나 힘이 약해 뜻을 이루지 못하고 오히려 가시에 찔려 가슴이 피투성이가 된 채 가시관 위에서 죽음을 맞이하게 되었다. 이에 예수가 로빈새를 살려 축복하며 "너는 가시나무에 집을 짓고 살아도 가시에 찔리지 않도록 내가 보호해주겠다. 나의 피를 기려 붉은 호랑가시나무 열매를 먹고 살아라"라고 말했다. 로빈새의 가슴이 붉은 이유는 이 때문이며 예수의 뜻을 받들어 호랑가시나무 열매를 먹으며 산다. 크리스마스에 호랑가시나무로 장식하는 이유는 가시관과 붉은 핏방울을 모두 가지고 있기 때문이다.

물이 깨끗해지자 예수는 아이들과 함께 흙이 묻은 손발을 씻었다. 율법학자 안나스의 아들은 어린 예수가 행하는 기적을 보고 심통이 났다. 아이는 마른 버드나무 가지를 꺾어 짓궂게도 웅덩이를 헤집어 물을 빼내 버렸다.

"저 웅덩이가 네게 무슨 잘못을 했다고 몽니를 부리며 물을 빼내니? 아이들이 씻고 있는 데다 너를 해치지도 않잖아. 네 손에 든 그 가지처럼 너도 몸이 말라비틀어져 잎도 못 피우고 열매도 못 맺을 거야."

예수는 버럭 화를 내고 요셉을 따라 집으로 갔다. 그 즉시 안나스의 아들은 몸이 비틀어지더니 쓰러졌다. 아이들이 놀라 집으로 뛰어가 부모들에게 이 이야기를 전했다. 부모들은 아이들을 나가지 못하게 했다.

"예수와 놀면 안 되겠다. 그 아이는 주술사이거나 악령이 든 모양이니 조심하거라."

한편 안나스는 불구가 된 아이를 안고 요셉에게 갔다.

"당신 아들이 안식일도 지키지 않는 데다 주술로 요상한 짓을 해 내 아들을 이 꼴로 만들었으니 어떻게 할 거요? 당장 못된 짓을 한 당신 자식을 혼내고 내 아이를 낫게 하시오."

마구 화내는 안나스에게 예수가 말했다,

"아저씨는 본질은 잊어버리고 사사건건 율법이라는 틀에 집어 넣어 옳고 그름을 판단해버리니 그리스 이야기에 나오는 프로크루스테스[16] 같아요. 안식일을 지키라면서 어떻게 낫게 하라는 거죠?"

그러자 다급한 안나스가 통사정했다.

"제발 내 아이를 살려주시오. 오늘만큼은 묵인하겠소."

구경하던 마을 사람들도 아이를 고쳐달라고 했다. 이에 예수가 말했다.

"안식일은 신의 날이고, 이날 우리는 신께 영광을 돌립니다. 사람이 없으면 신도 존재할 수 없고 안식일도 무의미해지죠. 악한 일이나 사람을 해하는 일을 하지 않고 선행을 쌓는다면 이보다 즐거운 날이 어디 있겠어요. 결국 안식일은 사람을 위한 날이에요."

예수는 아이에게 자신을 해하지도 않는 것에 해코지하거나 사람에게 해되는 일은 하지 말라며, 앞으로 반성하라는 뜻에서 손가락 하나만 약간 거북할 정도로 남겨두겠다고 했다.

"이제 저기 무성한 무화과나무처럼 잎도 나고 열매도 맺을 수 있게 될 거야. 그리고 모두 반성하면 나머지 손가락도 정상으로 돌아올 거야."

그러자 아이는 치유되었다. 사람들은 어린 예수의 기적을 보고 두려워했다.

---

16 사람을 잡아 철 침대에 눕혀보고 침대보다 길면 다리를 자르고 짧으면 사지를 잡아 늘어트려 죽였다는 그리스 신화에 나오는 아티카의 강도. '프로크루스테스의 침대'란 융통성 없이 자기 생각에 맞추어 남의 생각을 뜯어고치려 하거나 남에게 해를 끼치면서까지 자기 주장을 굽히지 않는 횡포를 뜻하는 말이다. 이 대화는 필자가 임의로 삽입했다.

요셉이 예수의 귀를 잡아당기다

◈

하루는 예수가 무언가 골똘히 생각하며 길을 걷고 있었는데, 말썽 꾸러기 녀석이 예수 쪽으로 마구 뛰어와 일부러 어깨를 밀쳐 넘어 트렸다.

"왜 괜히 밀치고 그래? 사과하고 다음부터 그러지 마."

털털 털고 일어난 예수의 말에 아이는 사과는커녕 욕을 해댔다.

"넘어졌을 때 다리나 부러져버리지, 머저리 새끼."

그렇게 그냥 가버린 아이를 며칠 후 다시 만났다. 예수가 인사하 자 아이는 어디서 무슨 말을 들었는지 예수를 무시했다.

"야, 예수. 넌 네 어미가 로마 병사와 간통해서 낳은 사생아라며? 그럼 넌 아비가 둘이냐?"

그러면서 예수를 또 넘어트렸다.

"난 아버지가 둘이야. 하늘 아버지와 땅의 아버지. 넌 내 말을 이해할 수도 없을뿐더러 내가 누구인지도 모르잖아. 그러니까 그런 소리 그만해."

"너 같은 놈은 우리 마을에서 살면 안 돼. 제 아비가 누구인지도 모르는 자식. 내가 네 아빠다. 하하."

예수는 화가 났다.

"그 말 취소하고 사과해."

"웃기고 있네. 다음에 만나면 팔다리를 부러트려 걷지도 못하게 만들어버릴 거야. 꺼져!"

아이는 오히려 돌을 던지며 약을 올렸다. 예수가 말했다.

"네 오만한 말로써 자신의 운명을 결정하는구나. 넌 이제부터 걷지 못할 거야."

그러자 아이는 쓰러지면서 팔다리가 부러져 그만 죽어버렸다. 이를 목격한 마을 사람들이 요셉의 집으로 몰려왔다.

"도대체 이 아이가 말하면 그대로 이루어지니 어찌 된 영문이오? 소문에 당신 친자식이 아니라고 하던데, 어디서 데려온 자식이오?"

요셉과 마리아는 아무 말도 할 수 없었다. 죽은 아이의 부모가 항의했다.

"저 아이와 한마을에서 살 수 없으니 당장 떠나시오! 만약 떠나지 않으면 눈에는 눈, 이에는 이. 나도 당신 아이를 죽여야겠소."

마리아가 겁에 질려 애원했다.

"제발 용서해주세요. 예수가 일으키는 이해할 수 없는 일들에 대해서는 우리도 손쓸 방법이 없답니다. 어떻게든 해결책을 찾아볼게요."

회당장이 끼어들었다.

"예수에 대한 여러 소문을 듣긴 했습니다만 말로써 사람을 죽였다는 것은 믿기 힘든 일입니다. 죽은 아이에게는 미안한 일이지만, 예수가 저 아이에게 저주를 내린 순간 우연의 일치로 급살병에 걸려 죽었거나 아니면 죽을 때가 되어서 신께서 데려갔을 수도 있지 않겠습니까? 또 죽은 아이가 평소 예수에게 악담을 자주 퍼부었다고 들었는데, 잘못의 시작은 예수가 아니니 일단 추방하지는 말고 지켜봅시다. 다음에도 이런 일이 일어나거든 그때 마을에서 내쫓든지 투석형에 처하든지 결정합시다. 그 대신 요셉, 이 아이가 저주의 말을 하지 않고 축복의 말을 하도록 가르치고, 이상한 행동을 할 때마다 아주 따끔하게 혼을 내세요."

요셉은 죽은 아이의 부모에게 백배사죄하고는 회당장의 말대로 하겠다고 약속했다. 그리고 사람들이 모두 보고 있는 가운데 예수를 불러 화를 내며 말했다.

"예수야, 네 능력이 어디에서 나오느냐? 주께서 주신 능력을 함부로 사용하지 말아야 하는데, 너는 아직 어려 마구 발산하는구나. 마을 사람들을 모두 죽이려느냐? 네가 사람들을 해쳐서 마을 사람들이 우리 가족을 미워하고 쫓아내려 하는 걸 보아라. 마을에서 추방당하면 우리 가족은 어디서 어떻게 살아야 한단 말이냐?"

"아버지가 화를 내며 저를 나무라시는 건 본심이 아니라 저 사람들 때문이라는 걸 알아요. 제가 반성하기 전에 아버지에게 함부로 하는 저 사람들을 먼저 벌해야겠어요."

예수의 이 말이 끝나자마자 예수를 비난하고 요셉에게 악감정을 품었던 마을 사람들의 눈이 죄다 멀어버렸다. 사람들이 당황하여 우왕좌왕했다.

"저 아이의 말은 좋은 것이나 나쁜 것이나 그대로 다 이루어지니 큰일이로다."

이번에는 요셉이 정말로 화가 나서 예수의 귀를 세게 잡아당겼다.

"예수야, 대체 왜 이러니? 제발 저들의 눈을 뜨게 해줘."

예수가 말했다.

"몇 번이나 기회를 줬는데도 그 애는 전혀 반성하지 않고 계속 나쁜 짓을 했어요. 그런 아이를 벌한 게 잘못인가요? 나쁜 아이를 단죄했다고 비난한다면 앞으로는 누가 어떤 나쁜 짓을 해도 모른 체해야겠네요? 세상에는 용서받지 못할 자도 있어요. 이번에는 아버지가 조금 경솔하셨어요."

"그러든 말든 그냥 둘 것이지 네가 왜 나서니? 율법으로 다스리면 되지."

"모두 아버지처럼 생각하면 세상은 고쳐지지 않아요. 잘못을 저지르면 누군가 나서서 지적해주고 훈계하여 바로 잡아줘야죠. 오늘날 누가 율법을 제대로 지키나요? 율법을 지킨다는 자들도 과연 얼마나 진실할까요? 자기 이익을 위해서거나 남에게 과시하기 위해서지 모두 눈이 멀어 진실을 찾지 못하고 있다고요. 제가 요셉

아버지의 보호를 받아 감사하지만, 하늘의 아버지에게 속해 있다는 사실을 정녕 모르시나요?"

사람들이 모두 사과했다. 죽은 아이의 부모도 남에게 저주를 퍼붓고 괴롭히면 그 죗값이 자신에게 돌아오는 것이기에 겸허히 운명을 받아들이겠다며 고개를 숙였다. 예수가 말했다.

"주님께서 욥에게 하신 것처럼 더 훌륭한 아이를 안겨주실 거예요."

그러자 죽은 아이의 부모는 예수 앞에 엎드려 눈물로 하느님을 경외했고, 사람들은 모두 눈이 밝아져 뭉클한 마음으로 돌아갔다. 요셉은 이토록 난해한 말을 하는 예수를 어떻게 가르쳐야 할지, 어떤 스승을 찾아야 할지 자신이 없어 깊은 고민에 빠졌다. 또 예수의 마지막 말도 이해할 수 없었다. 하늘 아버지에게 속해 있다니.

염색 가게에서 벌어진 일

◈

마을에 살렘이라는 페르시아 염색공이 있었다. 염색 실력이 뛰어
났던 살렘은 커다란 염색 가게를 운영했다. 멀리 가파르나움과 세
포리스를 제외하고는 근방에 염색 가게가 이곳 하나뿐이어서 나
자렛뿐 아니라 인근 마을 사람들도 그에게 일을 맡겼다.

　하루는 예수가 살렘의 염색 가게 앞을 지나가고 있었는데, 사람
들이 각양각색으로 염색해달라고 맡긴 옷감이 산더미처럼 쌓여
있었다. 살렘은 일거리가 잔뜩 밀려 도저히 약속한 날짜까지 마칠
수가 없었지만, 그러면서도 욕심껏 일거리를 계속 받아 쌓고 쌓아
두었다. 그중에는 마리아가 요셉의 옷을 짓기 위해 맡긴 옷감도
있었다.

예수는 거의 매일 염색 가게 앞을 지나쳤는데, 살렘은 날마다 걱정만 했지 서두르지는 않아서 일거리가 좀처럼 줄지 않았다. 어머니가 맡긴 옷감이 그대로 방치되어 있는 것을 보고 예수가 살렘에게 도와주겠다고 했다. 하지만 평소 예수가 워낙 개구져 장난기가 많았던지라 살렘은 야단치며 내쫓았다.

며칠 후 사람들은 약속 날짜를 지키지 않는다며 살렘에게 거세게 항의했다. 부쩍 돈독이 오른 살렘은 예전과 달리 그럼 다른 집에 맡기라고 큰소리치고는 나가버렸다. 일대에 다른 염색 가게가 없다는 걸 알기 때문에 마을 사람들은 하는 수 없이 그냥 돌아가야만 했다.

이렇게 살렘이 한바탕 다투고 잠시 가게를 비운 사이, 예수가 염색 상점에 들어가 옷을 한꺼번에 염색 가마에 집어넣고 형형색색 물감을 풀었다. 그때 막 돌아온 살렘이 모든 옷감을 한 가마에 넣은 것을 보고, 일을 다 망쳤다며 예수에게 고래고래 소리를 질러댔다.

"이게 뭐 하는 짓이야? 왜 이 옷감 저 옷감 다 섞어놓아 나를 골탕 먹이니? 누가 너한테 도와달라고 했니? 옷감마다 염색할 색이 다 다른데 이렇게 온통 버려놨으니 이제 어떻게 할 거니? 너희 집에 가서 전부 변상하라고 해야겠다."

씩씩대는 살렘에게 예수가 말했다.

"아저씨, 사람들이 맡긴 옷감을 각자 원하는 색으로 염색되게 해드릴게요."

예수가 가마 속에서 옷감을 하나씩 움켜쥐고 휘저은 다음 꺼내

자 맡긴 사람들이 원하는 색으로 염색되어 나왔다. 마리아가 맡긴 옷감은 마리아가 원했던 것보다 더 아름다운 문양으로 염색되어 멀리 중국에서 온 채색 비단보다도 고왔다.

놀란 살렘은 종종 와서 일을 도와주면 용돈을 많이 주겠다고 했다. 예수는 아저씨의 욕심이 지나쳐서 오늘만 도와준 것이니 앞으로는 욕심내지 말고, 지키지 못할 약속은 하지도 말라고 일침을 놓았다.

옷감을 찾으러 온 사람들은 정말 아름답게 염색되었다며 살렘의 솜씨를 칭찬하고, 옷감을 더 많이 맡기겠다고 했다. 살렘은 죽을 때까지, 아니 자자손손 예수를 염색의 수호성인으로 섬기겠다고 다짐했다.[17]

---

17 위경 〈예수 그리스도의 어린 시절 제1복음〉의 아랍어 필사본에 있는 이 전설을 바탕으로, 이란 염색업자들은 예수를 자기 직업의 수호성인으로 숭배하며, 염색 상점을 '그리스도의 상점'이라고 부른다고 한다.

목수 일을 돕는 예수

사람들이 전혀 이해할 수 없는 예수의 능력과 돌발 행동 때문에 요셉은 언제나 불안했다. 그나마 제지하는 방법이라곤 데리고 다니면서 목수 일을 가르쳐 주의를 돌리는 것뿐이었다. 요셉과 예수는 도시에 나가 대문이나 창틀, 상자, 탁자, 의자, 우유통 등을 주문받아 현장에서 직접 만들었다. 때로는 집에서 만들어 배달하곤 했다.

그런데 요셉이 나이를 먹어서인지 눈이 잘 안 보이고 가끔 치수를 잘못 재기도 해서 주문받은 물건을 만드는 데 애를 먹었다. 그럴 때마다 어린 예수는 수학 공식을 이용해 얼마만큼의 나무를 써야 하는지, 평행선이나 직각을 그리려면 어떻게 해야 하는지 등을

설명해주었다. 예수가 하자는 대로만 하면 무엇이든 정확하고 견고하며 아름답게 만들어졌다.[18]

어느 날 영주의 대신이 수심이 가득한 얼굴로 오더니 요셉을 마차에 태워 마을에서 멀리 떨어진 빈터로 데려갔다. 그곳은 겐네사렛바다[19]의 서쪽에 있는 구릉으로 비교적 평야 지대였고 새로이 건설하는 도시의 한가운데였다. 이 도시의 이름은 티베리아스이며 로마 황제 티베리우스에게 바칠 거라는 설명도 곁들여졌다.

대신은 여기에 왕의 별장을 지어야 하는데 중앙에 삼각형 광장을 두고 세 건물이 마주 보게 짓되 왕이 기거해야 할 건물 면적이, 신하와 자식들이 기거할 똑같은 크기의 두 건물 면적의 합과 같아야 한다고 했다. 대신은 요셉에게 해결 방법을 내놓으라며, 해결이 잘되면 왕의 의자를 만들 수 있도록 주선해줄 것이며, 그렇지 않으면 감옥에 넣겠다고 협박하였다. 그 왕은 다름 아닌 혜로데의 아들 혜로데 안티파스였다. 혜로데 대왕과 그의 왕위를 계승했던 아르켈라오 때문에 나자렛에 숨어 지내는 요셉은 무서웠다. 혹시나 자신과 마리아의 아들 예수를 알아보는 날엔 영락없이 죽을지도 모르기 때문이었다.

---

18 여러 문헌에 예수가 목공 일을 도우면서 요셉이 잘못 만든 가구를 기적을 일으켜 고쳤으며 이 글 후반부의 잘못 만든 왕좌도 예수와 요셉이 잡아당겨 늘렸다고만 언급했다. 가파르나움에서는 요셉이 예수의 도움을 받아 동명이인 요셉을 소생시킨다는 내용만 있다. 여기에서는 어린 예수의 지혜를 드러내기 위해 대신, 왕의 별장, 티베리아스, 가파르나움 사건 등을 창작하여 삽입했다. 실제 가파르나움에 회당 외에는 이 글에서 언급한 건축물과 사당 유적은 없다.

19 유다어에서 바다는 해양을 포함한 물이 고여 있는 모든 곳을 말한다. 지중해도 바다, 겐네사렛 호수도 바다, 사해도 바다, 그 외 크고 작은 호수도 바다다. 마치 우리나라에서 높든 낮든 모든 구릉과 묘가 있는 곳이면 산이라 하는 것과 같다.

집에 돌아온 요셉은 도통 잠을 잘 수가 없었다. 요셉은 자신의 신분에 대해 철저히 함구하면서, 건축가도 아니고 겨우 목수 일을 하는 자기에게 이렇게 어려운 과제를 내면 어떻게 하느냐고 대신을 찾아가 호소하는 척하면서, 헤로데 대왕이 죽기 전 내린 영아 학살 명령이 유효한지 넌지시 떠보았다. 기억은커녕 아르켈라오와는 달리 아무 권한도 없는 안티파스왕은 오로지 로마 황제에게 온갖 아첨을 다 하여 자신의 왕좌 보전과 영달에만 관심이 있다는 대답이 돌아왔다. 그리고 왕궁 건설 외의 질문은 필요치 않으니 그딴 빈 소리를 한 번만 더 하면 가만히 두지 않겠다고 거세게 질책했다. 일단 안심이 되었다. 그러나 한편으로 과제를 해결할 방법이 요원했던 요셉은 신하의 위세가 너무 무서워 오래전부터 겐네사렛호수를 구경하고 싶어 했던 예수의 소원이라도 들어주고 감옥에 가겠다고 맘먹고는 함께 가파르나움으로 여행을 떠났다.

가파르나움은 큰 도시였다. 예루살렘의 성전을 본 떠 만든 커다란 성소도 있었고 로마의 문물이 들어와 세워진 거대한 회당과 원형극장, 로마인들이 섬기는 커다란 신상, 미트라 신전, 자라투스트라교 신전, 프리기아의 신들에 관한 건축물이 여기저기에 웅장하게 세워져 있었다. 시장에는 외국에서 들어온 많은 문물이 넘쳐나 눈이 휘둥그레질 정도였다. 도서관에는 토라와 조상들의 글뿐만 아니라 수메르와 히타이트 점토판, 그리스 양피지, 페르시아 석판, 마케도니아 시절 이전의 두루마리부터 근자에 이르기까지의 기록들, 이집트 파피루스 책, 인도의 대나무 서적, 중국의 책과 의학, 수학, 천문학, 조세, 율법, 재판에 관련된 이것저것 등 세상의 지식이란 지식은 다 모여 있는 듯했다. 어린 예수는 며칠에 걸쳐 이 모든 기록물을 다 읽고 이해했다. 누가 각 나라의 언어나 문자를 가르쳐주지도 않았고 배운 적도 없는데 글자를 몰라도 그냥 보기만 하면 다 깨우치는 것이었다.

요셉은 이런 예수가 걱정이었다. 왕가나 귀족 가문이라면 몰라도 일반 백성이 그 엄청난 지식을 갖게 되면 훗날 어떻게 될지는 뻔한 일이었다. 저 아이가 정말 신의 자식일까. 워낙 똑똑하고 지혜로운 데다 뜻하지 않게 일으키는 기적과 놀라운 능력에 요셉은 두렵기까지 했다.

예수가 호수를 보고 싶다고 했다. 요셉이 데려가자 끝이 보이지 않는 광대한 바다가 눈앞에 펼쳐져 있고 기슭 가까이에는 어부들이 배를 타고 그물을 던지는 모습이 보였다. 예수는 이렇게 큰물은 처음 본다며 출렁이는 물결 속에 손과 발을 담그기도 하고 때로는 바다 끝 수평선을 주시하면서 깊은 생각에 잠기기도 하였다. 가까운 듯 먼 듯 오른쪽으로 건설 중인 큰 도시 티베리아스가 아스라이 보였고 작은 마을 막달라와 겐네사렛은 숲에 가려 보일락 말락 숨어 있었다. 왼쪽으로는 게르게사(거라사), 정면 끝자락엔 까마득하니 가다라가 위치하였으며, 보이지는 않지만 멀지 않은 내륙엔 베싸이다(베세다)가 있었다.

그렇게 며칠을 보낸 예수가 요셉의 눈치를 살피더니 아빠의 걱정거리가 뭔지 안다며 해결할 방법을 찾았으니 집에 돌아가자고 했다. 요셉이 움찔하며 예수를 바라보자 세상은 수의 규칙과 인과의 법칙으로 연결되어 있으며, 빛과 파장이 우주를 이루고 있는데 그중 파장이 우주의 기본이라는 알아듣지 못할 말을 하는 것이었다. 참 신통방통 이해할 수 없는 아이일세.

드디어 여행이 끝나고 집으로 돌아오는 길에 초상집 옆을 지나게 되었는데, 금방 막 숨이 끊어졌는지 구슬픈 통곡 소리가 흘러나왔다. 병으로 죽은 이 집 망자의 이름이 요셉이라는 말을 듣고 예수가 요셉의 옷깃을 잡아끌었다.

"죽은 분이 아버지와 이름이 같은데 들어가 도와주지 않으실래요?"

"왕의 별장 때문에 나도 죽을 지경이야. 이미 죽은 사람을 내가 어떻게 할 수 있겠니? 나는 아무 능력도 없잖니?"

"일단 들어가세요. 아빠는 정신력이 너무 나약해요. 때론 당당함보다 더 강한 뻔뻔함을 갖추셔야 이 어지러운 세상을 살아갈 수 있잖아요. 양손으로 망자의 가슴을 서른 번 누른 다음, 입에 호흡을 불어넣고 '주님께서 당신을 구원합니다'라고 해보세요."

평소 예수의 난해한 능력을 여러 번 보았던 요셉은 예수의 말대로 했다. 그러자 죽은 사람이 캑캑거리더니 이내 숨을 쉬고 일어났다. 가족들이 놀라고 기뻐하며 크게 대접하려 했으나 요셉은 거절하고 곧바로 길을 떠났다.

집에 오면서 예수는, 도서관에서 많은 책을 보았는데 왕의 별장 문제는 피타고라스의 삼각형 공식을 응용한 산술과 기하학으로 해결할 수 있다고 땅에 그림을 그려가며 이해를 힘들어하는 요셉에게 몇 번이나 자세히 설명해 주었다. 직각삼각형의 직각변의 제곱에 직각이웃변의 제곱을 더하면 빗변의 제곱과 같다

$(a^2+b^2=c^2)$.

집에 돌아온 요셉은 왕의 신하에게 가서 해결책을 이야기했다.

"왕의 별장은 정남 쪽을 바라봐야 할 것이니 기준이 되는 지점에서 정확하게 하나는 북동쪽으로, 또 하나는 북서쪽으로 같은 길이의 터를 잡고 북동의 끝과 북서의 끝을 이으면 두 변이 같은 직각삼각형 땅이 나오니 거기에 정원을 조성하십시오. 그다음 각 변의 길이와 똑같은 정사각형의 집터를 닦아 집을 지으면 왕의 기거 공간은 나머지 똑같은 크기의 두 주거 공간의 합과 같습니다."

대신은 감탄하여 요셉을 영주에게 소개했다. 왕은 요셉에게 이 별장에 알맞은 옥좌를 제작하도록 명령했다. 그러면서 솔로몬 시대의 나무들을 비롯해 레바논의 삼나무, 언약궤에 사용된 아까시나무 등 귀하고 값비싼 재료를 주었다. 등판에는 아몬드꽃을 새겨야 하니 세공술사를 불러서 금과 은과 루비와 청옥으로 장식하라고 지시했다.

어린 예수가 요셉이 만들 왕좌의 설계를 도왔다. 요셉은 무려 2년에 걸쳐 별장 건축가, 석공들과 일하며 왕좌가 놓일 공간 크기에 맞게 의자를 제작했다. 그런데 문제가 발생했다. 건축가의 잘못인지 요셉의 잘못인지 모르겠지만, 완성된 옥좌를 가져가 보니 자리에서 양쪽으로 한 뼘씩 모자랐다. 대신이 화를 버럭 내며 열흘 내로 해결하지 않으면 가족들을 평생 감옥에 가두어버리고 재산을 몰수하겠다고 말했다. 집에 돌아온 요셉은 음식을 끊은 채 방에 엎드려 눈물만 흘렸다. 예수가 왜 그러냐고 묻자 요셉이 자초지종을 말했다. 예수가 요셉을 안심시켰다.

"두려워하지도 낙심하지도 마세요. 의자 양옆에 박혀 있는 나무 쐐기를 빼내고 팔걸이 한쪽 끝을 잡으세요. 저는 반대쪽을 잡을 테니 힘껏 당기세요."

그러자 의자가 늘어나더니 그 자리에 꼭 들어맞았다. 놀란 요셉과 궁정 사람들이 어떻게 된 일인지 물었다.

"아버지가 가져오신 별장 설계도를 보니 왕좌가 놓일 자리 양쪽 기둥에 문제가 있어서 나중에 설계가 변경될 거라고 짐작했어요. 그래서 아버지를 도와 왕좌를 설계할 때 늘였다 줄였다 할 수 있게 고안했어요."

사람들은 앞날을 예견하고 대비한 예수의 지혜에 감탄했다.

예수가 아이들을 염소로 만들다

◈

어느 날 예수가 친구들과 술래잡기를 하며 놀고 있었다. 예수가
일으키는 기적이 사뭇 신기했던 아이들은 예수가 얼마나 빨리 찾
을까 궁금해 예수에게 술래를 시키고 숨었다. 아이들을 찾아 나선
예수는 집 앞에서 빨래를 널고 있는 여자에게 아이들이 여기에 왔
느냐고 물었다. 그 여자는 평소에 쓸데없는 농담을 잘하고 여기저
기 말을 지어내 옮기는 못된 버릇이 있었다. 여자가 아이들이 오
지 않았다고 하자 예수는 커다란 가마솥을 가리켰다.

"저 안에는 뭐가 들어 있나요?"

여자가 웃으며 대답했다.

"세 살짜리 염소들이 들어 있단다."

"정말 염소예요?"

예수가 다시 묻자 여자는 염소가 아니면 자신이 책임지겠다고 손으로 입을 가리며 웃었다. 그 말을 들은 예수가 솥을 보고 명령했다.

"염소들아, 너희의 목자인 내가 왔으니 어서 나오너라."

그러자 솥 안에 숨어 있던 아이들이 염소로 변하여 예수 주위를 깡충깡충 뛰어다녔다. 깜짝 놀란 여자가 설마 하고 솥 안을 바라보니 아이들이 모두 사라지고 없었다. 그중에는 자기 아들도 있었다. 여자가 새끼 염소 무리를 향해 자기 아들 이름을 외쳤더니 한 마리가 여자의 곁으로 다가왔다.

"네가 내 아들이 맞다면 오른쪽 뒷발을 세 번 굴러보렴."

여자가 떨리는 목소리로 말하자 염소는 정말로 오른쪽 뒷발을 세 번 굴렀다. 소스라치게 놀란 여자가 이번엔 널어놓은 빨래를 가리키며 말했다.

"그렇다면 네 옷을 찾아 가져와보렴."

이번에도 염소는 정확히 아들 옷을 물어 왔다. 여자는 예수에게 통 사정했다.

"예수야, 네가 일으키는 기적을 많이 들어 알고 있다만 직접 보니 너무 무섭구나. 너는 장차 이스라엘을 이끌 목자이자 세상의 죄를 없앨 주님이 될 터이니 자비를 베풀어주렴. 이 가엾은 아줌마를 위해 아이들이 다시 사람으로 돌아오게 해다오."

예수가 말했다.

"사람의 말에는 힘이 있어서 언제나 조심하고 삼가야 해요. 좋은 말이나 나쁜 말이나 같은 말을 되풀이하면 그대로 이루어지기도 한답니다. 농담이라도 함부로 맹세하면 그게 올무가 되어 정말 책임져야 하는 경우를 당하기도 하고요."

여자는 성자처럼 위엄 있게 말하는 예수 앞에 엎드렸다.

"네 말을 듣고 크게 깨달았단다. 앞으로는 언행에 주의하며 살아갈게. 제발 아이들을 원래대로 되돌려주렴."

여자의 본마음을 읽은 예수가 염소들을 향해 말했다.

"얘들아, 나가서 재미있게 놀자. 이번에는 누가 술래할래?"

그러자 염소들이 모두 아이들로 되돌아와 꺄르르 웃으며 밖으로 뛰어나갔다.

예수가 독사를 죽이다

◈

이 마을에도 이교의 문화가 들어온 지 오래라 젊은이들과 아이들은 디오니소스 축제나 아티스 의식을 더 좋아했다. 공교롭게도 과월절과 이교 축제 기간이 겹칠 때가 많았는데, 그래도 어른들은 과월절을 지켰기에 무교병을 만들고 어린 양을 잡아 이웃끼리 나눠 먹곤 했다.

예수는 동네 골목대장이라서 친구들이 왕이라고 불렀다. 과월절이 다가오자 예수는 아이들을 불러 각기 서열을 매기고 역할을 준 다음 마리아가 만든 무교병을 나눠주었다. 그러자 아이들이 옷을 바닥에 깔고 그 위에 예수를 앉힌 뒤 담쟁이 넝쿨을 엮어 꽃으로 장식한 왕관을 예수의 머리 위에 씌웠다. 그리고 양쪽 옆에 종려나무 잎을 들고 왕의 호위병처럼 쭉 늘어섰다. 아이 하나가 제법 큰 소나무를 베어 와 기둥을 만들고 나무 인형을 매달아 예수 앞에 세워놓고 예리코 장미를 꺾어 기둥 아래에 바쳤다. 그러고는 지나가는 사람들을 붙잡고 말했다.

"아무 일도 생기지 않고 편안하게 여행하려면 이리 와서 우리 왕을 숭배하세요."

이미 이교 축제에 익숙해진 터라 대부분 기둥 아래 돈을 바치며 절을 하고 지나갔고, 늙은 어른들은 재밌다고 웃으며 구경하기도 했다.

그러던 중 집안일을 돕느라 이 놀이에 끼지 못했던 소년이 산에서 헐레벌떡 뛰어 내려왔다. 곧이어 마을 사람들과 우르르 산으로 뛰어 올라가더니 한참 뒤 다 죽어가는 또래 아이 한 명을 들것에 싣고 예수의 무리 앞을 지나갔다. 어찌 된 영문인지 물으니, 소년이 친구들과 땔감을 구하러 산에 올라갔는데 자고새 둥지를 발견하고는 알을 꺼내려다가 그만 독사에게 손을 물렸다는 것이었다. 자초지종을 들은 예수가 무리를 향해 말했다.

"뱀을 죽이러 산으로 올라갑시다."

뱀에 물린 소년의 부모는 아들이 다 죽게 생겼는데 지금 그게 무슨 소용이냐며 화를 냈다.

"그동안 예수의 능력을 많이 봤으면서 왜 그러세요? 우리의 왕이 뱀을 죽이러 가자는데, 왕의 명령을 거절하겠다는 건가요?"

아이들이 뱀에 물린 소년을 들것에 태워 데려가겠다고 고집하자 아이를 집에 데려간들 어찌할 방도가 없는 부모는 하는 수 없이 따라갈 수밖에 없었다.

예수가 뱀이 숨어 있던 둥지 아래에 이르러 소리쳤다.

"소년을 문 뱀은 어서 이리 나와라!"

그러자 커다란 독사가 둥지에서 나와 나무를 타고 내려오더니 예수의 발 앞에 꼼짝도 못 하고 엎드렸다.

"네가 저 아이를 물어 독을 뱉었느냐? 가서 저 소년의 몸에 넣은 독을 모두 빨아내라!"

예수의 명령에 뱀은 소년의 몸에서 독을 모두 빨아냈다.

"같은 물을 마시고도 염소는 인간에게 유익한 젖을 주지만 너는 독을 만들어 해를 끼치는구나. 사람도 마찬가지, 같은 음식을 먹고 한 스승에게서 배웠어도 어떤 사람은 착한 일을 하지만 어떤 사람은 나쁜 짓을 하여 피해를 준다. 네가 사람을 물어 뱉어낸 독 때문에 사람이 죽을 지경에 이르렀으니 너는 저주받아 죽어야 마땅하다."

예수의 말이 끝나자마자 독사는 배가 터져 죽어버렸다. 예수는 주위를 둘러보더니 박주가리 넝쿨을 발견하고는 그리로 다가갔다.

"땅의 끝 동방에서만 자라는 네가 이 소년을 살리기 위해 여기서 넝쿨을 이루었구나" 하고는 잎을 따 찧어서 뱀에 물린 자리에 붙였다.[20] 한참 뒤 뱀에 물린 소년이 건강을 되찾고 일어나 울음을 터

---

[20] 이 부분은 예수 전설과는 아무 관계가 없다. 옛날에는 뱀에 물리거나 피를 흘리면 박주가리 넝쿨을 찧어 붙이기도 했으므로 필자가 임의로 삽입했다.

트리며 예수에게 다가왔다.

"너는 오늘부터 내 친구야. 음, 넌 먼 훗날 내 제자가 될 거야."

소년의 부모는 예수에게 고마움을 표한 다음 예수의 친구들을 위해 성대한 잔치를 베풀었다. 이 소년이 바로 훗날 예수의 제자가 되는, 열심당원Zealots이자 침묵의 제자인 가나안 사람 시몬이다.

기적을 일으키는 소년

어느 날 소년 예수는 친구들과 평평한 지붕 위에 올라가 놀고 있었다. 여럿이 장난을 치던 중에 그만 아이 하나가 지붕에서 떨어져 죽고 말았다. 같이 장난치던 아이들은 놀라서 모두 도망가 버리고 지붕 위에 혼자 남은 예수만 슬픔에 찬 얼굴로 죽은 아이를 내려다보고 있었다. 소식을 들은 죽은 아이의 가족이 달려와 따졌다.

"예수 네가 내 아들 제이누누스를 떨어트려 죽였지?"

예수가 아니라고 해도 그들은 모여든 마을 사람들을 향해 울부짖으며 돌을 집어 들었다.

"예수가 내 아들을 저 지붕 위에서 밀어트려 죽였소. 살인자를 돌로 쳐죽입시다."

"제가 죽인 걸 보았나요? 친구가 죽어서 저도 슬픈데 아무 증거도 없이, 저 혼자 지붕 위에서 죽은 제이누누스를 쳐다보고 있었다는 이유만으로 살인자로 몰아세우면 어떻게 하나요? 죽은 아이의 혼을 불러 물어보면 진실이 밝혀질 거예요."

예수는 지붕에서 내려와 죽은 아이의 머리맡에 섰다.

"제이누누스야, 내가 너를 죽였니? 어떻게 하다 떨어져 죽었어?"

예수가 죽은 아이의 혼을 불러 묻자 제이누누스가 벌떡 일어나 앉았다.

"예수, 넌 저쪽에 앉아 있었고 난 친구와 밀치기 장난을 하다가 발이 미끄러져 떨어져 죽었어."

그러고는 죽은 자세 그대로 드러누웠다. 아이의 부모가 예수에게 능력을 베풀어 살려달라고 애원했다.

"이 친구의 죽음은 저로 비롯된 것이 아닙니다. 이 친구는 오늘 죽을 운명이었습니다. 죽음도 삶도 모두 신의 뜻이니 받아들이시고 더 굳건한 믿음으로 주님을 섬기면서 세상을 살아가셔야 합니다."

소년 예수의 말에 모든 사람이 숙연해졌다.

하루는 마리아가 예수에게 항아리를 주며 우물에 가서 물을 길어오라고 했다. 예수가 우물에 가서 물을 긷던 중에 그만 항아리가 깨져버렸다. 그런데 예수가 겉옷을 벗어 항아리를 덮으니 물이 쏟아지지 않고 항아리 모양 그대로 있었다. 예수는 그것을 집에 가져와 다시 큰 물항아리에 부었다.

또 한번은 예수가 무언가 골똘히 생각하며 걷다가 머리에 물동이를 이고 오는 동네 아주머니와 부딪혔는데, 그만 항아리가 떨어져 산산조각이 났다. 그는 무조건 트집 잡아 생떼를 쓰고 막말을 심하게 하는 터라 동네 사람들이 피해 다니는 여자였다. 예수가 미안하다고 말할 틈도 없이 여자는 악담을 퍼부었다.

"예수야, 눈 좀 똑바로 뜨고 다니지 못하겠니? 너의 말썽 짓에 이젠 질렸다."

"죄송해요. 그런데 제가 아주머니께 그동안 무슨 말썽을 저질렀다고 그러세요?"

"하여간 시망스럽기는 둘째가라면 서럽고 아비가 누군지도 모르는 싹수없는 녀석이 어디서 어른한테 말대꾸야?"

여자가 예수에게 얼굴을 들이밀며 계속 욕을 하자 예수가 쏟아진 물을 손에 묻혀 그 여자 입에 댔다. 그러자 여자는 입이 삐뚤어지고 혀가 꼬여 말을 할 수 없게 되었다. 여자는 눈물을 흘리면서 싹싹 빌었다.

"앞으로 누구에게든 어떤 상황에서든 함부로 막말하거나 멸시하지 마세요. 진정으로 사과하신다면 고개를 끄덕이세요."

예수의 말에 여자는 고개를 끄덕이며 땅에 엎드렸다. 예수가 여자를 일으켜 세우고 항아리 조각을 어루만지자 여자는 다시 말할 수 있게 되었고, 깨진 항아리도 원래대로 되었다.[21]

---

21 '물항아리 깨지기' 화소는 우리나라 고구려 2대 유리왕의 신화에도 등장한다.

하루는 요셉이 문을 만들 때 쓸 아교를 녹이고 있었는데 땔감 나무가 다 떨어졌다. 요셉은 예수를 힐끗 쳐다보더니 야고보에게 빨리 땔감을 구해오라고 했다. 예수가 눈치채고 야고보와 함께 땔감을 주우러 동네 야산으로 올라갔다.

예수는 막대기로 풀을 헤집어본 다음 풀을 긁어모았고, 나뭇가지를 발견하면 역시 막대기로 한 번 뒤집어 살펴본 다음 집어 들었다. 그런데 야고보는 자기가 형이라고 예수보다 더 많이 주우려고 풀 속을 살피지도 않고 잡풀 더미며 마른 나무를 마구 집었다. 둘이 땔감을 제법 많이 모아서 집에 가려는데, 야고보가 보기에 자기 땔감 더미가 적어 보이자 더 많이 가져가겠다는 욕심에 제법 큰 나뭇가지를 발견하고 덥석 집어 들었다.

그런데 하필 거기에 독사가 숨어 있다가 야고보의 손가락을 물어버렸다. 예수가 조심조심 살피며 땔감을 모은 것은 바로 독사 때문이었다. 뱀에게 물린 손가락이 퉁퉁 부어올라 야고보가 울고불고 난리를 피우자 예수는 재빨리 머리끈으로 야고보의 팔목 위쪽을 묶은 다음 뱀에게 물린 상처에서 입으로 피를 빨아내 독을 모두 제거했다. 그런 다음 예수가 상처 부위를 어루만지자 깨끗이 나았다.

예수가 스승 자케우스를 가르치다[22]

다른 아이들 같으면 벌써 학교에 다니고도 남았을 나이였지만 너무나 총명할 뿐더러 짓궂은 데다 도저히 이해할 수 없는 기적을 일으키다 보니 예수를 제자로 받아주는 선생이 없었다.

　어느 날 자케우스라는 학자가 요셉의 집을 찾아왔다. 그는 예루살렘에서도 매우 이름난 랍비였는데 유명세 때문에 로마 군인의 통제가 심해지자 도피하다시피 나자렛으로 와서 학생들을 가르치며 살고 있었다. 그는 예수가 지혜롭고 총명하다는 이야기를 들었기에 자기 실력도 과시하고 정말로 똑똑한 아이면 제자로 삼을 요

22　두 이야기를 하나로 엮어 서술했다.

량으로 요셉에게 와 거만하게 말했다.

"예수가 학교 다녀야 할 나이가 지났는데 왜 보내지 않는 거요? 우리 학교로 보내 배우게 하시오."

그러잖아도 야고보가 다니는 학교에 보내려고 데려가 봤지만 선생이 고개를 살래살래 저으며 받아주지 않아 고민하고 있던 차에 요셉과 마리아는 자케우스의 제안이 반가웠다.

자케우스는 부모와 함께 온 예수에게 히브리어 알파벳을 적어 보이고 첫 글자 '알레프'를 발음해보라고 했다. 예수가 고분고분 잘 따라 하자 자케우스는 왠지 우쭐해졌다. 예수가 다른 랍비들을 골탕 먹였다는 소문을 익히 들어왔기 때문이었다. 그래서 더 거만하게 그다음 알파벳 '베트'를 발음해보라고 했다. 그러자 예수가 말했다.

"먼저 알레프의 의미를 설명해주세요. 그러면 베트를 따라 할게요."

자케우스는 어이없던 나머지 요셉에게 이해해달라는 듯 한쪽 눈을 껌벅하고는 화난 척하며 예수를 타일렀다.

"요 당돌한 녀석 보게? 요셉, 오늘 내가 이 아이의 버릇을 단단히 고쳐놓으리다. 예수야, 스승님이 하라고 하면 두말없이 따라 해야지, 왜 따지고 조건을 다느냐?"

"다른 학생이 질문해도 이렇게 답하지 않고 권위를 내세우시나요? 학생마다 알고자 하는 욕구도 다르고 실력도 다 다른데 무조건 따라 하라고만 하면 어찌 훌륭한 스승이겠어요?"

당돌하긴 하지만 예수의 말이 맞는지라 할 말을 잃은 자케우스가 더듬더듬 속삭였다.

"네 말이 옳긴 하다만 부모님도 와 계시니 이 스승님 체면도 좀 생각해줘야지. 어서 따라 읽어보거라."

예수는 베트는 물론이고 마지막 글자까지 분명하게 발음하고는 직선인 알파벳, 이중 형태인 것, 점이 있는 것과 없는 것, 알파벳 순서가 그리 배열된 이유, 알파벳과 숫자의 연관성 등 많은 것을 자케우스에게 설명해주었다. 그뿐 아니라 로마 문자와 그리스 문자, 그리고 자케우스가 생전 들어본 적도 없는 새롭고 방대한 지식을 알려주었다.

"이 아이는 나보다 몇천 배나 풍부한 지식을 가지고 있소. 분명 노아보다 먼저 태어나 세상의 지식을 모두 익힌 듯하니 이 땅에서 가장 박식한 사람도 이 아이에게는 미치지 못할 것이오. 더는 배울 것이 없는 아이니 데려가시오. 그동안 알고 있는 지식에만 도취해 더 공부하지 않은 나 자신이 부끄러우니 부디 오늘 일에 대해서는 절대 소문내지 말아주시오."

놀란 자케우스가 요셉과 마리아에게 당부하고, 예수에게 사과했다. 이에 예수가 말했다.

"그래도 저를 제자로 받아 가르치겠다고 하신 분은 선생님뿐이셨습니다. 선생님은 많은 학식이 있으심에도 다른 랍비들과 달리 자신의 한계와 겸손을 아시는 훌륭한 분입니다. 앞으로 선생님을 질투하거나 해코지하는 자가 있다면 마땅히 벌을 받을 것입니다."

늙은 스승은 어린 제자에게 고개를 숙였다.

평소 자케우스의 가르침에 반발하여 잘 따르지 않던 학생 하나가 밖에서 이 광경을 지켜보고는 다른 랍비에게 고해바쳤다. 그 랍비는 자케우스가 마을에 온 뒤로 실력을 비교당하고 학생들을 빼앗기자 질투심에 복수할 날만 엿보고 있었다.

그 랍비가 요셉을 찾아와 자기가 자케우스보다 더 뛰어나니 예수를 자기에게 보내면 잘 가르치겠노라고 호언장담하며 데려갔다. 랍비가 예수에게 알파벳을 발음해보라고 하자 예수는 자케우스에게 그랬듯이 알레프의 뜻을 물었다. 랍비는 불같이 화를 냈다.

"예수 네 이놈! 가정 교육도 형편없는 데다 아주 건방지구나. 자케우스한테 대들던 수법이 나한테도 통할 줄 알았느냐? 넌 좀 맞아야겠구나. 일단 따귀 한 대 맞고 시작하자."

"진정 저를 가르치려고 데려왔습니까? 아니면 자케우스 스승님을 질투하여 욕보이려고 그런 겁니까?"

격분한 랍비는 분을 못 이겨 펄펄 뛰며 예수에게 막말을 해댔다.

"이런, 아비가 누군지도 모르는 놈이 어디서 스승에게 대드느냐? 창녀처럼 행동한 네 어미가 그리하라고 시키더냐? 네놈을 오늘 기어코 죽이고야 말겠다."

"랍비님, 화를 가라앉히고 사람을 무시하는 말씀을 취소하십시오. 어떤 상황에서도 남을 욕되게 해서는 안 됩니다. 그렇지 않으면 랍비님의 마지막 말이 랍비님 자신에게 되돌아와 그대로 실현될 것입니다."

"네 이놈! 감히 네가 나를 가르치려 드느냐!"

랍비는 고함을 지르더니 그만 눈이 뒤집히며 쓰러져 죽어버렸다. [23] 예수가 측은하게 바라보며 중얼거렸다.

"작은 온기에도 녹아 사라지는 눈송이보다 더 하찮은 자존심이 그리도 중요했나요? 자신을 제어하지 못하고 자기 분을 못 이겨 생을 마감했으니 안타깝군요. 아무것도 아닌 일 때문에 격한 감정에 휘둘려 함부로 저주를 퍼부으면 결국 자신에게 되돌아온다는 걸 모르셨나요?"

소식을 전해 들은 요셉과 마리아가 예수를 데리러 왔다.

"예수야, 너 때문에 죽었니?"

"아니요, 말이 씨가 된다잖아요. 저 분은 자기 말 때문에 죽었어요."

마리아가 말했다.

"앞으로는 함부로 집 밖에 나가지 말아라. 이제야 생각나는구나. 네가 어렸을 때 또 다른 네가 와서 너를 찾아 네 안으로 들어갔단다. 이제 네가 그 예수를 네 안에서 찾으렴."

예수는 고개를 끄덕였다.

---

23 어느 문헌에는 사람들이 죽은 랍비를 불쌍하게 여겨 살려주라고 부탁하자 예수가 그리하였고, 살아난 랍비는 예수에게 사과했다고 기록되어 있다.

예루살렘 성전에 간 예수[24]

◈

예수는 그날 이후 밖에 잘 나가지 않았다. 낮에는 요셉의 목수 일을 돕는 데 전념했고, 밤이면 하늘의 별자리와 떠돌이별의 움직임을 관찰하고 익혔다. 한가할 때는 산에 혼자 올라가 명상에 잠기기도 했고, 재료와 땔감으로 필요한 나무를 베어 오기도 했다. 나이는 가장 어렸지만 다른 형제들보다 연장을 훨씬 잘 다뤄 요셉을 기쁘게 했다.

예수는 어릴 적 요셉과 함께 갔던 가파르나움을 좋아했다. 가파

---

24 이 부분 역시 성경에는 간단하게만 언급되어 있으며, 위경에도 개략적으로 기록되어 있어서 대부분 필자가 창작했다.

르나움은 바빌론과 이집트를 연결하는 해안길 길목에 있는 요충지일 뿐 아니라 헤로데의 아들인 필리포스와 안티파스가 다스리는 땅의 경계에 있는 도시였다. 국경을 지나는 이방인들에게 징수하는 세금으로 막대한 부를 이뤘고, 유다인과 이방인이 섞여 사는 통에 외래 문물이 많이 들어와 일대에서 가장 번창한 도시였다. 또한 겐네사렛호수 주변에서 가장 크고 풍요로운 항구였다. 예수는 종종 가파르나움에 일 보러 가는 어른들을 따라가 새로운 문물을 구경하고 다양한 지식을 쌓았다. 가파르나움은 예수에게 영감을 안겨주는 도시이자 지혜를 주는 스승 같은 곳이었다.

어느덧 예수는 열두 살이 되었다. 해마다 과월절이 오면 요셉과 마리아는 형제 중 한두 명을 데리고 예루살렘을 순례했다. 나머지 형제들은 집안일을 하며 지역 성소를 참배했다. 올해는 예수를 데리고 가기로 했다. 예수가 어릴 적부터 예루살렘에 무척 가고 싶어 한데다가 열두 살이면 이제 성년 대접을 받을 나이라 예수에게 더 큰 세상을 보여주고 싶었다.

예수는 가슴이 벅차올랐다. 가파르나움만 해도 대단한데 가장 큰 도시인 예루살렘은 얼마나 번창할 것이며 얼마나 많은 문물이 있을 것인지는 두말할 필요가 없을 터였다. 산헤드린, 대성전, 헤로데의 궁전, 도서관, 로마의 건축물과 총독 사무처, 로마 군인들, 온 나라 물건이 다 모이는 시장, 선조들의 유적지 등 예수는 구경하고 싶은 곳들을 헤아려보며 부모와 함께 동네 사람들 틈에 끼어 드디어 예루살렘에 도착했다.

요셉과 마리아는 성전 마당에서 양을 사서 제물로 바쳤다. 제값

보다 몇 곱절 더 비쌌지만 그렇다고 나자렛에서 예루살렘까지 양을 데려올 수도 없는 노릇이었기에 그나마 다행으로 여겼다. 요셉과 마리아와 마을 어른들이 축제에 참여하는 동안 예수는 대성전 구석구석을 돌아다니며 구경했다. 그런데 예루살렘에서마저 야훼를 모시는 장소에 이교의 신당이 같이 들어서 있고 심지어 사제들이 과월절 축제 대신 이교도 축제를 즐기는 모습에 적잖이 놀랐다. 여기저기 하오마에 취한 여자들이 성전 마당 구석에서 나뒹굴었고, 로마 병사들은 돈을 주고 혹은 우격다짐하여 여자들을 데려갔다.

그뿐만이 아니었다. 주님께 바쳐질 신성한 산 제물이어야 할 동물이 몇 배, 몇십 배로 부풀려진 가격 때문에 큰 소리를 내고 주먹으로 싸우며 값을 흥정하며 사고 파는 추태의 원인이 되고 있었다. 제사장들은 바쳐진 제물을 뒤로 빼돌려 다시 성전의 상인에게 되파는 악행이 벌어지고 있었다. 인근 지역에 사는 사람들조차도 산 제물을 직접 가져오면 받아주지 않았다. 오로지 이곳에서 구입해서 바쳐야만 했다. 더 한심한 건 성전에서 판매하는 소나 양이나 염소나 비둘기가 대부분 병에 걸려 털이 빠지고 제대로 걷지 못하는 상태였으며, 돈을 받은 상인은 심지어 죽은 제물을 제단 안으로 가져가 제사장과 속닥거리며 처분하기까지 했다. 짐승들이 잔인하게 도륙될 때 토해내는 울음소리와 귀가 찢어질 정도로 시끄러운 나발 소리, 피비린내와 내장과 기름을 태우는 지독한 냄새, 숨조차 쉴 수 없을 정도로 뿜어 나오는 연기에 질식하고도 남을 지경이었다. 축제 때면 몇십만 명[25]이 와서 한꺼번에 제물을 바치기에, 한 번에 수십 명에서 백 명이 넘는 이들의 제물을 수십 개의 고리로 연결해 올려놓은 단 위의 번제물은 지나치다 싶을 정도로 많았다. 그나마도 다 태우지도 않아 그을린 채로 끄집어 내려져 재와 섞여 분문을 통해 힌놈골짜기에 버려졌다. 피의 제단을 씻은 물 역시 그대로 티로포에온계곡으로 연결된 비밀 수로를 통해 성 밖을 오염시키며 키드론골짜기에 흘러 들었다. 그 옛날, 조상들이 이집트에서 탈출하였을 때 가나안 몰렉Molech 신이 이 땅을 지배하고 있었고, 이곳 힌놈골짜기에서 어린아이를 산 채로 불에 던져 바치는 제사 의식이 행해졌었다. 소의 머리에 사람의 몸을 하고 손바닥은 펴 하늘을 향한 그 우상은 좌대에 앉아 있는, 속이 텅 빈 거대한 항아리 모양이었다. 제전이 있을 때 그 몸 안에 불을 지핀 다음 어린아이를 달궈진 팔에 얹어 주거나 혹은 죽어서 불 속에 던지거나 끔찍하게도 어린아이가 그 항아리 속을 통과할 때 불을 지펴 번제를 드렸다. 아이의 고통스러운 울음소리가 들리지 않도록 아비인 자는 옆에서 커다란 북을 세차게 두드려야 했다. 여호수아는 그 무섭고도 잔인한 죄악을 마침내 종식시키고 하느님의 세상을 만들었다. 그러나 세월이 흘러 동물로 번제물을 대체한 우리의 제사는 에돔인의 그것과 별반 다를 게 없었다.

이러한 광경을 목도한 소년 예수는 가슴이 저며왔다. '신을 경외하는 마음이라곤 눈곱만큼도 없을뿐더러 전혀 속죄하지도 않는구

---

25 당시 예루살렘 인구는 10만 명 정도, 유월절 순례자는 평균 20만 명 정도로 추산하고 있다. 역사학자 요세프는 AD 65년경 유월절 순례자를 300만 명으로 기록했으나 지나친 과장으로 보인다.

나. 그저 규약대로 제물을 사 바침으로써 의무를 다했다고 자위하는구나.' 이대로 두었다간 고대로부터 이어진 유다의 영혼이 사라져버리고, 하느님의 율법과 사랑도 끝나버릴 것이 분명했다. 이는 민족의 전통과 역사의 쇠퇴일 뿐만 아니라 신과의 단절이었다. 지나치게 형식적이고 의례적인 속죄 의식, 피와 기름으로 범벅이 된 제단에는 동물 썩은 내만 진동할 뿐이었다. 사제도 장사치도 아브라함의 후손들도 모두 부패했다.

대성전 밖은 더 가관이었다. 헤로데 가문의 왕들과 왕족, 산헤드린 의원, 사두가이인, 바리사이인들 역시 부와 명예, 율법이라는 틀에만 얽매인 채 신에게는 아무 관심도 없는 듯했다. 더군다나 아르켈라오스가 유배되고 로마가 총독을 파견해[26] 직접 다스리면서부터는 로마에 저항만 하지 않으면 질서야 어떻든 총독은 그저 방관하며 대성전의 재물만 빼먹으려 혈안이었다. 제사장과 산헤드린 의원들 역시 민족의 안위는 안중에 없고 자신의 권력 유지에만 신경 써 로마에 아첨하며 세비를 챙기고 백성의 고혈을 빨아댔다.[27]

---

26 유다 총독은 다음과 같다. ① 코포니우스Coponius(6~9년) ② 마르쿠스 암비불루스Marcus Ambivulus(9~12년) ③ 안니우스 루푸스Annius Rufus(12~15년) ④ 발레리우스 그라투스Valerius Gratus(15~26년) ⑤ 폰티우스 필라투스Pontius Pilatus(26~36년) ⑥ 마르셀루스Marcellus(36~37년) ⑦ 마룰루스Marullus(37~41년) ⑧ 41~44년에는 영주 통치(헤로데 아그리파 1세) ⑨ 8대 쿠스피우스 파두스Cuspius Fadus(44~46년) ⑩ 9대 티베리우스 알렉산더Tiberius Alexander(46~48년) ⑪ 10대 벤티디우스 쿠마누스Ventidius Cumanus(48~52년) ⑫ 11대 펠릭스Felix(52~59년) ⑬ 12대 포르티우스 페스투스Portius Festus(59~61년)였고 이후 66년까지 총독 통치 ⑭ AD 66~70년 유다와 로마 전쟁 ⑮ AD 70년 유다 멸망. 73년 맛사다 전쟁을 끝으로 역사 속에서 사라짐.

27 산헤드린 의장은 대사제였고, 의원은 제사장, 장로, 서기관(바리사이파 포함)이 주축을 이뤘다. 산헤드린은 디아스포라의 성전 순례를 허락하면서 막대한 기부금을 받았으며 의원끼리 헌금, 성금

한편 민족을 구한답시고 여기저기서 나타나 자신이 신의 아들이자 메시아라고 떠드는 자칭 왕들은 신에 대한 믿음이나 외세로부터 동족을 지켜주는 일에는 아무런 관심도 없이 오로지 왕권 찬탈과 세력 규합, 금품 갈취와 살육전에만 몰두했다. 그들 대부분은 농업에 종사하다 탐관오리들의 과세를 견디지 못하고 산악 지대로 도피한 사람들, 악덕 고리대금업자에게 돈을 빌린 후 갚지 못해 도망친 사람들, 율법을 어겼다고 마을에서 쫓겨난 사람들, 또는 불량배나 살인자였으며 소수 민족주의자들이 섞여 있었다. 그들은 돈도 없고 사람들과 어울려 살 수도 없으니 도적 떼가 되어 마을과 마을 사이 길목에 숨어 지내며 강도와 살인, 인신매매를 자행했다. 언제부터인가 그들은 스스로 메시아라고 칭하며 같은 처지에 있는 사람들을 규합해 세력을 형성하고 로마와 산헤드린에 저항했다.

이러한 현실을 본 소년 예수의 가슴에는 신과 민족과 인류를 위한 사명감이 북받쳐 올랐다.

'이대로는 안 된다. 소돔과 고모라 같은 타락은 끝나야 하며, 새로운 세상이 필요하다. 피로 물든 제단 대신 영성 넘치는 기도, 복잡하고 이해하기 어려운 형식적인 율법 대신 아가페적 사랑, 살육과 전쟁 대신 용서와 박애, 부와 명예에 대한 집착과 갈취 대신 사랑의 나눔이어야 한다. 그러려면 이 모두를 끝낼 마지막 산 제물이 있어야 한다. 그 제물을 바친 이후에는 더 이상 피의 제물이 있

등을 나눠 가지며 부를 축적했다. 또한 제사장 의원들은 백성이 바치는 속죄 제물까지 뒤로 빼돌리기에 바빴다고 한다.

어서는 안 되고 악습은 사라져야 한다.'

예수는 민족과 인류를 위한 일이라면 자신이 피를 흘려도 무방하다고 비장하게 결심했다.

'그래, 나의 사명은 인류의 대속을 위한 속죄 제물로, 마지막 인신공희 제물이 되는 것이야.'

축제 기간이 끝나자 요셉과 마리아는 친척들과 마을 사람들 그리고 갈릴래아 곳곳에서 온 많은 순례객과 함께 예루살렘을 떠났다. 처음에는 예수가 무리 중 어딘가에 끼어 있으려니 생각하고 길을 떠났는데, 하루가 지나도 보이지 않기에 찾아봤지만 아무도 예수를 본 사람이 없었다. 그제야 요셉과 마리아는 부랴부랴 예루살렘으로 발길을 되돌렸다.

예루살렘에서 예수는 사제, 장로, 학자, 이교도의 현자와 수행자들과 토론하고 있었다. 예수는 어떤 질문에도 막힘없이 술술 대답하여 학자들을 곤경에 빠트리고 때로는 경악하게 했다. 토라의 모든 내용은 물론이거니와 율법에 관한 책들과 각 지파의 족보들까지도 막힘이 없었다. 역사에 관한 지식도 두말할 필요 없었다. 모세와 여호수아는 물론이고 사울, 다윗, 솔로몬 등등 역대 왕에 관한 사건과 기록에 통달했으며, 바빌론 유수 시절과 하스모니안 왕조 그리고 오늘날의 헤로데 가문까지 모르는 것이 없었다. 그뿐 아니라 욥의 이야기와 다윗의 시, 각종 지혜서도 다 암송하고 그 의미까지 깨우쳤다. 예언서도 마찬가지여서 이사야와 예레미야부터 즈카르야와 말라키까지 그 안에 담긴 신비한 이야기를 모두 알고 있었다.

그때 한 페르시아 천문학자가 예수의 코를 납작하게 만들겠다는 속셈으로 물었다.

"해와 달과 별이 하늘에서 운행을 하고 있는데 저곳에서 우리가 사는 곳을 보면 어떤 모습일까?"

"우리가 사는 곳도 저 별처럼 허공에 떠 있고 해처럼 둥글며 달처럼 차고 기울뿐 아니라 전진과 후퇴 운동, 완벽하지 않은 긴 원을 그리며 별처럼 움직입니다."

예수가 대답하자, 천문학자는 눈이 휘둥그레지며 그 이유를 물었다.

"욥의 시에 '땅덩어리를 허공에 달아 놓으신 이'[28]라고 기록되어 있습니다. 우리가 사는 땅뿐만 아니라 달도, 불규칙하게 움직이는 별들도 땅덩어리를 말하는 겁니다. 역시 '물의 표면에 둥근 금을 그으시어'[29]라고 했는데 이는 우리가 사는 땅이 공처럼 둥글다는 이야기입니다. 홍수 이전 하느님의 아들들과 인간의 딸 사이에서 태어난 거인 네피림에 관한 전설들, 야렛의 아들 에녹, 인류의 아버지 노아, 선조 아브라함과 엘리야, 엘리사, 에제키엘 등 많은 예언자는 신의 마차를 타고 하늘에 올라 땅의 모습을 보고 왔다는 기록과 구전도 있지 않습니까?"

학자들이 웅성거렸다. 한 천문학자가 말했다.

"무슨 소리야. 땅은 평평하고 네모져서 우리가 서 있을 수 있는 거고, 땅끝은 바다, 바다 끝은 낭떠러지라 폭포처럼 바닷물이 떨

---

28 〈욥기〉 26:7.
29 〈욥기〉 26:10.

어진다고 학자들이 말했지.”

예수가 웃으면서 대답했다.

“그것은 구의 동서남북 십자 축이 360도라서 땅의 구형을 이해하지 못한 사람들이 사각형 각의 합으로 착각하여 ‘네모지다’로 말한 겁니다. 방위를 가리킬 때 사방팔방이라 하고 땅을 둘러싼 하늘의 열두 개의 별자리로 점을 치니 이것은 땅이 구라는 걸 전제로 하지 않으면 말할 수 없는 용어입니다. 그리고 바다 끝에서 물이 끊임없이 떨어지면 바다의 물이 줄어들어 없어져야 하는데 빠졌다 불었다를 반복하지요. 이미 옛날 피타고라스, 아리스토텔레스를 비롯한 그리스의 학자들은 지구는 둥글고 자전하며 태양의 둘레를 돌고, 달의 힘 때문에 밀물과 썰물이 생긴다고 말했습니다. 에라토스테네스는 지구의 크기를 계산하기도 했고요.”

학자들은 아무 말도 할 수가 없었다. 바리사이파 학자가 토론의 주제를 다른 곳으로 돌려 예수에게 물었다.

“환생은 있는가, 없는가? 우리 바리사이파는 천사와 영혼의 존재와 심판의 날을 인정하지만, 사두가이파는 오로지 현실만 인정한다네. 자네 의견을 듣고 싶네.”[30]

예수가 답했다.

“하느님은 영이십니까, 육이십니까? 영만을 탐하는 자는 영으로만 인식하고, 육만을 탐하는 자는 육으로만 인식합니다. 우리는

---

30   바리사이파는 환생을 믿었다. 초기 기독교에도 오르페우스교의 영향으로 환생과 윤회의 개념이 있었는데, 성경에 그 흔적이 남아 있다. 〈마태오 복음서〉 14장, 〈마르코 복음서〉 6:14~29, 〈루카 복음서〉 9:7~9를 보면 사람들이 예수가 요한의 환생이라거나 다시 살아난 엘리야라고 말한다.

존재하는 그분을 그 무엇으로도 규정할 수 없습니다. 아브라함에게 때로는 육으로, 때로는 말씀으로 보이셨고, 롯이 거주했던 소돔과 고모라에는 육으로 보여주셨습니다. 모세에게는 영과 육과 말씀으로 모두 보여주셨지요. 사무엘과 이사야와 모든 예언자, 위대한 왕들에게는 말씀으로 보여주시기도 했고요.

하느님은 '우리와 비슷하게 우리 모습으로 사람을 만들자. … 자식을 많이 낳고 번성하여 … 이것이 너희의 양식이 될 것이다'[31]라고 말씀하셨습니다. 우리가 신을 닮았다는 것은 영이 존재한다는 것이고, 인간은 번성하고 먹고 마셔야 하니까 육체임이 확실합니다. 그런고로 후손을 낳으면 영과 육을 한꺼번에 물려주는 것이죠. 그런데 '흙에서 난 몸이니 흙으로 돌아가'라고 하여 육체를 거두는 방법은 언급하셨지만, 영에 대해서는 아무 언급이 없으셨습니다. 우리 조상들도 죽어 육체를 어떻게 처리해야 하는지는 후손에게 전해줬지만[32] 영에 관해서는 그 어떤 기록도 남겨 놓지 않았고요. 하느님께서 우리 조상을 직접 다스리시고 관장하셨기에 굳이 영혼을 생각할 필요가 없었기 때문입니다. 신이 주신 계명을 그대로 따르면 정화가 됐고 항상 신과 함께 있었기에 신과 인간의 본질은 상통하고 연결되어 있었습니다. 그런 이유로 인간 스스로 깨달아 영혼을 정화해야 할 이유가 없었습니다.

환생을 말씀하셨는데, 우리가 조상의 이름을 따서 이름을 짓는

---

31 〈창세기〉 1:26~39.
32 〈창세기〉 23장을 보면, 아브라함이 사라가 죽자 동굴 묘지에 안장한다.

것은 그 조상을 본받자는 뜻이고, 그 조상의 업적과 깨끗한 영혼을 나와 결부시키자는 의미이니 이미 환생이 전제되어 있습니다. 그런데 신의 품에서 떨어져 나간 이교도나 이방인은 신의 이름과 존재를 잊어 자신에게 신의 숨과 영이 존재함을 알지 못했습니다. 그런데 그중 선한 사람들은 자신에게 신의 기운이 존재함을 어렴풋이 느껴 인간의 본질을 탐구하게 되고, 이를 위해 수행하면서 종국에는 본성을 깨닫게 되었습니다. 그분들이 바로 자라투스트라나 페르시아 현자들, 그리스의 철학자와 천문학자, 인도의 부처와 수많은 수행자, 동방 땅끝의 학자들입니다. 그분들은 깨달음의 지혜를 얻어 우주의 질서와 법칙, 인과, 환생과 윤회 등 각성한 바를 여러 방법을 동원하고 비유해 설법했습니다.

육체를 입은 존재는 윤회와 환생을 거듭합니다. 전생의 내가 한 행위가 업보가 되어 이생에 이런 존재로 태어나 이러한 일들을 겪으며 고통 속에서 살기도 하지만, 그것을 이겨내고 올바른 행실을 하며 수행하면 다음 생에는 더 진화된 존재와 삶을 가져 태어납니다. 전생에 어떤 목표를 가지고 수행하다가 육신의 수명이 다해 죽으면 내생에서 그 일을 계속하기 위해 의도적으로 환생하는 경우도 있습니다. 또한 지나치게 많은 꿈을 가진 사람은 다음 생에 꿈의 숫자대로 분리되어 여러 존재의 탈을 쓰고 태어날 수도 있습니다.

그러므로 깨달음을 위해 전진해야 합니다. 성현들의 가르침을 받아들이고 본질을 찾기 위해 수행한다면 더럽혀진 영혼은 진화를 위해 계속 환생하다 종국에는 육체를 벗고 윤회의 굴레에서 벗어나 최고신과 합일하게 될 것입니다."[33]

격분한 유다인 학자가 물었다.

"조상의 기록과 구전에는 영혼에 관한 내용이 없네. 그런데 왜 배척해야 하는 이교의 사상을 따르고 그것이 사실인 양 말하는 가?"

예수가 말했다.

"우리 조상도 수행했습니다. 그런데 우리 조상은 하느님의 보호 아래 살면서도 최고신에게서 떠나버렸고 인간의 본질을 너무 자주 잊어버렸습니다. 그러나 아브라함은 선한 분이셔서 인간의 본질에 대해 자문하다가 명상과 수행을 통해 최고신과 조우했고, 이사악과 야곱과 요셉 역시 수행으로 신과 상통했습니다. 이후 후손들은 또 잊으며 살다가 모세에 이르러 다시 신을 만나지 않습니까?

모세는 호렙산에서 조상 아브라함과 이사악과 야곱처럼 목동으로 살면서 명상과 수행을 통해 최고신을 영접하고 대면하기까지 한 유일한 인간이 되었지요. 그 최고신은 이 땅에 노아 이전 에녹처럼 깨끗한 영을 가진 인간의 땅을 건설하고자 시나이산에서 직접 계명을 내려주셨고, 이를 지키기만 해도 언제든 신과 상통할 수 있도록 자비를 베풀었습니다. 그러나 선택받은 신의 백성은 율법이라는 형식에만 갇혀 깨끗한 영의 본질은 잊어버렸으니 오히려 이교도만도 못한 존재가 된 것입니다. 이제 율법의 틀을 초월

33　실제 예수가 이런 대화를 한 게 아니라 필자가 임의로 삽입하였다.

하여 본질을 탐구해 신과 합일된 인간 본질을 찾아야 할 때가 왔습니다. 아니, 진즉 그리해야 했습니다."

학자들은 놀랐다. 동양 사상이나 페르시아 사상을 공부한 사람들은 어느 정도 수긍했지만, 그렇지 않은 이들은 거세게 반발했다. 현자라고 자칭하는 사람이 물었다.

"예수 자네 말이 사실이라면, 자네는 누구이고 자네의 본질은 무엇인가?"

"'누구'란 곧 본질입니다. 우리 모두에게 최고신의 영이 내재해 있듯 저도 최고신의 영입니다. 최고신의 본질은 땅의 이 끝에서 저 끝까지 지배하시며, 우주의 시작과 끝, 기원과 종말에까지 작용하시기 때문에 누구도 그 본질을 정의할 수도 알 수 없습니다. 깨달음을 얻었다는 것은 그분의 기운과 연결되었다는 것이기에 그분의 존재와 본질을 인지하는 것이지만, 깨달음을 얻지 못한 존재는 현상으로만 접하기에 이를 모르는 것입니다.

그래서 저는 인간의 깨달음을 위해 최고신의 본질과 그 기운이 무염시태無染始胎**34**되어 인간의 육체를 입어 태어났습니다. 인도의 힌두 사상에서는 이를 아바타**35**라고 합니다. 아직 제 본질을 드러낼 때가 아닙니다. 저도 말씀드린 대부분을 지식으로만 익혔을 뿐 제 본질을 정확히 모르기에 더 많은 수행과 명상과 깨달음의 과정

---

34 성모 마리아가 예수를 잉태하는 순간부터 하느님의 은혜와 특권으로 원죄의 흠이 없이 보존되었다는 교리.

35 산스크리트어로 분신分身, 화신化身이란 뜻으로, 아바타라Avatara라고 쓰기도 한다. 곧 세상의 죄악을 물리치기 위해 신이 인간이나 동물의 형상으로 나타난다는 뜻이다.

을 거쳐야 합니다."

사제들과 학자들과 이교의 현자들까지도 지금까지 듣지도 보지도 못한 예수의 이야기에 할 말을 잃었다. 저 말을 어떻게 이해해야 할지, 어떻게 반박하고 무슨 질문을 해야 할지 당혹스러울 뿐이었다. 그때 인도의 수행자 비구가 물었다.

"소년의 나이가 몇이고 누구의 후손입니까?"

"제 양아버지 요셉은 이사이의 아들 다윗 왕의 후손이고, 저는 열두 살입니다."

비구가 그곳에 모여 토론하던 사람들에게 말했다.

"위대한 왕의 후손에 열두 살이라… 우연인지 계시인지 모르겠소만, 제가 섬기는 석가모니 부처님도 열두 살 때 작은 깨달음을 얻어 명상에 들어갔다는 기록이 있지요. 부처님이 왕자였던 시절, 그 왕국에서 일어난 일입니다. 매년 봄, 농사가 시작되는 계절에 왕이 첫 삽을 뜨는 행사가 있는데, 열두 살의 싯다르타 왕자도 행사에 참여했습니다. 왕이 흙을 뜨자 그 안에 벌레가 한 마리 꿈틀거렸는데, 그 순간 새 한 마리가 날아와 벌레를 쪼아 먹었습니다. 이를 보고 충격을 받은 왕자는 무리를 떠나 깊은 숲속 큰 나무 아래서 '살아 있는 것들이 왜 서로 먹고 먹히며 괴로운 삶을 이어가야 하는가?' 고민하며 깊은 명상에 잠겼습니다. 행사를 다 마치고 신하들과 궁으로 돌아가던 왕은 태자가 안 보이자 깜짝 놀라 찾아 헤매다가 큰 나무 아래서 그를 발견했지요. 명상에 잠긴 거룩한 모습에 모두 왕자님을 부르지 못하다가 해가 저물어 그제야 모시고 갔습니다. 왕은 그동안 잊고 있던 아시타 선인의 예언이 생각나 한편 대견스러우면서도 출가 대신 왕이 될 것을 권유하기로 했답니다. 그런데 오늘 이 소년을 보니 부처님이 생각납니다. 부디 큰 지혜를 얻어 인류에게 밝은 빛을 비춰주시기 바랍니다."

그러자 라반나라는 현자가 예수에게 말했다. 그는 인도 남부 오리사주의 왕족이자 사두sadhu라고 했다.

"소년 예수여, 이 땅은 식민지 현실에 전쟁과 반란과 형식적인 율법으로 시끄러운 곳이니 소년이 기거하며 구도의 길을 가기에는 알맞지 않은 듯한데, 저 멀리 인도로 가서 수행하고 싶은 마음은 없소? 그곳에는 헤아릴 수 없이 많은 신이 있고, 그 신을 따르며 수행하는 자들과 깨달음을 얻은 자들이 부지기수여서 자성自性 공부에 도움이 될 듯하니 한 번 생각해보시오. 길을 떠나겠다면 내가 도움을 주리다."

이를 가만히 듣던 예수의 눈빛이 반짝였지만 그 말에 어떠한 대답도 하지 않았다.

한편 예루살렘으로 되돌아온 요셉과 마리아는 사흘 동안 예루살렘 곳곳을 찾아 헤매다가 마침내 성전에서 예수를 찾았다. 마리아가 학자들과 문답하고 있는 예수에게 다가가 손을 붙잡았다.

"예수야, 왜 이리 우리 속을 태우느냐? 너를 찾아 헤매느라 우리가 얼마나 고생했는지 모른단다."

예수가 대답했다.

"왜 저를 찾으셨어요? 저는 제 아버지 집에 있어야 할 줄을 모르셨나요?"

마리아와 요셉은 이 말이 무슨 뜻인 줄 몰랐다. 한 랍비가 요셉과 마리아에게 말했다.

"댁의 아드님이오? 다윗 왕의 후손이시라 들었습니다. 참말이지 훌륭한 부모에 거룩한 아들입니다.[36] 난 이렇게 엄청난 지식을 들어본 적이 없고 이토록 지식이 많은 사람도 본 적이 없소. 거기에다 영적 수준도 높아 가히 신의 아들이라 부를 정도요. 조상 때부터 기록된 글도 다 외우고 있을 뿐 아니라 입으로 전해오는 이야기에다 그리스, 로마, 멀리 인도와 동방 땅끝까지의 것들도 남김없이 알고 있으니 장차 이 소년이 어떤 인물이 될까 무척 궁금합니다."

예수는 요셉과 마리아를 따라 나자렛으로 돌아왔다. 마리아는 이 모든 일을 심중에 간직했다. 그리고 예수에게 때가 올 때까지 기적을 일으키지 말라고 당부했다. 예수는 부모에게 순종하며 율법 공부에 더욱 정진하고 요셉의 목수 일도 도우며 성장해갔다.

---

36 성가정聖家庭, Holy Family은 아기 예수, 성모 마리아, 성 요셉의 가정을 가리킨다. 17세기 이후 성가정에 대한 공경과 신심이 대중적으로 발전하고 '성가정'이란 명칭 아래 여러 수도 단체가 조직되자 가톨릭교회는 1847년 성가수도회, 1892년 성가회를 공인하고, 1921년 성가정 축일을 제정했다. 원래 성가정 축일은 예수 공현 대축일(1월 6일) 후 첫 일요일이었으나 1969년 전례력이 개정되면서 성탄 후 첫 일요일(일요일이 없을 때는 12월 30일)로 지정되었다. 성가정 축일 미사를 드릴 때는 〈루카 복음서〉(2:41~52) 소년 시절의 예수를 인용하고 설교한다.

6부

가짜
예수들

예수 논쟁

◈

여기저기에서 세상을 구원하려는 영웅들이 자신의 이름을 드러냈
다. 유다 역사상 가장 잔인했던 인물, 헤로데 대왕의 아들 아르켈
라오스가 수천 명의 유다인을 학살하자 민중은 그의 학정에 굴하
지 않고 들고일어났다. 지배자 로마는 아르켈라오스를 결국 유배
보내더니 급기야 유다를 로마의 속국으로 격하해 대리통치인, 곧
총독을 파견했다.

폰티우스 필라투스(본시오 빌라도) 총독은 로마 깃발을 앞세우고
예루살렘에 입성한 뒤 대성전에 황제의 초상이 그려진 로마 깃발
을 걸어두고 자신의 권력을 과시했다. 사실 그는 로마 원로원 의
원이 될 수 있는 귀족이 아닌 하층 계급 출신이었다. 스페인 사람

이라는 소문도 있었지만, 이탈리아 남부 삼니움족 귀족 출신이라는 소문이 압도적이었다. 정통 로마 귀족이 아닌 미천한 출신의 귀족은 대개 로마의 변두리 미개한 속국으로 발령났다. 유다는 로마에게 하찮고 귀찮은 지역일 뿐이었다.

필라투스는 헤로데가 건축해 로마에 바친 카이사리아 수상궁전에 거주했다. 그는 공식 석상에서는 자주색 테두리의 흰색 토가를 걸치고 위엄을 드러냈지만, 군대를 지휘할 때는 언제나 가죽으로 된 튜닉을 입고 손목에는 금속 흉갑을 차 공포를 극대화시켜 위압하려 했다. 약 1,000명으로 이루어진 보병 부대 5개 사단과 500여 명으로 구성된 기병대 등 총 5,500여 명 병력으로 구성된 로마군을 통솔함으로써 그는 언제든 마음만 먹으면 유다 지역을 피바다로 만들 수 있었다.

유다인들은 이러한 필라투스를 겁내지 않고 대성전에서 당장 황제의 초상을 치우라고 농성을 벌였다. 6일 동안이나 잠잠하던 필라투스는 7일째 되던 날, 농성에 참여한 유다인들을 향해 군사를 풀어 모두 살육할 것이며 지도자는 사형에 처하겠다고 엄포를 놓았다. 유다인들은 이에 아랑곳하지 않고 성전 모독을 참느니 차라리 죽음을 택하겠다며 더욱 거세게 항의했다. 자칫 로마 본국으로부터 질책당할 수도 있는 상황이 되자 결국 필라투스는 로마 황제의 초상을 내렸다. 이에 고무된 지도자들은 로마를 이긴 자신이야말로 장차 로마의 압제에서 민족을 구원해줄 메시아라고 외치고 다녔다.

한편 예루살렘에 물이 절대적으로 부족해지자 필라투스는 협력

반 무력 반으로 산헤드린 지도자들에게서 대성전의 예물(코르반)을 헌납받아 수로 공사를 감행했다. 이에 유다인들은 로마군이 대성전을 침탈했다고 분노하며 지난번보다 더 큰 소요를 일으켰다. 필라투스는 군사적 살육을 택하는 대신 군중 한가운데에 로마 병사를 풀어 몽둥이로 구타하며 그들을 해산시켰다. 이 과정에서 유다인 수십 명이 죽어 나갔고 스스로 메시아라고 외치던 사람들은 외곽으로 흩어져 때를 노리며 세력을 규합하고 민중을 선동했다.

10명이 넘는 메시아 예수와 다른 이름의 메시아들이 유다와 갈릴래아 곳곳에서 독자 세력을 형성하고 무장 투쟁, 흑마술 또는 설법을 통해 민중 속으로 들어갔다. 어떤 예수가 진짜인지 어떤 메시아가 참 구원자인지 사람들은 혼란에 휩싸였다.

"그, 예수라는 작자 말이요."

"예수라는 작자라니? 호칭이 거칠지 않소? 그나저나 예수가 하도 많으니 도대체 어느 예수를 말하는 겁니까?"

"거 있잖소, 제자들 몇 명 데리고 다니면서 요술과 마법으로 우리 유다인이 우상 숭배를 하도록 미혹하고 다닌다는 자 말이오."

"허허, 그런 예수가 있다는 소문을 듣긴 했소만, 내가 아는 예수는 요술이나 마법이 아니라 기적을 행한다고 합니다."

"그게 그거죠. 그 작자는 로마와 이집트와 그리스에서 마법을 배워와 제자들과 짜고 기적을 일으키는 것처럼 쇼를 하면서 자신을 믿도록 해 우리 종교를 말살하려 한다는데요. 로마 통치자나 다른 종교 지도자의 사주를 받아 유다인 말살 정책에 일조하는 게 분명한 듯싶소."

"글쎄요. 내가 아는 예수는 페르시아의 자라투스트라나 그리스의 디오니소스, 인도의 힌두와 붓다 사상을 이야기할 때가 있긴 하지만 마법을 부리거나 거짓 기적을 일으키지는 않는 것 같던데요?"

"그렇지 않소. 그는 흑마술을 부리면서 자기 피부를 난자하는 자해를 하기도 한다는데, 이는 토라에서 엄격히 금하는 행위가 아니오? 그는 미치광이요."

"아니, 왜 없는 말을 지어내 예수를 비방하는 거죠? 그는 거룩하고 위대한 사람입니다."

"당신이 잘못 알고 있소. 그는 성적으로 아주 문란할 뿐 아니라 야훼 아도나이 대신 돌로 만든 우상을 숭배하고, 그리스와 지중해의 난잡한 신을 섬기는 미치광이 의식을 거행하고 다닌다고 벌써 소문이 자자하단 말이오."[1]

"도대체 당신이 알고 있는 예수는 누구입니까?"

"나자렛 종파[2]인 예수 벤 판테라Yeshu ben Pantera[3]요. 그에게는 제자가 많은데, 그중 수제자 다섯[4]이 항상 함께한다고 하오. 랍비 엘라자르 벤 다마Elazar ben Damah가 독사에 물려 죽어갈 때 예수 벤 판테

---

1 《탈무드》(산헤드린 43a, 107b, 사보스 104b)에 보면 흑마술, 외세 협력, 자해, 성적 문란, 우상 숭배 등 예수의 비행에 대한 비난의 글이 많이 있어 참고하였다. 그런데 당대에 예수라는 이름이 하도 많은 데다 역사가 요세푸스마저도 10여 명의 예수를 거론하고 있어 성경의 예수와는 거리가 있어 보인다. 참고로 《탈무드》는 기독교 박해 시절인 AD 200여 년부터 씌어지기 시작했다.
2 나자렛이 구약 성경이나 고대 기록에서 한 번도 거론된 적이 없다는 이유로 바리사이파, 사두가이파처럼 나자렛을 하나의 종파로 여기는 의견도 있다.
3 '판테라의 아들 예수' 혹은 '판테라 가문의 후손 예수'라는 뜻이다.
4 마타이Mattai, 나키아Nakkia, 네처Netzer, 부니Buni, 토다Todah.

라의 제자 야곱이 기적을 일으켜 치료했다고 들었소."

"허허, 당신이 말하는 그 예수는 과거 하스모니안 왕조 알렉산드로스 얀나이오스 왕 시절의 전설로, 일부 학파의 랍비들 사이에서 구전되어온 이야기라고 합니다. 어쩌면 근자에 지어낸 이야기일 가능성도 크고요. 시절이 어지럽다 보니 여기저기에서 자칭 메시아가 등장해 자신이 예수 벤 판테라라며 사람들을 현혹하고 다니는데, 그들은 모두 가짜입니다. 애초에 예수 벤 판테라가 실존 인물도 아니고요. 설사 실존 인물이라 하더라도, 그가 오늘날 다시 살아나기라도 했단 말입니까? 제발 헛소문에 현혹되지 않았으면 좋겠습니다."

그랬다. 예수라는 사람 중 일부는 자신이 하스모니안 왕조 말엽의 전설 속 인물, 극소수 지식인들에게만 전해져오던 술사 예수 벤 판테라의 현신이라며 사람들을 현혹하고 다녔다. 이 전설은 민중에게는 알려지지도 않았을 뿐 아니라 지어낸 이야기라고 해야 옳다. 얀나이오스 왕과 살로메 통치 시절 메시아주의Messianism[5]가 확산되긴 했으나 그에 대한 기록은 전혀 존재하지 않기 때문이다. 예수 벤 판테라의 전설은 다음과 같다.

---

[5] 죄악과 불행으로 가득 찬 세계를 심판하고 선과 행복의 세계를 이룩할 메시아의 출현을 믿는 종교적 신앙을 말한다. 바빌론 유수 시절부터 전해 내려오던 메시아 사상은 하스모니안 왕조 7대 왕 얀나이오스 시절에 정립되었고 로마 통치 때 극에 달했다.

예수 벤 판테라[6]

◈

얀나이오스 왕 통치 시절, 요셉 판테라라는 음란하고 불미스러운 자가 유다 땅 베들레헴에 살고 있었다. 비록 품성은 좋지 않았지만 매력적으로 생긴 용사의 용모라 처녀뿐 아니라 유부녀들도 추파를 던지며 유혹할 정도였다.

그의 집 근처에 한 과부가 살았는데 슬하에 남매를 두었다. 아들 요수아(여호수아)는 분가해 살았고, 요하난이라는 자와 약혼한 딸 미리암(마리아)은 어머니와 기거했다. 요하난은 다윗 왕의 후예로 토라에 능통하고 신을 경외했다.

6 이 전설은 6세기경부터 구전되어온 것으로 추정된다. 네이버 블로그 '레전더의 성역'(https://blog. naver.com/jogaewon)을 참고했다.

어느 해 금식절이 지난 후 요셉 판테라는 날로 성숙해져 여성미가 물씬 풍기는 미리암을 보고는 음욕을 품었다. 그러나 다른 여자들과 달리 미리암은 판테라에게 관심이 없는 듯했으니 판테라는 미리암을 유혹하기 위해 묘책을 짜냈다. 어느 날 밤 판테라는 요하난으로 위장하고 미리암의 방문을 두드렸다. 속아서 문을 열어준 미리암은 몹시 놀랐으나 잘생긴 판테라를 보고 처음 생각과는 달리 몸을 허락하고 말았다.

그로부터 몇 달 뒤 요하난은 미리암의 몸에 변화가 생겼음을 알아차렸고 이에 놀라 주변에 조용히 수소문해 보았더니 누군가의 아이를 임신한 상태였다. 요하난은 상대가 누구인지 알아보려 했지만 도무지 오리무중이었다.

미리암의 배가 점점 불러와 사람들이 쑥덕거리며 손가락질하자 미리암의 어머니가 요하난을 불러 결혼을 종용했다.

"자네가 그 밤에 몰래 다녀가지 않았는가? 율법을 잘 지키는 사람이 결혼식도 올리기 전에 일을 저질렀으니 빠른 시일 내에 해결하게."

요하난은 성품이 훌륭한 사람이었다. 그는 난봉꾼 요셉 판테라가 미리암을 속였고 미리암도 실수했을 거라고 추측했으나 미리암 어머니의 말에는 부정도 긍정도 하지 않은 채 랍비 라반 시몬에게 가서 비밀리에 고했다. 목격자도 증거도 없는 터라 랍비도 해결책을 찾지 못하고 율법대로 단죄하려 하자 마음이 어진 요하난은 제발 비밀을 지켜달라고 신신당부한 뒤 두 생명을 없애느니 차라리 자신이 조용히 사라지겠다고 했다. 그는 미리암을 어머니와 함께 지내게 하고 남몰래 바빌론으로 떠나 다시는 돌아오지 않았다.

시간이 흘러 미리암은 아들을 낳고 오빠의 이름을 따라 요수아라 하니 그 이름이 예수 벤 판테라, 곧 예수[7]다. 예수는 관습대로 태어난 지 여드레 만에 할례를 받았으며, 성장한 뒤에는 어머니의 손에 이끌려 율법을 가르치는 회당에 다니게 되었다.

어느 날 예수가 기도하러 갈 때 키파(야물케)로 머리를 가리지 않고 선생 앞을 지나갔는데, 이는 매우 불경한 행동이었다. 키파는 유다인들이 쓰는 둥근 모자로, 기도할 때 정수리를 가려서 하늘에 계신 하느님을 공경하고 그분의 권위 아래 있음을 인정하는 종교적 복장이었다. 이 일로 예수에 대해 혼전 간통으로 태어난 자식인 데다 아비 없이 자라서 아주 버릇없고 못된 놈이라 그렇다는 등 랍비들 사이에서 말이 더 많아졌다.

어느 날 예수는 랍비들이 경전을 논하는 자리에 경솔하게 끼어들었다.

"모세는 우리의 지도자로 숭앙받고 있지만 아무리 장인이라 해도 이방인인 이드로에게 가르침을 받았으므로 선지자의 으뜸이 될 수는 없습니다."

유다인들에게 민족의 구원자인 모세를 비판하는 언행은 용서받을 수 없는 일이었다. 이 일로 랍비들은 더욱 분노하여 파렴치하고 패륜아 같은 놈이라는 둥 예수의 출신 성분에 대해 더 많은 비

7　예수는 요수아의 축약형이다.

난을 했다. 라반 시몬은 요하난과의 약속을 지키기 위해 그동안 입을 꾹 다물고 참아왔지만, 이번의 막된 행동거지는 도저히 묵과할 수 없었다. 라반 시몬은 미리암을 불러 예수는 당신이 요셉 판테라와 간통을 저질러 낳은 비루한 자식이 분명하다며 거세게 추궁하였다. 궁지에 몰린 미리암이 시인하자 소문은 급속도로 퍼졌고 사람들은 손가락질하며 비웃었다. 미리암은 부끄러운 데다 율법형이 두려워 예수를 데리고 갈릴래아로 피신했다.

얀나이오스 왕이 죽자 그의 부인 살로메가 유다를 다스렸다. 예루살렘 성전 중앙 주춧돌에는 신의 이름이 새겨져 있었다. 선조 때부터 역대 대사제들에게만 비밀리에 전해질 뿐 누구도 함부로 그 이름을 부를 수 없었기에 몇천 년이 흐른 지금에 와서는 다들 어떻게 발음하는지 몰라 신의 이름을 잊어버렸다. 그런데 이 이름을 아는 자는 모든 일이 그의 뜻대로 이루어지게 하는 힘을 갖게 된다는 전설이 예로부터 전해 내려왔다. 이를 막고자 선대로부터 제사장과 장로들은 성전 입구에 청동 사자를 세워두고 관리해왔다. 누구든 신의 이름을 본 자에게는 사자가 울부짖었기에 포효에 놀라 그는 신의 이름을 망각해버렸다.

어느 날 예수는 성전에 들어와 그토록 원하던 신의 이름을 찾아내고는 온갖 소리를 다 동원하여 읽다가 끝내 정확한 발음을 알아냈다. 그는 이름을 잊지 않기 위해 자신의 넓적다리 거죽을 오려내 고통을 참으며 살 속에 그 이름과 읽는 방법을 적어넣었다. 예수가 성전을 나갈 때 아니나 다를까 청동 사자가 우렁차게 포효하자 순간 신의 이름을 잊어버렸다. 그러나 집에 와서 칼을 들어 살

가죽을 들어 올리고 그 이름을 기억해냈으니 드디어 무궁한 능력과 힘을 갖게 되었다.

예수는 그 능력을 이용해 유다 청년 310명을 모아 추종자로 삼고 결혼하지 않은 동정녀로부터 태어난 자신이 메시아라고 외치며 다녔다. 그리고 그의 출신 성분을 비웃던 자들을 권력에 눈먼 자들이라고 비판했다.

"나는 메시아로다. 이사야 선지자가 예언하기를 '보십시오, 동정녀가 잉태하여 아들을 낳고 그 이름을 임마누엘이라 할 것입니다[8] 라고 했다. 또 나의 조상 다윗이 나에 관해 예언하기를, 주께서 '너는 내 아들. 내가 오늘 너를 낳았노라[9]라고 말씀하셨다 했다."

이에 사람들이 밀려와 "메시아이면 징표를 보이라"며 걸어본 적 없는 앉은뱅이를 예수 앞으로 데리고 왔다. 예수가 그의 머리에 손을 얹고 신의 이름으로 주문을 건 후 "일어나 걸으라" 하니 그는 일어서서 걷고 뛰었다. 이에 사람들이 그를 메시아, 즉 가장 높으신 이의 아들로 경배했다.

소문이 예루살렘까지 퍼져 나가 기적을 일으키는 예수의 이름이 곳곳에 자자했다. 급기야 예수가 신의 아들로 추앙받자 사태의 심각성을 인지한 산헤드린은 그를 체포하기로 결의했다. 그리하여 아나누이와 아하지아를 예수를 따르는 무리에 위장하여 보내 예루살렘의 지도자들이 예수를 초대한다며 유인했다. 예수는 "산헤드린이 나를 구주로 영접해야 한다"라는 조건을 붙여 승낙하고

---

8 〈이사야서〉 7:14.
9 〈시편〉 2:7.

예루살렘으로 길을 떠났다. 놉에 다다라 예수는 당나귀를 구해 올라탔는데, 이는 즈카르야 선지자의 예언[10]을 이루기 위해서였다.

예수가 예루살렘에 도착하자 제사장들은 예수를 잡아 살로메 여왕 앞으로 끌고 갔다.

"이 자는 흑마술사요, 모든 이를 유혹하는 자입니다."

이에 예수가 반박했다.

"선지자들이 오래전 나의 왕림을 예언했던바 '이사이의 그루터기에서 햇순이 돋아나고 그 뿌리에서 새싹이 움트리라'[11] 했으니 내가 바로 그다. 그러나 너희를 보라. '불경한 자들에게 징벌로 되갚아 주실 것이다'[12] 하지 않았느냐?"

여왕이 제사장들에게 물었다.

"저자가 하는 말이 토라에 있느냐?"

"있나이다. 하지만 저자에게 적용되는 것이 아닙니다. 경전에 이르기를 '내가 말하라고 명령하지도 않은 것을 주제넘게 내 이름으로 말하거나 다른 신들의 이름으로 말하는 예언자가 있으면 그 예언자는 죽어야 한다'[13] 했으니 그를 무서워해야 할 필요가 없습니다."

이 말을 들은 예수가 소리 질렀다.

"여왕이여! 나는 메시아이니 죽은 자도 살려냅니다. 나를 시험

---

10 〈즈카르야서(스가랴)〉 9:9.
11 〈이사야서〉 11:1.
12 〈집회서〉 12:6.
13 〈신명기〉 18:20.

예수가 이렇게 말하고는 두 손을 펴 마치 독수리 날개처럼 날갯짓하여 하늘과 땅 사이를 날아다니니 모두 신기해하고 경외하며 찬탄을 금치 못했다.

제사장들이 유다 이스카리옷에게 네가 본 그대로 예수와 같은 기적을 행하라 하니 그 역시 신의 이름을 부르고는 하늘을 향해 날아올라 예수를 땅으로 끌어 내리려 했다. 그러나 둘 다 신의 이름을 부르는 고로 서로를 이기지 못하고 장시간 싸움이 계속되었다. 마침내 유다 이스카리옷이 예수를 뒤에서 껴안고 남색하여 신성을 더럽히자 불경스러운 자에게서 신의 이름이 떠나게 되었고, 둘 다 땅에 떨어져 나뒹굴었다.

군인들이 예수의 머리를 천으로 뒤집어씌우고 몽둥이와 채찍으로 심하게 때리며 조롱했다. 능력을 상실한 예수는 아무것도 할 수 없었다. 제사장의 명을 받은 군인들은 예수를 티베리우스[15] 회당 기둥에 결박하고 갈증을 달래주고자 식초를 마시게 했으며 머리에는 가시 면류관을 씌웠다. 제사장들과 예수의 지지자들 사이에서 몸싸움이 일어나 소란스러워지고 감시가 소홀해지자 예수는 그 틈을 타 밧줄을 풀고 안티오크로 도주해 과월절 전날까지 머물렀다.

능력이 사라진 예수는 다시 대성전으로 가 신의 이름을 얻기 위해 과월절 전날 나귀에 올라 무리를 이끌고 예루살렘으로 향했다.

---

15 '티베리우스Tiberius(재위 14~37년)'는 예수 시절의 로마 황제이며 이 회당의 명칭은 헤로데 안티파스에 의해 명명되었다. 이 전설이 살로메 시절이 아닌 후대에 기록되었거나 창작되었음을 강하게 반증한다.

그해 과월절은 금식일과 겹쳤다. 예수가 입성하자 많은 사람이 무릎 꿇고 경배하며 환영했다. 예수는 그 사이를 지나 제자 310명과 함께 성전에 들어갔다. 제자 무리에 몰래 숨어든 유다 이스카리옷이 제사장들에게 기별했다.

"예수가 지금 성전에 있습니다. 그의 제자들이 십계명을 걸고 맹세하기를 예수의 신분을 감추고 밝히지 않기로 했다 하니 내가 누군가의 앞에서 절하면 그 사람이 바로 예수인 줄 아십시오."

군인들과 제사장들이 성전에 들어와 예수에게 이름을 묻자 몇 번이나 반복하여 '마타이', '나키', '부니', '넷저'[16]라 다른 이름을 대어 답하였다.

그러나 유다 이스카리옷의 술책으로 예수는 붙잡히고 말았다. 예수는 경전 구절을 인용하여 메시아 예수를 핍박하지 말 것을 종용하니 제사장들은 메시아 흉내를 내는 가짜는 신의 이름으로 처벌받아야 한다며 궁지로 몰아넣었다. 결국 예수는 과월절 전날 처형당했다. 군인들이 그를 나무에 매달았는데, 매다는 나무마다 족족 부러져버렸다. 이는 예수가 신의 이름을 가지고 있을 때 어떤 나무도 그를 지탱하지 못하도록 능력을 썼기 때문이었다. 하지만 양배추 받침대에 예수를 매달았더니 그 능력이 미치지 못했는데, 그것을 시원찮게 여긴 예수가 간과했기 때문이었다.[17] 거기서 오

---

16 탈무드에 기록된 예수의 다섯 제자 이름 중 넷과 일치한다.
17 이처럼 하찮은 것을 무시하여 주문을 걸지 않아 해를 당하는 이야기는 세계 곳곳의 신화와 전설에 등장한다. 예컨대 북유럽 신화에서는 프리그가 하찮은 겨우살이에 대해 불사성을 부여하지 않아 오딘의 아들 발도르가 이에 찔려 죽고 만다.

후 기도 시간까지 매달아 놓았다가 결국 죽여 성 밖에 묻었다. 경전에 "그 주검을 밤새도록 나무에 매달아 두어서는 안 된다"[18]고 했기 때문이었다.

그 주간의 첫날 예수의 용감한 제자들이 여왕에게 나아가 "처형당한 그가 진정 메시아였기에 죽음을 이기고 부활하여 무덤에 없으니 그가 예언한 대로 승천했다"라고 아뢰었다. 여왕이 두려워하면서 사흘의 말미를 줄 테니 시체를 찾아내라고 명하자 놀란 제사장들과 장로, 군인들이 성 밖의 무덤에서부터 예수 추종자들의 집과 있을 만한 곳은 모조리 수색했으나 예수의 시체를 발견할 수 없었다. 예수 추종자인 정원사가 예수의 시체를 무덤에서 꺼내 우물 밑 모래에 묻었기 때문이었다.[19] 예수 처형에 관계했던 이들은 정말 예수가 메시아였다며 공포에 떨었고 일부는 착란 증세까지 보였다.

정원사는 자신의 행위가 예수가 승천했다는 제자들의 주장에 빌미를 제공했음을 깨닫고는 랍비 탄후마에게 사실대로 말했다. 제사장들이 그의 시체를 파내 말꼬리에 묶어 여왕 앞에 끌고 와 이 자가 승천했다는 예수라고 고했다. 이에 여왕은 두려움에서 벗어나 예수가 거짓 선지자임을 깨닫고 예수의 제자들을 책망하고, 거짓 메시아를 밝혀낸 랍비들을 칭송했다.

예수의 제자들, 특히 그와 생사를 같이하려 했던 열두 제자는 예

---

18 〈신명기〉 21:23.
19 《제2의 성서》(이동진 편역, 해누리, 2001) 중 위경 〈가말리엘 복음〉을 보면 '우물 안에 예수의 시체가 있다'고 기록되어 있다.

수의 사상을 전하기 위해 온 세계로 전도 여행을 떠났다. 셋은 아라랏산으로, 셋은 아르메니아로, 셋은 로마로, 나머지 셋은 소아시아와 지중해의 여러 왕국으로 떠나 예수의 사상을 전파하려 했으나 결국 모두 처형당했다. 이에 예수 지지자들은 제자들이 순교했다며 예수의 이름으로 죽은 자들을 찬양하고 성인의 반열에 올려놓았다.

이스라엘 안에서는 예수의 지지자들이 "너희가 주님이 보내신 메시아를 죽였다"라고 거세게 항의했고, 이스라엘인들은 "너희가 거짓 예언자를 믿었다"라고 맞받아쳤는데, 분쟁은 30여 년간 계속되었다.

제사장들과 장로들이 예수를 따르는 자들을 이스라엘에서 추방하여 유다인들과의 접촉을 막고자 예수의 수제자 시몬 게바를 안티오크로 보내버렸다. 시몬은 이에 굴하지 않고 그곳에서 기적을 행하고 다녔다.

"나는 예수의 제자다. 그분께서 자신의 길을 예비하기 위해 나를 보내셨도다. 예수가 행한 대로 나도 징표를 주리라."

예수에게서 신의 이름의 비밀을 전수한 시몬도 신의 이름으로 문둥병자와 앉은뱅이를 고치고 다녔다. 그러자 사람들은 그를 예수의 제자로 받아들이고 섬겼다. 시몬은 "〈시편〉(110:1)에 기록된 대로 예수가 아버지 오른편에 계신다"라고 선포하며 "이사야 선지자가 주님께서 너희의 초하룻날 행사들과 너희의 축제들을 싫어한다[20]고 전했듯이 예수를 따르는 자들은 유다인의 법도를 버려야 한다"라고 명했다. 이제 예수를 추종하는 자들은 제7일 대신 예수가 부활했다고 믿는 주일의 첫 번째 날을 안식일로 지키며, 과월절 대신 부활절, 오순절 대신 승천일, 신년 절기 대신 십자가, 참회절 대신 세례 의식, 하누카 대신 그들이 정한 새로운 신년 절기를 기념하기 시작했다.

또한 그들은 음식을 가려 먹는 율법과 할례에 무관심하고, 고통을 온순히 받아들여 왼뺨을 맞으면 오른뺨도 대라는 가르침을 따랐다. 나자렛인들에게는 '바오로(바울)'라 알려진 시몬 게바가 가르친 이 모든 규범은 이스라엘인들로부터 자신들을 분리해 분쟁과 논쟁을 종식하려 했다.

이러한 예수 벤 판테라 전설은 사람들을 현혹하기에 충분했다. 서로 자신이 예수 벤 판테라의 화신이며, 환생한 자신은 죽지 않고 살아서 승천할 것이며 도탄에 빠진 나라와 민족을 구할 것이라고 주장했다. 심지어는 신의 이름을 구한답시고 도둑처럼 대성전에 들어가 기둥 주춧돌에 새겨져 있지도 않은 신의 이름을 찾았다는 자, 거짓 주문을 외우면서 자기가 신의 이름을 부른다는 자, 주춧돌을 긁어 그 가루를 먹고는 신의 이름이 자신의 배 안에 새겨져 있다고 떠벌리는 자마저 있었다.

20 〈이사야서〉 1:14.

넘쳐나는 메시아들

◈

'예수 벤 판테라'라 자칭하는 자들 외에도 구원자 예수는 근동 지역과 팔레스타인 곳곳에 너무도 많았다. 누가 요한이 말한 메시아인지 사람들은 혼란에 빠졌다.

그리스에서 이집트 알렉산드리아로 유랑 생활을 하는 아폴로니오스[21]가 구원자라는 소문이 이집트 유다인들 사이에서 떠돌다 급기야 유다의 상류층이 받아들이면서 기정사실처럼 되었다. 그는 처녀의 몸에서 잉태되어 태어났으며, 죽은 지 8일이나 지난 로마 원로의 딸을 살려내는 기적을 행했고, 철학자이자 예언자이기에

---

[21] 1세기에 카파도키아 티아나에서 활동한 신피타고라스주의자.

그 자격이 충분하다는 것이었다. 유다의 지식인이나 제사장, 레위인들은 그에게 기대를 걸었다.

기적을 행하고 많은 신도를 거느리고 다니며 스스로 '성령의 현신'이라 일컫는 시몬 마구스[22]도 메시아로 추앙받았다. 그가 하늘을 날고 병든 자를 치유한다는 소문이 널리 퍼져 있어 그를 왕으로 추대하려는 사람들이 많았다. 더군다나 남자인 시몬은 남자를 치유하고, 그가 데리고 다니는 '그리스 여신 아테나의 화신' 헬레네라는 여자 메시아는 여자를 만나 치유한다기에 남녀가 한자리에 있기 거북해하는 유다 관습과도 잘 맞았다.

그리고 헤로데 사후 봉기를 일으켰던 에제키아스의 아들인 유다[23]도 자신이 메시아라고 선언한 후 세포리스의 헤로데 왕궁을 습격했다.

헤로데의 부하 시몬과 아트롱게스도 왕을 자칭하며 군사를 모아 반란을 일으켰다.

또 다른 유다는 퀴리니우스 통치 시절 남유다가 로마의 한 주로 편입되자 로마에 반기를 들고 저항했다.

---

22 〈사도행전〉(8:9~24)에 등장하는 흑마술사로, 위경 〈베드로행전〉에는 하늘을 나는 인물로서 베드로와 공중부양 대결을 하다 결국 죽었다고 기록되어 있다. 초기 기독교 저술가들은 그가 이단적 교의들의 시원이며 인간의 형상을 한 악마라고 비난했다. 사마리아인인 그는 1세기에 실존한 영지주의 교부 중 한 명이었으며, 시몬파Simonianism의 창시자, 도시테오스Dositheos의 제자이자 스승으로 알려져 있다. 지지자들은 그를 '신의 위대한 힘'이라고 불렀다. 하지만 〈사도행전〉의 시몬과 실존 인물 시몬 마구스가 동일 인물인지는 의심스러우며, 훗날 문자주의 기독교가 승리하고 영지주의를 소멸시키는 과정에서 의도적으로 비하했다는 설도 있다. 참고로 마구스는 마기의 단수형이다.

23 〈사도행전〉(5:37)에 언급된 유다다.

이 밖에도 자칭 메시아 예수와 자칭 왕이 산재했는데, 마술사 '바르 예수Bar Yeshu(예수의 아들)'[24]를 비롯해 '예수 바라빠Yeshu Barabbas'[25]처럼 로마의 압제에 투쟁하고 전쟁도 불사하는 능력자들이 나타나고 있었기에 사람들은 그중 진짜가 있을 것이며 가까운 시일에 민족을 해방해줄 것이라고 확신했다.

예수 사후 인물이지만 테우다스(드다)[26]도 자칭 메시아였다.

8대 유다 총독 쿠스피우스 파두스Cuspius Fadus 재임 시절, 테우다스Theudas라는 자가 자신이 선지자 곧 메시아라며 백성들에게 감화를 주고 설득하면서 미혹했다. 자신은 능력이 무궁무진해 여호수아처럼 명령하여 요단강을 갈라지게 할 수 있으니 어서 따라와 기적을 목도하고 강을 건너라고 외치고 다녔다. 많은 사람이 그의 말을 믿고 재산을 기부하며 메시아로 받들었다. 이에 파두스는 기마 부대를 동원해 기습하여 그를 따르는 수많은 사람을 도륙하고 생포하였다. 테우다스는 참수형을 당했고, 그 머리는 예루살렘에 효시되었다.

---

24 〈사도행전〉(13:6~12)에 등장하는 키프로스의 유다인 마술사이자 거짓 예언자로, 훗날 사도 바오로에 의해 신도가 된다.

25 예수 바라빠에 대해서는 여러 설이 있다. 바라빠는 '아빠의 아들Bar Abbas' 혹은 '랍비의 아들Bar Rabban, Bar Rabbi', '신의 아들'이라는 뜻을 내포하고 있다. 그의 아버지가 훌륭한 스승(랍비), 종교 지도자임을 짐작할 수 있다. 예수와 막달라 마리아 사이에서 태어난 '예수의 아들'이라는 설도 있다. 다만 그가 로마인들에게 강도라고 불린 열심당원이었다는 점은 확실해 보인다.

26 〈사도행전〉(5:36)의 인물. 《유다 고대사》 20.97~98.

7부

예수의
숨겨진 삶

세례자 요한

요한[1]은 사제 즈카르야와 예수의 어머니 마리아의 친척인 엘리사벳 사이에서 태어났다. 본래 엘리사벳은 석녀인 데다 나이가 많아서 아이를 낳을 수 없었다. 그러나 신의 왼편을 받드는 사자이며 달의 천사인 가브리엘이 전해준 '신의 예정된 뜻에 따라 요한이 태어났다'는 말을 누누이 들어왔던 터라, 요한은 메시아의 길잡이로서 그의 길을 닦아두어야 한다는 사명감에 준비를 게을리하지 않

---

[1] 세례자 요한의 행적에 관한 역사적 기록은 안타깝게도 그 어느 곳에도 없다. 상당수 학자들은 그를 하지와 물의 신으로 명명했다. 태양신 숭배 사상은 소아시아와 중동, 지중해 일대에 널리 퍼져 있었던 반면에 고대 수메르에는 '에아'라는 물의 신, 페르시아 일부에는 '오안네스'라는 반인반어의 문명 전파자 전설이 있었고 지금까지도 조각으로 남아 있다. 오안네스의 히브리식 발음이 요한이다.

았다.

　요한과 예수가 탄생했을 무렵 헤로데는 임종을 앞두고 있었다.
헤로데가 건강하게 통치하던 시절부터 아들들이 왕권을 두고 암
투를 벌여 온데다, 헤로데가 죽으면 신권정치를 펴야 한다는 의견
이 제사장을 중심으로 암암리에 퍼져 나갔다. 이에 헤로데는 왕위
계승 문제로 골치 아프게 하는 세 왕자를 죽였다. 이 같은 왕실의
불안한 조짐은 유다인들을 자극하기에 충분했다.

　헤로데가 사망하자 팔레스티나 지역은 대혼란에 빠졌다. 그의
죽음을 억지로 애도하기 위해 유다인 천여 명을 학살한 사건은 유
다 전 지역을 통곡과 분노의 눈물로 뒤덮이게 했다. 헤로데가 실
권을 완전히 장악하고 통치했던 20여 년간 비교적 잠잠했던 메시
아주의는 학살을 계기로 대폭발해버렸다. 사람들은 그 어느 때보
다 간절하게 메시아를 기다렸고, 비非유다 혈통의 왕실에 대한 불
신은 최고조에 달했다. 여기저기에서 자칭 메시아와 왕이 등장하
여 세력을 규합했다. 에제키아스(히즈기야)의 아들 유다가 갈릴래
아 세포리스 지방에서 세력들을 규합하여 궁궐을 습격하고 무기
고를 약탈하자 불안한 기운은 유다 전역을 엄습했다. 세포리스는
헤로데가 눈보라치는 겨울에 점령(BC 37년)한 기념비적인 도시였
다. 그래서 궁궐까지 세웠던 곳이다. 선민사상과 민족의식으로 무
장한 유다인들은 제사장 중심의 신권정치를 주장하는 세력과 유
다 혈통의 왕권을 복권하려는 세력으로 뒤엉켜 헤로데 가문에 반
기를 들고, 로마로부터의 독립을 원했으며 최소한 자치권만이라
도 확보하길 희망했다. 불안한 아르켈라오스가 왕위 계승을 승인

받기 위해 로마로 떠났을 때 헤로데의 시종이던 시몬이 세력을 규합해 왕이라 자칭했고, 아트롱게스라는 자도 역시 자기가 왕이라며 사람들을 불러모았다.

이처럼 곳곳에서 반란과 무장봉기가 들끓자 로마 황실 소속인 시리아 총독 바루스Varus는 세포리스를 공격해 도시를 파괴하고 많은 사람을 노예로 잡아갔다. 바루스는 군인 6,000명을 예루살렘에 주둔시키고 재정관 사비누스에게 헤로데의 유산을 조사하도록 했는데, 그 과정에서 사비누스는 400달란트가 넘는 헤로데의 재산을 착복했다. 이에 화가 난 유다인들은 군대를 조직하여 로마군에 대적했다. 자칭 메시아와 왕들은 빚에 쪼들려 쫓기는 농민, 도적 떼 등으로 2만여 유다군을 조직해 저항했으며, 아르켈라오스의 군대마저 저항군에 가담했다. 화가 난 바루스는 2개 군단으로 반란군을 진압하고 세포리스로 들어가는 길 양쪽에 2,000여 개의 십자형틀을 세워 그들을 매달아 처형한 다음 본보기로 전시했다.[2]

로마는 시끄러운 팔레스티나 지역을 통치하는 방법으로 분할이 가장 적합하다고 판단했다. 그래서 팔레스티나를 세 지역으로 나눠 헤로데의 세 이복 아들에게 통치하도록 했다. 왕 칭호를 사용하지 못하게 하고, 권한이 대폭 축소된 분봉왕(영주)으로 임명했다. 헤로데 아르켈라오스에게는 유다와 사마리아와 이두매아를,

---

2   BC 71년 스파르타쿠스가 노예 반란을 일으켰을 때 그들을 진압한 후 6,000여 개의 십자가에 매달아 로마로 들어가는 길 양쪽에 수직으로 세워 전시한 것이 효시다. 매달린 사람은 길게는 한 달 가까이 고통 속에서 살아 있었다고 한다. 그 이전에는 십자 틀에 죄인을 엎드리도록 해 묶은 다음 채찍질을 한 후 방치해 죽였다고 한다.

헤로데 안티파스에게는 갈릴래아와 페레아를, 헤로데 필리포스 2세에게는 이두래아와 트라코니티스를 다스리도록 했다. 당시 대사제는 안나스와 가야파[3]였는데, 그들은 로마에 들러붙어 돈과 권력에 길들여져 취해 있었다.

아르켈라오스는 예루살렘이 있는 가장 막강한 지역을 다스리게 되었으나 반란 세력이 너무도 많았다. 마리암네와 이혼하고 카파도키아 왕 아르켈라오스의 딸이자 이복형제 알렉산드로스의 미망인 글라피라Glaphira와 결혼해 세 자녀까지 둔 그에게 유다인들은 제사장에 의한 신권정치의 부활을 외치며 거세게 반발했다. 이에 아르켈라오스는 55대 대사제 요아살을 해임했고 과월절에 유다인 3,000명을 학살하는 등 피비린내 나는 학정을 일삼았다. 더욱 분노한 민중은 끊임없이 저항했는데, 사마리아인과 연합한 50명의 유다 사절단이 로마 황제에게 아르켈라오스의 학정을 고발하는 등 10여 년간 봉기가 끊이지 않자 로마는 아르켈라오스를 파면하여 갈리아로 유배시켰다.[4]

유다인들은 독립을 간절히 원했지만 아우구스투스 황제는 유다와 사마리아와 이두매아를 로마의 속주로 격하시키고 코포니우스를 대리통치자인 총독으로 임명했다(AD 6년). 총독은 사형을 비롯한 형벌 집행권을 가지고 통치했다. 종교적 자유만큼은 허락해 세

---

3 〈루카 복음서〉(3:2)에 기록되어 있으나 실제와는 약간 차이가 있다. 안나스는 퀴리니우스(구레뇨)가 임명한 59대 제사장으로 AD 15년에 임기가 끝났으나 사위 가야파(63대)와 함께 예수를 신문했고 다섯 아들(61, 64, 65, 67, 73대)도 대사제로 임명해 그의 영향력 아래 두었다.

4 갈리아는 지금의 프랑스와 이탈리아 북부, 독일 서부, 벨기에 지역에 이르는 거대한 땅이다. 아르켈라오스는 프랑스 리용에 가까운 고울 지방(현재의 비엔나)으로 유배당했다.

부적인 운영은 산헤드린에 맡겼다. 코포니우스는 이 시절 시리아 총독으로 부임한 퀴리니우스와 세수 확보를 위해 대대적인 인구 조사를 실시했다.

이처럼 어지러운 시절에 예수와 요한이 태어나고 자랐다. 요한이 사람들 앞에 나타났을 때 그의 나이 서른이었다. 로마 황제 티베리우스가 세상을 다스린 지 15년 되던 해로, 폰티우스 필라투스(본디오 빌라도)가 유다 총독으로 있을 때였다.

사람들은 요한이 누구이며 어디에서 어떻게 살았고 어떤 수행을 했는지 도무지 짐작할 수 없었다. 낙타 털옷을 입고 허리에 가죽띠를 둘렀는데, 그러한 옷차림은 이스라엘은 물론이고 소아시아나 시리아, 페르시아, 이집트, 아라비아 사람들에게서도 찾아볼 수가 없었다. 무역으로 멀리 로마의 변방까지 다녀온 어떤 사람은 1년의 반은 밤이고 반은 낮인 땅이 북쪽 끝에 있는데, 그곳 사람들 복장이 저와 비슷하다는 이야기를 들었다고 했다. 먹는 것도 이상했다. 곡물이나 빵, 양고기나 소고기에 엉긴 양의 젖을 먹는 게 아니라 메뚜기와 들꿀을 먹으며 살았다. 이러한 그의 복장과 음식은 사람들의 이목을 끌었을 뿐 아니라 종교적 경외감마저 들게 했다. 요한은 요르단강 유역의 모든 지방을 찾아다니며 외쳤다.

"회개하고 세례를 받아라. 그리하면 죄를 용서받을 것이다."

고명한 랍비이자 율법학자가 요한을 보더니 조금은 두려움이 섞인 어조로 말했다.

"구전에 의하면 바빌론 유수 이전, 신께서 직접 우리 민족을 보호하시던 왕조 시절 선지자들의 복장이 저러했다던데…"[5]

그리고 〈이사야서〉의 한 구절을 읊조렸다.

"한 소리가 외친다. '너희는 광야에 주님의 길을 닦아라. 우리 하느님을 위하여 사막에 길을 곧게 내어라. 골짜기는 모두 메워지고 산과 언덕은 모두 낮아져라. 거친 곳은 평지가 되고 험한 곳은 평야가 되어라. 이에 주님의 영광이 드러나리니 모든 사람이 다 함께 그것을 보리라.'"[6]

이에 사람들이 웅성거렸다. 일부는 두려움에 떨었고, 일부는 드디어 그토록 기다리던 메시아가 나타나 로마의 압제에서 자신들을 구해줄 때가 왔다며, 요한이 바로 메시아이자 고대 예언자의 환생이라고 믿기 시작했다.

헤브론에 제법 오래 살다가 유랑 생활 중에 여기까지 떠밀려 왔다는 늙은 거지가 있었다. 그는 항상 하오마나 포도주에 취해 횡설수설하고 말에 신빙성이 없었는데, 자기가 요한을 잘 알 뿐만 아니라 종종 대화도 나눴다고 했다. 그는 어린 시절 요한에 대해 이야기했다.

"헤로데 왕 말년에 새로운 왕의 탄생을 예언한 동방 박사의 방문이 있었습니다. 이에 놀란 헤로데는 왕권을 지키려고 세자 안티파테르까지 죽였지요. 헤로데는 당시 제대에서 봉사하고 있던 제사장 즈카르야에게 신이 점지해준 어린 아들이 있다는 소문을 듣고는 아이를 어디에 숨겨놓았느냐며 당장 내놓으라 했습니다. 즈카르야가 '신의 종으로서 사실대로 말하노니 아이가 어디에 있는지

---

5   〈열왕기 하〉(1:8)를 보면, 엘리야 선지자의 복장이 이와 비슷하다.
6   〈이사야서〉 40:3~5.

진정 모릅니다. 당신이 나의 피를 보고자 한다면 나는 순교자요, 주님이 내 영혼을 받아주실 겁니다'라고 답하자 헤로데는 군사를 시켜 지성소에서 기도하고 있던 그를 칼로 찔러 죽였습니다. 그리고 베들레헴 근교에 영아 학살 명령을 내리고 군사를 남몰래 보냈습니다. 사제 즈카르야의 아들 요한이 〈미카서〉에 예언된 장차 이스라엘의 영도자가 될 아이라고 확신했기에 찾아 죽이려 한 거지요. 헤브론에 살고 있던 요한의 어머니 엘리사벳은 그런 줄도 모른 채 아기 요한을 데리고 베들레헴에 사는 친척 마리아를 만나기 위해 왔답니다.[7] 공교롭게도 다음 날 군사들이 들이닥쳤고 엘리사벳은 영문도 모른 채 아기를 안고 피난을 가야 했습니다. 엘리사벳은 급히 산속으로 숨어들었으나 나이가 들어 더는 도주할 기력이 없어 신께 기도를 올리니 산이 갈라져 엘리사벳과 요한을 숨겨주고 우리엘 천사가 그들을 보호하여 화를 면할 수 있었다고 합니다.

한편 아침 축복 시간이 되어도 즈카르야가 나타나지 않자 사제들이 기다리다가 성전과 제대의 입구 경계에서 그의 시체를 찾았습니다. 그러자 '즈카르야는 살해되었다. 그 피에 대한 보복이 이루어지기 전까지 그의 피를 씻어내지 말라'는 외침이 하늘에서 들려왔고, 이내 성전이 지붕 꼭대기부터 바닥까지 갈라지면서[8] 땅이

---

7 상당수의 위경에는 요셉과 마리아가 본래부터 베들레헴에 살고 있다고 말하고 있다. 〈마태오 복음서〉 역시 성가정이 베들레헴에 살고 있음을 전제한다.

8 정경〈마태오 복음서〉 27:51, 〈마르코 복음서〉 15:38, 〈루카 복음서〉 23:45〉에는 예수가 숨을 거둘 때 성전의 휘장이 찢어졌다고 기록되어 있다.

죽은 즈카르야를 받아갔습니다. 그가 흘린 피는 돌처럼 굳어 지울 수 없었고 시체도 찾을 길이 없었습니다. 모든 사제가 슬퍼했으며 즈카르야의 피살 소식을 백성에게 알리니 열두 부족의 대표들이 사흘 동안 탄식하고 애도했습니다. 이 사건이 있은 지 얼마 지나지 않아 헤로데는 예리코에 있는 별장의 왕좌에 앉은 채 창자가 터져 죽었습니다. 그러자 즈카르야의 시신이 나타났고, 그를 헤브론 고향 땅에 묻었습니다.[9]

소문에 따르면 요한과 엘리사벳은 이집트로 피난 가 어느 예언자 양성소에 3년을 숨어 지내다 왔다고 합니다. 늙은 엘리사벳은 유다로 돌아온 뒤 요한을 데리고 고향인 예루살렘 남쪽 헤브론 근처의 한 마을에 정착했지요. 물어물어 알아낸 남편의 무덤이 있는 곳입니다. 그리고 자신이 죽기 전에 아이의 스승이자 보호자가 되어줄 사람이 나타나기만을 기다리며 헤브론에서 비참하게 살았습니다. 헤브론은 아브라함이 처음으로 가나안에 도착했을 때 마므레 상수리나무 아래 단을 쌓고 야훼께 제사를 지낸 곳[10]이기도 합니다. 그 동네에는 동굴이 많은데, 아브라함의 아내 사라는 막벨라 굴에 묻혔으며 이사악, 리브가, 야곱도 그곳에 묻혔습니다. 다윗이 사울 왕을 피해 숨어 지냈던 아둘람 굴[11]도 그 근방에 있었는데, 요한은 그곳을 좋아했습니다.

---

9 이 이야기는 위경 〈야고보의 원복음서〉 마지막 부분에 자세하게 나와 있다.

10 〈창세기〉 12:6~7.

11 성경(〈사무엘기 상〉 27:3~4)에 다윗이 사울에게 쫓겨 필리스티아 도성 키리아트 가트의 한 동굴로 숨어들었다고 기록되어 있는데, 오늘날 기바트 예샤야후 마을의 한 동굴이다.

그런데 헤브론 어느 동굴에 이집트 사카라 궁에서 온 이집트 승려이자 유다인인 마세노라는 자가 수도하며 살고 있었습니다. '엔게디[12]의 현자'라고도 불리는 그는 과일, 호두, 벌꿀, 메뚜기 등으로 끼니를 해결하면서 일곱 살의 요한을 제자로 삼아 자기가 알고 있는 모든 지식과 신의 계시, 다른 민족의 종교와 신까지도 가르쳐 범민족적인 사고를 지닌 인물로 성장시키려 했지요.

　　그러던 중 요한이 열두 살이 되던 해 엘리사벳이 죽자 아버지 즈카르야 무덤에 함께 장사를 지낸 후 다시 수도자의 생활을 이어갔습니다. 스승 마세노는 요한의 운명을 점쳐 그의 사명이 선구자, 곧 신의 아들이자 사람의 아들인 메시아의 길잡이임을 알게 되었고, 요한과 함께 요르단강 근처 예리코에 가서 메시아를 맞이하기 위한 의례인 세례 의식을 제정했다고 합니다.

　　마세노는 요한에게 '네가 서른 살이 될 무렵부터 요르단강에서 세례를 베풀어라. 그분을 기다리고 만나야 하기 때문이다. 어느 날 너와 동일한 유형으로 깨달은 성자가 네 앞에 나타나 세례를 요청할 텐데, 그러면 너의 사명은 끝난다. 그분이 나타나거든 네가 스스로 죽어주어야 그의 세계가 열린다. 너는 장수할 수도 있고 더 높은 경지의 길로 들어서 메시아로 추앙받을 수도 있지만 네가 살아 있는 한 네가 기다리는 메시아의 세계는 열리지 않을 것이다. 길잡이가 그분을 가로막는 형국이기 때문이다. 안타깝게

12　사해 서안에 있는 작은 도읍으로, 예루살렘 남쪽 헤브론과 비슷한 위도에 있는 지역이다. 매우 건조한 지역에 유일하게 샘이 있어 BC 4000년경 청동기 이전부터 사람이 거주한 흔적이 있다.

도 그분이 누군지는 알 수 없다. 훗날 네가 스스로 판단하여 그분이라 확신하거든 네 운명을 네가 결정해라. 죽고 사는 것은 네가 선택할 문제다. 네가 자신의 소임을 다하기를 원한다면 죽음의 두려움을 극복해야 하는데, 그러려면 이집트 형제단에서 수행해야한다'라고 말했다고 합니다. 이후 요한은 마세노를 따라 이집트로 가서 오랜 수행으로 죽음의 두려움을 떨쳐버렸다고 합니다. 요한은 마세노를 만난 뒤로 22년간 수련하면서 자아를 극복한 성자가 되어 자신의 소임을 다하기 위해 유다로 돌아왔다고 합니다."

사람들은 역사적 사건들은 얼추 맞으나 그 외의 것은 주정뱅이가 지어낸 정신 나간 소리라고 치부하며 그의 말에 귀 기울이지 않았다.

요한은 요르단강 건너편 베타니아에 주로 머물렀다. 시간이 지날수록 요한을 찾아오는 사람들이 늘어났다. 예루살렘을 비롯한 유다 각 지방과 요르단강 인근 사람들은 물론이고, 여러 나라에 흩어져 사는 사람들도 순례를 오거나 고향을 방문할 때면 요한을 찾아와 자기 죄를 고백하고 세례를 받았다. 군중이 요한에게 물었다.

"회개해야 한다니 우리가 어떻게 해야 합니까?"

요한이 부드러우면서도 힘찬 어조로 말했다.

"속옷 두 벌을 가진 사람은 없는 사람에게 한 벌을 주고, 먹을 것이 있는 사람도 이와 같이 나눠야 합니다."

세리가 물었다.

"저는 어떻게 하면 좋을까요?"

요한이 단호하게 말했다.

"법으로 정한 대로만 받고 그 이상을 받아내지 마십시오."

군인들도 물었다.

"저희는 어떻게 해야 하지요?"

"사람들을 협박하거나 속임수를 써서 남의 물건을 취하지 말고 자기가 받은 봉급에 만족하면 됩니다."

요한의 세례 방법은 이교도의 시끌벅적하고 선정적이고 폭력적이고 복잡한 의식과는 달리 별도의 규정도, 바쳐야 할 것도, 준비해야 할 것도, 특이한 복장도 없었다. 단지 요한이나 그의 제자들 팔에 안겨 얼굴이 하늘을 향한 채 요르단강 물속에 온몸이 잠기도록 들어갔다 나오면 그만이었다. 그동안 이교에 흠뻑 취했던 사람들마저 단순한 의례에 호감을 보이며 몰려왔다. 거기에다 직설적이고 독설적인 어투와 야성적인 외모에 끌려 요한을 따르는 자들이 더욱 많아지면서 지배계급도 관심을 보이기 시작했다.

산헤드린 의원들과 사제들, 레위 지파 사람들은 이에 놀랐다. 요한의 추종자들이 신과 정의를 내세우며 들고일어나면 현 체제가 붕괴될 수도 있기에 신보다 재물을 더 떠받들고 로마와 결탁하여 권좌를 유지하려는 그들에게는 커다란 위협이었다. 요한은 강도와 살인자와 어중이떠중이들이 뭉친 오합지졸의 건달패들과는 차원이 다른 존재였다. 그러므로 요한과 그 무리가 아예 활동하지 못하도록 싹을 잘라버려야 했다. 더욱 두려운 점은 저들의 의식에 참여하려고 점점 더 많은 사람이 군집하면 로마가 폭동을 다스린다는 구실로 거대 군단을 보낼지도 모른다는 사실이었다. 철저

한 파괴와 살육으로 민족과 삶의 터전이 아예 사라져버리는 절체절명의 순간이 올 수도 있기에 저들의 세력이 커지는 것을 반드시 막아야 했다.

산헤드린 의원과 바리사이파, 사두가이파는 레위 지파를 요한에게 보내 누구인지 알아 오게 했다. 그들이 요한에게 물었다.

"당신이 그리스도[13]요?"

요한이 단호하게 말했다.

"나는 그리스도가 아니오."

"그러면 누구란 말이오? 당신 복장을 보건대 엘리야의 환생이오?"

"나는 엘리야도 아니오."

"그러면 우리가 기다리던 그분, 그 예언자요?"

"그것도 아니오."

"이도 아니고 저도 아니라면서 왜 세례라는 의식을 거행하고 있는 것이오? 보통 의례는 집단적으로 이뤄지는데, 이 의식은 개개인에게 행하고 있으니 이해가 안 간단 말이오. 대체 당신은 당신 자신을 무엇이라 생각하고 있소? 우리도 우리를 보낸 사람들에게 전해줄 말이 있어야 할 것 아니오?"

"당신들이 왜 여기에 왔겠소? 여기 모인 사람들이 폭도가 될 수 있다고 생각하기 때문 아니오? 내가 무슨 말을 하든 어차피 믿지

---

13 히브리어 '메시아'의 그리스어 번역어인 '크리스토스'를 우리 말로 음차한 표현이다. 메시아는 '기름 부음 받은 자'라는 뜻인데, 고대 이스라엘에서는 제사장, 예언자, 왕에게 기름을 부었다. 기독교에서는 예수가 이 세 직분을 모두 가지고 있다고 본다. 여기에서는 선지자의 개념으로 쓰였다.

도 않을 테지만 내 정확하게 말하리다. 나는 이사야 선지자의 말대로 '주님의 길을 곧게 하라'[14]라고 광야에서 외치는 이의 소리요. 됐소?"

그들은 요한의 말에 어안이 벙벙한 듯 서로를 쳐다봤다.

"당신이 그리스도도 아니고, 엘리야도 아니고, 그 예언자도 아니라면서 어찌하여 이런 요망한 의례를 베푸는 거요? 우리도 죄를 고백할 터이니 우리에게도 세례를 줄 수 있소? 혹시 이교의 신 중 한 분을 숭상하여 행하는 의식이라면 얼마든 수용할 수 있소. 우리는 레위 지파지만 깨어 있고 선진화된 사람들이오."

이 말에 요한은 꾸짖으며 말했다.

"이 비루한 독사의 족속들아! 닥쳐올 징벌을 피하라고 누가 일러주더냐? 너희는 회개했다는 증거를 행실로써 보여주어라. 그리고 '아브라함이 우리 조상이다'라는 말은 아예 할 생각도 말아라. 하느님께서는 이 돌들로도 아브라함의 자녀를 만드실 수 있다. 도끼가 이미 나무 뿌리에 닿았으니 좋은 열매를 맺지 않은 나무는 다 찍어 불 속에 던져질 것이다."

"독사의 족속이라니? 독사를 건드리면 독을 뿜어 건드린 사람을 죽일 수 있다는 걸 모르시오? 당신 말은 너무 직설적이고 과격하오. 그 말로 인해 큰 화를 당할 수 있음을 명심하시오. 여기 군중 때문에 오늘은 참고 가는 것이오. 마지막으로 하나만 더 묻겠소. 아까 '주님의 길을 곧게 하라'라고 했는데 그게 무슨 뜻이오?"

---

14 〈이사야서〉 40:3.

"나는 너희를 회개시키려고 물로 세례를 베풀지만 내 뒤에 오시는 분은 성령과 불로 세례를 베푸실 것이다. 그분은 나보다 훌륭한 분이어서 나는 그분의 신발을 들고 다닐 자격조차 없다. 그분은 손에 키를 드시고 타작마당의 곡식을 깨끗이 가려 알곡은 모아 곳간에 들이시고 쭉정이는 꺼지지 않는 불에 태울 것이다. 나는 그분을 위해 태어났고 그분이 걸어가야 할 길을 닦아야 한다. 나는 씨뿌리는 농사꾼이라면 그분은 잘 익은 곡식을 거둬들여 곳간에 들이시는 왕이시자 주님이시다."

"그럼 그분이 제사장이자 예언자이자 왕이란 말이오? 지금의 제사장과 왕을 놔두고 새로운 제사장과 왕을 섬기겠다는 뜻이오? 당신, 어디 두고 보겠소. 언젠가는 총독 앞이나 산헤드린에 소환해 그 책임을 물을 것이오.

그리고 당신이 하는 말에서 물이니 불이니 키니 하는 것은 죄다 이교도의 신과 관련된 것임을 몰라서 그러는 것이오? 당신은 자라투스트라나 디오니소스 숭배자가 분명한 듯하오. 돌아가서 바리사이파와 사두가이파 지도자들에게 분명하게 말해 우리의 신을 모독한 죄로 반드시 처벌받게 하겠소."

요한이 레위 지파 사람들과 언쟁하고 있을 때 군중 속에 예수도 있었다. 다른 사람들은 전혀 인지할 수 없었으나 예수의 몸에서 거룩한 빛이 뿜어나오고 후광이 머리를 감싸고 있음을 요한은 보고 느낄 수 있었다. 예수와 요한은 종종 눈이 마주쳤는데, 예수는 요한의 직설적 화법에 고개를 끄덕였고, 요한은 예수에게 눈빛으로 경의를 표했다.

레위 지파와의 치열한 논쟁이 끝나고 요한이 돌아가자 사람들은 모여 대화를 나눴다. 한 유다인이 말했다.

"저 세례 의식이라는 게 참 흥미롭습니다. 물속에 잠겼다 나오기만 하면 되니 이보다 간단한 의례가 또 있을까요? 그런데 저 의식은 어디에서 온 걸까요?"

그러자 페르시아에서 온 사람이 말했다.

"세례나 정결례淨潔禮는 이미 고대부터 널리 퍼져 있던 의식입니다. 수메르의 전설 중에 마귀 쫓는 주문이 있습니다. 그 안에 정결례 의식이 있는데, 정결례를 행할 때 차가운 지하수를 사용하고 유프라테스강물이나 그 외 특별한 기름이나 식물, 광물을 사용하기도 했답니다. 악마의 저주에 걸린 사람의 손이나 몸을 구마驅魔 사제가 씻기며 주문을 읽으면 마귀가 쫓겨나가고 깨끗해진답니다. 한 번 들어보세요.

악한 저주가 저승사자[15]처럼 사람에게 내렸다. 그는 어안이 벙벙하고
침울해졌다.

그는 좋지 않게 침울해졌다. 악한 저주, 거짓 맹세, 두통,

이 사람을 악한 저주가 양처럼 도살했다.

그의 신(개인 신, 가정 신)이 그의 몸에서 떠났다.[16]

---

15 수메르 신화 '두무지의 꿈'에 등장하는 무자비하고 인정사정없는 귀신이다.

16 수메르 신화를 보면 사람들은 개인 수호신과 가족 수호신을 섬겼는데, 성경에도 이런 수호신상이 기록되어 있다. 〈창세기〉 31장을 보면 야곱이 하란에 있는 외삼촌 라반의 집으로 도망가서 살다가 라반의 두 딸과 결혼해 도망쳐 나오는데 라헬이 아버지 집안의 수호신상을 훔쳐 나온다. 또한 〈사무엘기 상〉(19:13)을 보면 사울의 딸이자 다윗의 아내인 미칼이 사울에게 쫓기는 다윗을 살

그를 걱정하던 그의 여신이 밖에 나가 섰다.

침울함이 옷처럼 그를 두르고 위에서 덮치고 있었다.

아살루히는 그를 쳐다보았다.

그의 아버지 엔키의 집에 들어가서 그에게 말했다.[17]

"나의 아버지, 악한 저주가 저승사자처럼 이 사람에게 내렸습니다."

또 한 번 그렇게 말했다.

"나는 어떻게 해야 할지 모르겠습니다. 어떻게 막아야 할지 모르겠습니다."

엔키는 그의 아들 아살루히에게 대답했다.

"내 아들아, 네가 무엇을 알지 못하느냐? 내가 무엇을 더하겠느냐?

내가 아는 것은 너도 안다. 가라, 아들 아살루히,

그를 거룩한 세정관洗淨館[18]으로 데려가라.

…

너는 손을 씻는다. 손을 씻는 정결례는 맑은 것이다.

…

거룩한 물, 주문의 물

두려움을 주는 곳에서 솟아오르는 유프라테스강물

지하수에서 정성껏 돌본 물 엔키의 거룩한 입으로 정화한다.

리기 위해 집안의 수호신상을 가져다 침대에 뉘어 위장했다.

17 아카드어 번역판에서는 엔키Enki를 에아Ea로, 그의 아들이자 사제 역할을 하는 아살루히Asaluhi를 마르둑Marduk으로 이름을 치환했다. 결국 동일한 신이다.

18 몸을 씻는 집, 곧 정결례를 치르는 집이다.

압주[19]의 일곱 아들이

물을 거룩하게 한다, 깨끗하게 한다, 빛나게 한다.[20]

　이처럼 이미 고대 수메르 시절부터 물을 사용한 정결례 의식이 있었는데, 말했다시피 축사逐邪와 죄 씻음의 의미가 있습니다."
　이집트에서 온 사람이 대화를 이어갔다.
　"고대 이집트에도 정결례 의식이 있었습니다. 파라오는 살아서는 호루스의 신이 되어 통치하고 죽어서는 오시리스의 화신이 되어 서쪽에 있는 죽은 자의 땅을 통치한다고 하는데, 오시리스의 화신으로 탄생하는 의식을 거행하기 전에 정결례 의식을 행했습니다. 그러니까 이집트 정결례에는 죽었다 부활한다는 의미가 담겨 있지요."
　이번에는 그리스에서 온 사람이 말했다.
　"미트라교에서도 자신의 죄를 씻기 위해 춘분을 전후한 3월과 4월에 계속 정결례 의식을 치렀습니다. 또 엘레우시스의 데메테르 축제에도 정결을 위한 침수 의식이 있습니다. 데메테르 축제는 두 번 열렸는데, 안테스테리온 달(2~3월)에 아테네 근교 일리소스강 부근 아그라이에서 소小 미스테리아 의식이라 불리는 정결 의식을 거행한 뒤 행렬을 시작했고, 보이드로미온 달(9~10월)에 대大 미스테리아 의식이 엘레우시스에서 거행되었는데, 바다에서 목욕하고

19　수메르어로 압주abzu, 아카드어로 압수apsu는 지하수를 뜻한다. 수메르 최고最古 도시 중 하나인 에리두는 연못으로 둘러싸인 작은 언덕인데, 그곳의 신전 이름이 '압주 신전'이다.

20　《수메르 신화》(조철수 지음, 서해문집, 2003), 507~509쪽.

사흘간 금식한 뒤 흰옷을 입고 머리에 관을 쓰고 본本 미스테리아 의식을 했지요. 여기에는 대속과 속죄와 중생重生의 의미가 담겨 있습니다."

그러자 외국물깨나 맛본 데카폴리스에 사는 유다인이 말했다.

"요한도 이교의 영향을 받지 않았을까요? 요한(요하난)이라는 이름은 하스모니안 왕조 시대에 본격적으로 나타나기 시작했고, 그 이전에는 토라를 비롯해 우리 조상들 이름 중에는 대여섯 명 정도만 기록되어 있을 뿐 거의 없습니다.[21] 알렉산드로스가 이 땅을 점령한 뒤로 그리스 문화가 물밀 듯 들어온 것은 다들 알고 계시겠지요. 그리스에서는 고대 수메르 신전 도시 에리두의 '물의 집의 신' 에아를 이오아네스Ioannes라 했고, 헬레니즘 시대에는 페르시아 전설에 등장하여 인간에게 지혜를 전해준 반인반어 오안네스Oannes를 문명 전파자로 숭앙했는데, 이를 우리 히브리어로는 요하난이라 하지 않습니까? 왜 이름을 그렇게 지었는지 궁금하군요."

뒤를 이어 한 철학자가 말했다.

"요한이 말한 '그분'의 세례라는 것이 참 흥미롭더군요. '모든 원소[22]들을 통과하는 여행'과 아주 관련이 깊은 듯싶은데, 삼중 원소에 대해 말하더군요. 모든 정화는 물이나 불이나 공기에 의해 이뤄지는데 미스테리아 정화 의식에서는 이 셋 중 하나를 반드시 사

---

21 〈예레미야서〉에 나오는 카레아의 아들, 14대 대사제, 28대 대사제(〈느헤미야기〉 12:22), 〈루카 복음서〉(3:27)의 예수 족보에 등장하는 요하난, 〈역대기 상〉에서 동일 인물로 보이는 요하난, 그 외 3명 정도다.

22 여기서는 물, 불, 공기, 흙을 말한다.

용하거든요. 황을 태워 입문자를 소독하는 방법, 물로 씻거나 간단히 성수를 뿌리는 방법, 바람을 쐬어 정화하는 방법이 있습니다. 특히 '손에 키를 드시고 타작마당의 곡식을 깨끗이 가리는' 방법은 바람과 깊은 연관이 있다고 볼 수 있는데, 디오니소스 미스테리아 의식에서 바람을 사용하지요."

이들의 대화를 듣고 있던 한 율법학자가 말했다.

"물에 잠겼다 나오는 세례 의식은 죽었다 살아남을 상징하는 것이라고 볼 수 있지요. 우리 조상은 죽었다 살아났고 우리는 그분들의 후손입니다. 이집트 탈출 시절 홍해에 가로막혔을 때 파라오는 기병대를 동원해 우리 조상들을 몰살시키러 쫓아왔습니다. 절박한 순간 모세의 기도로 홍해가 갈라져 우리 조상들이 무사히 건널 수 있었지요. 만약 건너는 도중에 바닷물이 합쳐졌더라면 모두 수장되었을 텐데 한 사람도 빠짐없이 신의 능력과 모세의 영도력을 믿었기에 무사히 건널 수 있었습니다. 어찌 보면 저 세례 의식은 홍해에 들어갔다 나온 사건을 상징하는 의례라 할 수 있습니다. 이집트에 오염된 모든 것을 죽이고 홍해를 통해 약속의 땅이라는 새로운 삶으로 부활한 것이죠. 우리 민족은 이미 그때 물속에서 죽었다 살아났잖아요.

이뿐만 아니라 요한이 행하는 의식은 쿰란의 공동체 에세네인이 행하는 의례와 아주 흡사한데, 그들은 커다란 인공 연못을 만들어 의례를 행할 때마다 그 안에 들어가 몸을 정결하게 씻고 나오는 관습이 있습니다. 그러니 저 세례는 이교의 것이라기보다는 모든 종교에서 찾아볼 수 있는 공통된 정화 의식이라 생각됩니다.

손이 더러우면 손을 씻고 몸이 더러우면 목욕을 하는 건 당연한 이치입니다. 요한의 세례와 비슷한 정결례 의식은 이미 우리 조상 때부터 존재해왔던 것으로, 토라에 상세하게 나와 있습니다. 몇 가지만 이야기해드리지요.

> 네 발이 있고 날개가 달린 모든 벌레는 너희에게 혐오스러운 것이다. 이런 것들이 너희를 부정하게 만든다. 이것들의 주검에 몸이 닿는 이는 저녁때까지 부정하게 된다. 그 주검을 나르는 이는 누구나 자기 옷을 빨아야 한다.[23]
> 아론의 후손 가운데 누구든 악성 피부병을 앓거나 고름을 흘리는 사람은 정결하게 될 때까지 거룩한 예물을 먹지 못한다. 어떤 주검 때문에 부정하게 된 것에 몸이 닿는 사람이나 정액을 흘리는 남자, 또는 접촉하면 부정하게 되는 온갖 길짐승이나, 어떤 종류의 부정이든 접촉하면 부정하게 되는 사람에게 몸이 닿는 이, 이런 것이나 이런 사람에게 몸이 닿는 이는 저녁때까지 부정하게 된다. 그리고 물로 몸을 씻지 않고서는 거룩한 예물을 먹지 못한다.[24]

이는 모두 부정을 물리치기 위해 물로 씻는 의례입니다. 그러니 세례 의식이란 게 별다른 게 아닙니다. 모세의 율법을 변형한 것이지요."

이 말에 유다인들은 고개를 끄덕였다. 이방인들과 이교도들을

---

23 〈레위기〉 11:23~25.
24 〈레위기〉 22:4~6.

포함하여 어느 나라나 종교든 정결례가 있으며 정결, 축사, 부활, 대속, 속죄 같은 공통된 의미가 담겨 있다는 사실에 동의했다. 또한 세상은 문화와 종교와 인종이 뒤섞여 있기에 서로의 장점이나 본받고 싶은 의식이 있다면 과감히 수용하여 자신들에게 알맞게 변형하는 것이 세상의 질서와 평화를 지키는 데 이바지하는 것이라고 생각했다.

■ 산헤드린

유다의 최고 의결 기관이자 대법정으로, BC 3세기 말에 시작되어 70년 예루살렘이 로마에 멸망할 때까지 계속되었다. 기능과 성원은 시대에 따라 달랐는데, 하스모니안 왕조 시대 이전에는 귀족적, 성직적이어서 제사장, 레위인과 이스라엘 명문가 등 주로 사두가이파가 주축을 이뤘다. 그러나 로마시대가 되면서 평민(평신도) 운동이 대두해 친헬레니즘의 제사장 계급이 후퇴하고, 중산층 의원이 세력을 차지하기에 이르렀다. 헤로데 시대에는 제사장, 장로, 다수의 바리사이파가 의석을 차지했다. 산헤드린은 대산헤드린(공회)과 소산헤드린(민회) 두 가지가 있었다.

공회公會는 국내외 모든 유다인에게 적용되는 고등 법원이자 정부 의회다. 율법에 준한 70명의 공회원(제사장 24명, 장로 24명, 학자인 서기관 22명)으로 구성되며, 대제사는 공회 의장으로서 참석했다. 안식일과 절기를 제외하고는 매일 열렸다. 사형 집행 권한은 로마에 있었으며, 공회는 주로 종교 생활 문제와 관련해 의결하고 벌금, 태형 등의 처벌을 내릴 수 있었다. 또 공회에는 관속이 있어서 경찰권을 행사했다. 예수도 이 공회 앞에 세워졌으며, 베드로와 요한, 바오로도 여기서 심문을 받았다.

민회民會 또는 지방의회는 23명의 지도자로 구성되었다. 지방의 각 성읍에 설치되어 지역 내 작은 사건을 처리했다. 성인 120명 이상의 동네에서는 3~7명의 장로로 구성되었다.

― 《신약성서소사전》

13세부터 29세까지 예수의 숨겨진 삶[25]

갈릴래아 가파르나움을 근거지로 활동하는 영적 지도자 나자렛 사람 예수. 확실히 그는 무력 투쟁, 술수, 현혹을 일삼는 다른 모리배들과는 달랐다. 그에게는 군사도 무기도 돈도 무리도 배경도 없었다. 왕족도 아니고 훌륭한 가문, 명망 있는 집안, 학자 집안 출신도 아닌 그저 평범한 목수의 아들로, 이름마저도 유다에서 가장

---

25 《보병궁 복음서》(리바이 도우링 지음, 안동민 옮김, 동민문화사, 1973)를 참고하여 필자가 일부 내용을 윤색하고 첨삭했다. 이 책의 내용은 문헌이나 구전 등 고증에 근거한 것이 아니라 저자가 아카식 레코드Akashic records를 읽고 기록했다고 했다. 아카식 레코드란 신지학神智學 및 인지학人智學에서 과거, 현재, 미래의 모든 사건, 상념, 감정이 명세되어 있는 세계의 기억을 말하며 이것이 아이테르 평면Etheric plane이라는 비물리적인 우주론적 평면에 기록되어 있다고 믿는다. 그러나 아카식 레코드는 일부 선각자들에 의해 비전되어 온 것으로 과학적 증거는 없다.

흔한 '예수'였다. 그는 제자 하나 없이 전쟁과 폭압의 식민지 세상에서 민중에게 '사랑과 평화'의 깨달음을 주고자 뛰어들었지만, 막상 처음에는 어디에서 어떤 일부터 해야 할지 막막하기만 했다. 마침 예수가 장차 어떤 인물이 될 것인지를 예감한 세례자 요한이 제자 네댓 명을 예수에게로 보내면서 힘을 얻게 되었고, 예수는 요한과 마찬가지로 '세례와 회개'를 내세우며 본격적 활동을 펼쳤다. 시간이 흘러 예수의 설교가, 이제는 메시아로 추앙받는 요한을 능가한다는 소문이 퍼지면서 사람들은 예수를 주시하기 시작했다.

예수의 가족을 잘 안다는 누군가가 말했다.

"요즘 사람들이 제법 관심을 보이는 목수 요셉의 아들 예수 말입니다. 근데 정말 이상하지 않나요? 어릴 적 그 똑똑했던 예수를 열두 살 이후로 본 사람이 아무도 없다는데, 도대체 어디서 무엇을 하다 왔을까요? 20년 가까이 안 보이다가 어느 날 갑자기 나타나서 저토록 존귀한 모습으로 위엄 있는 설교를 하고 다니다니."

그러자 한 무역상이 말했다.

"이름이 예수인 청년을 인도에서 봤다는 상인을 만난 적이 있습니다. 그런데 이 땅에 예수란 이름을 가진 사람이 수천수만인데 누구의 아들 예수인지 알 수가 있어야지요.[26] 요즘엔 메시아 행세를 하고 다니는 예수만 해도 열 명이 넘는다고 합디다."[27]

---

26 일부 성서학자들은 당시 예수(요수아, 여호수아) 이름을 가진 이가 1만 명을 넘었다고 추정한다.
27 요세푸스는 예수라는 이름을 가진 사람을 최소 10명 언급했다.

그때 나자렛 사람 예수의 친척이라는 이가 말했다.

"돌아가신 부모님께 들었는데, 예수가 열두 살 때 인도 왕족이 우리 마을에 머물다 갔다고 해요. 그때 동네 사람 모두를 초청했는데 왕족은 보이지 않고 요셉과 마리아가 잔치를 베풀었다고 하더라고요. 그런데 그날 이후로 예수가 보이지 않았다고 했어요."

마침 가파르나움에 인도에서 오랫동안 살다 온 무역상이 있었는데, 그는 돌아올 때 라마스와 브라마라는 두 분의 힌두 승려를 모시고 왔다. 그들은 크리슈나[28] 신을 모시는 인도 오리사주[29] 자간나트 사원에서 수행하던 승려로, 유다의 율법을 공부하고 인도에서 4년을 함께 생활한 예수라는 유다인 친구를 찾기 위해 따라왔다. 유다는 작은 나라라서 쉽게 만날 수 있을 줄 알았는데, 막상 유다에 오니 예수의 행방을 알 길이 없었다. 부모 이름이 요셉과 마리아인 예수가 너무 많았기 때문이다. 이제는 더 예수를 찾지 않는다며 승려들은 자기가 아는 예수 이야기를 해주겠다고 했다.

---

28 비슈누 신의 여덟 번째 화신. 이 신의 신화가 예수 탄생 설화(영아학살), 예수의 죽음(십자가형)과 부활, 디오니소스교 여인들의 의례와 많은 연관성이 있는 것은 확실하다.

29 인도 동부에 위치한 주로, 현재의 오디샤주다.

브라만 승려들과의 삶

계급사회와 인간 평등

열두 살이 갓 넘은 예수는 인도 오리사주의 왕족 라반나와 함께 인도로 떠났다. 예수는 형제와 일가친척뿐 아니라 그 누구에게도 자신이 떠났다는 사실을 알려서는 안 된다고 부모에게 신신당부했다. 자칫 율법학자나 제사장, 랍비들이 이교의 학문을 공부한다는 이유로 가족을 괴롭힐 수도 있기 때문이었다.

예수 일행은 사막을 지나 바그다드에서 며칠 머문 뒤 다시 달포 남짓 고원지대를 거쳐 마침내 신도강[30]을 건너 인도 오리사주 궁전으로 갔다. 예수는 이곳에서 승려 라마스와 친구로 지내면서 크

---

30 전설상의 강으로, 인더스강이나 그 지류일 가능성이 있다.

리슈나 신을 모시는 자간나트 사원[31]의 고승의 제자가 되어 베다 성전과 여러 법전을 배웠다. 이후 사원에 4년간 머물면서 인도 최고의 의사 우드라카를 만나 그의 제자가 되어 의술을 배웠다.

평소 토론과 논쟁을 좋아하던 예수는 힌두 승려들과 평등 문제로 종종 마찰을 일으켰다.

"브라만교의 카스트 제도는 본인의 의지와 상관없이 세습되기에 브라만(성직자)과 크샤트리아(왕족·무사)에게는 영원한 궁전이요, 바이샤(평민)와 수드라(하층민)에게는 힘든 세상, 달리트(불가촉천민)에게는 영원한 지옥일 수밖에 없고, 그 신분의 굴레를 벗어날 방법이 없으니 어찌 제대로 된 제도라 할 수 있겠습니까?"

승려들은 그렇기에 전생, 현생, 내세가 있으며, 전생의 업보에서 이생의 삶이 결정되기 때문에 주어진 현생의 삶에 순응해야 하고, 이생에서의 삶이 내세를 결정짓는다며 신분제를 옹호했다.

"현세의 현상에만 집착하지 말고 삼생三生을 함께 봐야 합니다. 삼생과 신분 제도가 없다면 세상은 현세의 삶에만 집착하여 죄악으로 물들 것이기에 질서가 유지될 수 없을 것입니다."

이에 예수가 따졌다.

"윤회와 환생은 자아가 깨달음으로 가기 위한 연속적인 굴레일 뿐이지 당신들이 말하는 계급의 속박이 아닙니다. 계급은 속세의 지배층이 자신의 권력과 부를 유지하기 위해 만들어놓은 가장 잘못된 제도에 불과합니다. 더군다나 이게 세습된다는 건 한 계급이

---

31 인도 오리샤주 뿌리Puri에 있는 사원.

다른 계급의 인간을 지배하기 위한 폭압일 뿐이니 사라져야 마땅한 폐습입니다."

승려들은 격분했다.

"당신네 족속도 제사장의 후손이 제사장이 되고, 레위인은 노동하지도 않고 신전에서 생활하며 공짜로 놀고먹으니 카스트 제도와 다를 바 없지 않소? 왜 남의 나라 제도에 간섭하는 거요? 신성모독으로 체포당하고 싶소?"

예수는 자칫 옥에 갇혀 고문당할 위기에 처했으나 라마스의 간청으로 간신히 풀려나 사원에서 추방되었다.

예수는 자간나트 사원을 떠나 하층민의 마을에서 살면서 그들의 스승이 되어 우상을 섬기지 말고 가난한 자와 약한 자를 위해 살아야 한다고 설법하고 다녔다. 또한 오리사주의 카다크를 비롯하여 베나레스[32] 사원 등 곳곳에서 평등과 유일신과 사해동포주의를 부르짖었다. 특히 천국, 곧 하느님의 나라는 하늘에 있는 것이 아니라 항상 감사하고 만족하고 기도하는 이 세상과 인간의 마음에 있다고 사람들을 깨우쳤다. 부자인 우드라카와 그 친구들, 대승려 아자이닌과 하층민들은 예수의 길을 따랐으나 대부분 인도 상류층은 예수가 사회 질서를 해친다며 그를 제거하기 위한 음모를 꾸몄다.

그러던 중 예수는 유다 상인으로부터 아버지가 돌아가셨다는 소식을 듣고 어머니에게 위로의 편지를 써서 돌아가는 상인 편에

---

32 힌두교 최대 성지인 바라나시.

보냈다. [33]

예수의 명성이 드높아지고 그가 가르치는 인간 평등과 하느님의 나라와 우상 숭배 금지 사상이 오리사주 전역에 퍼지자 브라만 승려들은 불안해졌다. 신도들이 제물을 바치지도 않고 사원을 방치하면서 승려들은 경제적으로 궁핍해져갔으며, 계급 질서에 금이 가 사회가 혼란해지기 시작했다. 승려들은 예수에게 비난을 퍼부었다.

"보아라! 체제와 질서가 흔들리고 무너지면 세상은 대혼란에 빠진단 말이다! 이 나라와 사회를 어찌할 작정이냐!"

예수가 대답했다.

"너희 상류 계급은 부와 풍요를 유지하기 위해 질서를 가장한 폭거를 자행하고 있다. 너희 최고의 신 중 하나인 시바는 파괴와 재생을 담당하지 않느냐? 너희의 잘못된 질서가 파괴되어야 새로운 질서가 나타난다. 이를 혼란이라 말하지 말아라. 너희 상류층과 기득권자와 안주하는 자에게는 혼란으로 보이겠지만, 구질서가 파괴되고 신질서가 정립되어가는 과정에서 필연적으로 발생하는 개벽일 뿐이다. 새로운 세상을 맞이하는 이들에게는 희망이자 자유이며 속박으로부터의 탈피다."

승려들은 더는 묵과할 수 없다며 무사를 보내 예수를 살해하려 했다. 이 계획을 알게 된 친구 라마스가 사람을 보내 예수에게 알렸고, 예수는 밤을 틈타 베나레스를 떠나 북쪽으로 향했다. 가는

---

33 교계에서는 예수가 요셉의 임종을 지켜보았다고 가르치는데 이 기록은 그에 상치된다.

곳마다 농부와 상인과 수드라들이 예수를 보호해주었다.

"내가 아는 예수의 행적은 여기까지입니다."

라마스 승려가 말했다. 그러자 요셉의 먼 친척이 말했다.

"예수의 아버지 요셉은 예수가 행방불명된 지 6~7년쯤 지난 열아홉 살 무렵에 죽은 것으로 알고 있는데,[34] 예수가 열여섯 살 무렵에 죽었다는 건 말이 안 됩니다. 예수가 요셉의 임종을 지켜봤다는 이야기도 있던데, 당신이 아는 예수와 요셉의 아들 예수는 아마도 다른 사람인가 봅니다."

사람들은 한동안 웅성거렸다. 목수 요셉의 아들 예수의 이야기인지, 메시아라 주장하는 다른 예수들 중 하나의 이야기인지 헷갈려 혼란만 더해갔다.

가만히 이야기를 듣고 있던 페르시아 사람이 말했다. 동일 인물인지는 모르겠으나 예수가 페르시아에 머물렀으며, 그 이전에 히말라야와 티베트에서 수학했다는 것이었다. 그는 사람들에게 자기가 들은 것들을 이야기해주었다.

---

[34] 요셉의 생애를 다룬 〈목수 요셉의 역사〉라는 위경에 근거하여 나이를 말했다.

불교도들과의 삶

다가올 시대의 교의敎義

예수는 히말라야 산기슭 불교도들의 도시인 가삐빠스라는 마을
에 머물렀다. 힌두 사제인 사두sadhu들에게 위협당해 그곳까지 쫓
겨왔다는 소문도 있었으나, 예수가 어릴 적 유다에서 건너와 줄곧
그곳에 머무르며 불교를 공부하는 승려가 되었다고 하는 마을 사
람들도 있었다.

　예수는 그곳에서 바라다 아라보오라는 승려를 만나 불교 경전
을 배웠다. 또 유다의 시편과 예언서, 베다 경전, 페르시아 아베스
다 경전을 함께 읽고 토의하면서 수행했다. 예수는 불교의 업보와
윤회, 인과를 공부하고 승려들에게는 창조와 신의 에테르를 가르
쳐주며 영적 수준을 높여갔다.

예수는 노동으로 고역과 슬픔에 차 있는 하층 계급 사람들을 만나 대화하고 그들을 치료해주곤 했는데, 이즈음 치유의 기적을 행하는 능력이 크게 드러나기 시작했다. 승려들은 기적을 행하면 능력이 빠져나가 수명이 급속도로 줄어든다고 경고했지만, 예수는 아랑곳하지 않고 병자들을 치유했다. 영적 치유와 가르침도 폈는데, 얼마나 많은 윤회를 거듭해야만 천국에서 태어날까 한숨짓는 그들에게 예수는 윤회에 집착하지 말라며, 신은 천국도 지옥도 만들지 않았으며 모든 것은 마음에서 생겨나는 것이니 노동의 순간이 곧 행복이고 천국이라고, 그러니 하늘에서 천국을 구하지 말고 마음의 창을 열라고 설법해 종교적 갈등을 빚기도 했다. 불교 역시 힌두교를 근간으로 발생했기에 윤회를 인정하지 않으면 사람들이 현세에 안주하고 쾌락에 빠지게 되어 정치적, 종교적 혼란을 피할 수 없다고 생각했다.

그래도 예수는 불교와 비교적 잘 융합했다. 예수가 인도의 성인 비자빠찌와 '다가올 시대'에 알맞은 교의와 의식에 관해 주고받은 이야기는 특히 유명했다.

비자빠찌가 말했다.

"신전에서 행하는 일체의 형식과 의식은 인간 정신의 상징이다. 고래로부터 인간은 속죄를 위해 인신공희를 행했으나 언제부터인지 이를 고쳐 산 제물로 인간 구원을 대신했다. 완전한 시대에는 이러한 것이 필요 없겠지만 머잖아 다가올 시대는 아직 완전한 시대가 아니므로 실물교수實物敎授[35]와 상징적 의식이 필요하다. 당신이 앞으로 전하려는 종교에서는 세례나 기념 정도의 의식이 필요할 것이다.”

예수가 말했다.

“인신공희를 마감하고 산 제물을 최초로 드리기 시작한 때가 바로 우리 이스라엘의 조상 아브라함 때이다. 아들 이사악을 산 제물로 드리려는 것을 야훼가 멈추게 하고 염소로 대신하게 했으니 그 이후로 사람이 신을 위해 제물로 희생당하는 일이 없어졌다. 그러나 도래할 시대에는 승려도 사원도 산 제물도 필요 없다. 산 제물은 인간을 신성한 생활로 이끄는 힘이 없기에 이를 집행하는 승려도 집행하는 장소도 의미가 없어진다. 의식을 거행할 때 제례복도 변하게 될 것이다. 과거의 사제는 화려하게 꾸민 복장으로 사람들을 압도하려 했지만, 미래의 우리 신은 승려(사제)와 화려한 장신구를 싫어하실 것이다. 그것은 사람들에게 보여주기 위한 권위적이고 거만한 치장일 따름이다. 모든 인간은 신에 대한 봉사자이고 왕자이자 승려다. 완전한 시대에는 계급도 불평등도 승직 제도도 모두 사라질 것이다.”

비자빠찌가 말했다.

“이제 곧 전개될 당신의 시대도 아직은 영의 시대가 아니다. 당신은 최후의 인신공희를 사명으로 삼겠다고 했는데, 그렇다면 다른 신인들처럼 인간을 위해 나무에 매달려 죽게 될 것이다. 그러나 당신을 추앙하는 종교 지도자들은 모든 것을 버린 당신의 상像

---

35 학습자가 실제 사물을 직접 관찰하거나 만져보도록 하여 학습하게 하는 교수법이다. 단순한 실물을 사용하여 성경의 진리를 보여주는 방법을 뜻하기도 한다.

을 뒤에 둔 채 제례복을 입고 거드름을 피우고, 신도는 남에게 성도聖徒임을 내세우려고 성가를 영송詠誦하며 자기들끼리 단체를 만들어 비신자나 타 종교와 대립하고 갈등을 조장할 것이다. 종교 지도자들은 신자들이 바치는 어마어마한 재물로 인해 타락하고 죄악에 물들며, 심지어는 성직을 직업으로 삼아 신도들의 금품을 갈취하기에 혈안이 되고 성을 착취하는 등 종교 범죄가 만연해질 것이다. 그러나 당신의 시대가 지나고 모든 종교가 합일하는 완전한 시대에는 승려도 성도도 구분되지 않을 것이며, 모두가 신의 아들이자 신의 현현이 될 것이다."

티베트와 서인도에서의 삶

밀교와의 조우

티베트 라싸의 교사들을 위한 사원에는 수많은 고전 필사본이 소장되어 있었다. 그것을 모두 읽은 비자빠찌는 예수에게 그 비밀과 교훈을 설명해주곤 했는데, 예수는 직접 읽어보기를 원했다.

한편 그 사원에는 동방의 으뜸가는 성현 멘구스테가 있었다. 비자빠찌는 예수가 라싸에 무사히 도착할 수 있도록 믿을 수 있는 길잡이를 붙여주고, 멘구스테에게 히브리 성자 예수를 소개하면서 사원의 승려들이 반겨주길 바란다고 편지를 썼다.

에모다스 고원을 횡단하는 길은 험난했다. 예수는 여러 번의 고비를 넘긴 끝에 라싸의 사원에 도착했다. 예수는 사원의 학교에서 멘구스테의 도움을 받아 밀교의 성전을 모두 읽었다. 예수는 이

사원에서 영적으로 몇십 단계나 성장을 이루고[36] 엄청난 지식을 쌓았지만 가르치지는 않았다.

라싸에서의 연구가 완전히 끝나자 예수는 서쪽으로 떠나 거대한 산을 넘어 라다크[37]의 도시 레이에 도착해 수도원에 머물면서 민중을 가르쳤다. 예수는 수도승, 상인, 천민 할 것 없이 모두에게 가르침을 주고 병을 치료해주었고, 사람들은 그를 신이 보낸 스승으로 여겼다.

그 고을에 사는 한 여인의 아이가 중병에 들어 빈사 상태에 놓여 있었다. 여인은 예수의 명성을 익히 들었던지라 예수라면 반드시 아이의 병을 고칠 수 있을 것이라 믿고 아이를 꼭 안고서 찾아왔다. 예수는 여인의 신앙에 감탄하여 아이의 몸에 손을 대고 하느님께 기도했다.

"복 받은 여인이여, 당신의 믿음이 이 아이를 구했소."

이에 사람들이 몰려와 병을 고쳐달라고 애원했다. 예수는 그곳에 며칠간 머물며 치료법을 전수하고, 어떻게 해야 죄를 씻을 수 있는지와 하늘이 아닌 땅 위에 세우는 천국에 대해 가르쳤다. 며칠 뒤 고을을 떠나려 하자 사람들이 슬퍼했다. 떠나기 전 예수는 고향으로 돌아간 뒤 자신에게 다가올 운명을 예견이라도 한 듯 왕자의 비유를 설법했다.

"왕이 백성을 사랑한 나머지 값비싼 보물을 나눠주기 위해 외아

---

36 《화엄경》을 보면, 최고의 깨달음까지 52위가 있다.
37 인도 최북단 잠무 카슈미르주에 있는 지역.

들을 보냈다. 아들은 가는 곳곳마다 아낌없이 보물을 선물하고 다녔다. 하지만 이교의 신을 섬기는 승려들은 자신을 통하지 않고 직접 선물하는 왕의 아들이 불만이었다. 자신들을 통해야만 보물을 빼돌려 수입을 올릴 수 있기 때문이었다. 그래서 그들은 선물은 가짜이며 값어치가 없다고 사람들을 선동했다. 어리석은 백성은 보물을 모두 길거리에 내던지고 왕의 아들을 잡아 매질하고 침 뱉으며 고을에서 내쫓았다. 그럼에도 그 아들은 '아버지여, 저들을 용서하소서. 저들은 노예에 불과합니다'라고 기도하며 자기를 때린 자들을 오히려 축복했다."

계속해서 예수가 말했다.

"나의 신은 온 세상 인류의 왕이어서 보물과는 비할 수 없는 사랑을 나를 통해 보내셨다. 이제 나는 가지만 다시 온다.[38] 내 아버지의 나라에 당신들이 거할 곳을 마련하겠다."

그런 다음 손을 들어 침묵의 축복을 하고는 떠났다.

예수가 카슈미르 골짜기로 들어서니 한 무리의 대상이 지나가고 있었다. 그들은 다섯 갈래 개울의 땅에 있는 도시 라호르[39]로 향하고 있었다. 상인들은 레이에서 예수의 능력을 본 적이 있고

---

38 여기에는 두 가지 의미가 있는데, 하나는 죽음과 부활이고, 둘째는 인도로 다시 돌아온다는 뜻이다. 인도 남부 타밀나두주 첸나이(옛 이름 마드라스)에는 토마스의 무덤과 토마스 성당이 있으며 기독교인이 많다. 외경 〈토마스 행전〉에는 토마스가 인도에 가서 포교하고 순교한 내용이 기록되어 있다. 토마스는 '쌍둥이'라는 뜻으로, 일부 영지주의자들은 예수가 쌍둥이였으며 그 형제가 토마스라고 한다.

39 현 파키스탄 펀자브주의 주도. '펀자브'는 다섯 개의 강이라는 뜻으로, 펀자브 지역에는 베아스강, 라비강, 체나브강, 수틀레지강, 젤룸강 등 다섯 개의 인더스강 지류가 있다.

그의 명성도 잘 알고 있었기에 마침 방향이 같은 예수에게 동행을 권했다. 예수가 라호르에 가서 다시 신도강을 건너 페르시아를 거쳐 더 멀리 서방으로 간다는 말을 들은 행수는 쌍봉낙타와 안장, 그 외 필요한 일체 장비를 바쳐 여행을 돕고자 했다.

라호르에 도착하자 아자이닌을 비롯한 브라만교 승려들이 예수를 맞았다. 아자이닌은 예수가 베나레스에 있을 때 밤중에 찾아와 진리의 말씀을 들은 승려였다. 예수는 아자이닌의 집에 머물며 치료법을 비롯해 많은 것을 가르쳤다. 공기, 불, 물의 영을 지배하는 비법과 사면의 비의, 업장業障을 소멸시키는 방법도 전했다.

어느 날 예수와 아자이닌이 사원에 있었는데, 한 떼의 방랑 가인歌人과 어릿광대가 마당에서 춤추며 노래하고 있었다. 말로 형용할 수 없을 만큼 아름다운 음악에 사람들은 기재奇才라 칭송했다. 예수도 감탄하며 다음과 같이 말했다.

"기재란 없는 법. 만사는 자연법칙의 결과로다. 이들은 만 년 전에 화성법에 정통했고, 분주한 생활 속에서도 새의 지저귐에 귀 기울이며 하프로 연주했다. 그리고 윤회와 환생을 거듭하면서 다종다양한 음조를 배워 이생에 이르렀다. 이제 다음 생에서는 하늘 악단이 되어 노래하는 저들의 찬양에 천사들도 귀 기울이리라."

예수는 며칠 더 머물면서 남에게 베풀고 천민과 가난한 자를 위하는 일이라면 목숨을 바쳐도 아깝지 않다고 설법했다.

페르시아에서의 삶

업보의 대가

스물네 살이 된 예수는 페르시아에서도 하층민을 치료해주며 행복과 이 땅에서의 천국 건설을 가르쳤다. 페르시아 승려들과 지배계급이 예수를 미워하고 질투했음은 두말할 필요 없다. 본래 페르시아는 비교적 타 종교를 잘 이해하고 수용하는 편이었지만, 이상하게도 예수에게만큼은 훼방과 협박을 일삼았다. 그러나 예수를 막을 수는 없었다.

예수는 민중과 함께 길 위에서 생활하면서 페르세폴리스[40]에 도착했다. 이곳은 페르시아 역대 임금의 능이 있는 곳이자 24년 전

---

[40] 다리우스 대왕(재위 BC 522~BC 486년) 때 페르시아의 수도였던 곳.

예수를 찾아온 세 명의 동방박사 홀, 룬, 메루(또는 멜콰이어, 발타살, 캐스파)가 사는 곳이었다. 이들은 이미 천기와 별점을 통해 예수가 오리라는 것을 알고 도시 어귀까지 나와 기다리고 있었다. 마침내 이들이 만나자 밝은 빛이 둘러쌌다.

예수는 마기의 수도원에 머물렀는데, 마침 페르시아 현자 중 최고의 경지에 오른 카스파와 역시 뛰어난 현자인 자라, 메르존이 수도하고 있었다. 예수는 이들과 일주일간 묵언 수행을 하면서 교감하고 광명, 계시, 힘을 얻으며 기를 축적했다.

자라투스트라 축제 날이었다. 각지에서 마기와 신자들이 모여들어 페르세폴리스 대성전을 둘러싼 광장을 가득 메웠다. 대성전 안에는 아두르 아두란(불 중의 불)이 연중 꺼지지 않고 타오르고 있었으며, 최고의 불인 아타시 바흐람(승리의 불 또는 대성전의 불)을 지피는 의식이 연일 계속되었다. 대제사장이 자유 선문답을 제의했다. 그러자 예수가 먼저 나섰다.

"자라투스트라에게 영광이 있을지어다. 천지를 창조한 일곱 영[41]을 낳으신 당신들의 유일신 아후라 마즈다는 은혜로운 불멸자입니다. 당신들의 경전을 보니 창조된 선한 영(스펜타 마이뉴)과 악한 영(앙그라 마이뉴)이 끊임없이 대립하며 싸운다 했는데, 어찌 그 악한 영이 은혜로운 신으로부터 창조될 수 있는지 가르쳐주시기 바랍니다."

41 55쪽을 참조하라.

이에 한 마기가 반문했다.

"우리는 모두 악의 존재를 인정합니다. 천지, 상하, 좌우, 음양과 같이 모든 존재는 대립의 짝이 있습니다. 선이 있으면 악이 있는 법. 만물은 신의 창조물임을 우리 모두 알고 있는데, 신이 악을 만들지 않았다면 어디서 생겨났을까요?"

그 말에 많은 마기가 박수로 화답했다. 예수가 답했다.

"신께서 창조하신 모든 것은 선입니다. 일곱 영 역시 선입니다. 창조된 모든 것은 각기 고유한 색채, 음조, 형태가 있어 그 자체로는 선이고 순수이지만, 다른 것이 섞이거나 균형을 잃으면 부조화한 잡음이 되고 때로는 유독한 것이 되는데, 이렇게 변한 것을 악이라 합니다. 결국 악이란 색채, 음조, 형태 등이 부조화를 이룬 혼합물을 뜻합니다.

자라투스트라 교리에 따르면, 인간에게는 신조차도 어찌할 수 없는 자유 의지가 있는데 이는 우리 유다의 사상과도 맞닿아 있습니다. 바로 이 인간의 의지는 존재를 왜곡하기도 하는데, 신의 선한 창조물을 인간이 마음대로 상상하고 갖가지 방법으로 부조화를 만들어 요정이나 악마로 둔갑시키고는 이를 악이라 하고 두려워 도망칩니다. 그리고 어리석게도 이를 퇴치할 주술과 주문을 만들어 이에 의지하니 종국은 허상이 인간을 지배하게 되는 것입니다. 악마도, 저기 타오르는 불의 의식도 모두 인간이 만든 것입니다."

이 말에 누구도 반론하지 못했다. 예수는 자리를 떠나 고요한 곳으로 가 기도하고 명상에 잠겼다.

다음 날 아침 일찍 예수는 여느 때와 마찬가지로 사람들을 가르치고 치유해주고 있었다. 예수의 몸이 밝은 빛에 둘러싸여 있자 최고 경지의 마기인 카스파가 물었다.

"당신의 지혜는 어디에서 오며, 밝은 빛의 의미는 무엇입니까?"

예수가 답했다.

"신과 만나는 고요한 순간이 있는데, 그것이 곧 지혜의 샘입니다. 그곳에 들어가면 신의 빛이 우러나와 몸과 영혼에까지 투사되어 지혜, 사랑, 힘으로 가득 채워집니다."

카스파가 어떻게 해야 고요와 빛에 머무를 수 있는지 가르침을 원했다. 예수가 말했다.

"고요는 일정한 장소에 한하지 않습니다. 인간은 신과 만날 수 있는 비밀의 장소를 자기 몸에 지니고 있습니다. 그게 곧 프시케 Psyche(영혼 또는 생명)이며 언제든 어떤 순간이든 기도와 명상에 잠기면 됩니다. 처음에는 잡념에 시달리겠지만 일체의 번거로움과 공포, 의혹과 번민을 의식하지 않고 내려놓으면 신의 의지 속에 흡수되어 신성 의식으로 들어갑니다. 그 안에는 율법도 치유도 예언도 그저 존재하기만 할 뿐 그것을 꺼낼 수 있는 것은 자아뿐입니다. 자아란 현재, 미래, 과거 일체의 숨겨진 뜻을 푸는 비밀 열쇠로, 천사 케루빔과 연결되어 있습니다. 그러나 사람들은 번뇌와 집착에 휩싸여 이를 보지 못하기에 숨겨진 뜻을 알지 못합니다."

카스파가 말했다.

"오 주여! 아후라 마즈다여! 예언자 자라투스트라여! 감사합니다. 하느님의 지혜가 사람들에게 내려왔습니다."

예수는 그곳을 떠나 자이라스의 성림聖林에 가서 모여 있는 사람들에게 가르침을 주고 병든 몸과 영혼을 치유해주었다.

페르세폴리스 근교에 치유의 샘이라 부르는 곳이 있었다. 1년 중 특별한 날에 신이 내려와 이 샘에 영기를 불어넣는데, 그때 이 샘물로 목욕하면 영험을 볼 수 있다고 믿었다.[42] 온갖 장애가 있는 사람들과 환자들이 샘 주위에 머무르며 그날을 기다렸다. 예수가 그들 한가운데 서서 말했다.

"이 샘물은 신의 특별한 선물도 아니며 아무 효능이 없소. 이 샘이 신의 축복이라면 신께서 1년 내내 효과가 있도록 하셨을 것이오. 당신들이 신을 숭앙하고 치유될 수 있다고 믿는다면 어느 때라도 한 방울의 물로도 효험을 볼 수 있으니 믿음이 있는 자는 지금 당장 샘물로 씻으시오."

예수의 말에 믿음으로 가득 찬 몇몇 사람이 신을 경배하며 샘물에 뛰어들었다. 그들은 씻은 듯이 낫자 너 나 할 것 없이 샘에 뛰어들어 야단법석이었다. 그때 예수는 가냘프고 힘없어 보이는 어린 소녀를 발견했다. 소녀는 샘에 들어갈 엄두도 못 내고 한쪽 구석에 서 있었는데, 누구도 소녀를 돕지 않았다. 예수가 물었다.

"너는 왜 샘에 들어가지 않느냐?"

소녀가 답했다.

"서두를 필요 없잖아요. 언제라도 나을 수 있는걸요. 저 사람들은 뭐가 저리 급할까요? 혹시 샘물의 효험이 곧 사라질까 봐 그러

---

42 〈요한 복음서〉(5:1~4)를 연상시킨다.

는 거라면 믿음이 없는 사람들이라 어차피 낫지도 않을 거예요. 저는 굳게 믿으니 사람들이 다 나오면 그때 씻겠어요."

예수는 소녀를 안아 번쩍 들어 올렸다.

"너는 위대한 영혼을 가진 아이로구나. 너는 신앙의 힘을 모두에게 가르쳐주려고 이 땅에 왔도다. 숨을 크게 쉬어보아라. 숨 쉬는 공기에는 생명의 향이 가득 차 있다. 네 신앙으로 공기를 깊이 들이마셔 건강해지거라."

소녀가 숨을 크게 들이마시자 온몸의 병이 깨끗이 나았다. 소녀는 살아 있는 신앙을 가진 자는 언제 어디서든 자기의 죄를 깨끗이 씻어 죄악과 질병에서 해방된다는 것을 보여주었다.[43]

안타깝게도 병으로 죽어가는 젊은 여인이 있었다. 그 여인은 세상 그 누구보다도 착하게 살아왔지만 남편에게 버림받고 아들마저도 잃었다. 엎친 데 덮친 격으로, 어린 두 딸을 혼자 힘들게 기르며 살다가 그만 불치병에 걸리고 말았다. 마을 사람들의 도움으로 달구지에 실려 온 여인은 두 아이의 부축을 받아 간절한 마음으로 치유의 샘에 들어가 목욕하고 나왔으나 낫질 않았다. 두 딸을 두고 가면 누가 저 어린 것들을 돌보느냐며 여인은 예수에게 자신을 긍휼히 여겨 병을 낫게 해달라고 애원했다. 예수가 행할 기적을 보기 위해 많은 사람이 주위를 에워쌌다. 예수는 여인과 두 딸을 그윽히 바라보았다.

---

43 당시 사람들은 질병의 원인이 죄악이라고 생각했다. 부모가 저지른 죄 때문에 자식이 장애인으로 태어나고, 전생의 그릇된 행동의 대가로 이생에서 불행을 겪는다고 생각했다.

"네가 낫지 못하는 것은 믿음이 없어서가 아니다. 그대의 믿음은 세상 모든 사람의 믿음을 합친 것에 견줄 수 있으니 진정 신을 믿는다면 마음을 내려놓아라. 신께서는 인간이 아무리 간절히 기도해도 들어주지 않으실 때가 있다. 이는 당신의 뜻에 맞게 쓰기 위해서이기도 하고,[44] 너와 두 딸처럼 전생의 업보로 이생에서 그 값을 치러야 하기 때문이기도 하다. 아무리 용한 의원이나 구마 사제가 온다 해도 너는 나을 수가 없다. 지금의 고통을 감내하고 신께서 주신 운명을 달갑게 받아들인다면 그 수고의 대가로 너의 영혼을 깨끗하게 하시어 다음 생에 아름다운 존재로 태어나게 하실 것이다. 두 딸을 위해 걱정하지 말고 너의 시름을 버려라. 네가 근심한다 하더라도 고쳐지는 것은 없다.

두 딸에게도 말하노니 신께서 뜻하신 바가 있어 너희 어머니의 몸을 통해 너희를 세상에 보내셨다. 모녀로 이 세상에 존재했으나 가야 할 길은 서로 다른 법이니 어떤 힘든 일이 닥치더라도 원망하지 말며, 기쁨으로 반전할 줄 아는 슬기를 가져라. 그리하면 슬픔이 기쁨으로, 절망이 희망으로 바뀔 것이며, 너희가 살아가는 모든 순간을 사랑할 수 있으리라."

예수가 여인의 손을 잡아주었다. 여인은 안도의 눈물을 흘리면서 지금까지의 모든 근심을 내려놓은 채 편안한 마음으로 숨을 거두었다. 사람들은 예수의 말씀에 감명받아 왜 착하게 살아야 하는

---

[44] 사도 바오로는 뇌전증(간질)이 있었는데 신에게 낫게 해달라고 세 번이나 기도했음에도 들어주지 않았다.

지 깨달았으며, 순응과 감사와 기쁨의 의미를 알게 되었다. 두 딸은 친척이 맡아 길렀다.

페르시아인은 여기까지가 자기가 들은 내용이라며, 그 후로 예수는 아시리아로 떠났다고 했다. 그러자 예수의 친척이라는 사람이 말했다.

"예수가 오랫동안 안 보이더니 몇 년 전 나타나서는 집에 머물렀는데, 이후 다시 사라졌다가 저토록 근엄한 모습으로 올해 다시 나타나 설교를 하고 있습니다. 당시 거지꼴이었던 예수는 차마 눈 뜨고 못 봐줄 정도였지요. 그의 어머니에게 들은 말인데, 예수가 페르시아와 아시리아 여행을 다녀왔는데 아브라함의 고향 우르에 머물렀다고 하더군요. 그럼 제가 예수의 어머니에게서 들은 대로 이야기해보겠습니다."

아시리아에서의 행적

조상의 고향, 칼데아 우르

예수는 페르시아에서의 생활을 끝내고 드디어 고향을 향해 떠났
다. 성자 카스파는 유프라테스강까지 동행했고 훗날 이집트에서
다시 만날 날을 기약하며 헤어졌다. 카스파는 자신의 집으로, 예
수는 칼데아로 향했다.

 칼데아 우르[45]는 이스라엘의 조상 아브라함의 고향이다. 예수
는 먼 조상 시절 갈라진 혈족을 만나니 감개무량하여 그곳 사람들
에게 동족애와 동포애, 지상 평화와 영혼의 왕국을 설파하고 다녔
다. 그때 아시리아 최고 성인 아시바나가 젊은 성자 예수의 소식

---

45 유프라테스강 하류에 있었던 고대 수메르 최대의 도시 국가.

을 듣고 찾아왔다.

둘은 서로에게 감명받았고 함께 유프라테스강과 티그리스강 사이에 있는 도읍들을 빠짐없이 찾아다니며 설법하고 병자들을 치유해주었다. 수천 년 전에 건설되었을 우르의 거대한 지구라트는 유프라테스강의 퇴적물에 묻히고 파괴되어 간신히 머리만 내놓았고, 고대 메소포타미아 상형문자와 쐐기문자가 새겨진 토판은 여기저기 깨지고 부서진 채 널려 있었다. 예수는 인류 문명의 유한성과 흥망성쇠 앞에서 감상에 잠겼다.

또한 수메르인의 아눈나키 신들과 천지창조 신화와 인간 창조 이야기와 대홍수에 관한 전설, 고대 바빌론의 신 마르두크 신화, 바빌론의 법전을 전해 들으면서 토라 창세기와 모세 법전의 기록이 수메르 신화와 연결되어 있음을 알게 되었다. 아브라함은 창녀들이 넘쳐나는 범죄 도시 우르를 떠나 가나안에서 떠돌이 생활을 하다 이집트에 정착했는데, 그가 후손들에게 이야기해준 조상 땅의 전설과 법률이 후대로 전해지면서 점차 이야기에 살이 붙고 이름도 바뀌었을 테다. 모세의 인도로 이집트에서 탈출해 가나안 땅에 정착할 때까지 구전되어오던 고대의 전설과 신의 계시, 율법을 낱낱이 기록한 토라가 수메르 신화와 비슷하다는 사실은 이상할 것이 없었다.

예수와 아시바나는 폐허가 된 바빌론을 찾아갔다. 그 옛날 네부카드네자르 왕 시절 이스라엘 백성이 천한 포로가 되어 걸었을 거리를 거닐어보기도 했고, 유다의 자녀 사드락, 메삭, 아벳 느고가 금신상 앞에 절하지 않아 불가마에 던져졌으나 신의 도움으로 털

끝 하나 상하지 않았다[46]는 전설이 숨 쉬는 곳도 보았다. 그리고 다리우스 왕이 그 땅을 점령하여 다스릴 때 다니엘이 갇혔던 사자 우리[47]로 추정되는 곳도 보았다.

예수는 베르스의 신전에서 명상에 잠겼다. 한때는 바빌론이 유다의 신을 비웃으며 막강한 군사력으로 예루살렘을 불태우고, 보물을 약탈하고, 수많은 사람을 포로로 붙잡아 화려하고 웅장한 제국의 건축물을 짓는데 동원하는 등 영원한 권력으로 세상을 호령할 듯싶었지만, 그 모든 것이 사라지고 폐허만 남았으니 신 앞에는 그저 한낱 미물의 움직임에 불과하며 영속의 우주 앞에서는 찰나의 시간일 뿐이었다. 다산과 풍요를 관장한 달의 신 난나의 제단과 신하와 시종까지 순장함으로써 저승길의 동행을 강제했던 왕들의 무덤 주변에는 뱀과 전갈이 득실거리고 썩은 고기를 찾아 날아다니는 독수리들로 가득하니 이 모든 것은 허무한 인간사에 인과응보일 따름이었다. 이후 예수는 아시바나와 함께 시날의 야산에서 일주일간 머물면서 다가오는 시대에 인류를 위해 무엇을 해야 할지 이야기를 나눴다.

며칠 뒤 예수는 요르단강을 건너 고향 나자렛으로 돌아와 어머니를 만났다. 요셉의 자녀들이 마리아를 보살피고 있었다. 아들을 만난 어머니는 눈물을 흘리며 반겼으나 야고보를 제외한 형제들은 달랐다. 어린 시절 말썽을 피워 아버지를 고생시킨 것만 기억

---

46 〈다니엘서〉 3장.
47 〈다니엘서〉 6장.

하고 있는 형제들은 예수를 박대하고 비웃었다. 잘난 체하는 사기꾼에다 망상에 사로잡힌 놈[48]이라며, 떠돌이 생활을 하다가 더는 먹고살 길이 없으니 집에 들어와 가족을 괴롭힌다고 헐뜯었다.

형제들이 비난해도 예수는 그저 웃기만 했으며, 자신을 이해해주는 어머니에게만 이국의 문물과 여행 이야기를 밤새 해주었다. 그리고 집에 돌아와 정착하려는 게 아니라 최후의 수련 과정을 위해 이집트로 가던 도중에 어머니를 보기 위해 잠시 들렀을 뿐이라고 했다. 과연 얼마 지나지 않아 예수는 다시 길을 떠났다. 카르멜(갈멜)산을 넘어 항구에서 배를 타고 곧장 그리스 수도 아테네로 건너갔다.

예수의 친척이 이야기를 마치자 이집트 밀교의 수행자가 자기도 예수를 안다며 나섰다. 그리스 최고의 철학자이자 교사인 아폴로 성자에게 가르침을 받고 이집트 에리후의 예언자 양성 학교에서 수행했다는 그는 스승의 가르침 가운데 히브리 성자 예수에 관한 이야기를 들었는데, 예수가 그리스인들이 섬기는 신을 우상이라며 가차 없이 비판하고 다녔다고 했다. 그 역시 자기가 들은 대로만 말하겠노라며 이야기를 시작했다.

---

48 《탈무드》에 예수에 대한 이러한 비난이 기록되어 있다.

그리스에서의 삶

기도의 의미

아테네에 도착한 예수는 그리스 최고의 스승이자 성자인 아폴로를 찾아가 그의 제자가 되어 가르침을 받았다. 예수는 그리스의 과학과 수학과 철학, 시와 노래를 비롯한 온갖 예술과 건축물 등 최고의 지식과 고상한 교양에 새삼 감탄했다. 또한 아테네의 학자들이 모든 분야에서 지상 최고의 권위자임을 다시 한번 확인했다. 예수는 새로운 지식을 배우고 익히면서 위대한 아테네를 축복했다. 예수는 침식조차 잊은 채 도서관의 모든 기록과 위대한 건축물들, 그들이 섬기는 신까지도 두루 연구하며 섭렵했다.

하지만 그들은 감각과 이성의 영역까지가 한계였다. 그들은 눈에 보이는 사물과 의식의 문제를 논리적으로 해결하고, 수학과 과학으로써 존재하고 있는 원리를 공식화하고 이해하려 할 뿐이었다. 그들의 신은 인간의 변형이자 감정의 폭발이며 자연의 은유였다. 그래서 예수는 그리스의 철학자와 과학자를 향해 외쳤다.

"현상을 뛰어넘어 본질을 직관하십시오. 신과 교통하고 영원의 법칙을 깨달으십시오. 인간에게는 참모습의 세계를 볼 수 있는 거룩한 기운이 내재해 있습니다. 그 기운을 그노시스gnosis[49]라 합니다. 철학과 과학 같은 지식은 깨달음을 줄 수 없지만 그노시스는 각성으로 안내합니다."

그리스 학자들은 예수의 말을 충분히 이해하지 못했지만 귀를 기울이며 그의 철학을 받아들이기 위해 노력했다.

하루는 예수와 아폴로가 해변을 거닐고 있는데, 델피 신전의 사자가 급히 달려와 신탁이 아폴로를 찾는다고 전했다. 아폴로는 예수와 함께 급히 신전으로 갔다. 여러 사제를 비롯해 학자, 교사, 정치인, 백성이 모여 신탁을 들었다. 신탁이 내린 여사제는 흥분 상태가 되어 눈이 뒤집힌 채로 몸을 떨면서 무어라 소리 내기 시작했다. 그 소리의 의미는 누구도 알 수 없고 오직 아폴로만 이해할 수 있었다.

"그리스 성자 아폴로여 들어라. 이제 시대의 한밤중에 이르렀다. 자아의 태중에서 시대가 잉태된다. 시대는 태동하여 아침 해와 함께 눈부시게 태어나고, 늙은 태양이 지면 시대는 무너지고

---

49 그노시스 또는 영지靈智, 靈知란 초감각적인 신과의 융합을 체험하게 하는 신비적 직관이나 종교적 인식을 뜻한다. 기독교에서도 이에 대한 흔적이 〈요한복음〉과 바오로의 편지에 남아 있으며, 나그함마디 문서와 사해 문서가 발견되면서 활발히 연구되고 있다.

죽는다. 델피의 시대는 영광과 명예의 시대였다. 신들은 수목, 황금, 보석의 신탁을 통하여 인간에게 말했다. 델피의 태양은 사라졌다. 신탁은 빛을 잃으리라. 인간은 더 이상 그 소리를 들을 수 없게 될 것이다. 이제 신들은 인간을 통하여 인간에게 말하리라. 살아 있는 신탁은 지금 성림 안에 있다. 로고스가 하늘에서 왔다. 앞으로 내 슬기, 내 기운은 힘을 잃을 것이다. 이제부터 그 임마누엘의 슬기와 힘이 더해지리라. 모든 교사는 머무르라. 모든 생물은 그 임마누엘의 말을 듣고 받들라."

이날 이후로 신탁은 내려오지 않았다. 아폴로는 예수와 단둘이 있을 때 물었다.

"신탁의 소리가 말하는 로고스와 임마누엘이 누구길래 그를 받들라 하는지 모르겠습니다."

"때가 되지 않았으니 로고스이자 임마누엘은 아직 자신을 세상에 드러내지 않을 겁니다. 그러나 아폴로 성자께서는 이미 만났고 보고 있습니다. 그가 세상에 드러날 때 그를 박해한 나라는 영원히 망하고, 한 제국은 그를 받들어 영원토록 세상을 지배할 겁니다."

아폴로는 이 말을 이해하지 못한 채 신탁의 정체를 물었다.

"이 신성한 델피의 신탁은 그리스를 위하여 유익한 말을 많이 전했습니다. 그런데 누가 신탁을 내리며, 또 그 목소리의 주인공은 누구입니까? 천사입니까, 인간입니까, 아니면 살아 있는 신들입니까?"

예수가 말했다.

"그 누구도 아닙니다. 이는 그리스의 많은 지도자가 합하여 하나의 큰 정신이 된, 비할 바 없는 슬기입니다. 난難기호가 황홀경에 들어간 여사제의 입을 통해 무작위로 흘러나오면 아폴로 성인께서는 이 큰 정신의 본질을 받아들여서 본인도 모르게 어떤 규칙과 질서를 발견하고 이를 다시 그리스의 언어로 듣고 생각하고 해석합니다. 그러나 그리스의 지도자들이 사라지면 이 큰 정신도 없어질 것이고, 그때가 되면 델피의 신탁은 말하지 않게 될 것입니다. 이미 그리스의 정신은 로마로 흘러들었고, 로마는 이를 토대로 세상을 개혁하고 있습니다."

어느 날 예수가 아테네의 바닷가를 걷고 있을 때였다. 갑자기 폭풍우가 일어나더니 배가 전복되고 사람들이 물에 빠져 허우적거렸다. 더러는 해변으로 떠내려왔지만, 많은 사람이 익사해 시체가 해변에 널브러져 있었다. 예수는 필사적으로 그들을 건져냈다. 그런데 육지에서 이를 보던 사람들은 물에 빠진 사람들을 직접 구할 생각은 안 하고, 해변에 세워진 바다의 신 포세이돈과 여러 신의 제단 앞으로 몰려 가 저들을 구해달라고 기도했다.

한참 뒤 광풍이 사그라들고 바다가 고요해지자 사람들은 신이 기도를 들어주셨다며 기뻐했다. 조난자들을 구하고 시신 수습이 어느 정도 마무리되자 예수가 말했다.

"저 움직이지도 못하는 그림이나 나무, 돌조각 신상이 무엇을 하겠소? 기도할 시간에 사람을 구조했더라면 더 많은 사람이 살 수 있었을 텐데 무의미한 기도 때문에 죽지 않아도 될 사람까지 죽었소. 바다가 잔잔해진 것은 시간이 흘러 바람이 길을 떠났기 때문이지 신이 기도를 들어줘서 그런 게 아니오. 신은 스스로 아무것도 할 수 없기에 사람의 손과 발과 행위와 말을 통해 드러내는 법. 그러므로 구조를 위한 가장 효과적인 기도는 구조가 필요한 자에게 직접 도움을 주는 것이오. 그러면 신은 그 일을 기억하여 다른 사람을 통해서나 여러분 자신을 통해 보상해줄 것이오."

사람들은 깊이 반성했다. 기도란 도움이 필요한 이웃을 내버려둔 채 신 앞에 엎드려 울부짖으며 말로만 하는 것이 아니다. 옳은 일을 위해 행동하는 자만이 기도할 자격이 있고 신의 영광을 드러낼 수 있다. 자신을 위한 기도는 자기 위안이며 자신에게 잠재된 힘을 끌어내는 원동력이자 추진력의 근원이다. 신은 특정인을 위해 그 기도를 결코 들어주지 않는다. 우주의 기운은 평형을 이루고 있기에 한쪽이 흥하면 한쪽은 쇠하고 한쪽이 솟으면 한쪽은 꺼지기 마련이다. 신은 모두를 사랑하기 때문에 신의 힘으로 인간사에 개입하는 것이 아니라 인간 스스로 해결하고 치유하길 원한다. 기도란 힘이며 생명력 있는 스스로의 능력이다.

그리스에서 배움과 수련, 설법을 모두 마쳤다고 판단한 예수는 최고 단계의 영적 수련을 위해 이집트로 향했다. 아폴로를 비롯해 많은 학자가 바닷가에 나와 배를 타고 이집트로 떠나는 예수를 배웅했다.

"나는 많은 나라를 다니며 그들의 신과 신전에 섰고 그들의 백성을 위해 여러 민족의 언어로 선과 지상 천국과 평화를 전했습니다. 그리고 그들로부터 분에 넘치는 환대를 받기도 했습니다. 그 중 제일은 역시 그리스입니다. 사상과 철학의 깊이는 인간의 자유와 권리를, 과학과 수학은 삶의 질을 높였습니다. 그러나 인간의 지력만 믿고 영성을 잊었기에 전쟁은 그리스를 굴복시키고 말았습니다. 그렇지만 그 정신은 영원히 남을 것이고, 장차 인간 발전의 기틀이 될 것입니다. 자부심을 가지고 거룩한 기운을 들이마셔 영의 힘을 회복하시기 바랍니다. 그동안 고마웠습니다."

예수는 작별 인사를 마치고 크리도의 배 마르스호를 타고 이집트로 떠났다.

이집트에서의 삶

깨달음의 길

예수는 알렉산드리아에 도착하자마자 곧바로 소문으로 익히 들어왔던 초안Zoan[50]으로 갔다. 초안은 예리프(에리후)와 살로메 성자의 고향이자 그들이 운영하는 예언자 육성 학교가 있는 곳이었다. 예리프는 예수를 만나 고향과 부모를 물었다. 예수가 자신은 나자렛 사람이며 요셉과 마리아가 부모라고 답하자 살로메는 혹시 베들레헴에서 태어나지 않았냐고 물었다. 예수가 그렇다며 영아 때 이집트로 피난 온 적이 있다고 하자 예리프와 살로메는 깜짝 놀랐다.

---

[50] 초안(소안)은 고대 이집트의 도시로, 구약 성경에 많이 언급된 지명이다(〈민수기〉 13:22, 〈이사야서〉 19:11~13, 30:4, 〈에제키엘서〉 30:14, 〈시편〉 78:12, 43).

"우리는 당신의 부모를 알고 있으며, 당신을 기다리고 있었습니다. 헤로데 영아 학살 사건 때 당신의 부모는 친척 엘리사벳과 그의 아들 요한과 함께 이곳으로 피난했지요. 두 어머니는 여기 3년간 머물면서 유다의 역사와 각국의 종교, 성인, 삼위일체의 신, 인간의 도리 등 성자의 어머니가 되기 위한 교육을 받고 유다로 돌아갔습니다. 어머니로부터 가르침을 받은 당신이 언젠가 되돌아와 완전한 성자가 되기 위해 입문할 것임을 알고 있었기에 더욱 반갑습니다."

예수는 처음 듣는 말이었다.

"나는 태어났을 때부터 말할 줄 알았으며 모든 것을 기억합니다. 이집트로 피난 와 동족에게 냉대받고 쫓겨나 3년 가까이 사막의 유랑자로 고생한 기억밖에 없습니다."

살로메는 영아 때 일을 어찌 기억하냐며, 설사 기억한다 하더라도 나쁜 기억은 오래 머물고 좋은 기억은 잊히는 법이니 이곳을 기억하지 못하는 것은 당연하다고 했다. 예수는 재차 그런 기억이 없으며, 엘리사벳과 동행한 적도 없고, 헤로데에게 쫓겨 부모와 함께 떠돌이 생활을 했을 뿐이라고 단호하게 말했다.

예리프는 한참 고민하다가 당시의 기록을 꺼내 보였다. 예수의 가계도[51]였는데, 요셉으로부터 역순으로 쓰여 있었다.

요셉—엘리—마탓—레위—멜키—얀나이—요셉—마티트야—아모츠

[51] 〈루카 복음서〉(3:23~38)의 족보를 인용했다.

―나훔―헤슬리―나깨―마핫―마티트야―시므이―요섹―요다―요 하난―레사―즈루빠벨―스알티엘―네리―멜키―아띠―코삼―엘마 담―에르―여호수아―엘리에제르―요림―마탓―레위―시메온―유 다―요셉―요남―엘리야킴―멜레아―멘나―마타타―나탄―다윗― 이사이―오벳―보아즈―살라―나흐손―암미나답―아드민―아르니 ―헤츠론―페레츠―유다―야곱―이사악―아브라함―테라―나호르 ―스룩―르우―펠렉―에베르―셀라―케난―아르팍삿―셈―노아― 라멕―므투셀라―에녹―예렛―마할랄엘―케난―에노스―셋―아담

예수가 보기에 뭔가 이상했다. 보통 조상 아브라함부터 기록하 며 야곱의 열두 아들에서 파가 갈라져 열두 지파를 이루고 이사이 의 아들 다윗, 솔로몬으로 이어지는 계보가 최고의 혈통으로 여겨 진다. 그런데 자신이 알고 있는 세계世系와 완전히 다를 뿐 아니라 역순으로 된 기록이라니 분명 뭔가 숨겨진 의도가 있는 듯 보였 다.

"내가 알고 있는 우리 집안의 계보가 아닙니다. 그리고 아브라함 이전의 조상과 최초의 인류라 여기는 아담까지 기록되어 있으니 이상하기도 하고요. 예리프 성자의 말씀대로 어머니가 여기에 머 무르셨다면 어머니의 족보일 가능성도 배제할 수는 없지만[52] 어머 니의 아버지는 요아킴이니 그것도 아닙니다."

---

[52] 대부분 위경에는 마리아의 아버지가 요아킴으로 기록되어 있다. 그러나 일부 전설에서는 헬리 (엘리)라고도 한다.

예리프가 그럼 무엇이겠느냐고 물었다.

"첫째, 내가 아닌 다른 인물일 수 있습니다. 헤로데의 영아 학살 때 요셉, 마리아, 예수라는 이름을 가진 다른 가족이 이곳까지 피난 왔을 가능성도 있습니다.[53] 둘째, 이곳에 피난 온 엘리사벳이 자신을 도와준 다른 요셉 가족과 함께 머물렀을 가능성도 있습니다. 셋째, 헤로데의 추격을 두려워한 아버지 요셉이 신분을 위장하려고 가짜 계보 혹은 어머니의 계보를 기록했을 수도 있습니다. 어쨌든 여기에 잠시 머물렀는지는 모르겠지만 확실히 우리의 가계도는 아닙니다."

예리프는 예수를 한참 동안 바라보더니 안타까운 듯 이야기했다.

"당신의 몸이며 얼굴에는 분명 성자의 상이 들어 있으며 우리를 지배하는 거대한 힘과 능력이 내재해 있습니다. 당신 앞에서 우리는 큰 기운에 압도당합니다. 그러나 당신은 우리가 기다리는 예수가 아닌 듯합니다. 여기는 예언된 자만이 들어올 수 있는 곳입니다."

그러나 살로메는 지금까지 이곳에 왔던 성자 중 이토록 거대한 영력을 느껴본 적이 없으니 일단 성사聖師와 대면케 한 후 그분 뜻에 따라 결정하자고 했다.

"당신의 친척 요한과 동일 인물인지는 모르겠지만, 엘리사벳의 아들 요한도 여기서 꽤 오래 수행하고 제법 높은 단계의 깨달음을

53　요셉, 마리아, 예수로 결합된 가족은 당시에 굉장히 흔했다.

얻었습니다. 더 높은 단계까지 올라갈 수도 있었지만 때가 가까이 왔다면서 자신의 사명이 '올 분을 위해 길을 닦아야 하는 일'이니 고국으로 돌아가 그분을 맞이할 준비를 해야 한다며 떠났습니다. 요한은 성격과 외모가 야성적이고 항상 사명 의식에 불타올랐습니다."

예수는 한 번도 본 적 없는 엘리사벳의 아들 요한이 궁금했다. 그가 말한 때와 사명은 무엇이고, 누구를 위해 길을 닦는다는 걸까. 자신도 마지막 수도처인 이집트에서의 생활이 끝나면 팔레스티나 지역으로 돌아갈 텐데 그때 꼭 요한을 만나보리라 마음먹었다.

예수는 초안에서 며칠 머문 뒤 헬리오폴리스로 가서 예리프와 살로메의 안내로 성사 히에로판테스를 만났다. 성스러운 형제단의 신전에 입회하기 위해서였다.

형제단 회의가 열렸다. 예수가 히에로판테스의 질문에 모두 답하자 단원들은 오히려 예수를 통해 깨달음을 얻었다. 히에로판테스가 말했다.

"히브리 성자 예수여, 당신은 신의 지혜를 가졌고 이미 영적으로 높은 수준의 깨달음을 얻은 분입니다. 이곳에 와서 무슨 지혜를 구할 수 있겠습니까?"

예수가 답했다.

"나도 사람의 아들이기에 성현이 올랐을 인간의 최고 경지에 올라보고 싶습니다. 인간의 고통을 경험하고 그러한 처지에 있는 사람을 구원하고 싶습니다. 그래서 당신들의 가장 혹독하고 험난한 시험을 통과하는 게 저의 바람입니다."

히에로판테스는 감격했다.

"최고의 경지는 최심最深의 장소에 이르는 이에 의해 이루어집니다. 꼭 이루시길 바랍니다."

예수는 샘물로 목욕하고 복장을 갖춘 뒤 신비의 의례 장소인 텔레스테리온Telesterion[54]으로 안내되었다. 형제단이 결성되고 미스테리아 비밀 의식이 행해진 이래 전무후무하게 단체가 아닌 단독으로 돼지 씻김과 돼지 살해, 돼지 피 정화 의식을 거행했다. 이교의 의식이었지만 예수는 어차피 인간이 제정한 것이기에 거부감 없이 순순히 응했다.

히에로판테스는 예수에게 '로고스', '원圓', '칠七'이라는 속성과 특질을 부여했고, 예수는 이것으로 불리고 알려지게 되었다. [55]

첫 번째 통과의례: 성실

히에로판테스는 누구든 자기 자신을 찾을 때까지는 시험의 장소인 어두운 동굴에서 나올 수 없으며 자칫 죽음에 이를 수도 있다고 경고했다. 예수는 벽에 ‡,†,+,╤,╤,×,卍 같은 기호와 상형문자와 성구가 기록되어 있는 새벽빛처럼 희미한 독방으로 안내되어 명상에 잠겼다. 얼마 뒤 자신의 카, 바, 아크[56]와 대면하고 자기 자

---

54 미스테리아 입문자들이 비밀 의식을 행하는 건물. 의식은 비밀을 지켜야 했기에 알려지지 않았는데, 누구든 발설하거나 들은 자라면 죽었다고 한다.

55 로고스는 '완전한 말, 창조, 파괴, 구제'를, 원은 '완전한 인간의 기호'를, 7은 '완전한 인간의 번호'를 의미한다.

신을 보게 되었다.

며칠이 지난 어느 밤, 평상심으로 지내고 있는 예수 앞에 미처 몰랐던 비밀의 문이 조용히 열리더니 검은 복장의 승려가 나타나 주위를 살피면서 말했다.

"쉿! 놀라지 마세요. 저는 당신의 목숨을 구하러 왔습니다. 여기는 당신과 다른 종교 집단의 비밀 의식을 행하는 곳입니다. 승려들은 종교가 다른 당신을 반대할 뿐 아니라 당신의 명성을 시기하고 깨달음을 얻는 것을 두려워하여 여기에 가두어 죽이려 합니다. 당신이 자아를 깨닫는 순간 저들은 당신을 죽일 것이며, 깨닫지 못하면 여기 암흑에 가두어 스스로 죽게 만들 것입니다. 며칠 뒤 저들이 여기로 올 터인데 만약 살아서 나가고 싶다면 아직 영적 자아를 못 만났으니 이곳에 좀 더 있겠다고 말하고, 그들이 돌아가면 벽을 세 번 두드리세요. 그러면 제가 구하러 오겠습니다. 꼭 명심하셔야 합니다."

예수가 말했다.

"당신은 진짜로 나를 구하러 온 것이오, 아니면 내게 속임수를 가르치러 온 것이오?"

검은 복장의 승려가 말했다.

---

56 카Ka는 인간이 태어날 때부터 들어와 죽어서도 육체에 남아 있는 혼을 말하며, 바Ba는 인간이 죽으면 저승으로 떠나는 영혼을 말한다. 아크Akh는 죽은 사람의 육체를 말하는데, 영혼이 생전의 장소를 방문할 때 이 육체의 형상을 입고 다녀온다. 꿈에서 죽은 사람을 만나는 것은 아크를 보는 것이며, 아크를 입은 영혼은 사람에게 유령으로 나타난다. 카와 바가 결합하면 아크로 부활하게 되는데, 이런 이유에서 이집트에서는 시체를 화장하지 않고 매장했다. 이집트 왕들의 미라는 이러한 사상의 산물이다.

"제 말을 안 들으시면 후회하게 될 겁니다. 제 말대로 하시면 꼭 구하러 오겠습니다."

예수는 한숨을 길게 쉬고는 비장한 목소리로 말했다.

"나는 설사 죽는 한이 있더라도 이곳 승려들과 나의 신과 나 자신에게 거짓말하지 않겠소. 당장 물러가시오."

"왜 이리 어리석습니까? 거짓된 자들에게 지키지 않아도 될 신의를 지키느라 하나밖에 없는 목숨을 내놓으실 겁니까?"

"신의란 죽음을 초월하는 것이오. 이들은 거짓 사교 집단이 아니라 인류의 영성을 이끌어가고 고양하는 최고의 현자들이오. 어서 물러가시오."

머뭇거리던 검은 복장의 승려는 자기를 믿어야 한다고 애원하고는 내일 다시 오겠다며 사라졌다.

다음 날 그가 다시 나타났다. 예수는 아무런 반응도 보이지 않고 계속 명상에 잠겼다. 그는 예수에게 다급하게 말했다.

"어서 이곳을 탈출하지 않으면 저들의 칼에 죽임을 당합니다. 빨리 수련을 그만두고 이 비밀의 문으로 도망가세요."

예수는 그가 뭐라든 꿈쩍도 하지 않았다. 한참이 지나 검은 복장의 승려는 포기한 듯 비밀의 문으로 나가고 예수는 혼자가 되었다. 얼마나 시간이 흘렀을까. 큰 문이 열리더니 흰 옷을 입은 사제가 들어왔다.

"위대한 로고스여, 당신의 승리입니다. 첫 번째 시험을 통과했습니다."

예수는 흰 옷 사제의 안내를 받아 심판실에 들어섰다. 형제단 모두가 일어나 맞아주었고 히에로판테스가 들어와 예수의 머리에 손을 얹고는 예수의 양손에 두루마리 하나를 놓았다. 두루마리에는 '성실'이라는 단어가 큼지막하게 적혀 있었다.

두 번째 통과의례: 공정

안내인은 첫 관문을 통과했으니 지친 영과 육을 보충할 겸 잠시 쉬라면서 예수를 넓고 화려한 방으로 안내했다. 보통 한 단계를 통과하면 10일에서 40일가량 휴식을 취하는 것이 관례였지만, 예수는 단박에 거절하고 곧바로 다음 단계를 원했다. 그러자 안내인은 예수를 밤처럼 깜깜한 방에 혼자 들여보내고는 사라졌다.

예수는 왜 이 아무것도 보이지 않는 방에 홀로 자신을 놔두었을까 생각하며 이리저리 손을 휘저어 보고는 손에 걸리는 것이 아무것도 없자 그냥 그 자리에 주저앉았다. 수련 중 죽을 수도 있다는 성사의 말이 떠올라 처음엔 약간의 공포를 느끼며 이런저런 잡념에 흔들렸지만 이내 적응이 되어 시간과 어둠조차 의식하지 않고 명상에 잠겼다. 며칠이나 지났을까 예수가 잠자리에 들려는 순간 호롱불을 든 두 명의 승려가 찾아왔다.

"어둠 속에서 수련을 잘하고 계시는지 보러 왔습니다. 이 무섭고 어두운 지하실에서 겪는 고통을 저희도 잘 알기에 무엇이 진실인지 말할 겸 저희의 경험을 이야기해드리려 합니다."

예수가 말했다.

"어차피 깨달음이란 혼자서 가야 할 길. 듣고 참고는 하겠습니다만 두 분 승려는 두 분 각자의 방법으로, 나는 나의 방법으로 깨달는 것이 아니겠습니까?”

"아닙니다. 남이 어떤 방법으로 수련했는지, 그 결과가 무엇이었는지도 들어봐야 진실을 알게 되는 겁니다. 아시다시피 이교도 미스테리아에서는 피의 의식을 거행하기 위해 산 제물을 바친 후 번제를 드리지 않습니까? 때로는 아기를 바치기도 하고 성인 남자를 바칠 때도 있습니다. 큰 제사에서는 처녀막이 순수한 여자를 제단에 묶은 뒤 사제가 성교하여 처녀막이 파괴될 때의 신성한 피 한 방울과 처녀의 첫 신음을 신에게 드립니다. 그다음 산 채로 처녀의 심장을 꺼내 제단에 뿌리고 육체를 태워 신께서 흠향할 수 있도록 하지요. 그런데 비밀 유지를 위해 이를 행한 사제를 함께 죽이기도 합니다.

저들은 나라에서 금한 인신공희를 자행하다 들켜 이곳으로 도망쳐 숨어 살면서 고상한 승려인 체하는 범죄자들입니다. 저는 이 의식이 죄악이며, 이 방을 나가면 어떤 일이 일어나는지 미리 알았기에 이 방을 먼저 다녀간 승려들의 도움으로 탈출에 성공했습니다. 그리고 탈출을 도운 이들의 은혜에 보답하고자 저 역시 비밀 통로로 들락거리며 저들에게 속아 수행하는 자들을 구했습니다. 제 말을 믿지 않고 끝까지 수행하던 사람들이 다음 제사 때 희생 제물이 되어 죽임당하는 걸 몇 번이나 봤습니다.”

예수는 한참을 생각하더니 대답했다.

"당신들은 스스로 배신자라고 말하고 있소. 한 번 배신한 자는 그 누구도 배신할 수 있소. 당신들이 한 말에 대해 충분한 증거를 갖추기 전에 섣불리 판단한다면 그것은 옳지 못한 것이오. 배신을 통해 광명을 얻느니 진실의 무덤이 더 나을 듯하오. 당신들이 말한 의식에 대해 객관적이고 공정한 조사를 한 다음 판단할 것이니어서 나가시오."

"다음 희생 제물이 예수 당신입니다. 당신이 칼을 들고 처녀와 성교한 다음 그녀를 죽여 심장을 꺼내 번제를 드려야 하는데, 그리할 자신이 있습니까? 대부분 그리 못하여 죽임을 당합니다. 그동안 얻은 명성과 수련으로 쌓은 깨달음이 아깝지 않습니까? 그들이 곧 들어와 당신을 밧줄로 묶어 끌고 갈 겁니다. 제가 저 어둠 속에 숨어 있을 테니 밧줄을 내미는 순간 '싫소'라고 말하면 그들을 물리치고 구해주겠습니다."

그러면서 그들은 칼을 보여주었다. 예수가 말했다.

"배신자들이여, 어서 가시오. 이곳은 암흑뿐이지만 내 마음에는 해보다 더 밝은 빛이 있소. 저들은 사람을 죽여 신에게 바치는 자들이 아니오."

그들이 나가자 흰 옷을 입은 사제가 한 손에는 희미한 등불을 들고, 한 손에는 밧줄을 가지고 들어왔다. 예수는 참선에 들어 있었다. 사제는 예수에게 다가가 밧줄로 한 손을 묶었다. 예수는 조금도 의심치 않고 순순히 다른 손마저 내주었다.

"한 손만 필요합니다. 나가는 길은 너무 어두워 아무것도 보이지 않습니다. 며칠 동안 암흑 속에 있다가 갑자기 밝은 곳으로 나가면 눈에 무리가 가므로 저와 밧줄로 연결한 다음 나갈 테니 한 손으로는 벽을 짚고 천천히 따라오세요. 어둠의 터널을 지나 점차 밝은 곳으로 나갈 겁니다."

예수는 형제단 앞에 섰다. 히에로판테스는 침묵한 채 예수에게 '공정'이라는 단어가 적힌 두루마리를 주었다.

세 번째 통과의례: 박애

예수는 다음 단계인 환락의 방으로 안내되었다. 화려한 가구로 장식된 방의 한가운데에 식탁이 휠 정도로 산해진미가 차려져 있었고 포도주와 하오마가 넘쳐났다. 식탁에는 반라의 젊은 남녀들이 앉아 서로 껴안고 쓰다듬고 시시덕거리며 술을 마셔댔다.

그동안 예수는 거의 먹지도 않고 참선과 명상을 해왔기에 배가 고팠다. 예수 옆에는 명상하면서 마실 물 한 그릇만 놓여 있을 뿐이었다. 젊은 남녀 가운데 성자의 복장을 한 사람도 끼어 있었는데, 그는 예수에게 오라고 손짓했다.

"꿀벌이 모든 꽃에서 달콤한 꿀을 찾아내듯 어느 곳 어느 때라도 달콤한 인생을 찾을 줄 아는 자는 행복하다.

인생은 짧고 죽을 때를 알지 못하며 죽어서 가는 곳도 알 수 없고 죽어 묻히면 흙이 되니 살아 있는 동안 먹고 마시고 노래하고 춤추며 인생을 즐기자.

맛있는 음식을 앞에 두고 배고픔을 참으며 먹지 않고, 타는 갈증에도 물을 아끼며, 아름다운 이성을 앞에 두고도 성욕을 억제하는 것은 어리석은 짓. 입은 먹고 마시라고 있는 것이고, 성기는 써서 쾌감을 얻으라고 신이 만들어주신 것이다.

금식, 금주, 금욕은 있지도 않은 깨달음이라는 허상을 얻기 위해 인간의 의지가 만들어낸 위선일 뿐. 이는 자식을 낳고 번성하고,

땅을 정복하고, 신이 창조한 온갖 것을 양식으로 삼으라[57]는 신의 명령을 어기는 행위다. 우리 모두 함께 먹고 마시고 즐기고 쾌락을 얻자."

그 말이 끝나자 청춘 남녀가 서로 뒤엉키면서 거친 숨소리와 쾌락의 괴성이 방 안을 가득 채웠고, 한 여인이 예수에게 다가와 온갖 교태로 유혹했다.

예수는 명상에 잠겨 유혹을 물리쳤다.

"신께서 인간을 흙으로 빚어 코에 입김을 불어넣어 숨을 쉬게 만드셨으므로[58] 숨은 하느님께 받은 것이니 종국은 하느님께 돌아가는 것이다.[59] 곧 탄생이란 숨이 육체를 입어 땅에 내려오는 것이고, 죽음이란 우리의 숨이 하느님께 가는 것.

인간의 숨은 신의 영을 나누어주신 것이므로 신의 일부이다. 영육의 타락은 신의 일부를 오염시키는 것이자 모욕하는 것이므로 청결해야 한다. 몸과 숨이 결합해 있으므로 몸이 타락하면 영도 타락하고, 영이 맑으면 몸도 맑아진다.

그러므로 영이 육체에 머물러 있을 때 육체를 수련하여 깨달음을 얻자. 깨달음을 얻는다는 것은 신인이 합일하는 것. 합일이란 대우주가 되는 것이고 만유의 법칙과 질서를 의미하는 것이다."

그러자 눈앞에 펼쳐졌던 쾌락의 환상이 모두 사라졌다.

대신 예수 앞에 다른 모습이 펼쳐졌다. 이번에는 세상의 온갖 금

---

57 〈창세기〉 1:28~29.
58 〈창세기〉 2:6~7.
59 〈코헬렛〉 12:7.

은보화로 장식한 채 흥에 겨워 먹고 마시며 즐기는 부자 무리가 있었다. 그들 앞에 가난과 고생에 찌들어 얼굴이 주름투성이인 사람이 나타났다. 그들은 음식을 바닥에 던져주며 집어 먹으라고 하고는 더럽다고 모욕하고 막대기로 툭툭 치며 웃어댔다. 젊을 때 재산을 모으지 않고 자선한답시고 낭비해버리니 늙어서 고생하고 천대받는다며 남을 돕는 일만큼 멍청한 짓이 없노라며 비웃었다.

불쌍한 창녀가 그들 앞에 나타나 먹을 것을 구했다. 그들은 그녀에게 침을 뱉고 욕하고 옷을 찢은 후 돌을 던지며 내쫓았다. 또 거지 소녀가 배가 고파 그들 주위에 떨어진 음식을 주워 먹자 그 음식을 빼앗아 자기들이 기르는 개와 고양이에게 주면서 소녀를 쫓아냈다. 그들은 예수와 눈이 마주쳤다.

"히브리 성자 예수여, 이리 오십시오. 세상에서 가장 좋은 것은 돈입니다. 돈으로는 안 되는 것이 없으니 세상의 모든 것을 구할 수 있으며, 로마 황제에게 바치면 일국의 영주도 될 수 있습니다. 돈은 아무나 벌 수 있는 게 아니고 타고난 능력자만이 소유할 수 있는 것. 저런 하층민은 거지 근성이 있어서 노력해 벌 생각은 안 하고 동냥질이나 하고 몸을 팔고 훔치면서 남이 도와주길 바라지요. 저들을 돕는 것은 저들을 게으르게 만드는 것이니 죄악 중의 죄악입니다. 게으른 자와 가난한 자는 세상에서 추방해야 합니다.

부자와 어울리면 성자의 뜻을 펼치는 데 많은 도움이 될 겁니다. 우리가 더 큰 부자가 되도록 기도해주신다면 재산의 5분의 1을 바치겠으며, 훗날 당신의 과업을 펼칠 때 군대를 갖추고 무기를 살 수 있도록 도와드리겠습니다. 또한 성자께서 섬기는 신에게도 소득의 10분의 1을 꼬박꼬박 바치겠으니 우릴 축복해주십시오."

예수가 대답했다.

"저들은 돈을 바라는 게 아니라 일하기를 원합니다. 저들이 가난한 이유는 게을러서가 아니라 부자인 당신들이 직업을 주지 않기 때문입니다. 부자는 가난한 사람에게서 나온 돈으로 만들어지는 것입니다. 당신들은 그들이 부자가 되기를 원하지 않으며 영원히 노예로 부리려 합니다. 당신들은 자자손손 열 세대가 사치하며 먹고 살고도 남을 돈과 권력이 있으면서 직업이 없는 젊은이들에게 현직을 양보하지도 않습니다. 오히려 권력과 더 많은 재산의 축적을 위해 그 자리를 꿰차고는 젊은 사람들을 게으르고 무능하다며 똥고집을 피우고 추태를 부립니다. 그들이 정상적인 사회의 일원이 되는 걸 원하지도 않으며 세상의 모든 권력을 당신들끼리만 소유하려 합니다. 이런 연유로 나는 가난 때문에 굶주리고 질병에 시달리며 죄의 소굴에서 빠져나오지 못하는 자를 내버려두고 자기들끼리 사치와 향락을 즐기는 모리배와는 함께할 수 없습니다. 나는 저들과 함께하겠소. 저들에게 행한 당신들의 못된 짓은 곧 나에게 한 것과 같고 당신들의 친척과 가족에게 한 것이나 다름없습니다.

당신들의 재물 중 10분의 1을 신께 바친다고 했는데 세상의 모든 것뿐만 아니라 우주 끝까지도 모두 신의 것이거늘 그까짓 티끌을 흠향하시겠습니까? 신께서는 그 재물을 가난하고 병든 이웃에게 나누는 것을 더 기뻐하시지 제단이나 배부른 사제에게 바치는 것을 원하지 않습니다. 꿀벌이 배가 부르면 게을러져 들판의 열매가 부실해집니다.

 권력과 부와 명예와 환락은 하룻밤의 불꽃과 같아 신께서 언제 어떻게 가져갈지 모릅니다. 인과응보라 했으니 언젠가는 그 죗값이 당신들에게 돌아올 것이고, 이생이 아니면 다음 생에서라도 받게 될 것입니다. 오늘 밤 신께서 당신의 육체에 주신 영혼을 데려가신다면 그까짓 재물이 다 무슨 소용입니까? 재물 때문에 죄를 저질러 물 한 방울 구할 수 없는 지옥의 유황불에 떨어지면, 당신들에게 핍박받아 죽어 천국에 간 자들에게 침 한 방울이라도 혀에 뱉어달라고 하소연할 것입니다. 그러니 죄를 뉘우치고 이제부터라도 저들을 돕고 포용하여 마음의 즐거움을 얻으시기 바랍니다."

 그러자 역시 거만한 부자들의 환영도 사라졌다. 또다시 흰 옷 입은 사제가 나타나 이기적 자아를 극복한 예수를 히에로판테스 앞으로 인도했다. 히에로판테스는 '박애'라고 쓴 족자를 예수의 두 손에 올려놓았다.

네 번째 통과의례: 신앙

예수는 7일 뒤 명예의 방으로 안내받았다. 그곳은 금은보화로 장식되어 있었으며, 책장에는 철학, 과학, 수학, 기하학, 건축 등 선인들이 연구해 기록한 온갖 책들로 가득 차 있었다. 책 아래로는 그들의 명예로운 이름과 업적이 기록되어 있었고, 양옆으로는 그들을 찬양하는 조각상, 그림, 돌판 등이 놓여 있는 말 그대로 지식과 명예의 전당이었다.

 그런데 한쪽 구석 바닥에 '무명의 각성자들'이라고 쓰인 조그만 점토판이 있었다. 누가 지나다니다 밟았는지 모서리가 훼손된 채 덩그러니 놓여 있어 아무런 눈길도 끌지 못했다.

그때 승려 한 명과 하인 두 명이 들어왔다. 그는 여느 승려와는 달리 화려한 제복 차림이었고, 하인들은 굽신거리며 온갖 시중을 다 들었다.

"저 책들과 조각상과 그림들을 보십시오. 얼마나 명예로운 분들입니까? 저분들도 한때는 신을 섬기는 사제였지만 인간 본성에 눈을 돌려 철학과 과학 등 각종 학문을 연구한 위대한 현자들입니다.

그런데 저쪽 구석의 '무명의 각성자들' 점토판을 보십시오. 신과 신앙을 지키겠다고 세상을 등지고 은둔생활을 하며 사람들 앞에 나타나지 않으니 누군들 그 이름이나마 알겠습니까? 그들이 신앙을 통해 정말 깨달았는지, 혹 깨달았다 하더라도 그 이후가 어떤지 알 수 없지 않습니까? 만약 그들이 신앙과 깨달음의 길에서 벗어나 철학과 과학으로 인류 발전에 이바지했더라면 저 초라한 점토판이 아니라 화려하게 장식된 책과 조각상과 그림으로 남아 영원히 명예를 유지했을 텐데 말입니다.

예수여, 로고스여. 당신의 철학은 플라톤보다 깊고, 가르침은 소크라테스를 능가하며, 치유 능력은 히포크라테스를 초라하게 만듭니다. 이미 그리스와 소아시아와 인도에까지 널리 알려져 그 명성이 자자하니 이제 신은 그만 좇고 당신의 새로운 사상을 글로 남기시기 바랍니다. 그리하여 이 명예의 전당 한가운데를 장식하고 인류 만대에 숭앙받으시길 바랍니다.

이깟 미스테리아 형제단이 만든 의례가 로고스인 당신에게 무슨 의미가 있습니까? 그깟 신앙을 지키고 지존한 깨달음의 길로 가려다가 자칫 죽을 수도 있습니다. 그렇게 죽음을 맞이하면 저 무명의 각성자들처럼 당신은 이름조차 기억되지 못하고 역사에서 사라져버릴 것입니다. 당신의 능력이 너무나도 아까우니 이쯤에서 이 조잡하고 형식적인 통과의례를 그만두십시오."

예수는 잠시 머뭇거렸다. 예수가 흔들리는 듯한 기색을 보이자 그는 언제라도 좋으니 이 암흑에서 뛰쳐나와 당신의 명예를 드높일 사상을 체계화하라고 종용했다. 또 언제든 기록의 방으로 안내해달라고 말만 하면, 편안한 방에서 많은 서기를 붙여 당신이 지금까지 깨달은 바를 기록하겠노라고 유혹했다.

승려의 설득은 너무도 강렬했다. 예수의 내면에서 격렬한 갈등이 휘몰아쳤다.

'내가 가르치고자 한 모든 것, 내가 원하는 사회, 사해동포주의와 인간 평등, 사랑과 평화, 지상 천국 건설. 이것을 누가 기록하고 전할 것인가? 만약 이 기회에 기록하지 못하고 더 전진하려다 죽기라도 한다면 나의 사상은 영원히 사라져버릴 것이고, 그렇게 되면 후세에 무엇을 남길 수 있겠는가? 지금의 경지에 오른 것만으로도 얼마든지 인류를 위해 공헌할 수 있지 않겠는가?'

얼마의 시간이 흘렀을까. 긴긴 호흡을 통해 사유마저 내려놓자 예수는 자신이 명예에 현혹되어 있음을 깨달았다. 평정심을 되찾은 예수는 깊은 명상으로 들어갔다.

'이름을 남기는 것은 인간의 역사에 한정된 것이며, 무명의 각성자가 되는 것은 우주의 기운이 된다는 의미일 터. 우주는 인과의 법칙에 따라 이루어지는 것이지 결코 우연히 존재하거나 스스로 움직이지 않는다. 깨달음을 위한 수행 방법은 다르나 이르는 곳은 같을 것이매 나의 이깟 작은 사상은 큰 깨달음의 범주 안에 있는 것이니 내 지금까지 알았던 바를 기록하고 가르치겠다는 욕심에 집착하지 말자. 성현들이 깨달은 후 가르침을 펼칠 때 그를 따르던 제자들이 그 사상을 기록하고 세상에 전했다. 그것이 전해지느냐 전해지지 않느냐는 우주가 내려준 소임이 있느냐 없느냐의 문제일 뿐.

그래, 여기서 멈추지 말자. 욕망과 집착을 버리고 신앙을 지켜 각성의 길로 가자. 종국에는 신앙이라는 형식마저도 버려야 한다. 그리고 그 경지에 이를 때까지 가난하고 병든 자, 소외된 자를 위해 사랑과 자비를 베풀자.'

이처럼 마음을 내려놓고 사랑으로 채우자 예수는 지금까지 지녔던 그의 지식과 사상과 철학은 환골탈태하기 시작했다. 그리하여 선대의 각성자로부터 비롯한 모든 진리가 서로 엮이고 섞여 예수의 심중에서 하나가 되었다.

다음 날 승려는 예수의 변화된 모습에 놀랐다. 그는 한참을 망설이더니 한 가지 비밀을 가르쳐주겠다고 했다.

"나는 당신의 운명을 압니다. 당신은 전륜성왕의 형상과 메시아의 형상을 다 지니고 있어 무엇을 선택하느냐에 따라 미래가 달라집니다. 만약 수련을 그만두고 왕이 되고자 한다면, 당신은 군중을 모으고 설득하는 힘이 그 누구보다 강력하여 유다의 왕뿐 아니라 알렉산드로스 대왕보다 더 위대한 왕이 될 수 있습니다. 앞으로 40년 동안 유다의 왕이 되어 당신의 민족을 다스리면서 솔로몬보다 더 위대한 업적을 남기고 찬란한 제국과 문화를 건설할 것입니다. 하지만 이 수행을 계속하여 최고의 깨달음까지 간다면, 가난하고 병들고 수고한 자의 아버지가 되어 당신의 수명은 겨우 4, 5년 안에 끝날 것입니다."

예수가 물었다.

"왜 왕이 되면 수명이 40년이 남고, 최고 현자가 되면 4, 5년에 그치는 것이오?"

"국가는 조직이 움직여 모두의 기운을 나누며 왕은 권력으로 다른 사람의 기를 흡수할 수 있으니 천수를 누릴 것이고, 현자가 되면 개인의 영력을 중생에게 나누어줘야 하니 기운이 소진되는 겁니다. 예수께서는 세상과 사람을 너무 사랑한 나머지 자신의 능력을 지나치게 소비하고 말 겁니다. 그러니 부디 능력을 함부로 사용하지 마시고 병든 자는 의원에게 보내고, 장애가 있는 자는 장애가 있는 대로 살게 두십시오. 그들의 타고난 운명을 바꾸지 마시길 바랍니다."

예수는 빙긋이 웃었다.

"그러면 내가 어떻게 해야 왕이 될 수 있습니까?"

"권력이란 투쟁과 파괴와 살해에서 생겨나고 이루어지는 것입니다. 현재 유다의 왕홀을 쥐고 있는 자가 네댓 명입니다. 그들을 무찔러야 하는데 당신은 마음만 먹으면 그들을 모두 퇴치하고 최고의 권좌에 오를 수 있습니다."

"왕이 된다면 40년 뒤에는 어떻게 됩니까?"

"천수를 다하고 생을 마치겠지요. 그러나 국가도 운명이 있어 누가 왕이 되든 유다도 거기까지입니다."

예수의 마음은 평온했다. 승려에게 온화하게 그만 물러가라고 말한 다음 좌정했다.

'왕이 되어 나라를 다스리는 것은 애당초 내가 바란 바가 아니었으니 피의 살육으로 왕이 될 바에야 차라리 사막의 교부敎父가 되고 미천한 자의 아버지가 되리라.'

그리고 신에게 기도했다.

"나의 아버지 하느님이시여! 저는 영광을 원치 않으며 땅에서는 빈자의 동반자가 되고 하늘에서는 아버지의 궁전 문지기가 되어 동포와 인류와 가련한 영혼을 위해 봉사하기 원합니다."

기도가 끝나자 문이 열리고 히에로판테스에게 안내되었다. 히에로판테스는 예수의 두 손에 '신앙'이라 쓰인 족자를 주었다.

다섯 번째 통과의례: 장렬

자아를 이긴 예수는 성전 숲에서 자연과 교감하며 40여 일을 지냈다. 어느 날 숲을 거닐고 있을 때 복면을 한 무리가 예수를 붙잡아 쇠사슬로 묶고 동굴로 끌고 갔다.

"당신이 히브리 성자라고 하는 예수요? 우리는 헤로데 대왕의 아들 안티파스 왕의 신하요. 당신이 계속 수행 중이면 당신을 죽여 없애라는 명령을 받고 이곳에 왔는데, 이 동굴에 와 보니 우리 손에 피를 묻히지 않아도 될 것 같소. 살고 싶거든 수행을 중단하고 헤로데 가문에 충성하겠다고 울부짖으시오. 그러면 꺼내주겠소."

그들은 굶주린 맹수와 독사, 전갈과 온갖 더러운 벌레가 우글거리는 동굴 속에 예수를 던져놓고 입구를 막아버렸다. 동굴 안은 밤보다 더 캄캄하여 아무것도 보이지 않았고, 대신 청각은 극도로 예민해져 조그만 소리에도 소름이 돋았다. 힘겨울 만큼 무거운 쇠사슬에 손과 발이 묶여 내동댕이쳐진 예수는 간신히 일어나 앉아 깊은 생각에 잠겼다. 그들은 왜 나를 죽이려 할까? 온갖 잡념이 머릿속을 스쳤다.

순간 서늘한 생명체가 다리 위로 기어 올라오더니 예수의 몸통을 휘감고 머리 위로 올라와 똬리를 틀었다. 박쥐는 예수의 머리를 때리며 날아다녔다. 동굴 깊숙한 곳에서 맹수의 울음소리가 들리는가 싶더니 거친 숨결이 다가와 주위를 맴돌았다. 어떤 벌레가 쏘았는지 팔과 다리가 가시에 찔린 것보다 더 따끔거리고 쓰라렸다.

죽음의 공포가 엄습했지만 예수는 손발이 묶인 채 참선에 들었다. 마음이 안정되자 뱀이 옷 안으로 들어와도, 벌레가 물고 박쥐가 날개 처도 개의치 않게 되었다. 짐승이든 흉측한 미물이든 신의 에테르를 나눠 받고 인간처럼 목숨이 있는 것이니 신 앞에서는 똑같은 생명체라는 생각에 이르자 두려움도 징그러움도 모두 사라졌다. 또한 쇠사슬도 흙에서 나온 것이고 인간의 몸뚱어리 역시 흙으로 돌아갈 터이니 결국 하나일 수밖에 없다는 생각에 이르자 몸도 가뿐해졌다.

예수는 땅을 박차고 일어섰다. 쇠사슬은 실오라기처럼 가벼웠고 짐승 소리도 들리지 않았다. 예수는 어둠을 주시했다.

'아무리 캄캄한 밤이라도 하늘에는 별이 있고 달이 있다. 달이 차고 기우는 것도 그림자의 허상이다. 동굴의 어둠도 그림자일 뿐 실체가 아니다. 어두운 밤이면 짐승의 눈도 빛을 반짝이고 미물조차 자신의 빛을 드러내는데 하물며 사람의 빛이랴.'

그러자 영의 에테르가 진동하기 시작했고 태양 빛과 동일한 파동이 일었다. 순간 동굴이 무너지고도 남을 듯한 어마어마한 굉음이 빛과 함께 예수의 머리에서 솟아 나왔다. 예수는 그 소리에 조금도 동요치 않았다. 어둠이 물러나고 동굴은 대낮보다 더 밝은 빛으로 가득 찼다.

예수는 영의 눈으로 사방을 관조했다. 쇠사슬도 짐승도 뱀도 박쥐도 전갈도 벌레도 아무것도 존재하지 않았다. 본디 공포란 균형을 잃은 사람의 마음에서 생기나니 스스로 만든 감정에 휘둘리면 영혼이 부서져 미치게 되고 결국 허상에 시달리다 죽음으로 내몰린다.

가부좌한 예수 앞으로 황금 사다리가 내려왔다. 땅 위에서 승려들이 예수를 맞이했고, 히에로판테스는 '장렬壯烈'이라 쓰인 족자를 예수에게 주었다.

여섯 번째 통과의례: 성애

예수는 비밀의 방이라고 불리는 아름다운 방으로 안내되었다. 극소수만이 머물렀던 그곳에서 잠깐 휴식을 취하고, 예수는 조화의 방으로 안내되었다. 방에는 세상의 모든 악기가 다 놓여 있었다. 예수는 악기를 만져보기도 하고 줄을 튕겨 청아한 울림을 듣기도 했는데, 그중 하프 소리가 가장 아름다웠다.

이처럼 예수가 구석구석 악기를 구경하고 다니는 사이에 천의 무봉 물항라보다 더 투명한 뽀얀 살갗이 비치는 젊은 여인이 사뿐사뿐 들어오더니 예수를 보지 못한 듯 하프를 연주하며 노래하기 시작했다. 슬프고도 그리운 이스라엘 민요였다. 예수는 저토록 아름답고 구슬픈 목소리를 들어본 적이 없었고, 저토록 어여쁜 여인을 본 적도 없었다. 인도와 티벳과 페르시아와 아시리아는 물론 유다와 그리스와 이집트의 모든 여인을 다 합해 놓아도 저보다 아름다울 수는 없었다. 여인의 향기로운 체취는 하프 소리에 실려 예수의 심장에 와 닿았다. 예수는 가슴이 쿵쾅거렸다.

노래와 연주를 마친 여인은 천천히 옷을 벗더니 전라로 거울 앞에 섰다. 그러고는 옷장에서 한참을 골라 연분홍빛 옷으로 갈아입었다. 여인은 갑자기 무언가를 의식한 듯 고개를 돌려 숨어 있는 예수 쪽을 바라보더니 잠시 머뭇거리다 방에서 나갔다.

지금까지 예수는 〈아가〉를 그저 아름다운 시와 음악이라고 여기고 흥얼거리기만 해왔다. 그런데 여인을 본 순간 비로소 그 의미를 깨달았다. 머릿속에서 여인의 모습이 〈아가〉의 시구와 겹치면서 마구 스쳐 지나갔고, 온몸 구석구석이 깨어나면서 지금껏 한 번도 느껴보지 못했던 짜릿한 전율이 일었다.

내 마음에 사랑하는 자야, 여인 중에 어여쁜 자야,

네 두 뺨은 땋은 머리털로, 네 목은 목걸이로 아름답구나.

눈은 파아란 늪, 샛별처럼 반짝이고,

입술은 새빨간 실오리, 능금 향내 입김,

귀여운 두 볼은 쪼개놓은 석류 빛,

얼굴만 보아도 가슴이 울렁이네.

목은 상아로 깎아놓은 탑, 종려 송이 같은 앞가슴, 젖가슴은 새끼 사슴 한 쌍,

두 팔은 감람석으로 치장한 황금, 허리는 청옥 두른 상아,

배꼽은 향기로운 술이 찰랑거리는 동그란 술잔,

두 허벅지가 엇갈린 그곳은 정성 들여 조각한 패물.

그대의 체취는 사프란 향내보다 더 향기롭네.

나의 여인, 나의 신부야 네가 내 마음을 빼앗았구나.[60]

예수는 도통 집중할 수가 없었다. 여인의 청아한 목소리와 아름다운 음악이 귀에 맴돌았다. 그녀를 한 번만이라도 더 봤으면 하는 생각에 예수는 멍하니 넋을 놓고 있었다.

며칠이나 흘렀을까. 식음을 전폐하고 밤낮 마음을 불태우며 잠 못 이루던 예수 앞에 여인이 다시 나타났다. 쓰러질 듯 일어난 예수는 활활 타오르는 애정을 주체할 자신이 없어 전처럼 악기 뒤에 숨어 여인을 엿보았다. 여인은 하프를 한번 퉁기더니 숨어 있는 예수 쪽으로 다가왔다. 그녀는 수줍은 듯 머뭇거리다 말했다.

---

60 천주교와 개신교 성경 〈아가〉의 여러 구절을 모아 편집했다.

"거기 있는 거 다 알아요. 제 앞으로 나오세요. 사실 지난번에도 훔쳐보고 있었다는 걸 알고 있었어요. 당신께서 이곳에 왔을 때부터 하룻밤도 편히 자본 적이 없어요. 첫눈에 반했거든요. 그래서 제 마음을 고백하지 않으면 상사병으로 죽을 것 같아 당신이 시험받을 때 저를 여기로 보내달라고 성사께 당부했어요. 부탁이니 여기서 나가 가정을 이루고 행복하게 살아요. 평생 당신의 여인이 될게요."

그러더니 고개를 숙여 예수에게 천천히 입을 맞추고 예수의 얼굴을 가슴에 끌어안았다. 그 순간 예수는 모든 감각이 한꺼번에 깨어나 심장이 터질 듯 쿵쾅거렸고, 그녀의 부드러운 살결이 손끝에 스치자 온몸이 불덩이처럼 뜨거워졌다. 한 번도 경험한 적 없는 육욕이 활활 타올라 방 안의 모든 악기를 불살라버릴 기세였다.

뜨거운 임의 입술,
밤마다 잠자리에 들면 사랑하는 임 그리워 애가 탔건만,
사랑은 죽음처럼 강렬하고, 시샘은 저승처럼 극성스러운 것.
어느 불길도 그보다 거셀 수 없어
바닷물로도 끌 수 없고, 굽이치는 물살도 쓸어갈 수 없는 것.

또다시 〈아가〉의 구절구절이 떠올랐다. 예수는 가부좌한 채 눈을 감았다.

'지금까지 모든 것을 다 물리치고 이 경지에까지 올라왔는데, 그 어떤 유혹도 뿌리치고 평정심을 유지해왔는데… 아름다운 이 여

인, 내 심장을 요동치게 하고 진정한 사랑에 눈뜨게 한 여인. 내가 손을 뻗어 여인의 허리를 껴안기만 한다면 사랑으로 한 몸이 되어 맘껏 육체를 불사를 수 있을 텐데. 그런 다음 손잡고 이곳을 빠져나가 평생 곁에 두고 아들딸을 낳고 행복하게 살 수 있을 텐데. 안아야 할까? 뿌리칠 수 있을까? 이겨낼 수 있을까?'

예수는 숨을 한껏 들이마시고 한참을 참았다가 길게 내쉬었다. 온몸의 에너지가 일시에 소진되어버린 듯 호흡을 통해 뜨거운 기운이 빠져나갔다. 그 뜨거운 숨결이 가슴골에 와 닿자 여인은 가벼운 신음을 토했다. 예수는 또다시 숨을 들이마시고 길게 내쉬었다. 새로운 에너지가 축적되고, 쓸데없이 타올랐던 기운은 재가 되어 빠져나갔다. 호흡이 몇 번이나 반복되었을까. 고요가 예수의 주위를 감쌌고 여인의 허리춤까지 올라갔던 손이 천천히 예수 자신의 무릎 위로 내려왔다.

'우주 만물은 동질의 원소 불, 물, 공기, 흙. 그리고 이 모든 원소는 신의 숨결인 에테르. 아무리 아름다운 저 여인도 결국은 불, 물, 공기, 흙, 신의 창조물.'

예수는 천천히 눈을 떠 여인을 바라보았다. 그 아름다운 얼굴과 몸이 폭풍에 휘몰아치는 사막의 티끌과 모래처럼 예수의 눈을 찔렀다. 능금과 사프란 향의 숨결은 흙먼지와 함께 공기 속에 흩어져 흔적도 없이 사라졌다. 그녀의 입안 가득한 달콤한 침과 온몸을 휘돌아 흐르는 혈액과 뱃속 그득한 오물은 지성소 제단 비밀 수로를 통해 기브론 계곡을 오염시키며 흐르는 제물들의 그것처럼 혼탁하게 흘러갔고, 눈동자 속에서 반짝이는 영혼은 불에 타올라 한 줌의 재로 화하여 허공으로 흩어졌다. 예수가 평정심을 되찾고 심안으로 통찰하여 공간을 가득 메운 풍진과 피비린내와 쓸모없는 기운을 정화하자 존재하는 모든 것은 네 원소의 결합체일 따름이며, 자신이 허상에 흔들렸음을 깨닫게 되었다.

"여인이여, 당신은 이 땅에서 가장 아름다운 존재입니다. 그 누구라도 여인의 아름다움에 설레지 않을 수가 없을 것이며, 나 역시 흔들려 불타올랐습니다. 그러나 내가 가야 할 길은 여인이 원하는 길과는 다르기에 우리는 함께할 수 없습니다. 외모만큼 내면도 아름다워져 수행의 길로 들어서든지, 아니면 더 멋진 남자를 만나 훌륭한 가정을 이루기 바랍니다. 그리고 하느님을 경외하십시오."

여인은 애틋한 목소리로 흐느끼더니 예수의 부드러우면서도 단호한 눈빛에 발길을 돌렸다.

예수는 여인이 고마웠다. 여인으로 인해 손끝 살점부터 머리털, 솜털 한올 한올까지 살아나는 오감이 열리자 심장에서 펌프질하는 피가 손가락, 발가락 끝까지 흐르고 돌아 온몸을 순환하니 맥동은 전장의 북소리보다, 혈행은 폭포수보다 더 크게 울려 퍼졌다. 이제 육체는 더위와 추위마저 제어할 수 있으며 어떠한 감각에라도 휩쓸리지 않게 되었다. 뼈와 근육에는 힘이 솟아올라 육체에 내재한 기운을 손가락 끝이나 머리카락 한 올에 모아 통제할 수 있을 만큼 자신을 다스릴 수 있게 되었다. 예수는 영적 세계와는 다른 육체의 변화를 통해 영과 육이 왜 하나여야 하는지를 깨닫게 되자 마음이 편해졌다. 육체는 영의 그릇이다. 건강한 육체로부터 건강한 영이 성숙하며, 건강해진 영은 육체가 상하지 않게 지켜준다.

며칠 뒤 여인이 다시 찾아왔다. 마지막 소원이니 옷을 다 벗은 채로 한 번만 안아달라는 것이었다. 예수는 기꺼이 허락했다. 부드럽고 눈부신 맨살을 드러낸 여인이 역시 실오라기 하나 걸치지 않은 채 좌정한 예수의 품에 안겼다. 예수는 마치 갓난아기를 껴안듯, 길 잃은 어린 양을 보듬어주듯 여인을 안아주었다. 여인은 예수 품에서 울고 또 울었다.

그러자 예수의 몸이 환골탈태하기 시작했다. 서 말 석 되 세 홉의 남성 체액이 혈액을 타고 머리카락 끝에서부터 얼굴과 오장육부를 돌아 사지의 구석구석에까지 뻗쳐 빛나는 보석으로 화하더니 몸과 하나가 되었다. 그러자 예수의 기운은 빨주노초파남보자 흑백 형형색색으로 겹겹이 쌓인 불길이 되어, 모세가 시나이산에서 만났던 야훼의 불꽃처럼, 뜨거움도 태워버림까지도 초월한 채 밝게 피어올라 우주 끝까지 솟아 두루 비추었다. 그리하여 개인에 대한 사랑은 우주 만물에 대한 사랑으로, 불타올랐던 욕정은 천하 만민의 오감을 치유해주는 자비로 현현했다. 이제 예수는 더 이상 성性의 개념이 존재하지 않고 성이 필요하지도 않은 초월적 존재가 되었다.

여인이 옷을 입고 땅에 엎드려 큰절을 올린 다음 나가자 사원에서 커다란 종소리가 울려 퍼졌고 한 무리의 합창단이 천사의 목소리로 노래를 불렀다.

"승리의 로고스여, 육욕의 정복자는 높은 곳에 섭니다."

히에로판테스가 나타나 길고 긴 침묵의 목례를 울린 뒤 '성애聖愛'라고 적힌 두루마리를 예수의 두 손 위에 놓았다.

그랬다. 이 여섯 번째 장은 시험의 장이 아니었다. 선택의 장이었다. 시험장의 현자를 진정으로 사랑하는 여인이 자청하여 들어가는 곳이었다. 이미 경지에 오른 현자는 가정을 꾸릴 자격이 충분하기에 둘 사이에 진정한 사랑이 이루어지고 육체의 결합이 성사된다면 만인의 축복 속에 결혼식을 올렸다. 예수는 이 선택에서마저 승리하였다. 인간이 존재한 이래 깨달음을 얻은 성인들은 모두 결혼하고 자녀를 두었었다. 예수는 성 경험 없이 최고의 경지에 올라 인류의 스승이 된 최초의 성자였다. 예수를 진정으로 사랑했던 여인은 예수의 커다란 기운에 감응되어 높은 단계의 깨달음을 얻었으며 여사제이자 장차 성자가 될 아이의 어머니와 왕자의 어머니를 교육하는 스승이 되었다.

마지막 통과의례: 겸손

예수는 드디어 히에로판테스의 제자가 되었다. 말이 제자이지 영적 수준은 둘 다 최고의 경지였다. 단지 히에로판테스에 비해 나이가 손자뻘 정도로 어린 데다 경험이 적고, 그가 선각자였기에 자연스레 사제 관계가 된 것이었다. 예수는 스승으로부터 이집트 밀교의 비밀과 의식, 생사의 문제, 태양계 밖의 세계, 우주 밖의 우주, 우주의 탄생과 소멸의 비밀을 배우고 토론했다.

모든 연구가 끝나고 예수는 사자死者의 방으로 들어갔다. 예부터 전해오는 사자의 방부 비법을 배우기 위해서였다. 예수는 바, 카,

아크와 대면했기에 왜 미라를 만들고 매장해야 하는지 그 이유를 다시 한번 익혔다. 그러나 예수는 이러한 영혼관을 뛰어넘으면 인과의 법칙만이 있을 뿐이며, 따라서 항존恒存이란 있을 수 없고 종국에는 무아無我임을 꿰뚫고 있었다. 인간은 현상을 인식하고 감수하고 지각하여 의지를 형성하는, 곧 다섯 가지 기운을 인지하고 이를 초월하는 영지靈知(그노시스gnosis)가 있으며 결국은 이 영지마저 버려야 만이 우주와 하나가 됨을 각성하였다. 이는 조건적으로 생겨났다가 소멸해가는 존재 현상이며 이마저도 씻어야 했기에 계율을 세워 실천하고 존재를 변화시켜야 한다. 결국 소멸이란 우주와의 합일이고, 합일은 우주에 존재하는 파장, 빛, 암흑이 되어 미물, 생물, 급기야는 인간 영성의 단계를 끌어 올리는 근본으로 작용하며, 또한 별의 탄생과 죽음, 우주의 질서와 확장에까지 기여하는 근원이 되는 것이다.

이러한 진리를 사람들에게 이해시키기란 여간 힘든 게 아니었다. 그래서 간단히 숨결(영)과 몸뚱어리(육체)라는 이원론적 사고로 요약하였다. 생명이 있는 모든 것은 영과 육이 있다. 사람이 죽으면 영은 신에게로 가 인과에 따라 정화되고 변형되어 다시 조건에 맞는 육을 입어 태어난다. 삶에서 맞이하는 행복과 불행은 지난 생에서의 선택의 결과이며 이는 다시 원인이 되어 미래의 삶을 결정한다. 주어진 모든 것은 이미 결정된 것이므로 원망하지 않고 감사하되 이에 대응할 때에는 생각과 말과 행위가 올바르도록 수행하고 기도함으로써 다음 생을 결정짓게 한다. 육은 땅에 묻혀 썩어 흙이 되고 존재하는 것들의 양식을 위한 거름이 된다. 영은 진수이고 육은 영의 집이자 껍데기다. 그러나 영은 육을 입어야만 수행하여 성장할 수 있으므로 육체에 집착하지 않되 영을 위해 건강을 유지해야 한다. 이 모든 것의 최종은 소멸이다.

어느 날 과부 외아들의 시체가 실려 왔다. 울며불며 따라온 과부의 슬픔은 이루 말할 수 없었다.

"사제님. 내 아들은 고독사하였습니다. 가족이 마지막 길을 지켜볼 시간도 주지 않고 죽고 말았으니 신이 원망스럽기까지 합니다. 얼마나 무섭고 비참하고 외로웠겠습니까?"

"그렇지 않습니다. 신께서 아들의 곁을 지켜 주셨습니다. 신은 가족이나 친척들이 임종을 지켜보고자 하는 염원과 상관없이 사자가 지상에서 임무를 끝내고 자아가 적멸하는 가장 아름다운 순간에 그의 영혼을 데려가십니다. 깊은 수면에 들기 위해서 밝은 빛과 작별을 해야 하듯, 어둠을 밝히는 불빛이 더는 필요 없는 아침이 오면 입으로 불어 촛불을 끄듯 그렇게 육체의 욕망을 꺼 사명을 마감하는 것입니다. 아들은 불행한 자가 아닙니다. 행복하게 떠났으니 자책하지 마십시오."

과부는 아들의 시신을 붙들어 잡고 죽을 때까지 무덤을 지키겠노라고 가슴을 치며 목 놓아 울었다. 예수가 과부를 위로했다.

"당신이 부여잡은 건 아들의 빈집입니다. 당신이 그토록 사랑했던 아들은 당신 것이 아니라 당신이 경외하는 신의 것이니 그만 눈물을 거두시기 바랍니다. 신께서는 당신 아들에게 사명을 주기 위해 당신의 몸을 빌려 세상에 태어나게 하셨습니다. 아들은 이 육체를 입고 자신의 사명을 다한 후에 육체를 벗어 신께 돌아갔습니다.

유다인들은 초실절 이후 칠칠일, 곧 49일이 지난 50일째가 되면 그날 하루만큼은 생업에서 손을 떼고 유교병 두 덩이의 요제와 어린 양 일곱 마리, 황소 한 마리, 수양 일곱 마리의 번제, 독주로 전제를 드린 다음[61] 할렐루야를 부르고[62] 제무祭舞를 춥니다. 그뿐 아니라 희년, 곧 50년째가 되면 땅도 쉬고 기업基業과 가옥과 노예와 부채가 모두 제 주인을 찾고 해방되고 탕감되어 처음 상태로 돌아갑니다. 이처럼 인간의 영혼도 칠칠일이 다 가기 전에 또 다른 사명을 위해 다른 육체를 입고 전생을 망각한 채 이 땅 어딘가에 새로운 존재로 태어날 것입니다.

좋든 나쁘든 인간의 기운은 우주 끝까지 닿을 수 있습니다. 그러므로 당신이 슬퍼하면 신에게로 떠난 아들도 슬퍼하고 다시 태어날 존재에게도 슬픔의 파동이 전달되어 결코 좋을 리 없습니다. 새로 태어난 존재에게는 그 존재의 부모가 따로 있으니 당신은 전생의 어머니가 될 뿐입니다. 전생의 어머니가 새로 태어난 존재의 기운을 흩으면 안 됩니다.

그뿐 아니라 계속 슬퍼하면 그 슬픔이 당신의 생명과 기력을 빨아들여 그 무엇에게도 도움을 주지 못합니다. 그러니 시름을 이겨내고 당신에게 주어진 사명을 다하시기 바랍니다. 사명이란 일상

---

61 〈레위기〉 23:17~18. 제물을 바치는 방법에는 번제燔祭(불에 태워 바침), 거제擧祭(높이 들어 바침), 요제搖祭(흔들어 바침), 전제奠祭(술을 붓거나 과일을 늘어놓아 바침) 등이 있다.

62 〈시편〉 112~117장을 말하는데, 고대 유다교에서 레위인 성가대가 송가로 불렀을 것으로 추정된다.

대로 사는 것이니, 매사에 감사하고 기도하며 기뻐하는 것이자 남을 위해 봉사하고 베푸는 것입니다. 어서 힘을 내세요. 죽은 자는 죽은 자의 길을 가고 산 자는 산 자의 일을 해야 합니다.”

과부 여인은 슬픔을 거두고 돌아갔다.

또 중년 여인의 시체가 한 구 들어왔는데, 상주라곤 앳된 소녀뿐이었다. 운구 행렬이 막 들어오던 때에 날개에 화살을 맞은 새가 구석에 떨어져 퍼덕거렸다. 소녀는 운구 행렬에서 벗어나 새를 안더니 화살을 조심조심 뽑아내고 치료해주었다. 예수는 소녀에게 어머니 시신을 놔두고 왜 상처 입은 새를 치료했느냐고 물었다. 소녀가 말했다.

“어머니의 시신은 제가 필요하지 않아요. 어머니의 본질은 신에게 갔고 껍질만 땅에 남겨 놓았으니 사자의 방에서 일하는 분들이 필요할 뿐입니다. 그러나 저 새는 목숨을 구해줄 누군가가 필요했어요. 어머니는 항상 말씀하셨어요. ‘누가 도움이 필요하거든 반드시 도와줘라.’ 그리고 이런 말씀도 하셨죠. ‘누가 죽더라도 지나치게 슬퍼하지 말아라. 눈물은 육체의 오감에서 만들어져 흐르는 것일 뿐 영은 울지 않는다. 또 기쁜 일이 생기더라도 과하게 표현하지 말아라. 희로애락은 사람의 마음에서 일어나는 물거품과 같고, 감정이란 굽이치는 많은 물결 중 하나에 불과하다. 그 많은 물결에 휩싸이면 감정의 고통에 시달려 벗어날 수 없으니 이를 극복하고 다스릴 줄 알아야 한다.’ 그래서 저는 어떤 상황이 닥쳐도 느낀 대로 표현은 하되 지나치지 않게 하고, 마음을 다스리기 위해 노력한답니다.”

예수는 소녀의 머리 위에 손을 얹었다.

"나는 오랜 세월 많은 것을 배웠고 최고의 진리를 깨닫기 위해 수행했다. 그런데 오늘 네게서 그 모든 것을 다 배웠구나. 신이시여! '주의 크신 이름과 영광을 젖먹이들이 노래한다'[63]고 하셨는데 그 뜻을 이 소녀를 통해 알게 되었습니다. 소녀여! 신의 축복이 언제까지나 네 위에 있을지어다."

이제 예수는 모든 과정을 통과했다. 죽은 자를 위해 극도로 낮아져 시신마저 직접 만지고 방부 처리하며 존중하는 것, 아무리 큰 깨우침이 있는 자라도 어린아이에게서 진리를 배울 수 있다는 것, 예수는 이 모두를 겸손히 받아들였다.

그리스도 칭호를 받다

예복을 입은 예수는 보랏빛 방에서 히에로판테스 앞에 섰다. 형제단 일동이 예수에게 존경을 표했다. 히에로판테스가 말했다.

"오늘, 이스라엘의 과월절에 잔치를 베풉니다. 그 선택된 아들, 사람 중의 으뜸이요, 최고 중의 최고인 로고스에게 이 왕관을 씌워 마지막 칭호를 내립니다. 당신은 천지를 다스리고 구원하는 선택받은 자 '그리스도'입니다. 당신은 우리의 비의를 모두 통과한 개종자가 아니라 모든 종교 위에 우뚝 선 자입니다. 당신보다 위에 있는 자는 없으며, 당신보다 더 찬양받을 자도 없습니다. 이제 가서 사랑과 평화를 전하고 마음의 감옥에 갇혀 있는 인류를 위해

---

[63] 〈시편〉 8:1~2.

문을 활짝 열어주시기 바랍니다."

신전의 종소리가 땅끝까지 울려 퍼지고 하늘에서는 한 줄기 빛이 비둘기 모양으로 예수의 머리 위에 내려앉았다. 그 자리에 있던 이들이 모두 외쳤다.

"그리스도여! 영광을 받으소서."

예수는 이곳에서 채 1년도 되지 않아 큰 깨달음을 얻었다. 이보다 빨리 깨달음을 얻은 성현은 없었다.

예수는 신께서 자신에게 사명을 부여했는지 아니면 깨달음만 주었는지[64] 아직은 직접 확인하진 않았지만, 열두 살 때 비장한 각오로 다짐했던 조국과 인류를 위한 마지막 인신공회의 산 제물이 되길 간절히 기원했다. 그러려면 할 일이 많았다. 고국에 돌아가 신과의 합일을 위한 마지막 수행을 해야 했고, 영성이 모두 막혀버린 동포를 위해 많은 가르침을 전해야 했다. 그 모든 게 완성되면 그의 말씀은 물고기자리인 이 시대를 넘어 물병자리와 염소자리 너머에까지 남아 있을 것이었다.

드디어 신전 문이 열리고 예수는 고국 이스라엘, 곧 유다와 사마리아와 갈릴래아를 향해 떠났다. 신전 안 저만치에서 한 명의 여사제가 떠나는 예수의 뒤를 향해 엎드려 큰절을 올리고 있었으나 아무도 본 사람은 없었다.

64　깨달은 자라도 사명을 받은 자는 극소수다. 사명을 받은 성현은 종교를 창시하거나, 사상가, 철학자 등으로 활동하여 인류를 위해 공헌한다. 사명을 받지 못한 성현은 대부분 제자도 없이 은둔하여 살다 이름 없이 생을 마치지만, 자신의 사상을 정리하고 저작 활동을 하여 후대에 이름을 떨치기도 한다.

알렉산드리아에서는 일곱 성현이 예수를 기다리고 있었다.

인류가 도처에 산재해 도시를 이루고 살면서 자유 의지를 마음대로 운용하여 온갖 범죄가 생겨나고 악이 넘쳐났다. 이에 우연인지 필연인지 각 지역에서 깨달음을 얻은 자가 나타나 서로 영적인 연락을 취하거나 몸소 만나 각종 율법을 제정하고 각 향토에 알맞은 종교를 창시하여 인간에게 신앙을 갖도록 했다. 또 사람들에게 영감을 주어 과학, 수학, 철학, 의학을 발전시킴으로써 삶의 질 향상과 문명 발달에 이바지했다. 일곱 성현이 사명을 다하고 죽으면 환생하거나 깨달음을 얻은 다른 현자가 뒤를 이었다. 이들은 이름이 알려지기도 했지만 대부분 중생은 그 존재조차 몰랐다. 예수가 최고 경지의 깨달음을 얻었을 때의 일곱 성현은 다음과 같다. 티베트의 멘구스테, 인도의 비자빠찌, 페르시아의 카스파, 아시리아의 아비시나, 그리스의 아폴로, 이집트의 마세노, 히브리의 파이로. 예수는 깨달음을 얻기 전 수행 시절 이들 대부분을 만났다. 이제 최고 경지에 올라 다시 만난 그들은 예수를 축하했다. 그리고 도래한 물고기자리 시대의 새로운 성자인 예수와 인간사를 논하고 새 시대의 사명을 이야기했다. 예수는 고향 나자렛으로 곧장 가지 않고 이두매아를 거쳐 헤브론, 엔게다를 지나 예리코에 도착했다.

예수는 예리코 곳곳을 둘러보며 공생활公生活을 시작하기 전 마지막 기도를 드릴 자리를 물색했다. 그리고 산악 지대를 타고 사마리아를 거쳐 갈릴래아로 가 그리운 어머니를 만났다.

8부

성자 예수

요한에게 세례를 받다

◈

예수가 돌아오자 마리아의 기쁨은 이루 말할 수 없었다. 형제 중 가장 친했던 야고보도 예수의 환향을 기뻐하며 거의 매일 찾아오다시피 했다. 머잖아 스물아홉이 되는 예수는 돌아가신 아버지 요셉의 목수 일을 이어받아 마리아와 평화롭게 살면서 때가 오기를 기다렸다.

언제부터인가 사람들 입에 세례자 요한이 오르내렸다. 안 그래도 요한을 궁금히 여겼던 예수는 이참에 그가 활동한다는 요르단 강 동편 베타니아로 찾아갔다. 예수는 대성전 사제와 산헤드린 의원들이 보낸 레위인들과 논쟁하는 요한을 보고 저 사람이야말로 신께서 보낸 참된 선지자임을 단박에 알아차렸다.

다음 날 예수는 요한을 찾아가 세례를 요청했다. 요한 역시 한눈에 예수를 알아봤다. 나이는 비슷해 보였지만 자신보다 몇백 배는 더 높은 영기靈氣와 체력, 손끝만 스쳐도 병든 자가 금방이라도 나을 듯한 능력을 느꼈다.

"제가 선생께 세례를 받아야 할 터인데 제게 오시다니, 저같이 미천한 자가 어찌 주님께 세례를 베풀어드릴 수 있겠습니까?"

"요한, 지금은 내가 하자는 대로 해주시기 바랍니다. 우리가 이렇게 해야만 하느님께서 원하시는 모든 일이 이루어집니다. 내가 세례를 받아야 하는 이유는 모든 인류가 겪어야 할 통과의례를 대표하는 상징이기 때문입니다. 곧 '세속적 자아'가 죽음이라는 과정을 거쳐 '본래의 자아'로 다시 태어나는 과정을 이스라엘 사람뿐 아니라 온 인류에게 보여주는 것입니다. 벌레가 번데기를 거쳐 나비로 탈바꿈하듯 인간은 중생重生하여 새사람이 되고, 그 모든 과정 위에 죽음의 매개자이자 대속물인 내가 있기를 나 스스로 기원하는 겁니다. 머지않아 나는 침례보다 더 거룩한 의례를 치르게 될지도 모릅니다. 마치 펠리컨Pelican이 자기의 가슴을 부리로 쪼아 그 피를 굶주린 새끼들에게 먹이듯, 세상의 죄악만 없앨 수 있다면 나는 십자가 형틀에 매달려 머리에 가시관이 쓰이고, 손과 발에 못이 찔리고, 나의 옆구리에 창이 들어올지라도 인류 구원을 위한 인신공희 제물이 되어 피를 흘리고 싶습니다. 내가 원하는 이러한 사명이 이뤄진다면 이를 믿는 자는 자신의 죄를 대신할 산 제물을 더 이상 바치지 않아도 될 것이며, 그의 영혼은 멸망하지 않고 영생을 얻게 될 것입니다."

요한은 고개를 끄덕였다. 멸망하지 않고 영생을 얻는다는 건 인간의 영혼이 타락하지 않고 깨달음을 얻게 된다는 뜻이리라. 요한은 비장하면서도 온화한 표정의 예수를 자신의 팔에 누이고 요르단강 강물에 넣었다가 들어 올리며 마음속으로 되뇌었다.

'이분이 제발 나와 우리 민족이 기다리는 그분이길.'

예수가 세례를 받고 물 위로 올라오자 하늘이 열리더니 한 줄기 빛이 하느님의 성령처럼 비둘기 모양으로 내려오는 환영이 보였다. 물론 보통 사람들 눈에는 아무것도 보이지 않았다.

"이는 내 사랑하는 아들, 내 마음에 드는 아들이다."

요한은 하늘에서부터 자신의 마음으로 울려오는 이 말을 듣고 뜨거운 눈물을 흘렸다.

'저분이 정말 그분이라면 이제 나의 사명은 완수되었으니 나의 외침은 저분의 가르침에 녹아들어 가리라. 나는 저분을 준비하기 위한 마지막 예언자, 내 손으로 바친 이 의식은 저분이 신 중의 신이고 왕 중의 왕이심을 증명하는 것이겠구나. 요르단강 강물에 잠김은 죽음을, 물에서 나옴은 부활을 상징하니 저분은 고래로 죽었다 살아난 모든 신인을 대표하시는구나.'

다음 날 요한이 강가에서 제자들과 같이 있는데 저 멀리 예수가 걸어가는 모습이 보였다. 요한은 함께 있던 두 제자에게 어제 예수와 나누었던 대화를 들려주었다.

---

1   전설에 따르면 1월 5일(혹은 6일)에 예수가 세례를 받았다고 한다. 동방박사의 방문일도, 카나의 결혼 잔치에서 물을 술로 바꾼 날도 1월 5일이었다고 하는데, 공교롭게도 그날은 디오니소스가 물을 술로 바꾼 날이기도 하다.

"저기 가는 저분을 보아라. 하느님의 어린 양이시다. 이제 나의 사명은 머잖아 끝나니 너희는 저분을 따라가거라. 저분께 가서 내게 한 것처럼 보좌하여 힘을 북돋아드려야 한다. 그리하면 저분의 길이 열릴 것이고, 나는 소임을 다한즉 스러질 것이다. 어서 가거라."

두 제자는 지금까지 가르쳐준 요한에게 감사와 작별의 큰절을 올리고 예수를 뒤따라갔다. 예수가 그들에게 물었다.

"너희가 바라는 것이 무엇이냐?"

"랍비여, 어디에 묵고 계십니까? 제자가 되어 따르며 함께 지내고 싶습니다. 우리 스승님이 말씀하신 그분이 맞으며 우리가 소망하는 분이 확실합니까? 그렇지 않다면 우린 절망하고 말 것입니다"

예수는 저 멀리 서서 자신을 바라보는 요한에게 사랑하는 제자를 보내준 데 대한 감사의 목례를 보냈다.

"소망이란 도달하지 않은 미래에 대한 환상이고, 절망이란 끝나지도 않은 결과에 대한 포기다. 소망도 절망도 그 실체는 존재하지 않는 것이니 주어진 순간순간 최선을 다해 살며 미래를 준비하라. 신의 뜻이 있다면 언젠가는 만나고 이루어질 터. 오늘 밤은 나와 함께 지내고 이제 너희는 본업인 어부로 돌아가 물고기를 잡으면서 그동안 가르쳤던 너희의 스승을 기리며 그날이 오기를 기도하면서 기다려라.[2] 물고기란 바다에만 있는 게 아니라 땅 위의 인

간이기도 하며 하늘의 별자리에도 있으니 해방절의 의미까지 잘 새기며 생업에 종사해라."

둘은 그 말이 무슨 뜻인지 몰랐지만 복종하여 이튿날 곧바로 호수로 향했다. 안드레아는 기뻐하며 형인 시몬 베드로를 찾아가 말했다.

"형님! 형님! 우리가 찾던 메시아를 만났습니다!"

했는데, 〈마태오 복음서〉, 〈마르코 복음서〉, 〈루카 복음서〉에는 겐네사렛호수에서 최초의 제자를 부른 것으로 기록되어 있어서 임의로 둘을 뒤섞었다.

광야에서 악마의 유혹을 물리치다

◈

요한에게 세례를 받은 예수는 거룩한 영의 힘에 이끌려 광야로 향했다. 갈릴래아 나자렛에서 남으로 내려가 사해 북쪽 요르단 계곡에 있는 예리코의 산,[3] 지난번 귀국할 때 물색해놓았던 작은 동굴을 찾았다. 예수는 지금까지 수행하면서 인간의 감정과 오감을 깨우치고 제어하며 치유하는 능력을 갖췄을 뿐만 아니라 영적 깨달음의 최고 경지에 올라 최고 중의 최고 칭호를 받았지만, 신과의

---

3   예수가 예리코의 동굴에서 40일간 금식하며 악마의 유혹을 받았다고 하는데, 그 동굴이 있는 산은 예리코 옛 도시 뒤편에 높이 솟아 있는 카란탈Qarantal산으로, 오늘날 시험산Mount of Temptation이라고 전해진다. 동굴 뒤편에 교회(사원)가 하나 세워져 있었다고 하나 13세기에 없어졌고 현재는 그리스 정교회의 시험산 수도원이 있다.

합일을 시도해본 적은 없었다. 또한 사람들과 함께 어울리면서 편안한 실내와 시설에서만 수행해왔지 사막과 광야처럼 거친 환경에서 고행해본 적은 없었다. 그래서 예리코 광야는 더욱 의미가 깊었다.

예리코는 이집트 탈출 시절 이스라엘 민족의 지도자 모세의 뒤를 이은 여호수아가 요르단강을 건너 최초로 정복한 도시였다.[4] 또한 예언자 엘리야[5]의 제자 엘리사가 소금으로 정화한 엘리사의 샘[6]이 있는 곳이기도 했다. 이처럼 위대한 도시 예리코는 예루살렘에서 광야를 가로질러 빠른 걸음으로 하루 반나절 정도 되는 거리였는데, 제법 지대가 높은 예루살렘과 달리 매우 낮은 지역에 위치해 한낮의 더위가 살을 태우고 뼈를 녹이고도 남을성싶었다.

우연의 일치였을까. 이곳 예리코에, 그 옛날 이스라엘 민족을 이끌어 이 땅에 정착시킨 통치권자 여호수아와, 먼 훗날까지 영원토록 메시아로 불릴 예수(여호수아)가 한 분은 땅의 정복자로, 또 한 분은 인류의 구원자로 과거와 현재를 이어 나란히 존재하고 있었다.

다행히 예리코에는 종려나무가 우거진 커다란 오아시스가 있어 물을 구하기 쉬웠다. 그러나 예수는 오아시스 부근으로 가지 않았

---

4 〈여호수아기〉 6장.

5 엘리야는 '하느님은 야훼다'라는 뜻으로, 북이스라엘 아합 왕(재위 BC 872~BC 851년) 시절의 위대한 예언자였다. 아합 왕이 이교도 아내 이사벨과 함께 이교를 포교하자 이에 맞서 450명의 바알 신 사제 및 400명의 아세라 신 사제와 대결해 이겼으며, 죽지 않고 살아 하늘의 불수레를 타고 승천했다.

6 〈열왕기 하〉 2:19~22.

다. 한 표주박의 물만 마시며 신과 대면할 때까지 수행하리라 결심하고 절벽 끝 좁은 문의 조그마한 동굴 안으로 들어가 좌정했다.

이것은 신께서 부여한 사명을 확인하고 신의 경지에 입문하기 위한 목숨을 건 마지막 수행이었다.

'아버지! 인간의 속죄라는 명목하에 살아 있는 생명이 제물이 되어 그 피가 제단에 얼룩지고, 번제의 기름 타는 냄새가 진동하는 역겨운 살생을 그치게 하소서. 겉으로는 신의 은총을 부르짖으면서 뒤로는 육욕과 재물만을 챙기는 탐욕을 멈추게 하소서. 진실은 사라지고 껍데기만 남은 형식적 의례와 부정과 부패의 시대가 이 땅에서 막을 내리게 하소서.'

좌정한 지 사흘이 지나자 급격히 탈수가 진행되었다. 혈관을 따라 휘도는 피는 사해 바닥의 콜타르처럼, 어릴 적 목수 아버지를 도와 만들던 아교풀처럼 끈적여 흐름이 정체되어갔다. 일주일이 지나자 흘린 땀이 소금 결정이 되어 온몸을 하얗게 덮었다. 방광의 소변은 검은 핏빛으로 흐려졌고 대장의 변은 딱딱한 돌덩어리로 변해 장의 움직임을 방해했다.

예수는 신체가 극한 상황에 이르렀음을 인지하자 잠시 호흡을 돌리고 물을 한 방울 찍어 입술을 적시기 위해 손을 뻗었다. 그 순간 악마들의 두목인 사탄이 뱀을 보내 표주박 물을 엎어버렸다. 이집트 피난 시절, 여인의 몸에 뱀의 형상으로 들러붙어 있다가 예수에게 쫓겨난 아스모데우스였다. 물은 도망치는 뱀보다 더 빠르게 바짝 마른 땅속으로 스며들었다. 혹서의 사막에서는 이삼일만 물을 마시지 않아도 죽고 만다.

'이것이 나의 운명일까? 신께서 내게 깨달음은 주셨으되 사명은 주지 않으시는 걸까? 나는 여기까지인 걸까?'

그렇다 하더라도 최후의 순간을 명상 속에서 맞이하리라 결심한 듯 예수는 그대로 좌정해 있었다. 광야의 건조하고 뜨거운 바람은 그나마 남아 있던 표주박의 습기마저 바짝 말려버렸다.

죽음이 코앞에 다가와 낄낄거리며 비웃었다. 지금까지 겪어보지 못했던 온갖 상념이 머릿속에 가득 찼다. 이전에 물리쳤던 수많은 악령이 죽어가는 예수를 지켜보며 키들거렸다.

"당신만 죽으면 세상은 우리의 것이다. 그래, 그렇게 무지한 방법으로 계속 수행하여 스스로 죽음을 맞이하라."

선한 영과 천사들이 나타나 어서 일어나라고, 아니 뒹굴고 기어서라도 산을 내려가 오아시스의 물을 마셔야 한다고, 그렇지 않으면 죽음이 당신의 호흡을 앗아간다고, 목숨보다 더 귀한 것은 없으니 어서 내려가라고 울며불며 애원했다. 그러나 예수는 움직일 수가 없었으며 움직이지도 않았다.

새벽녘이 되자 예수의 영혼을 실어가기라도 할 듯 음습한 바람이 불어왔다. 바람에 실려 덤불 한 덩어리가 또르르 굴러 가부좌를 튼 예수의 다리 위로 올라왔다. 예리코의 장미라 불리는 사막장미였다.

'그 옛날 죽어가는 모세에게 왔던 것처럼 나의 마지막 길을 네가 곁에서 지켜보며 함께하려고 왔구나. 이집트 피난 시절 우리 가족이 앉은 곳마다 피어나 고통과 시름을 달래주었지.'

어머니 마리아의 얼굴이 떠올랐다. 아비가 누군지도 모르는 자신을 낳고 평생 손가락질받으며 살아온 어머니. 철없던 어린 시절, 종종 제어되지 않는 이상한 능력에도 한 번도 화내지 않고 사랑으로 감싸준 어머니. 마리아와 더불어 자신을 돌봐주고 보호해준 양아버지 요셉의 과묵한 얼굴도 떠올랐다. 희로애락을 같이한 형제자매들의 얼굴도 아른거렸다. 지금까지 살아오면서 만난 수많은 사람의 표정과 이름이 스쳐 지나갔고, 겪었던 사건 하나하나가 눈앞에 펼쳐졌다. 광야의 하늘은 투명하여 억만 개 별빛이 아우성치며 눈물을 쏟는 듯 깜박였고, 땅 위는 수없는 짐승과 벌레가 숨죽여 흐느끼는 듯 고요마저 바람 소리에 얹혀 와 허공을 가득 채웠다.

이제 막 예수의 숨이 끊어지려는 찰라, 예리코 장미에 숨어 있던 사막 풍뎅이 한 마리가 적막을 깨트리고 파르르 날아올라 지혜의 여신 소피아처럼 예수의 입술 위에 거꾸로 내려앉았다. 바람과 함께 새벽 안개가 동굴 안까지 불어 들어왔고 풍뎅이 다리에 한 방울 이슬이 맺혀 또르르 풍뎅이 머리 쪽으로 구르더니 더듬이에서 잠시 머물다가 예수의 입으로 떨어졌다. 이슬 한 방울이 예수의 입술을 적시고 혀를 적시더니 목구멍을 타고 내려가 몸속 구석구석까지 흘러들었다. 그러자 예수에게 딱 이슬 한 방울만큼의 숨이 돌아왔다. 풍뎅이는 자기 임무를 다했다는 듯 날개를 파닥이며 동굴 밖으로 날아갔다.

그때 새벽 습기를 머금은 예리코 장미가 어머니의 얼굴처럼 활짝 잎을 피우기 시작했다. 언제나 자식의 안위를 걱정하는 어머니의 슬픈 눈물 같은 새벽이슬이 이파리마다 주렁주렁 맺혔다. 예수는 예리코 장미에 맺힌 이슬을 손가락으로 찍어 천천히 입으로 가져갔다. 소스라치게 놀란 악마와 악령들이 괴성을 지르며 바람을 불어 일으켜 이슬방울을 말리려 들었다. 그럴수록 안개는 장미 이파리에 들러붙어 더 큰 물방울을 만들었고, 그 옛날 피난이 막 시작된 어느 동굴에서의 거미줄처럼 예수의 수염과 머리카락에까지 주렁주렁 이슬이 맺혀 흘러 예수의 갈증을 달래주었다.

악마와 악령들은 기겁하며 사막 너머로 도망쳐 호시탐탐 다음 기회를 노렸다. 선한 영과 천사들의 통곡이 기쁨과 안도의 미소로 바뀌자 대지는 이에 화답이라도 하듯 멀리 지평선 위로 태양을 밀어 올렸다. 햇빛이 들자 예리코 장미는 오늘의 일을 다 마친 듯 잎을 다물었다. 그날 이후 예리코 장미는 예수의 가부좌에 앉아 가장 고통스러운 수행이 끝날 때까지 매일 아침 이슬을 머금어 예수에게 바쳤다. 예수는 그에 대한 보답으로 어머니께 이 꽃을 바치리라 마음먹었다.

어느덧 금식과 기도와 명상으로 사십 주야가 흘렀다. 사람으로서는 도저히 견뎌낼 수 없는 고행을 감내하자 육체는 구름처럼 가벼워졌고, 정신은 애욕과 원망과 원한의 틀을 깨트려 사랑과 평화의 경지마저 초월하게 되었다. 이제 막 최고의 경지에 오르려는 순간, 마지막 시험이자 유혹[7]이 예수를 찾아왔다.

---

7 깨달음을 얻기 직전의 유혹은 성인들의 설화에 자주 등장한다. 석가모니는 마왕 마라 파피야스로부터 색色과 회유와 협박에 시달렸고, 자라투스트라도 깨달음을 얻기 직전 악마가 나타나 두 가지 시험으로 방해했다.

고행으로 시달린 예수의 육체에 시장기가 몰려왔다. 그러자 예수 주위를 맴돌던 악마 셋이 복수의 본색을 드러냈다. 이집트 피난 시절, 소티넨 마을 사제 아들에게 들러붙어 있다가 쫓겨난 악마들이었다.

　"가난한 목수의 아들 예수여, 40일을 굶고 수행하셨으니 얼마나 배가 고프시겠어요? 당신이 하느님의 아들이라면 이 돌로 빵을 만들어 허기를 채우세요. 그 옛날 인도의 싯다르타는 고행 중에 수자아타라는 처녀가 준 유미죽[8]을 남몰래 받아먹고도 득도하셨잖아요. 그뿐이겠어요? 저 돌로 빵을 만들 능력이 있다면 이제 사물을 마음대로 제어하고 변형하여 금과 은도 만들 수 있을 테니 지긋지긋한 가난을 청산하고 당신이 바라는 세상을 돈으로 다 사버리세요."

　그러자 예수가 꾸짖었다.

　"악마야, 너는 교묘하게 진실을 왜곡하는구나. 싯다르타 성현은 고행 중에 먹은 것이 아니었다. 의미 없는 고행은 오히려 육체를 쇠하게 하고 번뇌를 성하게 하니 이를 깨달은 즉시 육체의 고행을 끝내셨다. 그리고 해탈의 지혜를 성취하기 위한 다음 단계에 들고자 육체의 기력을 회복하려 죽을 드셨고 마침내 가장 높은 정각을 성취하셨다. 자라투스트라도 오두막에서 마지막 수행 중에 너 같은 악마가 귀족풍의 남자로 변신하여 나타나 가난한 생활을 청산하고 떠나자고 했을 때 과감히 거절했었다. 잘 들어라. 성경에 '사

8　우유와 꿀과 기름을 섞어 만든 죽.

람이 빵만으로 살지 않고, 주님의 입에서 나오는 모든 말씀으로 산다[9]라고 했다."

이에 악마들이 주춤하더니 예수를 거룩한 도시로 데려가 성전 꼭대기에 세우고 말했다.

"당신이 하느님의 아들이거든 뛰어내려 보세요. 성경에 '그분께서는 너를 위해 당신 천사들에게 명령하시리라. 행여 네 발이 돌에 차일세라 그들이 손으로 너를 받쳐주리라'[10] 하지 않았나요?"

예수가 대답했다.

"석가모니께서 득도하신 후 네란자라강변 무찰린다 나무[11] 아래서 일곱 날 동안 해탈의 기쁨에 삼매경에 들어가셨을 때의 일이다. 날씨가 험악해지더니 비가 내리고 차가운 폭풍이 7일이나 계속되자 나가naga(용왕) 무찰린다[12]가 강에서 올라와 똬리를 틀어 부처님을 일곱 겹으로 둘러싸고 몸통을 날개 모양으로 넓게 펴 추위와 비바람으로부터 보호해드렸다. 너도 그러한 모습을 보고 싶은 게냐? 너도 나가를 본받아 그리 한번 해보아라.

진정한 기적이란 기적을 일으키지 않아도 될 환경을 만드는 것이다. 아픈 사람을 낫게 해주는 게 기적이더냐, 아니면 건강한 몸을 가져 치료가 필요 없는 게 기적이더냐. 삐뚤어진 너의 마음은

---

9 〈신명기〉 8:3.
10 〈시편〉 91:11~12.
11 보리수 아자팔라 니그로다 나무 근처의 나무로, 부처가 깨달음을 얻은 뒤 세 번째 7일간을 이 나무 아래서 보냈다.
12 인도 민간 신앙에 나오는 반신반인의 존재로, 바다나 강, 연못에 살며 종종 코끼리나 뱀으로 변하여 신인이나 인간을 돕는다.

석가모니 말씀처럼 병 속에 독약을 담은 듯 몸을 망치는 근본이로구나. 제아무리 능력이 뛰어난 현자라도 사랑과 믿음이 없고 마음을 열지 않으면 신조차 제도할 방도가 없어 형벌을 내리신다. '주 너의 하느님을 시험하지 마라'[13]라는 말씀도 성경에 있다. 네가 주님을 시험하고 나쁜 짓만 계속하면 나의 이름으로 영원히 지옥 불에 갇혀 발버둥 치는 날이 오고야 말리라. 지금이라도 늦지 않았으니 어서 회개하고 용서를 빌어라."

악마는 회개는커녕 예수를 아주 높은 산으로 데리고 가서 세상의 모든 나라와 그 화려한 모습을 보여주며 유혹했다.

"당신이 나에게 절하면 이 모든 것을 당신에게 주겠습니다."

예수가 말했다.

"그 옛날 수행하고 있는 자라투스트라 앞에 늙은 가짜 자라투스트라가 나타나 자신의 신하가 되어달라고 한 것과 다를 바가 없구나. 너는 내게 깨달음 대신 세속적 메시아를 선택하라고 하는데, 그 둘은 비슷해 보이지만 다르다. 세속적 전륜성왕은 온 세상을 통일하고 지배하겠지만, 깨달은 자는 진리로 우주 만물을 제도한다. 세속적 메시아는 깨달은 자가 아니지만, 각성한 자는 세속적 메시아마저 제어한다. 바빌론 유수 시절부터 오늘날 로마 압제에 이르기까지 우리는 메시아를 기다려왔다. 나에게 그런 세속적 욕심을 불어넣어 깨닫지 못하게 하려는 것이 너의 목표임을 잘 안다. 하지만 안타깝게도 나의 나라는 땅 위에 있지 않구나. 사탄아,

---

13 〈신명기〉 6:16.

이제 물러가라. 성경에 '주 너의 하느님께 경배하고 그분만을 섬겨라'[14]라고 하시지 않았느냐?"

마침내 악마가 굴복하고 물러가자 예수는 다시 깊은 명상에 잠겼다. 그 명상의 끝에는 단련되지 않은 영과 육체를 가진 자는 도저히 견뎌낼 수 없는 공포가 가로막고 있었다. 그것은 다름 아닌 바로 땅덩어리가 짜개지는 듯한 거대한 굉음과 하늘의 태양보다 수백 배나 더 밝은 우주의 빛이었다. 이를 이겨내지 못할 경우 그 굉음은 인간의 귀를 찢고 그 파장에 뇌마저 흔들려 정신병에 걸리거나 즉사할 수 있다. 그 빛 역시 맨눈으로 바라볼 경우 눈을 멀게 하는 것은 둘째 치고 극도의 두려움에 떨다가 육체가 신의 기운에 녹아 사라지고 영혼도 증발해버리는 종말을 맞게 된다. 가장 두려운 이 과정을 통과해야만 정각의 길로 들어설 수 있고 신과 대면할 수 있다. 제아무리 수십 년 수련하고 단련한 자라도 그 과정에서 온몸의 분비물을 쏟아내며 쓰러지는 경우가 허다했다. 그 옛날 신께서 가장 사랑하고 보호해주셨던 모세조차 신의 기운의 극히 일부인 불꽃만 보고서도 하룻밤 사이에 머리카락이 하얗게 세어버리지 않았던가. 디오니소스의 어머니 세멜레는 제우스의 번쩍이는 빛을 보는 순간 녹아 사라져버렸다. 샤먼shaman(무당)들은 수호신의 느낌만 감지하여도 두려움에 떤다. 그저 범인凡人은 밤길의 나뭇잎 바스락거리는 소리만으로도 소스라치게 놀라 나자빠지는 경우가 허다하다. 신의 기운으로 태어나 지금까지 살아오면서 수

14 〈신명기〉 6:13.

많은 기적을 일으키고 수련한 예수도 우주 최고의 신 앞에서는 두렵지 않을 수가 없었다. 이미 이집트에서 성사聖師(히에로판테스)의 지도 아래 수련하는 과정 중에 빛과 파장과 굉음을 경험한 적이 있지만 이에 비할 것이 아니었다.

예수는 최후의 참선에 들어섰다. 위로는 하늘에 있는 것과 아래로는 땅 위와 지하의 즘생[15]들을 비롯하여 영적이고 육체적이며 살아있는 것, 무생물 할 것 없이 존재하는 모든 것은 예수가 자신을 찾아 신과 합일하여 깨닫는 순간을 숨죽이며 지켜보고 있었다.

드디어 새벽녘 거대한 불기둥이 예수의 몸을 감싸는가 싶더니 지금까지 우주가 경험하지 못한 진동과 파장이 예수의 몸에서 치솟아 우주 끝까지 뻗쳤다. 동시에 아침 해가 떠올랐고 아름다운 음악과 향기가 세상에 가득 찼다.

그 시각 예리코의 부지런하고 심성 고운 몇몇 사람들은 이상한 현상을 목격했다. 두 개의 해를 보았는데, 갓밝이 때 먼저 떠올랐던 해는 희한하게도 이 땅의 모든 것을 두루 비추면서도 그림자를 만들지 않았고, 이내 어두워졌다가 다시 어둑새벽 나중에 떠오른 해는 그림자를 만들었다. 그와 함께 로마보다 더 먼 곳에서 지진이 일어난 듯 하늘을 가득 채운 우렛소리를 들었는데 이는 음악으로 화해 마음속에 진동으로 전해졌다. 그날 새벽 예리코의 식물들은 신기하게도 두 뼘 넘게 자랐다. 아울러 온갖 날짐승과 들짐승과 미물들, 심지어 광야에 사는 사자와 표범과 독사마저도 서로를

---

15 중생衆生의 고어.

해하지 않고 카란탈산을 향해 납작 엎드려 절했다. 하지만 아무도 그 광경을 인지하지 못했다. 그저 짐승을 기르는 사람들은 갑자기 순하게 변해 말 잘 듣는 가축들이 기특하기만 했다.

예수는 우주와 내면을 통찰하고 정각을 이루어 마침내 자신의 존재를 알게 되고 주어진 사명을 확인했다. 하늘에 계신 아버지께서 세상을 구원하기 위해 그분의 본성은 하늘에 계신 채 인간의 육체를 빌려 당신의 아들로 화해 세상에 태어났으니[16] 그게 곧 예수 자신이었다. 그러므로 아버지이자 아버지의 아들이며 아버지의 거룩한 숨결, 곧 성부와 성자와 성령의 삼위가 일체되어 함께 계셨다.

아울러 성자는 앞으로 33세가[17] 될 때까지 이 땅에 머물면서 인류를 구속救贖하고자 가르침을 펴고 오로지 인간을 위해서 치유와 기적을 행할 것이었다. 종국에는 형식적 속죄를 위한 산 제물의 피비린내 나는 살생을 멈추고 마지막 인신공회의 제물이 되어 모든 인간의 죄를 짊어지고 갈 것이었다.

일찍이 신께서는 탈선한 민족, 불의로 가득 찬 백성, 사악한 종

---

16 힌두교에서는 이를 아바타라고 한다.

17 성경에는 예수가 가르치기 시작할 때 나이가 30세쯤(《루카 복음서》 3:23)이며 이후 세례를 받고 광야에서 시험을 받았다고 했다. 시험 때의 나이, 예수가 언제 죽었는지, 그때가 몇 살인지 정확히 알 수 없다. 단지 성서 공생애를 통해 33살로 추정하는 것이며 이 숫자 또한 상징성이 내재해 있는 것으로 보인다. 3은 3위(성부, 성자, 성령)의 의미가 있고, 광야에서 세 번의 유혹, 3일 만에 부활 등으로 구체화 되며 이의 반복이 33이다. 전례에서도 자비송, 감사송, 평화의 찬가 등은 세 번씩 반복된다. 숫자 40도 자주 등장하는데 노아 홍수 40일, 이집트에서 가나안까지 40년, 모세의 시나이산 40일, 예수 40주야 기도, 사순절(40일) 등이 그것이다. 이는 고행과 수련을 상징한다.

자, 부패한 자식들, 야훼를 떠나고 배신한 미련한 이스라엘 백성을 소돔과 고모라에 견주시고는 그들의 무의미한 제물을 거부하셨다. 번제물과 굳기름에 물리고 분향 연기도 역겹다고 하셨을 뿐 아니라 초하룻날과 안식일과 축제에 하는 헛된 짓이 진정 싫으니 내 뜰을 짓밟지 말라고까지 하셨다.[18]

이제 예수는 구원의 구리 뱀[19]이 되고자 했다. 이스라엘 백성이 이집트에서 탈출했던 때, 친(씬) 광야 카데스에서 에돔으로 가지 못하고 호르산을 돌아 갈대 바다[20]로 가면서 이스라엘 백성이 야훼와 모세에게 불평하자 그 죗값으로 신이 보낸 불 뱀에 물려 죽어나갔다. 모세는 신에게 간절히 애원했고, 신의 명령에 따라 높이 세운 구리 뱀을 바라보기만 해도 상처가 나아 살아났다. 이처럼 예수가 유다 민족과 인류를 구원해줄 메시아임을 몰라본 유다의 지도자들은 거짓 증언과 배신으로 예수를 십자가에 못 박아 높이 올릴 것이니, 메시아 예수가 흘린 희생의 피를 믿는 자는 죄의 속박에서 벗어나 영생을 얻을 것이었다.

드디어 신인이 합일되었고 인류의 구원자인 그리스도가 이제 막 최고의 깨달음을 얻은 순간이었다. 싯다르타가 무상정변정각無上正邊正覺을 이루자 신선들이 나타나 찬탄했던 것처럼, 깨달음을 얻은 신의 사자 자라투스트라가 세상 마지막 날 사오시안트가 인간

---

18 〈이사야서〉 1:4~14.

19 〈민수기〉 21:4~9.

20 수에즈 운하 쪽이 아닌 아카바만 쪽의 홍해를 말한다. 본래 홍해는 갈대가 무성하게 자라 갈대 바다라 했으나 〈마카베오기〉에서 붉은 바다라 기록한 이후 홍해라 불렀다. 모세의 기적이 일어난 곳은 수에즈 운하 방향의 홍해다.

의 선악을 심판할 것을 포고할 때 천사들이 호위했던 것처럼, 하늘의 천사들이 예수를 경배하며 시중을 들었다.[21]

예수의 눈앞에 세 단계의 신의 모습이 펼쳐져 있었는데, 그중 한 가지를 선택하는 일만 남았다. 최고의 단계는 육체와 함께 깨달음을 얻어 허공으로 올라가 시공을 초월해 영생으로 존재하거나, 자기 의지대로 육체를 벗거나 입으면서 세상에서 활동하다가 일정 기간이 지나면 육체를 버리고 우주와 합일되어 삼라만상을 관조하는 단계다. 두 번째 단계는 육체를 가지고 깨달음을 얻었으되 승천하는 단계에는 이르지 못했으나, 명산이나 동굴에 기거하며 최고의 단계에 오르기까지 불로불사하며 스스로를 제어하는 단계다. 세 번째 단계는 시해선尸解仙이다. 시해선이란 육체를 입은 채 인간과 똑같이 감각을 느끼고 희로애락 속에서 살다가, 죽은 뒤 부활하여 육체의 틀을 벗어나거나 제어하면서 시공을 초월해 존재하는 경지에 오르는 단계다.

예수는 최고의 단계를 선택하지 않고 시해선을 선택했다. 인류의 대속을 위한 인신공희의 마지막 제물이 되어야 하기 때문이었다.

---

21 자라투스트라는 30세에 산속에서 명상에 들어가 이후 10년을 수행한 후 세상에 나온다. 석가모니는 29세 때 출가했다. 고대의 현자들은 30세 전후에 깨달음을 위한 정신 탐구에 들어간다는 공통점이 있다.

참고자료

■ 예리코의 장미와 샤론의 장미

예리코의 장미와 샤론의 장미를 같은 꽃으로 혼동하는 경우가 많다. 예리코의 장미는 부활초, 마돈나의 장미, 사막 장미라고도 한다. 우리나라 바위손과 흡사한 아나스타티카Anastatica속의 식물이다.

한편 샤론(사론)의 장미(수선화)는 예수를 상징하는 꽃이다. 구약 성경에서는 "나는 샤론의 수선화, 골짜기의 나리꽃이랍니다"(〈아가〉 2:1)라는 노래처럼 본래 여성으로 표현되었다. 그녀는 포도밭에서 일하는 술람미 여인으로 솔로몬이 사랑한 여인이었다. 그러나 언제부터인가 샤론의 장미를 예수의 꽃으로 표현하고 있는데, 아마도 찬송가의 영향인 듯하다. 1922년 찰스 가브리엘Charles H. Gabriel이 작곡하고 아이다 귀리Ida A. Guirey가 작사한 찬송가 〈샤론의 꽃 예수Jesus Rose of Sharon〉의 가사는 다음과 같다.

샤론의 꽃 예수 나의 마음에 거룩하고 아름답게 피소서.
내 생명이 참사랑의 향기로 간 데마다 풍겨나게 하소서.
(후렴) 예수 샤론의 꽃 나의 맘에 사랑으로 피소서.

샤론의 꽃 예수 이 세상에서 어느 꽃과 비교할 수 있으랴.
나의 삶에 한결같은 은혜와 사랑으로 가득하게 하소서.

샤론의 꽃 예수 모든 질병을 한이 없는 능력으로 고치사
고통하며 근심하는 자에게 크신 힘과 소망 내려주소서.

샤론의 꽃 예수 길이 피소서 주의 영광 이 땅 위에 가득해.

천하만민 주님 앞에 엎드려 경배하며 영광 돌릴 때까지.

샤론은 샤론 평야를 말한다. 카르멜산의 해안 부분에서 텔아비브 야포의 야르콘강 유역까지 약 8킬로미터에 걸쳐 남북 방향으로 펼쳐진 평야 지대로, 동쪽으로 카르멜산맥과 구릉이 많은 사마리아 지방과 접하고 있다. 비옥한 토양 덕에 고대에는 무화과, 오렌지, 올리브, 포도 밭이 산재해 있었으며 소와 양, 나귀와 낙타를 치는 목축 지대이자 온갖 꽃이 핀 구릉 지대였을 것으로 추정된다. 〈역대기 상권〉(27:29)을 보면 이곳에서 소를 목축했음을 알 수 있고, 이집트 제18왕조의 파라오 투트모세 3세의 비문에도 이 평원이 언급되어 있다. 신약 성경에는 〈사도행전〉(9:35)에 한 번 나올 뿐이지만, 랍비 문학에서는 이 평원이 비옥했다는 암시와 함께 자주 언급된다.

샤론의 장미(꽃)가 어떤 꽃인지는 확실하지 않다.

① 가장 널리 알려진 것은 바다수선화Pancratium maritimum다. 터키, 시리아, 이스라엘, 코카서스 동쪽 지중해 지역, 포르투갈, 모로코, 카나리아 제도, 흑해의 양안, 불가리아 남쪽−터키 북쪽 조지아 해안에서 자라는 구근 식물이다.

② 크로커스crocus(사프란)의 일종 또는 샤론 해안 평야에서 자라는 크로커스가 거론된다.

③ 튤리파 몬타나Tulipa montana. 밝은 붉은 색을 띤 튤립 같은 꽃으로, 오늘날 샤론의 언덕에서 왕성하게 서식하고 있다.

④ 튤리파 아게넨시스Tulipa agenensis 즉 샤론 튤립Sharon tulip. 튤립의 일종으로 일부 식물학자들이 샤론의 장미라고 주장하고 있다.

⑤ 서양에서 성모 마리아 백합(머도나 릴리Madonna lily)으로 널리 알려진 릴리움 칸디둠Lilium candidum. 이는 백합의 일종으로 역시 일부 식물학자들이 샤론의 장미라고 주장하는 꽃이다.

한편 오늘날 영어권에서 성서와 무관하게 쓰이는 '샤론의 장미Rose of Sharon'는 다음의 꽃을 지칭한다.

⑥ 서양금사매Hypericum calycinum. 이 꽃의 나무는 상록수로 꽃이 피는 떨기나무(관목灌木)이다. 동남부 유럽과 서남 아시아가 원산지이다. 이것이 영국·오스트레일리아 영어에서 'Rose of Sharon'이라고 부르는 식물이다.

⑦ 무궁화Hibiscus syriacus. 이 꽃의 나무는 낙엽수로 꽃이 피는 떨기나무이다. 동아시아가 원산지이며 한국 국민은 무궁화를 국화로 인정한다. 미국 영어에서 이것을 'Rose of Sharon'으로 부른다. 우리나라 일부 개신교에서는 무궁화를 성서에 나오는 샤론의 장미라고 잘못 가르치고 있다.

갈릴래아 전도를 시작하다

◈

예리코 광야에서 40일을 금식과 기도로 보낸 예수는 악마의 유혹
을 물리치고 마침내 자신의 존재와 사명을 깨달았다. 싯다르타가
정각을 이룬 뒤 이를 확인하기 위해 나뭇잎을 강에 띄우며 '이것이
강물을 거슬러 올라가면 깨달았음을 확신하리라' 시험해본 것처
럼 예수도 자신의 깨달음을 확인할 기회가 오리라 믿었다.

　예수는 갈릴래아로 돌아갔다. 머무는 곳마다 회당에 들러 성경
을 읽고 하느님의 말씀을 해설해주었는데, 사람들은 그의 가르침
에서 여느 랍비들과는 다른 힘을 느꼈다. 예수의 위엄이 널리 전
해지자 예수를 따르는 이들이 생기기 시작했다. 아울러 세례자 요
한은 자신의 수제자들을 예수에게 보냈다. 예수가 자신이 기다리

는 메시아이길 염원하는 마음에서였다.

　예수는 이제 민중을 깨우치기 위해 본격적으로 설법을 시작해야 했는데, 어디서 어떻게 첫발을 내디뎌야 할지를 정하기가 녹록지 않았다. 그때 한 제자가 세례자 요한과 예수의 방향이 같다면 요한처럼 세례를 베푸는 것도 좋지 않겠느냐고 제안했다. 자칫 요한의 아류로 취급당할 수도 있었지만, 예수는 아랑곳하지 않고 그 제안을 받아들였다. 안 그래도 요한 혼자 세례를 베풀기에는 몰려드는 사람이 너무 많았던 데다 자신이 세례를 베풀면 요한의 제자들이 스승을 배반한 것이 아니라 스승과 뜻을 함께하는 다른 스승에게 보내졌음을 사람들에게 드러낼 수도 있었기 때문이다. 그리하여 요한이 세례를 베푸는 곳에서 멀리 떨어진 유다 지방에서 제자들과 세례를 베풀며 요한의 외침을 공유했다.

　"때가 되어 하느님의 나라가 다가왔다. 회개하고 이 복음을 믿어라."

　그러자 한 바리사이인이 애논에서 세례를 베푸는 요한을 찾아가 물었다.

　"선생님과 함께 요르단강 건너편에 있던 사람이 선생님과 똑같이 세례를 베풀고 똑같이 말하고 있는데, 사람들이 다 그리로 몰려가고 있습니다. 어찌 된 일인가요?"

　요한이 대답했다.

　"나는 제발 그분이 그리스도이길 바란다. 나는 그분을 위해 태어났고 그분 앞에 사명을 띠고 온 사람이다. 나는 작아져야 하고 그분은 더욱 커지셔야 한다. 이제 머지않아 나의 사명이 다할 것이다."

바리사이인이 씩씩대며 다시 물었다.

"아니, 예수라는 사람이 선생님의 의례를 모방하고, 그래서 많은 추종자가 선생님을 배신하고 그를 따라다니는데도 화가 안 난단 말입니까?"

"그까짓 의례를 따라 하는 것이 무슨 흉이 되며, 나를 따르던 이들이 그분을 따른다고 해서 어찌 배신이라고 말하느냐? 자고로 의례란 신을 숭배하기 위한 방법이고 인간 스스로를 정화하기 위한 도구다. 한 종교가 다른 종교의 의례를 본받아 사용하고, 한 성자가 다른 현인이 제정한 법규를 모방한다 해서 잘못된 것이라 할 수 없다. 그 의례에 신과 연결되고 정신세계를 정화하는 힘이 있다면 얼마든지 공유할 수 있고, 이를 개량해 더욱 위엄 넘치는 형태로 만든다면 신께서 보시기에 얼마나 합당한 일이겠느냐?

네가 무엇을 걱정하는지 안다. 모방에서 오는 변질과 악용, 잘못된 세력의 규합을 염려하는 것 아니겠느냐? 모방하다가 자칫 의미는 사라지고 형식만 남는 경우도 허다하며, 규칙에 얽매이다 본질이 변하기도 한다. 또 경건함을 잃고 타락의 길로 빠지기도 한다. 그러나 그분은 나보다 더 위대한 분이시니 그런 걱정은 필요 없다. 그리고 더 위대한 성자에게 가서 배우는 것은 당연한 일이니 그것을 질투하거나 비난해서는 안 된다."

"아니오. 그는 메시아가 될 수 없습니다. 메시아는 유다인이자 이사이의 후손이어야 하는데, 소문에 의하면 그는 대성전 주둔군인 로마 병사 판테라가 대사제의 딸을 강간하여 태어난 자식이라고 합니다. 일설에는 그 어미가 판테라에게 몸을 팔아 그를 임신했다고도 하고요. 그뿐 아니라 그의 어미는 목수들과 간통하고 미용 기술을 빙자하여 수많은 남자의 머리를 만지면서 사통했다는 소문도 있습니다. 그런 사람이 어찌 메시아가 될 수 있냐 말이오. 선생님이야말로 진정한 유다인, 우리의 메시아입니다."

그러자 요한이 말했다.

"그건 풍문일 뿐이다. 하스모니아 왕조 얀나이오스 왕의 어머니가 적군의 병사들에게 능욕당했을 거라는 이야기를 변형시켜 날조한 것에 불과한 것을 마치 사실처럼 이야기하는구나. 그분은 신의 숨결로 태어났고 어머니는 위대한 동정녀라는 소문은 왜 언급하지 않느냐? 더군다나 그의 양아버지는 다윗의 후손이니 어찌 예언에 합당하지 않겠느냐? 나를 시험하지 말아라. 난 아론의 후손이고 그분의 길앞잡이다. 너도 언젠가는 그분을 따를 것이다."

그 무렵 헤로데 안티파스는 본부인과 이혼하고 이복형제 필리포스 1세의 아내이자 자신의 조카인 헤로디아와 결혼했다. 필리포스 1세와 헤로디아 사이에는 살로메[22]라는 딸이 있었다.

왕족의 근친혼은 혈통을 중시하는 왕가에서는 문제 될 일이 아니었다. 심지어 왕가에서는 후사를 위해 남의 아내를 취하는 행위도 용납되는지라 헤로데 가문 내에서 일어난 그깟 사건쯤이야 잠시 이목을 끌었다가 이내 잠잠해질 일이었다. 율법에 충실한 유다

---

22 살로메는 훗날 필리포스 2세와 결혼했다. 살로메라는 이름은 성경에 나오지 않는다. 유다 역사가 플라비우스 요세푸스가 쓴 〈유다인의 유산〉이라는 기록에 나온다.

인들조차 다윗이 자신의 부탁을 거절하고 저항한, '마온' 사람이자 카르멜 목장주인 나발을 죽이고 그의 아내 아비가일을 부인으로 맞이한 기록[23]을 떠올리며, 죽지도 않은 남자의 아내를 취한 안티파스를 두고 '이두매아인들이 다 그렇지' 하며 그냥 쉬쉬하고 말았다.

그러나 세례자 요한의 생각은 달랐다. 유다인이라면 누구나 지켜야 하는 모세 율법의 기본인 십계명 중에서 '네 이웃의 아내나 남종이나 여종이나 소나 나귀 할 것 없이 네 이웃의 소유는 무엇이든지 탐내지 못한다'라는 계명을 어긴, 곧 신의 명령을 모독한 행위였다. 요한이 보기에 안티파스의 행위는 다윗이 히타이트족 출신 장군 우리야의 아내 밧세바를 취한 일[24]에 비할 만했다. 그는 군중을 향해 안티파스의 부도덕함을 성토하며, 아무리 이두매아인 핏줄이라지만 유다의 왕족인 자가 불륜에 눈이 멀어 십계명을 어겼으니 천벌을 받아 마땅하다고 비난하고 다녔다.

요한이 자신의 목숨을 내걸면서까지 안티파스를 비난하는 데는 또 다른 이유가 있었다. 메시아의 길을 닦고 사라져야 하는 자신의 사명을 완수하기 위해서였다. 어렸을 적 스승에게 들은 '그분의 길을 터주기 위해서는 스스로 죽어야 한다'는 말이 언제나 요한을 비장하게 했다. 요한은 예수가 메시아이길 희망했다. 그렇다면 자

---

23 〈사무엘기 상〉 25장.

24 〈사무엘기 하〉 11장. 밧세바에게 첫눈에 반한 다윗은 그녀를 임신시키고, 그녀의 남편 우리야를 전투가 가장 심한 곳 정면에 배치해 죽게 했다. 전설에 의하면 전투가 가장 치열할 때 우리야만 남겨두고 모두 몰래 후퇴했다고 한다. 우리야는 사울왕의 사촌이자 군 총사령관인 아브넬을 죽이고도 처벌받지 않은 요압 장수의 부하였다.

신은 죽어도 무방했고 오히려 영광이었다. 자기 목숨을 끝내기 위해 요한이 선택한 방법은 안티파스의 죗값을 물어 그를 자극해 그의 칼에 죽는 것이었다.

안티파스는 비록 이스라엘 영토의 일부인 갈릴래아와 페레아만 다스리는 분봉왕이었지만, 그래도 여전히 한 지역의 지배자였다. 아버지 헤로데 대왕의 막강한 명성이 아직도 영향력을 미치고 있었으며 로마의 힘을 언제든 불러올 수 있었다. 그 역시 아버지의 전철을 밟아 영토 내에 수많은 도시를 건설했고 호수 서편에 로마 황제 티베리우스를 기념하기 위해 티베리아스라는 도시를 세워 갈릴래아의 수도로 삼았다. 그는 로마와 파르티아 사이의 협상 중재역을 맡아 성공적인 외교 관계를 이루는 업적을 세우기도 하였다.[25] 바로 이러한 왕일진대, 아무리 군중이 요한을 선지자나 메시아로 추앙하고, 그를 따르는 사람이 많다고 해도 왕에 대한 비난은 용서할 수 없었다. 안티파스는 요한을 잡아 옥에 가두라고 명령했다. 요한의 비난을 계기로 소요와 폭동이 일어날 소지가 다분한 데다가 어디엔가 숨어 지내고 있을 하스모니안 왕가 혈족이 복위 투쟁을 벌이기라도 한다면 걷잡을 수 없는 내전이 시작될 수 있기 때문이었다.

하지만 요한은 좀처럼 잡히지 않았다. 아니, 체포할 수가 없었다. 그가 세례를 베푸는 곳에 군사들이 출동하면 요한을 둘러싼

---

[25] 훗날 아그리파 1세를 제거하려다 그의 역공을 받아 로마 황제 칼리굴라에 의해 갈리아(오늘날의 프랑스 피레네 산맥 성 베르트랑 수도원이 있는 마을)로 추방당해 그곳에서 헤로디아와 함께 죽었다.

군중이 돌과 지팡이를 들고 거세게 저항했다. 요한을 잡으러 갈 때마다 분노한 군중은 폭동을 일으키기 일보 직전이었고, 군사들은 상황을 악화시킬 수 없어 철수하곤 했다. 그 무지막지했던 아르켈라오스조차 유다인들이 저항하며 폭동을 일으키자 로마 황제에 의해 유배당했기 때문이다.

이러한 시절에 예수에 대한 소문이 조금씩 퍼져 나가기 시작했다. 인도나 티베트, 페르시아, 아시리아뿐 아니라 그리스, 이집트 등 이방인의 나라에서 온 지식인과 현자들이 갈릴래아 지방, 특히 가파르나움에 들러 예수를 만나고 싶어 한다는 이야기가 종종 들려왔다. 아직 소수였지만 외국인들이 찾는 예수가 누구인지 궁금해하는 사람들이 점차 늘어갔다. 그뿐 아니라 사람들이 메시아라 부르기도 하는 세례자 요한 역시 설교 때마다 예수 이야기를 빠트리지 않았다. 예수야말로 진정 깨달은 자이자 우리가 기다리는 메시아이며, 자신은 그분을 위해 길을 닦는 길잡이일 뿐 이제 그분을 스승으로 맞이해야 한다고 역설했다.

이런저런 투쟁과 해방의 메시아에 대한 소문들과 달리 목수 요셉의 아들 예수의 가르침은 고요했다. 회개와 죄 씻음, 사랑과 지상 천국에 대한 그의 가르침은 세례자 요한의 외침과 상통하는 부분이 많았기에 요한의 추종자 가운데 하나로 치부되며 그다지 큰 호응을 얻지 못했다. 특히 열심당원이나, 로마가 강도lestai라 부르던 독립운동가들에게는 관심 밖의 소극적인 인물에 불과했다. 그러나 조금이라도 수행을 했거나 영적 수준이 있는 사람들은 달랐다. 그들은 로마에 투쟁하고 민중에게는 폭력을 행사하는 가짜 메시아는 결국 유다와 팔레스티나 전체를 제국의 손에 멸망당하게 할 것이며, 급기야 수많은 유다인은 학살되고 말 것이라고 우려했다. 또 투쟁에 지친 자들, 가난한 자들, 병든 자들에게는 피의 투쟁보다 평화와 치유가 더 현실적이고 가슴에 와 닿았다.

카나의 결혼 잔치와 디오니소스 시대의 종언

◈

마리아는 예수와 예수의 형제들 그리고 예수의 제자들을 갈릴래아 지방 카나의 혼인 잔치에 데리고 갔다. 신랑과 신부 집안이 제법 권세 있는 부잣집이었는지 정말 많은 사람이 모여 축하했고 잔치 규모가 어마어마했다. 마리아는 예수를 신랑이나 신랑 부모가 앉는 상석에 앉혔다.

그런데 잔치 도중에 그만 포도주가 떨어지고 말았다. 마리아가 예수에게 포도주가 떨어졌다고 알리자 예수가 말했다.

"어머니, 그것이 저나 어머니께 무슨 상관이 있다고 그러시나요? 왜 이 결혼 잔치에서 제가 주인공처럼 행동해야 하죠? 저의 능력을 자랑하고 싶으시다면 아직은 드러낼 때가 오지 않은 듯싶습니다.”

　언젠가 자신의 능력을 시험하고 드러내야 할 날이 오겠지만, 예수는 많은 사람 앞에서 자랑하듯 급작스럽게 나타내고 싶지는 않았다. 또한 아직 신의 사명을 위한 체제도 구체적으로 정립하지 못했고 세력도 미약한 상태에서 함부로 자신의 능력을 드러냈다가는 자칫 혼란을 가져올 수도 있기 때문이었다. 그럼에도 불구하고 마리아는 이제 예수가 자신을 드러낼 때가 되었다며 하인들에게 “무엇이든 그가 시키는 대로 하여라” 하고 일렀다.

　마침 그곳에는 유다인들의 정결 예식에 쓰는 돌항아리 여섯 개가 놓여 있었다. 예수는 어머니를 물끄러미 바라보았다. 자신의 능력을 드러낼 기회를 어머니께서 마련해주셨으니 기왕이면 어머니 앞에서 기적을 행하여 기쁨을 안겨드리리라 마음먹고 하인들에게 일렀다.

　“항아리마다 물을 가득 부어라.”

　하인들은 마치 최면에나 걸린 듯 아무런 대꾸도 없이 여섯 항아리에 물을 가득 채웠다.

　“이제는 그것을 퍼서 잔치를 맡은 이에게 가져다주어라.”

　예수의 말을 따라 하인들이 잔치를 맡은 이에게 가져다줬더니 어느새 물은 포도주로 변해 있었다. 하인들은 그 술을 어디서 났는지 알고 있었지만, 잔치를 맡은 이는 아무것도 모른 채 술맛을 보고 나서 신랑을 불렀다.

　“누구든지 좋은 포도주는 먼저 내놓고 손님들이 취한 다음에 덜 좋은 것을 내놓는 법인데, 이 좋은 포도주가 아직껏 있으니 웬일이오!"

사람들은 좋은 포도주를 실컷 마시고 또 마셨다.

잔치가 끝나고 마리아와 예수와 형제들, 예수의 제자들은 가파르나움으로 떠났다. 그들이 보이지 않자 사람들은 삼삼오오 모여 대화를 나눴다. 그중 제법 고급술을 마셔본 적이 있는 사람이 말했다.

"오늘 포도주는 정말 대단했어요. 지금까지 맛봤던 거칠고 찌꺼기가 떠다니는 저급 포도주가 아니라 황제와 귀족들이나 마시는 최고의 술이었어요. 그런데 이런 술을 어디서 구했을까요? 시종을 불러 물어봅시다."

불려온 하인 한 명이 대답했다.

"다름이 아니고 예수라는 분이 항아리에 물을 부으라 하더니 그걸 손님들에게 가져다주라고 했습니다. 처음에는 장난치는 줄로만 알았는데 가져가는 짧은 시간에 포도주로 변했지 뭡니까?"

그러자 데카폴리스에서 온 열렬한 디오니소스 숭배자가 말했다.

"낮의 해가 지고 한밤이 되었으니 오늘이 1월 6일 아닙니까? 로마에서는 1월 5일 밤인데요, 이날은 디오니소스가 아리아드네와 결혼한 날이고 이 결혼식 때 최초로 물을 술로 바꾸었다고 합니다. 우연의 일치인지 몰라도 이곳 카나의 결혼 잔치와 디오니소스의 결혼일이 같은 날이고, 물을 술로 바꾼 기적도 같습니다."

사람들이 깔깔거렸다.

"그 예수라는 사람이 정말로 물을 술로 바꾸었다고요? 뭐, 디오니소스의 현신이라도 된답니까? 예수는 마치 자신이 신랑이라도 되는 것처럼 주인 행세를 하고 그 일행은 상석에 앉아 시시덕거렸으니 세상에 그런 꼴불견은 또 없을 것이오. 아마 자기들끼리 마시려고 좋은 술을 숨겨놨다가 술이 전부 떨어지니 울며 겨자 먹기로 내놨겠지, 무슨 그런 얼토당토않은 소리를 다 하시오?"

디오니소스 숭배자가 이야기를 시작했다. 그는 얼마 전 요한에게 세례도 받고, 지금은 예수를 추종하는 자다.

"디오니소스와 예수의 기적이 상통하니 믿지 못하시는군요. 디오니소스가 아리아드네와의 결혼식 때 물을 술로 만들었습니다. 아리아드네는 크레타섬의 크노소스에 있는 미노스 왕과 파시파에 사이에서 태어난 공주입니다. 미노스는 제우스와 에우로페 사이에서 태어난 아들로 반인반신이죠. 훗날 에우로페가 자식을 생산하지 못하는 크레타섬의 왕 아스테리오스와 결혼하게 되면서 미노스가 포세이돈의 도움으로 왕이 되었습니다. 미노스는 왕이 된 뒤 태양신 헬리오스의 딸 파시파에와 결혼하여 아들 글라우코스와 안드로게오스, 딸 아리아드네와 파이드라를 낳았고요.

포세이돈은 미노스에게 신들에게 감사의 제물로 바칠 훌륭한 황소를 주었는데, 그는 이 황소가 탐이 나서 제물로 바치지 않았습니다. 화가 난 포세이돈은 그 보복으로 미노스의 아내 파시파에가 황소를 보고 성욕을 품도록 만들었습니다.[26]

---

26 또 다른 전설에 따르면, 아프로디테가 남편 헤파이스토스 몰래 전쟁의 신 아레스와 사랑에 빠져 매일 밤 정욕을 불태운다는 사실을 알아챈 헬리오스가 헤파이스토스에게 고자질하여, 결국 헤파이스토스의 그물에 붙잡힌 아프로디테는 모든 신에게 망신을 당하고 만다. 이 일로 아프로디테

파시파에는 이를 주체하지 못해 전전긍긍하다가 크레타섬에 머물던 대장장이 다이달로스가 만들어준 암소 인형 속에 들어가 황소와 교접하여 임신하게 되죠. 이때 태어난 괴물이 머리는 소이고 몸은 인간의 모습을 한 미노타우로스랍니다. 화가 난 미노스는 다이달로스에게 영원히 빠져나올 수 없는 미궁(라비린토스)을 만들게 해 미노타우로스를 가둬버렸습니다.

그 무렵 아들 안드로게오스가 아테네에서 사나운 황소의 뿔에 받혀 죽자 성난 미노스는 신에게 기도하여 아테네에 전염병이 돌게 했습니다. 이로 인해 아테네에서는 소년 소녀 각 7명씩을 미노타우로스의 제물로 바쳐야만 했습니다. 그러자 테세우스가 인신공희의 제물로 위장하여 크레타섬에 왔는데, 그에게 첫눈에 반한 크레타의 공주 아리아드네가 칼과 실을 주고 살아 나오는 방법을 알려줍니다. 테세우스는 실의 끝을 미궁 입구에 매어놓음으로써 미노타우로스를 퇴치한 다음 길을 잃지 않고 무사히 밖으로 나왔고, 아리아드네를 데리고 섬을 빠져나갑니다. 그런데 아테네로 돌아가는 도중 낙소스섬에서 잠깐 머물게 된 테세우스는 꿈에서 아리아드네를 두고 가라는 아테나의 계시를 듣고 임신 중인 아리아드네가 잠든 사이에 몰래 떠나버리지요. 아리아드네는 테세우스가 사라진 것을 알고 몹시 슬퍼했는데, 이때 낙소스섬을 즐겨 찾던 술의 신 디오니소스가 나타나 그녀의 아름다운 모습에 반해 그

는 헬리오스를 미워한 나머지 그의 딸 파시파에를 변태로 만들어 황소에게 정욕을 품게 했다고 한다. 정신의학에서는 이와 같은 망상 장애를 보안드로피라고 한다. 참고사항 참조.

녀를 위로해주고, 둘은 결혼하게 됩니다.[27]

바로 그 결혼식 날이 1월 5일로, 물을 술로 바꾼 최초의 날입니다. 이후 1월 5일 밤은 디오니소스가 물을 술로 바꾸는 기적을 일으키는 날이라고 믿게 되었습니다. 또 안드로스섬에서 포도주가 솟아올라 디오니소스 신전으로 7일 동안이나 흘러들었다는 이야기도 있고, 어느 그리스 축제 기간에는 봉인된 방 안에 둔 물이 포도주로 바뀌었다는 이야기도 있고요."

이를 유심히 듣고 있던 한 사람이 말했다.

"우연의 일치라기에는 매우 의미 있는 기적이로군요. 그런데 디오니소스 제전이 변질되어 로마에서는 지나치게 흉포해져 술에 취해 살인 사건이 발생하기도 한다는데요. 디오니소스 숭배자들은 초기의 지혜와 의식의 본질을 잃어버리고 포악하게 변하여 타락해버렸는데요, 희한하게도 여자들이 더 광란하여 가정을 버린 채 담쟁이덩굴로 만든 관을 쓰고 사슴 가죽옷을 입고는 티아시(성스러운 무리)를 이루어 티르소이[28]를 흔들며 북과 피리 소리에 맞춰 모닥불 주위를 돌며 춤을 추지요. 그들은 제사 때 내는 소리인 '에우오이!'를 외치면서 반 미친 상태로 자기들을 적대시하는 남자들을 성불구로 만들어버리기도 하고,[29] 뱀과 짐승에게 마법을 걸

---

27 또 다른 전설에 따르면, 아리아드네가 테세우스를 만나기 전 디오니소스가 크레타섬을 방문했고, 그때 둘은 사랑을 나누어 임신하게 되었는데, 이를 안 아테나가 테세우스의 꿈에 나타나 낙소스섬에 그녀를 두고 가도록 했다고 한다.

28 회향나무 가지에 포도 덩굴의 잎을 엮어 매고 그 끝을 담쟁이덩굴로 장식한 것.

29 테베의 왕 펜테우스가 디오니소스 숭배자들의 행동을 염탐하려다 들켜 몸이 갈가리 찢겼으며, 아테네인들은 디오니소스 숭배를 멸시한 벌로 성불구자가 되었다고 한다.

어 산 채로 갈가리 찢어버리는 등 그 잔인성이 이루 말할 수가 없답니다. 이런 의식 때문에 사람들로부터 지탄받고 있는 형편입니다.[30] 우리도 그 지경이 될까 봐 두렵습니다."

"거칠고 독한 포도주를 많이 마시면 인사불성이 되어 그런 일이 벌어질 수도 있겠네요. 그래서인지 디오니소스의 아들은 오늘 우리가 마신 술처럼 덜 취하는 고급술을 만들어냈다던데요."

그러자 디오니소스와 예수를 따른다는 그 사람이 말했다.

"디오니소스의 아들 오이노피온[31]은 독한 포도주 원액을 물에 희석해 부드러운 포도주를 만드는 새로운 제조법을 가르쳐 '포도주 희석의 발명가'로 추앙받는데요. 그리스의 화병에 그려진 그림을 보면 디오니소스는 손잡이가 두 개 달린 칸타로스라는 컵을 들고 있고, 오이노피온은 크라테르라는 항아리를 들고 있는데, 포도주 원액을 물과 섞는 데 사용하는 도기입니다. 이 오이노피온의 포도주 제조법이 물을 포도주로 바꾼 예수의 기적과 밀접한 관계가 있는 듯합니다."

"듣고 보니 예수는 디오니소스처럼 물로 포도주를 만든 기적을 일으킨 자라기보다 물과 포도주 원액을 잘 섞어 부드럽게 만들 줄 아는 포도주 희석 기술자가 분명합니다. 유다인들에게는 잘 알려지지 않은 포도주 희석 비법을 알고 있었던 것입니다. 항아리에 물을 채워 뛰어난 희석 비법으로 마술을 부렸고, 하인들이 그대로

---

30 그들의 비밀 집회 장소는 BC 186년 원로원 칙령에 따라 이탈리아 전역에서 혹독한 탄압을 받았다. 이런 광기 어린 행위는 인도의 신 크리슈나의 청년 시절 여인들의 행위와 거의 일치한다.

31 그리스어로 '포도주를 마시는 사람'이라는 뜻이다.

따라 했더니 좋은 포도주가 되었겠죠. 이전의 독하고 거친 포도주만 마시다가 부드럽게 희석된 포도주를 맛본 사람들의 반응이 어땠을까요? 거칠고 독한 원액에 흠뻑 취한 사람들이 '좋은 포도주'의 부드러운 맛에 감탄하지 않을 수 없었을 겁니다."

다시 디오니소스와 예수 숭배자가 말했다.

"공교롭게도 고대 이집트인들에게도 오늘 밤은 매우 특별한 날, 즉 수백 년 동안 이어져 온 '오시리스의 날'이었습니다. 이집트인들은 이날 오시리스의 은총으로 나일강이 기적을 일으키는 힘을 얻어 모든 악을 물리친다고 믿어 강물을 주전자에 담아 집에 보관했습니다.

그런데 오시리스와 디오니소스의 미스테리아 의식은 거의 같아서 후대 사람들은 둘을 동일 인물로 간주하기까지 했습니다. 피타고라스가 이집트의 신인 오시리스의 신전에서 22년을 보내며 지혜를 배웠다는데, 그리스로 돌아와 디오니소스를 숭배 대상으로 삼아 오시리스 미스테리아 의식을 거행했기 때문이라고 합니다. 이 둘을 합쳐 알렉산드리아에서는 세라피스라는 신인으로 숭배하고 있지요.

이처럼 전설로만 내려오던 오시리스, 디오니소스의 기적이 오늘 카나의 결혼 잔치에서 예수에 의해 실현됐다는 건 뭘 의미할까요? 더군다나 예수가 작년에 세례자 요한에게 세례를 받은 날짜도 바로 오늘이었다는데요.[32] 이는 미처 포악해진 디오니소스 숭배자

---

[32] 동방박사가 아기 예수를 찾아와 경배드린 날도 1월 6일이라고 한다. 그러므로 아기 예수가 경배

들처럼 로마에 빌붙어 사는 자들이나 전쟁과 살육과 탐욕에 미친 자칭 메시아들, 이런 자들이 판치는 시대는 가고 사랑과 평화의 예수 시대가 펼쳐질 거라는 희망의 메시지가 아닐까요?"

그가 이야기를 마치자 일부는 수긍했으나 거나하게 올라온 몇 몇 사람은 어이없어하며 미친 사람 취급했다.

"야 이놈아, 술에 물을 섞어 희석했다는 건 이해해도, 뭐? 물을 술로 바꿔? 지금이 어느 시대인데 신화 같은 이야기나 하고 있냐? 술 취한 자기 아비 노아를 범한 함 같은 인간이로세."

사람들의 거친 비난에도 그 추종자는 꿈쩍도 하지 않고 예수를 찬양했다.

"두고 보세요. 예수야말로 신인 중의 신인이며 '하느님의 어린 양, 세상의 죄를 없애시는 분'[33]이 되실 테니 그분을 믿고 따라야만 높은 단계의 깨달음을 얻어 영생을 얻을 것입니다."

카나에서 물을 포도주로 바꾼 사건은 예수가 세상에 자신을 공 표한 최초의 기적이자 물질의 성질마저 바꾸는 능력[34]을 확인한 사건이었다. 그날 이후로 예수를 추종하는 사람들이 급속히 늘어

받은 날, 요한에게 세례를 받은 날, 카나의 기적, 디오니소스가 물을 포도주로 바꾼 날은 모두 같은 날짜다. 이날은 이전 시대의 동지이기도 한데, 율리우스력을 고수하는 동방교회에서는 1월 7일을 예수 탄생일로 기념한다(그레고리력은 12월 25일).

33 이는 양의 시대 신인인 미트라 숭배의 종언을 의미하기도 한다.

34 훗날 영지주의자들과 일부 수도사들은 이를 숭배하여 연금술을 발전시켰으나 후대에는 영적인 연금술로 전환돼 일종의 명상법이 되었다. 연금술의 3대 성분인 소금, 유황, 수은을 육체, 영혼, 정신으로, 더 나아가 성자, 성령, 성부로 묘사했으며, 불의 도움으로 변성된 금속을 원죄로부터의 구원이란 의미로 받아들였다. 한편, 예수가 물을 포도주로 바꾼 기적 이후 그 어느 곳에서도 더는 디오니소스의 기적이 일어나지 않았다고 한다.

났다. 그 안에는 미트라를 비롯한 이교 숭배자들도 제법 있었으나 예수는 배척하지 않고 따뜻하게 받아들였다. 특히 예수가 물을 포도주로 바꿨다는 소문에 디오니소스 숭배자들이 자신들의 일탈된 의례를 버리고 모여들기 시작했다.

타 종교의 진리를 받아들이지 못하는 자는 자신의 종교마저 올바른 눈으로 바라보지 못한다. 타 종교를 맹목적으로 비난하는 자는 언젠가는 자신의 종교에도 반기를 든다. 다른 신을 욕하는 자는 그로 인해 자신이 섬기는 신을 욕되게 한다.

예수의 설법과 기적은 바리사인들이나 유다 지역 사람들보다는 여러 문화를 두루 받아들이는 데카폴리스와, 겐네사렛호수를 사이에 두고 그들과 활발히 교류하는 갈릴래아 사람들에게 적합했다. 갈릴래아 사람들은 외래문화를 수용하면서도 주체성을 잃지 않았을 뿐 아니라 무엇보다도 영혼이 순수했다.

드디어 예수는 이 어지러운 세상에 자신을 드러냈다. 예수는 성부께서 내리신 인류 사상 최대의 고통 즉 인류의 죄를 한 몸에 짊어지고 십자가에 못 박혀 죽어야 함을 감내해야 한다. 그리고 오시리스, 탐무즈, 아도니스, 아티스, 디오니소스가 그랬던 것처럼 죽은 자 가운데서 부활할 것인데, 한 지방의 구원자인 저들 신인과 달리 모든 인류의 구원자로서 지상 최대의 사명을 완수하기 위해 예수는 세상 속으로 거대한 첫발을 내디뎠다. 아멘.

■ **미노타우로스**Minotauros**와 보안드로피**Boanthropy

반인반우半人半牛 미노타우로스는 우리에게 익히 잘 알려진 해괴한 신화다.
이에 대해 신화학자들은 당시 크레타의 성우숭배聖牛崇拜에 초점을 맞추어
다양한 해석을 내놓았다. 프레이저Frazer는 당시 결혼식 때 남녀가 소의 탈
을 썼음에 주목하여 이 신화는 농사와 풍요와 생산을 관장하는 태양에 대한
숭배 의식의 서사라 주장하였다. 해리슨Harrison은 Minotauros라는 단어가
Mino(왕)와 Tauros(황소)의 합성어임에 유의하여 소의 탈을 쓴 왕은 대지의
영을 상징한다는 대지의례설大地儀禮說을 제기했다.

그런데 성경에 인간이 소처럼 행동하는 이야기가 나온다. 〈다니엘서〉(4:
22, 4:29~30, 5:21. 개신교는 4:25, 4:32~33, 5:21)을 보면 네부카드네자르(느부
갓넷살)의 이상한 꿈을 다니엘이 풀이해준다. 이어서 "이 말이 곧바로 네부카
드네자르에게 이루어졌다. 그는 사람들에게서 쫓겨나 소처럼 풀을 먹고, 몸
은 하늘에서 내리는 이슬에 젖었으며, 머리카락은 독수리처럼, 손발톱은 새
처럼 자라기까지 하였다"라고 기록되어 있다.

현대 정신의학 측면에서 보면 이는 자신이 소라고 생각하고 그렇게 행동
하는 보안드로피Boanthropy, 새라고 생각하는 아비안드로피Avianthropy에 해당한
다. 프랑스의 찰스 4세, 덴마크의 크리스찬 7세, 영국의 조지 3세 등도 이
러한 증상이 있었다고 한다. 이 외에도 개라고 생각하는 사이난드로피, 늑대
라고 생각하는 라이칸드로피Lyconthropy 등이 대표적인 희귀 망상장애다. 신화
를 어떤 현상에 대한 당대인이 최대로 이해할 수 있는 상상의 산물이라 볼 때
파시파에와 그의 아들 미노타우로스는 보안드로피 증후군 환자일 가능성이
농후하다.